我怎样当

总编辑

互联网时代
媒体融合转型实务

刘海陵 著

羊城晚报出版社
·广州·

图书在版编目（CIP）数据

我怎样当总编辑：互联网时代媒体融合转型实务 / 刘海陵著. —广州：羊城晚报出版社，2020.12（2021.1重印）

ISBN 978-7-5543-0807-3

Ⅰ. ①我… Ⅱ. ①刘… Ⅲ. ①《羊城晚报》—新闻事业史 Ⅳ. ①G219.246.51

中国版本图书馆CIP数据核字（2019）第301413号

我怎样当总编辑：互联网时代媒体融合转型实务

WO ZENYANG DANG ZONGBIANJI:HULIANWANG SHIDAI MEITI RONGHE ZHUANXING SHIWU

策划编辑　雷　鸣
责任编辑　黄初镇　潘子扬
责任技编　张广生
装帧设计　陈健怡
责任校对　杨映瑜
出版发行　羊城晚报出版社（广州市天河区黄埔大道中309号羊城创意产业园3-13B　邮编：510665）
发行部电话：（020）87133824
出 版 人　吴　江
经　　销　广东新华发行集团股份有限公司
印　　刷　广州市岭美文化科技有限公司
规　　格　889毫米×1194毫米　1/16　印张 33　字数 400千
版　　次　2020年12月第1版　2021年1月第2次印刷
书　　号　ISBN 978-7-5543-0807-3
定　　价　168.00元

序

这是一本在互联网时代媒体融合大潮过程中，传统的《羊城晚报》艰苦转型的真实记录。

也许是命运的安排，我在传统媒体向新媒体转型的这个艰难时期，当上了《羊城晚报》的总编辑，前后七年的时间（还有七年时间的副总编）。我和我的同伴经历了这个伟大的转型，其间的痛苦、彷徨、无助，艰辛、汗水和眼泪，至今想来仍然是历历在目。

回头想想，我们这一代媒体人真是幸运的！生活在一个伟大的时代，一个每天都发生着巨变的时代，特别是互联网改变一切的时代！我常想，若干年以后，当我回想当初是如何经历这段非凡的时期，如何与我的同伴一同为这个岭南文化闪亮名片的著名媒体所付出的时候，唯一的希望就是后辈说我们这代人没有荒废时光。基于这个信念，我们不敢懈怠，不埋怨困难，勇敢面对一切挫折挑战。我们之所以幸运，是因为我们经历了传统媒体辉煌的高峰和艰难的低谷，更直接参与了传统媒体向现代媒体转型的各种尝试努力，只有同时经历并亲身参与，才能对媒体融合有更深的对比和体会，这难道不幸运吗？

对于个人而言，我也是幸运的。我出生在三年困难时期，父母能把我养大已经不容易，而我还有书可读，那个时候读书比现在的孩子好像幸福点。高中毕业后我不用“上山下乡”了，可以考大学，大学毕业国家分配工作。我和同代人稍不同的是，初中毕业后去当兵，在军队这个大熔炉里锻炼了五个年头后，再来考大学。我大学毕业后选择了岭南传统的报业，来施展自己的新闻理想，一扎根就是三十多年，见证了传统报业从辉煌走向低谷，并进行着艰难的转型，以应对互联网的挤压和挑战。

回头想想，我和同伴为了事业为了理想，使出浑身解数不停拼搏，这些年的转型真的是太难、太不容易！我有责任把它记录下来，所以有了编写这本书的初衷。

我不是一名聪明的总编辑，但还算是勤奋的总编辑，多年来我们有一个好的传统：坚持每周四下午开一次周会，把一周的业务从头梳理一遍，点评成绩、指出不足，与优秀的媒体对比，我们还存在什么短板。我们利用周会点评新闻，展开思想交锋，并将这些情况如实记录了下来。

我当总编辑后，保持了这个好传统并有所改进。只要不出差或者没有特别重要的会议，我一定坚持参会并自己主持，还要对会议的业务讨论进行精心提炼总结。

我给自己定了一条周会“规矩”：坚持讲真话，不讲套话，面对面开展批评，少来歌颂吹捧。参加周会的人都是平等的，不存在官大官小职称高低，只对新闻的内容点评。会议发言者除了报喜之外，更要讲讲缺点不足，分析原因以及应对措施。周会上最重要的一个原则：围绕业务展开思想交锋，观点碰撞，对涉及的人和事，要点名批评（出会议纪要时会技术处理），甚至出现过参会者自己被点名批评，由当事人在会上反思为什么会出现这种情况。最后，由总编辑来进行点评，会后出详细的纪要。

多年来我们如实地记录下了媒体转型时期的点点滴滴，这些记录都是原汁原味的真实记录。我把这些记录整理出来，并不是评功摆好，自我欣赏，只是想记录转型期我们的做法和应对，记录当时的观点碰撞和思想交锋，记录一张传统的省级晚报是如何在互联网大潮中艰难转型。同时，也是给后人留下点真实的历史记录，自己走过的弯路、经历过的蠢事，是为了别人能够吸取教训，别重蹈覆辙。

每周的采编周会记录尽管零散、琐碎，但是，如果把它集中起来，还是能够看出我们在应对媒体融合转型过程中的认识和举措。正因为是发言的集合汇总，所以书中难免会带着明显的个人色彩，思辨性不够，逻辑不严谨。从这个角度来看，本书仅仅是媒体行业内的研讨作品，不易读，不吸引眼球，更成不了什么畅销之类的东西。

为了让更多的人了解传统媒体艰难的转型过程，为后来者提供一些我们走过弯路的样本，探讨共同面对的问题。在结集的时候，除了明显的错误外，我尽可能地保留了原始的记录，特别是原有的观点，书中大量的口语化发言，也做了保留，目的是保持史料的研究作用。

本书内容分成五篇十一章。第一篇和第二篇重点谈报纸内容生产，时政报道要组织经营以及晚报新闻的时间优势和地域优势。第三篇和第四篇重点谈报纸的转型以及新闻机构内部的改革与创新。重点介绍了《羊城晚报》是如何从一张纸走向网络、走向云端。同时，在向数字化转型的过程中，又不能把传统的报纸自身的优势完全放弃。第五篇重点谈报纸副刊怎样坚守，广告发行品牌活动等经营工作，在互联网时代如何发挥优势、寻求突破。

正因为这是媒体转型某一时段的真实记录，包括我们所采取的应对措施，所以这也是一本媒体融合转型的具体实务合集，希望这些年我们的具体经历，能为后来者提供一些研究借鉴的实例。

在编辑此书的过程中，为了便于读者直观了解，我选配了一些当时的版面图及相关的材料，目的是为了还原当时的场景，让读者与作者能够在共同的条件和环境下分析看待问题。

因为水平和能力所限，书中不少的观点在今天看来仍显偏颇，个别观点实践证明是错误的，这些全都是我的责任，总编辑就是内容生产过程的总负责人。

本书由我个人署名，其实这已经不是个人行为了，而是《羊城晚报》全体采编人员共同努力的过程记录，是集体智慧的结晶，只是其中的问题当然是属于我的。

最后，要感谢上级宣传部门的宽容理解与支持，感谢我的前辈留下的丰厚基础，更要感谢和我共同协作的班子成员以及全体采编人员，没有你们的努力奋斗就没有我们今天的辉煌，当然也就没有了本书的记录。

刘海陵

2020年11月

目录
contents

壹

第一篇

发挥优势

第一章

时政报道要组织经营
表现形式要创新

这支队伍能打硬仗、能打胜仗，
有理想、有情怀，都是很认真的工匠。

党代会报道既要政治上精准，又要贴近民生。

在重大事件中表现出一张有公信力大报应有的社会责任。

提升媒体影响力，主要是指在“两会”上的影响，
对决策人群的影响，对社会大局的影响。

《羊城晚报》是党报，
党报在坚持党性原则、听党的话上毫不含糊。

用好看易读的方式
呈现党的声音、政府的重大决策和代表、委员履职的过程。

内容是基础，形式是张力，融合是路径。

第一节

怎样组织经营党代会和全国“两会”报道

党代会、全国“两会”、省“两会”等重大会议，是人民政治生活中的大事，每年都吸引着亿万群众的目光。近年来，《羊城晚报》在重大会议舆论场上推出了一大批“上接天线、下接地气”，群众喜闻乐见、领导满意、具有晚报特色的报道，努力当好社会舆论的稳定器，做好民众心态的压舱石，锻铸真知灼见的熔炼炉，有效提升了重大会议报道的传播力、引导力、影响力、公信力。

以内容生产为“根”，靠内容抓人心，为做好重大会议报道“固本培元”

首先是坚持正确政治导向，内容出彩要以导向正确为前提。为了在重大会议报道中坚守正确导向，一方面，由集团副总编辑带队赴京作为前方总指挥，同时实行前方和后方、采访部门和编辑部门负责人层层把关的方式，杜绝政治差错。另一方面，在报社层面选派以党员为主体、政治素质好的成熟型记者参加重要会议报道，实现重大会议报道的安全出报。

其次是加强深度报道策划，重大会议报道领域是各媒体的“兵家必争之地”，竞争激烈。而独家新闻是战胜对手的“拳头”，深度新闻是打败新媒体的“法宝”。《羊城晚报》在重大会议报道前夕，通常会召集采编部门密集碰头，加强主题策划，打造深度精品，取得了良好的效果。做好深度报道。主要通过对权威、高端人物进行深度专访的方式实现。近十年来，每年的全国性重要会议期间，《羊城晚报》报道团队都会对一批权威、高端人物进行深度专访。

再次是聚焦社会热点。“衣食住行”等事关民生的“小问题”，在历次重大会议中都有涉及。作为一张民生大报，《羊城晚报》善于从民生角度切入，聚焦社会热点和群众的关注点，推出一批深受读者喜爱的民生题材报道。据统计，在历次重大会议报道中，《羊城晚报》对教育、医疗、交通等民生类题材的报道频次和篇幅，不低于当次重大会议报道总篇幅的50%。

以媒体融合为“叶”，借融合抓口碑，使重大会议报道效果“枝繁叶茂”

近年来，在重大会议报道中，《羊城晚报》不断提升媒体融合能力，注重运用报纸、网站、客户端、微博、微信五大平台，借融合抓“口碑”，拓展报道传播力、影响力，实现重大会议报道效果“枝繁叶茂”。

注重发挥技术的驱动力。《羊城晚报》注重以技术驱动打造爆款产品，以交互融合提升传播黏度，以可视化表达赋予时政报道新活力。

注重全媒体立体化传播。网络时代，人们接受信息的渠道越来越多，一套话语难以满足不同需要，一个腔调难以唱遍天下，这就要求在重大会议报道中树立互联网思维，运用全媒体方式实现立体化传播。抢占重大会议报道“高地”，内容是基础，形式是张力，融合是路径。

一、既要政治上精准，又要贴近民生

（一）党的十八大报道：既要有标准政治新闻的严谨，又要追求多样化

羊城晚报

2012年11月
14

中国共产党第十八次全国代表大会今天举行闭幕会　胡锦涛主持大会
胡锦涛江泽民吴邦国温家宝贾庆林李长春习近平李克强贺国强周永康等在主席台就座

新一届中央委员会选举产生

大会通过关于十七届中央委员会报告的决议，通过关于中央纪律检查委员会工作报告的决议，通过关于《中国共产党章程（修正案）》的决议

中国共产党第十八次全国代表大会

今日看点

神十明年飞　刘洋不上天

一位洋农民　来粤当义工

于洋王晓理　奥运后首秀

富士康否认　总部要搬迁

钱嘉乐在港　迎娶汤盈盈

汪洋朱小丹看望慰问广东媒体一线记者

“十八大报道，又好又快！”

盛世盛会

党的十八大报道版面

《周会纪要》【2012】第43期 11月15日

本周报道最大的亮点是十八大，到今天为止，整个十八大报道基本结束。要感谢前方的记者、后方的编辑及其他相关职能部门的大力配合。这几个月以来，为了保证安全、准时出报，报社上下付出的努力与艰辛，只有亲身经历过的人才能有切身体会，要闻部的值委、编辑、组版、校对天天晚上工作到凌晨两三点；为了保证大家能够全副精力值好班，总编室专门派人安排了宵夜，为保证整个十八大期间的出报安全，大家都付出了辛劳和汗水。

要闻部，包括值委、值班主任以及全体编辑，对稿件的名单、标题都是核对了五六遍，十八大的报道不仅没有出问题，而且还出了彩。前方报道组报道任务重，难度大，心宇（注：指时任羊城晚报社副总编辑陈心宇）老总带队到前方，在证件少、要求很高的情况下，采写了一批有晚报特色的报道，与后方编辑部共同把版面经营得有声有色。后方政文部、经济部、广州部、区域部、视觉部的记者做了大量的配合、补救工作，使得整个十八大报道的版面非常出彩。

十八大的报道我们有很多出彩的地方，但是和兄弟媒体相比，我们存在短板：我们在标准政治新闻的严谨性上比不上《南方日报》；而在一些题材的多样化、采访的角度、编排的方式

上，又弱于《新快报》。《羊城晚报》是一个很奇特的报种，它既不是机关报，也不是都市报，在时效性方面又是晚报，在这种大战役中怎样才能做出自己的特色？希望相关的部门通过这次十八大的报道，思考对这一类重大题材，尤其是时政性很强的重大报道，怎样去经营，怎样去组织。

（二）党的十九大报道：这支队伍能打硬仗、能打胜仗，有理想、有情怀，都是很认真的工匠

《周会纪要》【2017】第41期 10月26日

十九大报道前前后后准备了大半年的时间，要求非常高，不光是会议期间的要求高，所有关联报道、版面呈现等都有严格的要求，会前也开了数次各个层级的会议，强调进入十九大安全保护期，从报纸版面、新媒体、户外，包括园区方方面面的全方位摸底排查、防范、建章立制，到今天十九大的新闻报道、全部议程基本结束。整个羊城晚报报业集团十分圆满地完成了十九大的新闻宣传报道。无论是会议前后；无论是前方，还是后方；无论是传统报纸的新闻，还是新媒体各种渠道的推送；无论是《羊城晚报》主报，还是子报子刊，整个十九大报道，都非常安全、准确、圆满。

经过这次十九大的整个新闻宣传报道，看得出羊城晚报报业集团这支队伍是能打硬仗、能打胜仗的，是有理想、有情怀的，而且都是很认真的工匠，不同的人在不同的岗位，发扬钉子精神，把每一个岗位的责任落实。

本周的主旋律报道是以新华社稿件为主，我们做一些配合，如：十九大时光、京粤连线，也提前作了准备策划，前后

羊城晚报

2017年10月26日 星期四 〈丁酉年九月初七〉

1957年10月1日创刊

29℃ 19℃

党的十九届一中全会产生中央领导机构
习近平任中共中央总书记中央军委主席

习近平李克强栗战书汪洋王沪宁赵乐际韩正任中央政治局常委

习近平同志主持会议并作重要讲话

10月25日下午，中共中央总书记、国家主席、中央军委主席习近平等领导同志在北京人民大会堂亲切会见出席党的十九大代表、特邀代表和列席人员 新华社发

中国共产党第十九届中央委员会第一次全体会议公报

（2017年10月25日中国共产党第十九届中央委员会第一次全体会议通过）

中国共产党第十九届中央委员会第一次全体会议，于2017年10月25日在北京举行。

出席全会的有中央委员204人，候补中央委员172人。中央纪律检查委员会委员列席会议。

习近平同志主持会议并在选举中共中央委员会总书记后作了重要讲话。

全会选举了中央政治局委员、中央政治局常务委员会委员、中央委员会总书记；根据中央政治局常务委员会的提名，通过了中央书记处成员，决定了中央军事委员会组成人员；批准了十九届中央纪律检查委员会第一次全体会议选举产生的书记、副书记和常务委员会委员人选。名单如下：

一、中央政治局委员（按姓氏笔画为序）

丁薛祥 习近平 王晨 王沪宁 刘鹤 许其亮 孙春兰(女) 李希 李强 李克强 李鸿忠 杨洁篪 杨晓渡 汪洋 张又侠 陈希 陈全国 陈敏尔 赵乐际 胡春华 栗战书 郭声琨 黄坤明 韩正 蔡奇

二、中央政治局常务委员会委员

习近平 李克强 栗战书 汪洋 王沪宁 赵乐际 韩正

三、中央委员会总书记

习近平

四、中央书记处书记

王沪宁 丁薛祥 杨晓渡 陈希 郭声琨 黄坤明 尤权

五、中央军事委员会主席、副主席、委员

主　席 习近平

副主席 许其亮 张又侠

委　员 魏凤和 李作成 苗华 张升民

六、中央纪律检查委员会书记、副书记、常务委员会委员

书　记 赵乐际

副书记 杨晓渡 张升民 刘金国 杨晓超 李书磊 徐令义 肖培 陈小江

常务委员会委员（按姓氏笔画为序）

王鸿津 白少康 刘金国 李书磊 杨晓超 杨晓渡 肖培 邹加怡(女) 张升民 张春生 陈小江 陈超英 赵乐际 侯凯 姜信治 骆源 徐令义 凌激 崔鹏

（新华社）

中国共产党第十九届中央纪律检查委员会第一次全体会议公报

（2017年10月25日中国共产党第十九届中央纪律检查委员会第一次全体会议通过）

中国共产党第十九次全国代表大会选举产生的中央纪律检查委员会，于2017年10月25日在北京举行第一次全体会议。赵乐际同志主持会议。

中央纪律检查委员会委员应到133人，实到133人。全会选举了中央纪律检查委员会书记、副书记和常务委员会委员，报中央委员会批准。

与会同志列席了中国共产党第十九届中央委员会第一次全体会议。

（新华社）

十九届一中全会报道详见A2-A8

责编／袁婧 美编／温亮 校对／王志坚

爆料热线：(020)114转羊城晚报爆料、(020)87776887　Q友爆料：87776887　订报电话：(020)87133333　发行督查：18925108933　金羊网：www.ycwb.com　手机金羊网：wap.ycwb.com　羊城晚报新浪微博：weibo.com/ycwb2010

广州市区天气预报：晴到多云，气温19℃到29℃，相对湿度40%到75%，吹轻微的偏北风

羊城晚报社出版／国内统一刊号／CN44—0006 邮发代号：45—6 新编第13771号／全国发行16版

党的十九大报道版面

党的十九大召开期间，《羊城晚报》推出媒体融合创新产品：视频 + 漫画绘本 + 跨版长卷绘本——《为了人民对美好生活的向往》

方联动，所以整个十九大的议程报道、反响报道做得精准。还有媒体融合的报道，不仅传统报纸，新媒体各个栏目运用各种手段，包括“广仔五年”长卷、五六十个音视频产品，以及大量的图表、图示、色彩线条等，全媒体立体报道，真正体现了《羊城晚报》早已不是一张报纸，而是一个立体传播的平台，全方位多角度呈现十九大。“小记者”的报道也非常出彩。编辑、记者、美编的整体配合，使《羊城晚报》的版面元素极其丰富，版面语言清晰、精准、大气、赏心悦目、便于读者阅读。

会前，省委、省政府审议并原则通过《广深科技创新走廊规划》，《羊城晚报》9月24日头版以《打造“中国硅谷”广深科技创新走廊有底气》开篇，以及延续到会议期间的一系列后续报道，构成了《羊城晚报》十九大报道版块的重点，线条非常清晰。10月23日下午，胡春华（时任广东省委书记）、马兴瑞（广东省省长）等六位常委看望媒体，《羊城晚报》十九大的报道给省委主要领导留下了深刻的印象，认为开幕会当天的版面很大气。当我们介绍《打造“中国硅谷”广深科技创新走廊有底气》这篇文章时，胡春华书记说这篇文章写得好，慎海雄部长（时任广东省委常委、宣传部部长）补充介绍说中央网信办全网推送这篇文章，同时向海外推送。

羊城晚报
《习近平谈治国理政》意大利、阿尔巴尼亚文版首发
申请4K频道 广东人有眼福
打造“中国硅谷” 广深科技创新走廊有底气

《打造“中国硅谷”广深科技创新走廊有底气》报道版面 2017年9月24日A1版

这次报纸和新媒体的融合更加顺畅，该报纸呈现的在报纸呈现，该新媒体呈现的在新媒体呈现。前方的演播室虽然简陋，但很有仪式感，代表们虽然都接受各家媒体的访谈，但公认《羊城晚报》专业、准确。新媒体呈现的产品，会前准备充分，运用漫画图表的形式，便于读者用户阅读。“广仔五年”新媒体产品以一位“小老广”的口吻介绍5年来政策给他带来的红利、生活的变化，当4位记者拉着打印出来的13米长卷在走廊向省领导展示的时候，春华书记和兴瑞省长十分认真地一幅一幅看，认为传统报纸调动各种新媒体的手段来呈现党的十九大精神、主题、内容、形式很好。春华书记还拉着兴瑞省长的手说，这是我们省里自己的报纸呀。我说，书记、省长，广东省和别的省不一样，别的省份只有一张省级报纸，但你们手里右手有《南方日报》，机关干部看；左手还有《羊城晚报》，不光机关干部喜欢看，老百姓更喜欢看。

省领导们一边听介绍，一边看我们的展示，同时也在互动，一方面是对我们的肯定，更重要的是省市领导比以往更重视这份报纸的位置。这个位置一个是在省委、省政府机关心目中的位置，另一个是在百姓心目中的位置。所以省委领导反复强调我们这张报纸是省里的报纸，言外之意就是老百姓很喜欢，是很有分量的一份报纸。慎部长晚上还发微信来：此役很完满。

我认为整个集团对十九大的报道到今天为止，取得完满成功。

这很不容易，估计大家都掉了一层皮，爱群总（注：指时任羊城晚报社副总编辑孙爱群）、海利总（注：指时任羊城晚报社副总编辑林海利）不知熬了多少个夜晚，前方的记者后方的编辑，特别是要闻部的编辑，也熬了多个夜晚。会前不知开了多少个会敲打这个敲打那个，但请大家理解，这是职责所在，辛苦过后有成绩，所有这些付出都是值得的。周会要好好总结，各个部门回去传达。接下来，十九大的贯彻学习宣传热度不减，要闻部、政文部、区域部和广州部配合着继续做。

我建议各位部门负责人把十九大的报告再看一遍，能拿出一整块时间来学习当然好，但现在网络很方便，把核心主题、核心思想、新的提法、主要矛盾、几大变化、一些新词都给提炼出来了，利用茶余饭后的时间看。特别是文化自信，接下来文化建设将会有一系列的动作，《羊城晚报》作为岭南文化大报，这将是《羊城晚报》的机会。十九大精神、习总书记的讲话，让我们下一步的改革、媒体融合有了方向，请各个部门就如何贯彻十九大精神，围绕着文化建设这个大框架，结合《羊城晚报》媒体融合，思考你部门下一步如何做，做什么，谁来做。集团党委会近期也要进行集中学习。

（三）十九大后《羊城晚报》在文化建设方面理应大展拳脚

《周会纪要》【2017】第42期 11月2日

十九大于10月24日胜利闭幕，《羊城晚报》对整个十九大会前、会中、会后报道非常成功。省委宣传部在多个场合对省属媒体十九大新闻报道工作进行了表扬，宣传部的主要领导也给《羊城晚报》的整组报道给予高度评价。十九大的宣传报道工作，前方报道组爱群总带队，后方编辑部海利总把关，所有

羊城晚报记者王倩在党的十九大会议上采访
图/受访者提供

编辑部门、采访部门全力配合。正是这种前后方的配合、集团方方面面的支持，确保整组报道的成功。关键时刻没掉链子，把这场大仗拿下来、赢得漂亮，大家确实辛苦、确实不容易。在此，我代表集团党委、管委会感谢大家的辛勤付出，也请大家为自己的努力和付出点个赞！

尽管十九大已闭幕，但宣传报道工作还没结束。目前，相关工作已具体转入十九大精神的学习宣传贯彻阶段，集团已制订了具体的宣传报道工作方案。我希望，在座各位值班总编、社委、编委会成员、各部门主任要对十九大精神带头学习，特别要认真学习习近平总书记十九大报告、党章修改过后的正式公布版本，用十九大的精神贯穿、指导我们接下来的工作，更好指导我们做好学习宣传贯彻阶段的新闻报道。在具体宣传报道工作中，我们尤其要按照十九大提出的新论断新概念新提法，贯彻落实到我们的版面内容上。习近平总书记在十九大报告中，再一次强调文化自信，强调社会主义核心价值观，在我看来，《羊城晚报》这样一张深受群众喜爱的岭南文化大报，在文化建设方面，理应大展拳脚。对于如何指引、号召人民群众从精神层面获得更大的满足感、获得感，《羊城晚报》在这些方面理应拿出自己的东西来，除了规定动作外，各部门要充分挖掘正能量、暖人心、接地气的好典型、好事例，这其实也是以实际行动学习宣传贯彻十九大精神的重要方面。

（四）省党代会报道既要政治上精准，又要贴近民生

《周会纪要》【2017】第20期 5月25日

《羊城晚报》这次省党代会的报道做得有章法，而且最花心思，主要体现在两个方面：一是春华书记的五年工作报告摘要，既注意到准确性，同时兼顾到贴近民生。二是版式的美化，《羊城晚报》的版式设计做得相当不错，是一个亮点。传统报纸版式呈现优势，是互联网、网络媒体学不到的。不要觉得资讯放到网上、手机上就行了，版式、排版、美化都不重要，其实版面的呈现是非常重要的，会增强资讯的传播力和影响力，传统报纸的版面语言运用，是强化资讯的一种相当重要的手段。这个亮点可以重点总结。还有新媒体的视频报道也很不错。到今天为止，《羊城晚报》对党代会的报道整体平稳，准确，运用了各种手段，调动各种资源强化资讯的呈现，新媒体、金羊网、羊城派首页置顶，还有《新快报》的报道也不错。党代会还没有开完，大家还需要继续绷紧弦，齐心协力，在接下来的选举报道中，报纸的编校、新媒体都要打醒精神，不能出错。

（五）2011年全国“两会”报道——“两会”报道期间如何平衡其他报道

《周会纪要》【2011】第10期 3月17日

本周《羊城晚报》的报道可谓力压同城，一枝独秀，全国“两会”、日本地震、盈江地震三件大事面前，《羊城晚报》交出了令人满意的答卷，作为羊城晚报人，应该引以为自豪。大事面前，我们一如既往，表现出一张有公信力的传统大报在重大事件中应有的社会责任。

三大报道具体有四个特点：

聚焦全国两会

吴邦国6日上午来到广东代表团，审议《政府工作报告》，审查"十二五"规划纲要草案

七赞广东贡献，五望继续居前

现场

汪洋要求学习贯彻吴邦国委员长重要讲话

黄华华总结"十一五"先进制造业发展状况

广东"海陆空"全面发展

教育投入莫算GDP百分比

医疗卫生投入应有明确比例

广东团审议政府工作报告，欧广源谈"十二五"广东立法工作

制定法规要"真刀真枪"

民企会受很多小流氓欺侮

2011年全国"两会"报道版面

指挥清晰得当。通过全国"两会"、盈江地震、日本大地震几件大事，体现出《羊城晚报》的指挥系统部署到位和派兵精确。特别是日本大地震的报道，收到信息后，总编辑以最快速度做出外派记者的判断，得到社长的大力支持。陈心宇、罗韬（注：时任羊城晚报社编委）两位值委也值得表扬，在值班的同时，贯彻中宣部、省委宣传部要求以及社长、总编辑意图毫不含糊，使得我们的报道力压同城。

三大报道整体布局得当，前后配合良好。前方记者，包括采访全国"两会"和日本地震的记者，都非常辛苦。今年的"两会"报道，面对复杂的国际、国内环境，压力巨大；派往日本采访地震的记者，虽然人数不多，但发回的报道不比同城媒体逊色，相当一批报道还超过了同城媒体。除了《羊城晚报》3名记者、《新快报》4名记者在前方采访，后方也有大批记者作后援，可以说是在历次重大报道中配合得最好的一次。除了做好战地报道，还做好相关链接内容，包括抓了大量日常报道亮点，如"正厅级干部参选居委会副主任""3・15消费潜规则"系列等，效果良好，形成了品牌。

整组日本地震报道视野开阔，全局在胸。编辑部门在这次日本地震报道中的表现值得表扬：事发当晚，值委罗韬、要闻部主任林海利等紧急进行版面调整，做到版面效果出色，视觉冲击力强，力压同城。要闻部、国际新闻部、经济新闻中心、摄影部、图片总监等整体配合，使得版面视野开阔，总体有章法。特别是经济新闻中心，关注到日本地震对全球宏观经济的重大影响，也关注到微观的贴身的民生经济报道，今天许静（注：时任羊城晚报经济部记者）还独家报道了“震后将有更多日企投资广东”的新闻，体现了《羊城晚报》在重大事件中的开阔视野，全局在胸。

注重细节以及本地化。一批采编人员在重大灾难面前表现优秀，全力以赴、夜以继日、废寝忘食，在采访当中注意独家角度，注重本地化报道，还注重人文关怀，如“地震时期的爱情”报道，体现了大灾难面前的人性之美，彰显了《羊城晚报》的人文高度。

（六）2012年全国“两会”的报道——全国重要会议天天都有的北京，做独家新闻难上加难

《周会纪要》【2012】第9期 3月8日

全国“两会”报道做得不错，我是高度赞扬的，不论是前方还是后方的参与人员，都应给予大力鼓励。

首先是政治导向正确，热点、民生抓得到位。当天新闻特别是重大的政务活动抢得很好。事先策划和准备的一些“砖头”（喻为事先准备好的一个个专题报道）正有序地推出。已经推出的效果不错。比如刑诉法的解读。这次全国“两会”的其中一个重磅“炸弹”是刑诉法的修改。修改的过程中，从头到尾贯穿着尊重人权的红线，从历次的刑诉法修改，看得出社会在进步，今天抢到了。一般的动态，会议的议程，以及事先准备好的一些题目，核心的东西是关注民生、关注热点，应该说做得不错。

直播间
财长谢旭人谈房产税改革
适当扩大房产税试点范围
美国政府也补贴企业
最热点
北京康有为故居面临拆迁风险
康有为故居绝对不该拆

“康有为故居面临拆迁风险”报道版面

会客厅
不能因7·23事故否定高铁
说高铁技术不行，损害国家利益
高铁没乱花钱，技术水准不低
需防“减税增费”加重企业负担
中央财权比例高 地方财政压力大

“王梦恕专访”报道版面

再就是独家新闻做得不错。北京是全国重要会议天天都有的地方，做一个独家新闻是难上加难的，能做出康有为故居、王梦恕专访，很不容易。刚才洪启旺（注：时任羊城晚报区域新闻部主任）、罗韬的讨论不错，业务会就是要有这种讨论，观点正确不正确，全面不全面是一方面。罗韬讲的观点是在一片质骂声中，有一个人出来讲一句真话，这就是亮点。洪启旺讲的是另外一个问题，讲真话的当中也有不全面，有缺失的地方，但没有问题，可以继续做。在新闻同质化的时候，能冷不丁地出一个眼前一亮的独家新闻，真是很难。前方记者绞尽脑汁、费尽心机，后方编辑也是没日没夜地瞪大眼睛，怎么猛就怎么做标题，当然我们一些标题也做过了头。但不批评编辑，这个时候是语不惊人死不休，不把标题、文章做得吸引眼球，谁读你的文章？出点小纰漏，要闻部和前方的记者进行业务总结。我对前方记者是以鼓励为主，大家一起去拼抢，这些小问题我们后方来承担责任。

莫丹涛（注：时任羊城晚报社编委）刚才讲的与《广州日报》的“两会”报道比较，我非常赞同。我们前一段打得不错，或者说开局良好，但还有后半段，具体的内容等“两会”开完之后或是下次周会，再全面、详细地点评。周会就是要研究业务，而且在研究业务上“没大没小”，研究在同一个题目、同一个战役中，与同城五家报纸的对比。

（七）提升媒体影响力，主要是指在“两会”的影响，对决策人群的影响，对社会大局的影响

《周会纪要》【2012】第10期 3月15日

今年的全国“两会”，从省委书记到宣传部部长，对晚报的评价是历年最高的，汪洋书记（注：时任广东省委书记）对晚报的评价是“很有特色，很有深度”，非常难得。我感谢所有直接参与全国“两会”报道的记者编辑、相关的工作人员，包括服务保障的同志。两会报道要总结，新闻研发部要研究在《采编参考》上进行总结。

今年“两会”，真话最多。今年是本届人大代表和政协委员的最后一届，以往第一届的人大代表和政协委员因为刚刚当选，不知道怎样去履行职责，见了官就是领导，其实他本身就是领导，是代表人民去监督“一府两院”，代表公众参政议政的，所以通常干三四年之后，尤其是最后一届才有感觉，所以今年的人大代表和政协委员应该是敢讲的，从整个会议的情况看，确实是这样。从另外一个角度看，包括刑诉法的修改，人大、政协的制度一路下来，从过去的“橡皮图章”“举手机器”到现在的讲真话最多，人大代表和政协委员参政议政的意识在增强，这有一条红线贯穿着；实际上政治体制改革，我们的党和国家领导体制也在转变，刑诉法的历次修改，也体现着中国尊重人权的红线在往上走。广东的人大代表，这些年的水准在相当多的省份之上，广东的媒体借助着“两会”，借助着人大代表监督“一府两院”，对整个社会的民主进程起到功不可没的作用，这也是省人大历任领导的评价。我们也在配合着党和政府，在监督政府、依法行政、关注民生、反映诉求等方面做了大量工作。前提是党和政府的主要领导人观念的更新，允许、容忍媒体进行监督。所以今年的“两会”，会场上人大

代表和政协委员发挥着自身的作用，《羊城晚报》对人大代表、政协委员精心采访，对采访内容精心编写，把笔触和版面瞄准这些关键的人物、大会节点和事件，抓得准。抓什么人，谈什么问题，应该什么时候谈什么问题都做了精心准备，放弃了大量的、普通的议案，记者能够放弃那些挠痒、没用的东西，集中版面、笔触和眼光盯住那些对社会进程、民生、百姓甘苦诉求的东西做文章，是这次“两会”报道抓得精准和成功的地方。读者拿着报纸，觉得讲的都是真话，写的东西管用。历年参加全国“两会”的记者，写的稿件与见报的比例，最精确、最节约的是今年。采编如何准确地配合，可以好好总结。还有前方领队与团队之间的配合，今年前后方三个值班主任之间的配合非常好。

下一步我要对要闻部的整个采编思路进行改革，过渡到编辑直接指挥一线记者，以采编的这种“产销见面”的方式，真正让前方采写的东西能够与后方的编辑精确地配合起来，写出一些大家公认的真正是新闻的东西。这次“两会”这点做得不错。但是，也存在一些问题。比如，整个视角不够宽阔，《南方都市报》的一些做法值得我们学习。今年“两会”广东方面的题目、广东本土的东西，关注度是够的。但关键是下一步怎么样开阔视野。热闹的东西、新鲜的东西抓到了，但有一些内容还是感觉像隔靴搔痒，一些关键的东西抓得不够准。在飞机上独家采访张茵，她从正面来回应富二代的问题，这是个新闻。其实张茵最大的新闻点不在“富二代”，而在当年《劳动法》出台的时候，她敢第一个站出来从私人企业主的角度指出《劳动法》是超前的，广东省总工会副主席孔祥鸿还跟她辩论。张茵被人骂是资方代表。经过若干年的冷静之后，再回过头来看这个《劳动法》出台的时机、具体的办法、对劳工的保障是否超前，张茵最大的新闻点在这。不是在追究谁对谁错，而是说回过头看中国在制定这些法律的时候，这些法律法规的出台，有没有把条款做得更周全。“两会”太重要了，在整个社会民主化进程当中，人民代表大会、政治协商会议制度怎样去影响、推进整个社会的政治体制改革和民主化进程，这是一个很大的题目。但是广东已经做了一个非常有意义的尝试。

提升媒体的影响力，主要是指在“两会”的影响，影响决策人群，影响社会大局。怎样去提升报纸在“两会”期间的有用性，真正写到点子上，而不仅仅是凑个热闹，这要求很高。这个大家可以进一步探讨，新闻研发部不要一味只讲表扬，还要批评，周会上也一样，好的要讲，但是更要有下一步的努力方向和思路，大家一起讨论。

（八）2013年全国“两会”报道——“两会”报道多与同城媒体的“两会”报道比较，自己才会有进步

《周会纪要》【2013】第9期 3月14日

同城媒体做的关于人大立法权下放和回收的三个版，与老百姓切身利益相关，是很受关注的。我们也有做得很好的，比如广东与江苏的对比，但“两会”报道除了该有的议程都有之外，要精心打造一两个老百姓关注度比较高，对社会的民主进程有所贡献，而且又不是那种短时间内急就的报道。

全国“两会”的采访确实很辛苦很累，理应多表扬，但是提倡与同城媒体进行对比，尤其是同城媒体做得好的地方。对前方记者，要闻部编辑是需要鼓励，但可以精益求精，所以我们的评报也需要提点真知灼见，不要太温吞水了。报纸要进步，必须走这么一个过程，不但新闻采编要走，广告和发行也要走。我每天打开报纸，除了看新闻，还看广告。广告部要根据客户投放的情况，提出哪些是采编需要改进的地方，我们努力改，哪些是广告内部的工作做得不到位，要怎么改。在目前

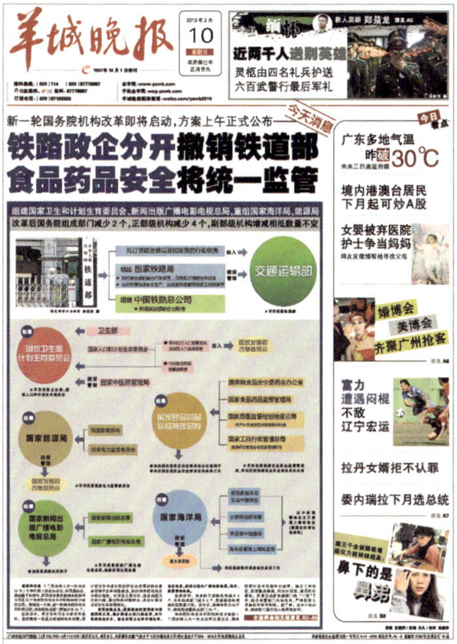
羊城晚报

10

近两千人送别英雄
灵柩由四名礼兵护送
六百武警行最后军礼

新一轮国务院机构改革即将启动，方案上午正式公布
今天消息
铁路政企分开撤销铁道部
食品药品安全将统一监管

组建国家卫生和计划生育委员会、新闻出版广播电影电视总局，重组国家海洋局、能源局
改革后国务院组成部门减少2个，正部级机构减少4个，副部级机构增减相抵数量不变

铁道部
国家铁路局
中国铁路总公司
交通运输部
卫生部
国家卫生和计划生育委员会
国家中医药管理局
国家能源局
国家食品药品监督管理总局
国家新闻出版广播电影电视总局
国家海洋局

广东多地气温
昨破30℃
境内港澳台居民
下月起可炒A股
女婴被弃医院
护士争当妈妈
婚博会
美博会
齐聚广州抢客
富力
遭遇闷棍
不敌
辽宁宏运
拉丹女婿拒不认罪
委内瑞拉下月选总统
鼻下的是胃药

2013年全国“两会”报道版面

的经营环境下，要头脑清醒，正视困难，按照各自的领域、各自的部门、各自的行业，和同城媒体比，目标就是争做第一。

作为采编部门，无论是常规报道还是“两会”这种大型的报道，要研究怎样去跟同城媒体竞争。政文部、要闻部以及其他相关的同志，也要对照一下同城媒体，点评一下，我们的长处在哪里，弱点、缺点、短处在哪？以后“两会”要多派不同部门的人去，锻炼队伍，培养人。而培养人就需要这种实实在在的点评。

（九）2014年全国“两会”报道——《羊城晚报》是党报，党报在坚持党性原则、听党的话上毫不含糊

《周会纪要》【2014】第9期 3月13日

今年全国“两会”报道导向正确，内容和形式创新，前后方采编人员尽心尽力，最终效果令人满意。

本届“两会”报道要求高，个别采编人员不理解，请各部门主

任做好解释工作，《羊城晚报》是党报，党报在坚持党性原则、听党的话上毫不含糊，这是党报和自由报的本质区别，任何人无权用报纸、网络去反映一些个人的东西。

“两会”报道的经验和不足，近期召开专题会总结。全国、省、市、区各级“两会”结束，《羊城晚报》交出了一份合格的答卷。从今天开始要转入正常的新闻报道，各部门要动起来，相关的策划、版面都要恢复正常，并且严格遵照出报流程，不迟报。“两会”期间的迟报对发行造成致命的挫伤，市面零售大幅度下跌。

“两会”报道结束之后，大家不能松劲，要马上进入正常的采编业务状态。好的作风要继续发扬，要进一步提高采编人员应对各种突发事件、复杂事件的能力和本领。

（十）2015年全国“两会”报道——“两会”的专题策划很成功

《周会纪要》【2015】第7期 3月12日

“两会”的导向和把关抓得不错。前方有爱群总，后方

全国政协十二届三次会议闭幕
“大家辛苦了！报道做得很好！”
两会传递十大民生改革时间表
广东发展新亮点
最大自贸片区将承载广州未来
改革尖兵牵手前海新锐 1+1>2
第一要义是用心打好“港澳牌”
广东，拥抱自贸区新机遇
引入创新准则 倒逼体制转型 催生改革高地

2015年全国“两会”报道版面

有建平总（注：指时任羊城晚报社副总编辑周建平），还有白班值委，外加我和海利总，上上下下一起努力的结果。

“两会”的专题策划很成功。我们提前准备了预制件，“广东发展新亮点”已经出了8个版了，反响和评价都很不错。

这次“两会”前后联动得最好，从谋篇布局、上传下达到沟通协调，都很顺畅。

（十一）2016年全国“两会”报道——“两会”题材要加强挖掘和深耕，让读者能在报纸上多停留一阵子

《周会纪要》【2016】第8期 3月3日

开局喜人，“两会”全媒体报道再接再厉。今年的“两会”报道，我们在传统的套路之外，还展开了颇有分量的全媒体报道阵势。其中，新专栏《牢记总书记嘱托·谱写创新发展新粤章》目前推出的三篇文章写得好、有分量，尤其是开栏首篇的头版编排，较同城其他报纸更为突出、大气。过去，《南方日报》做这类题材总体水准都在《羊城晚报》之上，这次我们的专栏内容由专人精心打造，

羊城晚报

牢记习近平总书记嘱托，推进经济结构调整和产业转型升级

创新驱动，广东交出亮丽答卷

广东全面吹响供给侧结构性改革号角，五大行动计划正式出台

年内全省企业减负约4000亿元

《牢记总书记嘱托·谱写创新发展新粤章》专栏报道版面

焦点 A5

格力掌门人董明珠接受羊城晚报专访谈业绩谈转型谈接班人：

我不过问股票但承诺分红

董明珠专访报道版面

首篇报道比《南方日报》做得还要好。在新媒体方面，这次我们的“两会”报道可谓先声夺人。“两会”召开之际，原创动漫人物“小强”作为新媒体小编，推出资讯类动画片“《羊城晚报》全国两会动漫新闻——小强带你看两会”；与此同时，还开设了不少好栏目，推出《奔跑吧！2016两会羊家将》等。宣传部主要领导对此表示认可，也向我们这些媒体融合走在全国前面的广东团记者提出了更高的要求。开局不错！我们再接再厉。红线范围内，有关领域仍可深耕。说到底一句话：在互联网时代，《羊城晚报》这张报纸不仅要跟《南方日报》《广州日报》比，还要跟网络资讯来比。从选题、文本到版式、标题，从稿件质量到文章深度等，如何在广泛而迅速传播格局下，多吸引受众的目光，让读者能在我们的报纸上停留多一阵，从而以更好的效果传递《羊城晚报》资讯，这都需要全体采编人员对这张报纸进行深耕，尤其是在怎么写文章、写什么样的文章、用什么方式呈现文章几个方面多下功夫。

对题材的深耕，“两会”其实是个好时机。过去总有这样一个情况：全国“两会”一开，内容占版较多，后方的记者没啥版面发稿，干脆就放羊了。我认为，这种心态不太好。“两会”是全国人民的中心话题，会议期间热议的那么多热点话题，前后方应密切配合，团队作战。以今年“两会”的核心热点话题“供给侧”改革为例。从2007年以来，中国经济增速一直往下走，政府曾出台多项政策刺激需求，但效果不太理想。今年“两会”，中央提出问题的关键还是供需错配，并提出要进行供给侧改革，实为高瞻远瞩。对此，我们应多给予关注，包括供给侧改革的四大要素——劳动力、土地、资本、创新，与供给侧对应的需求侧——投资、消费、出口三驾马车等。除此之外，我们对供给侧改革的落地也可做些文章。如：广东在落实中央提出的供给侧改革方面将会有些什么准备措施，来化解产

2016年全国“两会”期间广东省领导慰问羊城晚报前方报道组　　汤铭明 摄

能过剩，降低企业成本，消化本地库存，防范金融风险；广东在供给侧的四个方面如何同步推进改革；等等。前方的记者可以跟后方记者、编辑联合，前方负责采访京城与会的职能部门要员和代表委员，后方落地采访地方有关情况。这种前后方的配合和联动以及对热点话题的挖掘、深耕，在只要不干扰全国“两会”宣传报道秩序，不制造其他话题冲淡“两会”热点的大前提下，还是非常值得提倡的。

（十二）用好看易读的方式呈现党的声音、政府的重大决策和代表、委员履职

《周会纪要》【2016】第9期 3月10日

“两会”是国家、民族、百姓的大事，我们都希望在“两会”报道中读到更多信息、看到更多资讯。《羊城晚报》和《南方日报》在报道上的区别在于：用好看易读的方式呈现党的声音、政府的重大决策以及代表委员履职，要求我们的文字、角度、版面语言配套。今年“两会”这方面我们做得不错，发挥了记者在现场的作用，尤其是面向基层代表的小特写，很有现场感，让读者有亲临其境的感觉，这是我们的特点，也是《羊城晚报》和《南方日报》的差别。

郭启钊（注：指时任羊城晚报社编委、要闻部主任兼出版流程部主任）提出的看法：越是大型的题材越要发通稿，其实通稿也有

通稿的道理。比如总理到广东团，记者可以写出他的神态、亲民、对广东的赞扬，但作为一国之总理，他到一个代表团所说的话，每句话每个字背后的含义，我们未必都能懂。从这个角度看，通稿会比较全面、准确。

在通稿之外，可否用读者喜闻乐见的方式配上记者有现场感的主观感受稿？我认为在不违规的前提下可适度探索。

提倡记者多做基层代表、委员的现场特写，有血有肉；编辑尽可能在版面上保留有个人风格、个性特点、老百姓喜欢看的文章，这是我们定位民生报纸应该做的。

硬题材如何做软？写董明珠一稿写得不错。

（十三）2017年全国“两会”报道——注重突出习总书记核心地位

《周会纪要》【2017】第9期 3月9日

全国“两会”报道上半程小结。十多天的会议，这周正好完成了上半场。前半段的会程，《羊城晚报》推出了集中式、大篇幅、高频率的报道，总体安全稳妥，精彩纷呈，形式多样。这次“两会”报道，我们提前准备，结合“两会”召开特别推出“牢记习近平总书记嘱托·改革攻坚广东故事”专题报道，专栏稿件紧贴总书记对广东的殷切盼望，把广东这一年的经济社会发展成效梳理一遍，该组报道很好地奠定《羊城晚报》今年“两会”报道的主基调。

今年的全国“两会”报道，我们还尤其注重突出习总书记的核心地位，总书记参与的各个主题活动，我们都给予非常突出的处理。在大会主线报道之外，《羊城晚报》也推出了一系列民生、接地气的策划报道，如：“羊小记访两会”，民法泰斗王利明的专访，手机诈骗题材采访公安部负责人等。

二、充分发挥全媒体采编优势

（一）还是自产的影响力大

《周会纪要》【2015】第7期 3月12日

"两会"的全媒体推送有特点。事先准备选题，有不少干货，不少原创，还是自产的影响力大，光转人家的是不行的。金羊网的视频也很不错。总之突破了报纸单一有限的空间。收集整理一下这次的成果，"两会"后进行总结研讨。

（二）在京设立"两会"全媒体直播间，主报与新媒体各平台内容发布无缝对接

《周会纪要》【2017】第9期 3月9日

今年全国"两会"全媒体播报，各大传统媒体使出了十八般武艺。《羊城晚报》也毫不逊色。今年，我们真正意义在京设立"两会"全媒体直播间，各方面设备、系统、人力一应俱全。我们的"两微一端一网"，原创栏目、视频精彩纷呈，主报与新媒体各平台内容发布无缝对接。这体现的是这些年在政府媒体融合资金投入的大背景下，《羊城晚报》媒体融合发展得到显著提升，今年《羊城晚报》全媒体"两会"报道水平与当年不可同日而语。这有赖于我们全体采编人员的精心努力，有赖于技术保障、印刷发行、广告等各战线同志的辛苦付出，在我们的共同努力下，两会前半段报道总体不错。

不过，"两会"还剩余半程时间。我们必须打醒精神，不可麻痹大意，包括采编、广告、发行、夹报、送报每一个环节，"两会"期间务必万无一失。

这两天，我跟海利总商量了一下，"两会"后半段，我们可以

弹性调节，不再拼抢版面规模，让前方的同志节省点体力。在此也委托总编室给前方的爱群总、一线同志去电予以慰问，一是转达周会上的表扬，二是代表后方感谢前方，并叮嘱前方同志照顾好身体，共同把“两会”后半程的报道圆满完成。

（三）大气、准确、全媒体出击

《周会纪要》【2018】第9期 3月8日

“两会”报道是本周的最重头，现在谈总结似乎早了点。但昨天习总书记下广东团审议，是最高潮。“两会”前期报道，从向省委宣传部上报的情况看，李希书记批示表示满意。我认为我们按省委省政府的要求，高质量完成报道任务，整体感觉不错。关于习总书记下广东团的报道以及政协会议的报道、老百姓关注的热点都跟得很紧，一些自选动作都不错，如《两会明信片》等栏目很有新意。

本次“两会”报道新媒体团队大规模上去了，不少报道可圈可点，利用“两会”平台彰显我们的媒体融合，不少小视频不错，把董小姐（注：指董明珠）也请出来了，不容易。特别是昨天晚上的版面，大家坚持工作到很晚，习总书记下广东团审议，对广东是很大的鼓舞和鞭策。《羊城晚报》总版面虽没《南方日报》多，但总体呈现不输给同城媒体。

我们的“两会”报道有五个鲜明的特点：大气、准确、全媒体出击、前后方联动、参与“两会”报道的前后方人员攻坚克难不怕苦。

今年“两会”的会期很长，前后方紧密配合，我们的报道既符合要求，又有自己的特色。前方特派记者在“两会”现场克服困难，抓了不少东西，后方也不轻松，肩负着一个平衡和统筹的重任。当然这才开了个好头，远未到总结时。

羊城晚报

2018年3月8日 星期四

学习贯彻落实习近平总书记重要讲话精神

习近平在参加广东代表团审议时强调

以新的更大作为开创广东工作新局面

广东在新时代的新使命："四个走在全国前列"

进一步解放思想、改革创新，真抓实干、奋发进取，以新的更大作为开创广东工作新局面，在构建推动经济高质量发展体制机制、建设现代化经济体系、形成全面开放新格局、营造共建共治共享社会治理格局上走在全国前列。

广东代表团举行全体会议学习贯彻习近平总书记参加广东代表团审议时的重要讲话精神，李希主持会议，马兴瑞李玉妹出席

以扎扎实实的工作成效回报总书记的殷切期望

全国两会报道见A2-A10

2018年全国"两会"报道习近平总书记到广东代表团审议

下周重点仍是"两会"各项议程，尤其是学习宣传贯彻习总书记讲话，政文、经济、广州、区域等几个一线部门，要结合自身业务，好好学习领会习总书记对广东提出新的希望和要求，思考一下《羊城晚报》的新闻报道如何深入？围绕这条主线，除了前方，后方该如何策划做出一些亮点。《羊城晚报》有这个实力做好这些策划和报道。

（四）不光版面呈现大气庄重，而且导向正确，精编精采

《周会纪要》【2018】第11期 3月22日

本周全国"两会"宣传报道为今年"两会"报道的收官之作。今年全国"两会"可谓会期最长，意义重大。今天上午，省委

2018年全国“两会”期间刘海陵向广东省领导汇报羊城晚报报道情况　　汤铭明 摄

宣传部召开我省媒体对全国“两会”宣传报道的总结，广东的新闻媒体这一次圆满完成“两会”的报道任务，达到预期目标，省委、省政府对此非常满意。

这次在新时代召开的“两会”，为党的十九大之后召开的第一次全国“两会”。除了这层特别意义以及重要议程之外，对于广东来说，习近平总书记3月7日来到广东团参加审议的意义更加重大。《羊城晚报》对这次的“两会”报道横跨三周时间，回头看这20多天，我们的报道非常圆满，导向正确，较同城其他媒体还有自己的独特优势。刚才中心值班主任、值班老总等对“两会”报道的总结，我表示赞同。3月14日，李希、马兴瑞、李玉妹、王荣等广东省领导在北京看望广东媒体，我在现场做专题汇报就特别介绍了《羊城晚报》不仅是一张省委主管主办的报纸，更是岭南老百姓非常喜爱、有着广泛读者基础的报纸，这次的两会报道，我们依托几个重点策划栏目，除了重大主题浓墨重彩，自选动作、媒体融合产品也做得同样出彩。领导们对《羊城晚报》的报道予以高度肯定，认可《羊城晚报》不光版面呈现大气庄重，而且导向正确，精编精采；书记和省长更对我们《广东好拼》的新媒体产品给予好评。另外，在一些重要节点报道上，中宣部、省委省政府也对我们的报道给予了肯定。

这次在如此多的重大主题宣传、程序报道的情况下，《羊城晚报》在整个“两会”报道中表现得可圈可点，很不容易。等前方报道组回来，我们再认真总结一下。

至此，整个“两会”报道总算平平稳稳圆满结束。除了“两会”报道外，本周《羊城晚报》在重大事件、独家报道以及一些跟进式报道方面，都做得相当不错。接下来，我们还要重点做好传达贯彻习近平总书记对广东工作的重要讲话精神，特别是对广东提出的“四个走在全国前列”的具体要求，我们要重点谋划。

（五）新媒体与传统报纸巧妙搭配，自选动作与深度报道结合得好

新媒体作品《广东好拼》截屏图

《周会纪要》【2018】第5期 2月1日

本周最重要的工作为省“两会”报道，我们方方面面都处理得非常好：报道平稳有序，主题鲜明突出；自主经营的主题稿件有分量，切合省委省政府中心工作；前后方有配合，版面资源重调整，新媒体与传统报纸巧妙搭配，自选动作与深度报道结合得好。尤其是我们的高端访谈、粤港澳大湾区报道，多位厅领导向我表达对《羊城晚报》一线采编同志的感谢。

坚持党管媒体、党管舆论不动摇。

要有“看大局”意识。

要在政府决策和社情民意之间做好桥梁和引导作用。

网络把关尺度与纸媒尺度是一样的。

重大时政报道在政策导向把关上不能含糊。

把关经验：重视心里“咯噔”一下的地方。

党和政府把阵地交给我们，我们不能轻易出问题。

舆情是把双刃剑，要反复掂量，小心拿捏。

第二节

把关要有大局意识

导向把关有两层意思，一层是方向性的东西，好比灵魂；一层是底线，或者叫红线。新闻舆论导向把关，既要把准方向，又不越雷池一步，两者不可或缺。

《羊城晚报》作为省一级党报，在政治导向把关上决不含糊，党和政府把这么重要的新闻舆论阵地交给了我们，我们不能在自己手上出问题，这是职责所在。

《羊城晚报》这几年制定了不少导向把关制度措施，也采取了许多具体的实施办法，确保了新闻舆论的导向把关工作不出差错。这些措施办法，有个很大特点就是群防群治，分级把关。导向把关绝不是总编辑一人的工作，虽然总编辑要承担主要的、最大的负责，但还是需要大家分担。我非常强调分级导向把关制度，各司其职，十双眼睛盯着，总比一双眼睛盯着强。比如2015年1月，我们出台了《羊城晚报层级把关制度》，在第一章《总则》里开宗明义地点出："为完善《羊城晚报》舆论导向管理，明确各层级在《羊城晚报》出报流程中的职责，充分发挥各级人员在舆论把关中的重要作用，保证安全出报，特制定本制度。"这个制度将导向把关的职责分解为十个职级，从记者、校对、美编、版面责任编辑、图片总监、编辑部门主任（值班主任）、编辑中心执行主任、值委到副总编辑和社委，最后到总编辑，哪个职级该做什么，不该做什么，出了问题如何处罚，都规定得清清楚楚，从记者采访第一道关口就开始严格把关，记者在日常的采访中就要有政治把关意识，自我甄别。这就好比严防病从口入，将预防病菌侵入口腔鼻腔等人体消化系统第一道防线做起。

当然，加强导向把关，并非不分良莠，将所有事物拒之千里之外。导向既有把关作用，也有引导作用；既要做好防范，又要做好疏导。只防不疏，大堤终会被冲垮；只疏不防，终究陷入放任自流、无法挽回的境地，两者不可偏废。我也常说，《羊城晚报》作为党媒，要善于在党委政府决策和社情民意之间做好桥梁和引导作用；要充分发挥《羊城晚报》作为主流媒体在社会生活中的舆论引导作用，在党委政府、决策机关和社情民意中引领舆论。但这个引领要注意三方面：一是不能逆潮流而动，二是不能逆党委政府的决策而动，三是不能太超前，离公众和社会太远。要适度超前，正确引领社会舆论。

（一）要有“看大局”意识

《周会纪要》【2011】第32期 8月18日

本周《羊城晚报》报道特点是“看大局”“追新闻”。

“看大局”：包括“大运会开幕”“胡总书记到广州视察”这两大题材。从最终效果到投入版面来看，《羊城晚报》算投入版面最少的报纸之一。我们没有做特刊，出于政治考虑，从原来6个版增到8个版。关于周建平副总编辑向省委宣传部领导汇报《羊城晚报》大运会报道工作情况，这次汇报碰到了行家，宣传部的领导是专家，对新闻非常了解，谁在汇报中弄虚作假，谁在如实汇报他们都了然于胸。建平这个汇报很好，咱们实实在在汇报，老实人不吃亏。“胡总书记视察广州”的回访稿，我觉得做得不错，《南方都市报》推出得最快，但内容太硬，我委托孙璇（注：时任羊城晚报报业集团管委委员、羊城晚报社社委委员）负责统稿，几个部门都派人出去，广州新闻部准备得更早，很早就布置，整组报道较有特点。

“追新闻”：如“王勇平被停职”“二三线城市限购”等。最近采和编的士气很高涨，大家很努力、很勤奋，我代表集团感谢大家，也希望部门主任对一线的同志提出表扬。作为媒体理应去追新闻，但是被动的追和主动的追效果完全不一样。

（二）对重大批评稿件强化把关

明天到广州英雄广场可现场投诉
315
魅族官网延迟发货
遭百名消费者投诉

《天天315》报道版面

《周会纪要》【2011】第37期 12月8日

重申相关纪律和规范：重申各采访部门的值班主任对部门记者采写的一些重大批评稿件，重大时事政治稿件，要先看稿，强化把关，从源头上堵住一些不应有的差错。我们的《天天315》栏目做了很多批评报道，目前还没发现记者在成稿当中有什么“硬伤”，这种对工作的细致、认真和对制度的严格执行都值得大家学习。

（三）坚持党管媒体、党管舆论不动摇

《周会纪要》【2013】第16期 5月16日

我们都是报人，要以办好《羊城晚报》、写好稿、编好版为天职，任何时候都要坚守岗位，编好报纸，保证不出政治问题，少出、不出技术问题。

要坚持党管媒体、党管舆论不动摇，保持阵地意识、大局意识、责任意识，严格按照中央、省委的要求去做，确保《羊城晚报》这艘大船能够平平稳稳。报纸、网站、官方微博不准出现与中央、省委要求不一致的东西，这是纪律。要加强个人微博管理，要求言论与中央、省委保持一致，个人微博不冠“羊城晚报”，对违反规定的人员要进行批评和采取措施。各部门负责人要认真履行职责，管好自己的队伍，看好自己的门，守好各自的地，抓管理，抓教育，抓制度建设，把本部门乃至报社的事情一件一件落实好，不要出现因为采访不慎、写稿不慎、编辑把关不慎造成的各种投诉、更正，一旦发生这些事情，需要协调、解决，牵扯我们太多的精力。

对上级点名批评的报道，我代表编委会对相关责任人提出严肃的批评，并希望不再出现类似的情况。

（四）要在政府决策和社情民意之间发挥桥梁和引导作用

《周会纪要》【2013】第27期 8月1日

《羊城晚报》一直以来都是高举民生新闻的大旗，立足于做强民生新闻。它既是省级的晚报，也是市民的报纸，立报之

羊城晚报
2013年7月 31
习近平主持政治局会议分析研究经济工作，要求：
加大金融支持实体经济的力度
珠江英魂 何处安放 请你投票
℃
今日提点
2B院校征集志愿
海天特级酱油
托老费拟上涨 250%
番禺垃圾种菜死灰复燃
周迅 窦骁 好上了？
活鱼变烤鱼
广州今年拟再举债382亿
主要用于市政基础建设、轨道交通建设等
通 知

《羊城晚报》推动为郑益龙等见义勇为英雄设雕塑

本就是社会民生。不是说时政新闻不重要，而是要在民生视角下做好时政新闻和人文新闻。

本周重磅推出“广州拟为郑益龙等见义勇为英雄设雕塑”，这是《羊城晚报》率先提出的倡议，得到广州市政府的积极回应，也获得读者的广泛支持，彰显了《羊城晚报》的公信力和品牌影响力，接下来要闻部、广州新闻部、政文部都要深度介入做好后续报道。

一直以来，《羊城晚报》相当多的新闻报道直接影响了政府的决策。在人人都是信息发布者的时代，我们这些受过专业训练，具有媒体知识的专业人士，就要充分发挥其重要性，比如现在政府就英雄立碑安放点征集市民意见，晚报就要在政府决策和社情民意之间做好桥梁和引导作用。现在各级领导都在强调主流媒体的舆论引导作用，《羊城晚报》要在社会生活中起引导作用，在党委政府、决策机关和社情民意中引领舆论。但这个引领要注意三方面：一是不能逆潮流而动，二是不能逆党委政府的决策而动，三是不能太超前，离公众和社会太远。要适度超前，正确引领社会舆论。

当社会民众对某方面有诉求、有议论，《羊城晚报》就有责任把这种诉求变成社会现实，这就是报纸的公信力和影响力。在这方面，《羊城晚报》对决策人群的影响力远远强于别的媒体，但发行、广告又落后于别人，这是不对等的，引人深思，所以我们的发行、广告都要迎头追赶。

（五）网络把关尺度与纸媒尺度是一样的

《周会纪要》【2014】第6期 2月20日

珠三角新闻《打工妹怕嫁不出去，呼吁“别再黑东莞”》一稿从图片、采写、上版、标题都是标准的正面新闻，但放上了网后，引起了爆炒，有违初衷。因此说，网络的尺度与纸媒尺度是不一样的，但作为主管部门来说，网络的把关尺度视同于报纸，新媒体官微、金羊网刊登的东西就是报纸的东西，所以我们要共同把好政治关，多做老百姓喜爱的社会、民生报道，促进报纸良性发展，走平稳发展的道路。

（六）重大时政报道在政策导向把关上不能含糊

《周会纪要》【2014】第33期 9月4日

本周重大时政报道很多，《羊城晚报》的报道主题突出、鲜明、及时。《羊城晚报》在这种重大时刻，作为省级党报，在政策、导向、把关上不能含糊。但是不是都做得这么大这么多，可以议论点评，《羊城晚报》和《南方日报》有区别，党报和机关报应有所区别，我们在本地版和外地版处理上也有差异。总的说，政策导向把关是态度问题，不能含糊。

（七）把关经验：重视心里“咯噔”一下的地方

《周会纪要》【2015】第7期 3月12日

各位要加强把关意识。以我的经验，凡看文章时，心里

"咯噔"一下的地方，一定要再看一遍，一时看不出什么，也要让别人再看看。事实证明，这类文章出问题最多。

（八）报道不能违反宣传纪律

《周会纪要》【2016】第4期 1月28日

刚才大家谈到的这一报道，就稿件本身没有任何问题，但报道违反了有关要求。关于这方面的要求，包括中心主任、广州部主任层面不掌握，责任该由我们领导层承担。结合这次事件，我想再次提醒在座各位：请《羊城晚报》以及下属子报、子刊的负责同志，无论是值班、把关、审稿、写稿等方方面面，要打醒精神、认真对待每一个细节。另外，对于年轻的同志，还是主张多鼓励、多锻炼。希望大家集中精力，携手推动《羊城晚报》方方面面向前迈进。

（九）党和政府把阵地交给我们，我们不能轻易出问题

《周会纪要》【2016】第9期 3月10日

我们要坚持正确的舆论导向。到目前为止我们的"两会"报道没有出现差错尤其没有出现重大的政治差错，说明大家上下一心，联手把关，导向上没出现问题，很不容易。自我把关从记者、选题开始，从记者、编辑到校对、审读到老总，上级部门的要求，最终变成了每一位记者、编辑自觉的行动。其实这不是要求，是你的饭碗。党和政府把阵地给了我们，我们不能在自己手上轻易出问题；这不是要求，是我们的职责所在。

导向管理没出问题值得表扬，但也出现了一些苗头——

上周抽掉一条稿，是怀念一位记者的文章。文章本身没问题，但考虑到"两会"期间，为稳妥起见，最后还是下决心把稿件换掉，已经印好的外地版报纸全部作废，连夜让编辑赶回来重

新做版。

抽掉了几篇稿。茂名提拔干部要尿检的新闻，虽然是当地提供的稿件，但考虑“两会”期间，容易被境内外媒体、标题党利用，影响广东的正面形象，所以抽掉是对的；互联网管理新规的稿件，存在模糊地带，虽然文字客观平和没有批评，但在互联网管理的敏感时期同样有风险，最后决定不用。

“两会”期间有可能引发热议的稿，抽！如“三八”节大学生求爱贴标语，标语内容不堪入目，极其低俗，新媒体主动把关没上。但有些网站上了，如凤凰网。名义上是批判，实际客观上是传播，给广东高校抹黑。《羊城晚报》在这方面的把关非常严格。

这些都是苗头，尽管我们层层把关没有刊出，但严格来说这些题目本来就不该做。所以导向方面我们仍然有短板。

把关是365天的事，是长期的任务，“两会”期间要求更严，之后也不能放松，不出问题才是最高境界。为达到这个目标，要把所有规章制度一条条弄细，落实到每个人。

导向管理很辛苦很不容易，提出表扬。

（十）我带头值审读班

《周会纪要》【2017】第15期 4月20日

互联网时代，新媒体传播的速度比报纸要快得多，要检查相关通知精神传达的渠道是否畅顺，是否传达到位，要查漏洞堵漏洞。目前，审读组只有4个人值班，人手严重不足，于是我向总编室提议，由我带头，全体采编人员到审读岗位轮值，这不仅解决人手不够的问题，还让大家体验一下不同的社会角色，体验审读工作的不容易，同时也是要让每一位采编人员进一步加强日常新闻采写、编辑过程中的导向把关意识。

（十一）新媒体导向把关要及时堵塞漏洞

《周会纪要》【2017】第26期 7月6日

值班编委提出的用词不妥问题，区域新闻部要在内部群再次作提醒。类似高度敏感的内容，包括版面、广告，校对、审读、值班主任、值班老总都要看得细一点，也可借助一些技术手段帮助把关。

周总提到的7月1日微博出现不妥跟帖一事，这事太危险，请孙璇总（注：指羊城晚报社副总编辑孙璇）马上查一下当天的值班情况。我多次讲过，新媒体把关程序看的人少，但不能人少就少看，金羊网、羊城派、微博微信你看不过来就不要发，宁愿你少发，也不能够出问题。一句话，管不过来你就别发，管得住一个就发一个，管得住两个就发两个，等审读发现就等于出了街，这是很可怕的事情。早就说过半夜微博没人值班就关掉，上班时间有人值班再打开，就要实时关注跟帖内容。金羊网、羊城派、微博微信要通过这件事情，再严查一遍。除了推送出去的内容，包括互动的跟帖，绝不能再出问题。

（十二）舆情是把双刃剑，要反复掂量，小心拿捏

《周会纪要》【2018】第25期 7月12日

关于中大性骚扰事件的报道，正如大家所说的那样，确实值得总结，该事件发生在中大，是广东的事，如何报道是考量我们的办报智慧，其实有一点是肯定的，只要当事部门发公告，我们就可以做。我们不煽风点火，而是比快，比角度，比变通。

舆情是把双刃剑，要反复掂量，小心拿捏，该怎么做没有标准，要根据情况进行报道，因此提倡值班老总、中心主任、各部门值班主任多沟通。要认真判断，准确把握。

要把机关报的官腔
转换成老百姓能够接受的通俗语言。

让政务官员在媒体上展现他们有血有肉的侧面。

在新时期，老百姓民主意识增强了，
非常关注党政干部的一举一动，一言一行，
非常关注党委政府出台的一系列举措。

做政策解读性新闻，
用老百姓听得懂的话，翻译给老百姓听。

时政新闻是老百姓关心的硬资讯。

时政新闻宣传手法要创新。

社会就像“百年大宅”，记者是检修工匠，
不要轻易撼动“承重墙”，要保持锐气和质疑精神，
选取合适的角度揭示问题。

第三节
以民生视角做好时政报道

《羊城晚报》面向市场和市民，在时政报道方面到底可不可以有所作为？有多大的作为空间？这个问题经常困扰着晚报的记者、编辑。与日报、机关报相比，晚报的优势在文化新闻、社会新闻和民生新闻。我经常在业务会上说，在海量资讯的今天，无论政府官员、商界大亨，还是街头快递小哥、跳广场舞的大妈，大家对时政新闻的兴趣，非但没有减弱，反而增强。我不相信中美贸易纠纷市民不关心，因为这牵涉到太多人的利益，同样，现在政府颁布许多新政策，都是实实在在的民生利好政策，所以要做好政策的解读，这样的报道不愁没人看。

作为媒体人，我们应该敏锐地察看到，社会进步了，老百姓民主意识增强了，非常关注党政干部的一举一动，一言一行，因为他可以自由地对他们进行评判。

在这种形势下，我们更应该创造性地宣传好党委政府的中心工作。比如省委省政府要出台大政方针，我们可以结合当前社会老百姓关心的热点焦点问题做个梳理，做好策划，将出台的重大政策举措与社会关心的热点焦点问题结合在一起，加以解读。总之，要想方设法创新时政新闻的宣传报道形式和内容。

幸福广东 共建共享

“幸福指标”测量广东幸福温度

数易其稿体现民意民智

“幸福广东　共建共享”报道版面

（一）正面题材精心经营，同样能获得读者认同

《周会纪要》【2011】第12期　3月31日

“幸福广东　共建共享”作为一个指令命题，做得很好，还吸引了广告客户的关注。从这组报道中我们获得启发：正面题材精心经营，同样也是我们努力的方向。我们有时面对这类题材往往抱着应付心理，但这次我们从小角度切入，有生活场景，少说空话，采访对象都是来自基层，说得都很朴实，再加上文字简练、图片精彩，各种元素结合在一起，尽管是硬题材，但仍获得读者认同，网络转载率高，广告跟进，值得我们总结经验。本周《南方都市报》对广东21个地级市履新市委书记进行了一次盘点，把时政新闻做活了，值得我们学习。

（二）不要轻易撼动“大宅”的“承重墙”

《周会纪要》【2011】第18期　5月12日

最近一段时间以来，来自读者评价和自我感觉，《羊城晚报》“有点东西看”，说明我们的报纸有锐气，采编人员团结一心共同努力，为读者奉献出一张“有点东西看”的报纸。但作为总编辑，我也在反复思考，我们应该如何与同城日报竞争？特别是在时政新闻方面，本周确实有不少时政类新闻追得不错、社会新闻和民生新闻都做得不错。

目前我们的社会就像一所“百年大宅”，确实存在不少问题，记者就像为大宅进行检修的工匠，在反映问题、揭示问题的时候，要注意立场和导向，不要轻易撼动“大宅”的“承重墙”，要注意提出具有建设性的意见，但又要保持锐气和质疑精神，还要注意选取合适的角度和技巧来反映、揭示社会问题。另一方面，我们的记者、编辑，要舍得下笨功夫培养自己的专业素养和专业精神，这样才能透彻看清楚社会问题的根本所在，才能准确揭示社会问题，又不至于触碰“红线”。

我们所做的报道，就是要反映社会现象，揭示社会问题，从根本上帮助解决问题，在这方面，《羊城晚报》有其历史根源，有其现实基础，更有高于其他报纸的定位，我有信心，《羊城晚报》一定能超越城中其他都市类报刊。我们的每篇报道就如一块砖，我们办报就如盖房子，我们要注意每篇报道的质量，但也不能光盯着报道，心中要有房子的蓝图，这样才能办好报。

（三）要把机关报的官腔转换成老百姓能够接受的通俗语言

《周会纪要》【2011】第45期 11月24日

进一步做好政府的新闻发布工作。新省长上任，经济部要跟政府有关部门做好沟通工作。这次召开“洋顾问”会议，《南方日报》紧跟省政府的要求，全部大篇幅地报道，而代省长朱小丹对《羊城晚报》的要求是“希望你们的报道再搞活一点”。所以跟省政府办公厅沟通的时候要有意识地把这个定位灌输出去。我们要结合《羊城晚报》的特点从正面宣传好省政府的有关政策，但不一定发通稿。要很明确地表明《羊城晚报》不是机关报，而是要把机关报的那种官腔翻译成老百姓能够接受的通俗语言。把政策层面的硬邦邦的东西变成能让老百姓朗朗上口、易读、看了会心一笑的新闻。

A3

春天的交响曲

2012两会观察

南粤风

汪洋看望羊城晚报报业集团两会报道采编人员时称赞——

羊晚两会报道有特色有深度

"羊家女将"陈琦钿用 iPad 为汪洋画像引关注，汪洋幽默评价——

"可贵的是，你没有美化我"

汪洋称赞广东媒体两会报道

"丰富、及时、准确、生动、活泼"

2012年全国"两会"期间，广东省领导慰问前方报道组

（四）汪洋书记善待新闻记者

《周会纪要》【2012】第10期 3月15日

那天晚上我看版面的时候，没有发现汪洋（时任广东省委书记）特写的这条稿，要不然一定会把它放到头版，加红框。但后来在与闫修彦（注：时任羊城晚报社要闻部副主任）商量的时候，他认为放在头版会与汪洋书记在小组的讲话有割裂的问题。汪洋书记等领导在北京慰问记者的那天，我特意让闫修彦把这条稿的版面PDF图做大，当汪书记看见这张版面图的时候说，你们没有炒作这件事。我跟汪洋书记说，"汪书记，您的这个动作，我们在场的记者都印象非常深刻"。汪洋书记听了开心地说，我批评你们，你们"以德报怨"。当时汪书记批评有些记者断章取义，抢眼球，有些报纸的标题违反他的原意，两位记者在写汪洋书记这篇短稿的时候，只用了汪洋书记的一句调侃的话"你们不够朋友"，然后再用他的肢体语言兜回来。一个政治家在这个问题上，尊重记者，真正地善待记者，是值得媒体人、政治家们学习的。

短消息，就是眼光独到，看得见，下笔写的时候有所取舍。提倡短新闻，仍然是我们追求的一个目标。短，不仅仅体现在字数的短，还体现记者的观察功力，对时政新闻的把握，能够在当时那么复杂的环境，在这么一个背景下把它兜圆回来，是这篇特写好的地方之一，当然还包括后方编辑的改稿。

（五）让政务官员在媒体上展现出他们有血有肉的侧面

《周会纪要》【2012】第12期 3月29日

政务新闻报道问题。莫丹涛在值班中提出的中端可以放开来做这个问题，很准确。我认为除了省委书记不要去碰之外，其他的政务官员只要是在公开场合，都可以做。现在资讯发达，应该让一些政务官员在媒体上向公众展现他们有血有肉的各个侧面，同时也需要媒体人善于发现，这包括记者和编辑的发现。在全国“两会”时我们登的一篇汪洋书记的小特写，就是记者眼中政务官员的一种形象、做派，也反映出记者是有功力的，编辑是有眼光的，敢写敢用，这就是政务新闻的突破，各部门都要往这个方面去挖。提倡各部门大胆去做，一是见官不要怕，二是要有细致的观察，三是对官员讲话的语境以及发言的逻辑有前后的了解，这样写出来的东西才会全面、得体。

政务新闻的报道有突破，但远远不够，还要继续努力。

（六）领导人活动稿件如何写？

《周会纪要》【2012】第41期 11月1日

大家都发表了意见，这是一个难点。通稿从来都是干巴巴的，领导审过的就变成难读的干货，缺少了个性，它是标准件，不出问题。但我认为它有两个层面可以把握：一是涉及重大活动、重大定性、重大决策的活动，应采用通稿或全文送审。二是领导参加调研、听汇报、进一步阐述某个问题的时候，发言非常精彩，但打过招呼不能报时，必须执行；但如果没打招呼，所写的符合省委省政府的一贯政策，符合领导人身份、语气，描写场景、气氛、细节、个人魅力的，可以不送审。这就需要有一定的把握，要求记者必须有一定的新闻资历，要站在省委省政府的角度，站在《羊城晚报》民生大报的角度，对领导的这一番讲话、一番表现，有个大致的判断，这个很重要。还有原意不能搞错，要符合方针政策，符合他的性格，符合他的身份和地位。当然书记、省长和其他常委要有所区别，其他常委的尺度可以宽一点，但是对书记、省长要谨慎小心。鼓励政文新闻部、要闻部在有限度、安全的情况下作一点尝试，有所突破，但这突破是一个缓慢的过程。我们既不是《南方日报》也不是《南方都市报》，怎样在两者中寻找出一条时政新闻的路子，而且这条路子得到省委省政府、省委宣传部的认可，值得大家思考。

（七）怎样做好广州市委市政府的报道

《周会纪要》【2013】第19期 6月6日

重要时政新闻放在广州新闻版这种情况已经存在很长时间。诚然，广州新闻部理应多报多发广州地区的新闻，区街社区动态情况以及广州交通、城管等方面的新闻应该放在广州新闻版。但是，广州作为省会城市，其一举一动都受到读者的关注，读者就是想通过看晚报，了解广州市委市政府的相关工作，所以从这个角度考虑，报社在采访设置上把市委市政府跑线任务放在政文部，因此市委市政府面上的新闻，特别是贯彻中央、省委的一些政策规定等可以适当在要闻版呈现。但是对于市委市政府一般性的工作会议最终落地还是在广州新闻版。

刚才值委提到的“广州党政代表团造访佛山”及“广州‘两建’会议”这两条稿应该上要闻版。广州市4套领导班子阵容“豪华”地造访佛山，这是大事情，跑线记者应该要知道，即使没接到通知记者也应该跟去，除了通稿外，也可从当地挖掘一些东西。

《羊城晚报》多年来对广州市委市政府的某些报道不够重视。我们作为省一级的报纸，应该对怎样用好广州市委市政府的稿件，做进一步的研究。一方面，政文部及分管领导要主动做好市委市政府的沟通工作；另一方面，要闻部用稿取向也要注意，你不用广州市委市政府的稿，那人家下次就不通知你的记者了，所以有些节点上还是要发这样的通稿。

（八）老百姓非常关注党政干部的一举一动、一言一行，非常关注党委政府出台的一系列举措

《周会纪要》【2013】第19期 6月6日

我们的时政新闻比较弱。政文部、经济部、区域新闻部、要闻部都要研究时政新闻、党政新闻的一些做法，这里面非常讲究。社会进步了，老百姓民主意识增强了，非常关注党政干部的一举一动、一言一行，非常关注广州市委市政府出台的一系列举措，尤其是在广佛同城、广州限牌等大背景之下，《羊城晚报》定位是综合性大报，时政新闻这一块不能缺。

（九）要加强政经方面的新闻报道

《周会纪要》【2014】第6期 2月20日

多年来我们侧重于民生新闻、财经新闻，相比较《南方日报》，我们的政经新闻相对较弱。我们服务省委的中心工作做得不

错，但服务省政府的工作有点欠缺。省政府的中心工作跟省委的中心工作大方向是一致的，但在具体落实方面，一些工作部署和一些工作重点会不一样，需要省级媒体全力以赴主动配合加强报道。对时政新闻我们有一点新的探索，花了脑筋，动了心思经营。现在我们也要花心思经营政经新闻，要留意省委、省政府主要领导同志的关注点、兴奋点，关系到广东省社会民生方面，特别是社会的大项目、大建设，国企改革等一系列政经新闻领域的题材，政文部、经济部、区域新闻部都要琢磨、探讨。真正体现《羊城晚报》功力的好文章，社会反响好，省领导是会关注的，下一步我们要加强政经方面的新闻报道。

（十）在新时期，老百姓对时政新闻的关注度更高，《羊城晚报》更要加强时政报道

《周会纪要》【2014】第30期 8月14日

爱群老总关于时政新闻的意见，我非常同意，多年来，时政报道是《羊城晚报》的短板，时政新闻“这条腿”软一点。这两个星期，特别是政文编辑部、要闻部、值委，包括头版、时政版，包括社会民生的版都在加强时政的报道，这是好现象，但是还不够，《羊城晚报》立报的根本是民生大报这个没有错，但民生大报立报跟关注时政新闻一点都不矛盾。

这里要纠正一个误区，《羊城晚报》从1957年创刊，1980年复刊开始，我们大量强调社会新闻，而且是纯自然的社会突发新闻，我们往往意识当中有点偏差，认为这类才是社会新闻。其实，改革开放30多年后，对社会新闻的定义要有改变。另外，老百姓吃饱喝足了，他们更多强调个人的政治诉求和个人权益，这为社会新闻采写提供了广阔的空间。

《羊城晚报》这张民生大报，社会新闻仍是我们的主打，

但是社会新闻的含义要从更高的层面、更广阔的角度来界定，这里面就要谈到时政新闻。在新时期，老百姓对时政新闻关注度更高。《羊城晚报》强调时政新闻意识，这是对的。刚才要闻部谈到的《坚决拥护中央对周永康立案审查的决定》这条稿，提醒我们整个报社，我们的部门主任和值班主任、值委、老总，都要树立这种时政意识，这点非常重要。相比较同城其他报纸，特别是《南方日报》，我们还是弱的。《南方都市报》，这5年来它的时政意识大大加强，重视把握时政新闻，这些都应引起我们重视。

当然《羊城晚报》不应该像《南方日报》《广州日报》那样做时政新闻，《羊城晚报》应该有自己的时政新闻角度和眼光，但总体来看，我们的现状是弱。这两周有个好的开始，我们在加强，有这种势头。我们要组团去兄弟单位学习，包括南方日报社、人民日报华南分社、新华社广东分社等中央和省级的媒体。

大家留意一下人民网的定位，《人民日报》基本没有批评报道，但人民网包括它的论坛，比《人民日报》尺度宽很多，很多大政方针，它用大白话说出来。比如人民网说周永康案后还要打三大战役，尽管是外来稿，但我们视为是中央发出一种试探性信号，周永康案后准备抓哪几块，反腐败、经济建设、法制建设怎么做。文章讲到其中一点，现在是运动式反腐，下一步要进入法制轨道反腐。这话一般人不敢讲，人民网以评论员的文章讲出来。后来一搜，各大门户网站把这条稿放得很高，我要金羊网、官微、官博把它推出来，老百姓真的关注这些。

采编人员具备了时政意识，可以像人民网一样把时政新闻做一些解读普及，让老百姓看得懂，又不碰红线。在座各位都是把关人，从事时政新闻报道的，就要研究它。我非常看重策划整合，在互联网时代办报，就要整合，单靠一个老总、一个记者办报的时代过去了，大家要开会、碰撞。佛山房产限购放开这几篇稿整合得比较到位，做成一个焦点，老百姓看了解渴，《羊城晚报》在这个问题上是有思考的。这就是时政新闻，并非省委开常委会、人大开常委会才是时政，这个观念要改。新的架构、新的调整后怎样发挥集体的智慧来进行碰撞，时政新闻、民生新闻、法制新闻等，我们都重视，炒一盘大菜，当然时政新闻是主菜，但是主菜也要讲究色香味，要重视、要谨慎、要小心，也要做一些老百姓听得懂、看得懂的东西。

（十一）重大事件图片的选用值得拿捏

《周会纪要》【2014】第42期 11月13日

讲到网站上的消息，关于APEC会议服装、菜单的稿件，我个人认为，《羊城晚报》的所有编辑、记者、图片总监都没错，按相关规定是不能用的，我们是按照要求，准确完成任务。当天晚上，我看到新华社发了服装的文字稿，但却没发图片，为什么不发，我也心里打鼓。第二天，南方、广日就从网上拿了图片来用。我觉得上级要求是对的，重大事件不许网上拿稿。但也值得探讨，一些重大事件中非主流的东西：不是领导人说法、不是对一个问题的是非判断，不涉及国与国之间、国家与地区之间这些重大节点的问题，而对服装、菜单这些花絮性的东西，要闻部、图总、值班主任可以探讨采用。

回过头来讲，《新京报》的时政新闻很“牛”，又不踩红线。今天登的胡德平采访，讲唱红打黑，还有对“红二代”聚会的胡乔木女儿的采访，对这些人物也敢做。传统的报纸都不敢碰这些，我们的要闻部、政文部可以研究这种现象。北京、上海这两个政治、经济“重镇”，《羊城晚报》的前方记者，包括本部的时政、经济记者要关注留意。重大时政报道，除了新华社发稿，地方报纸有没有空间？这个话题，相关部门可以一起研讨，包括《新京报》的时政报道，留意一下这种现象，它已突破了时政报道由新华社供稿的单一渠道。当然，地域不同，主管部门管治尺度不同，报纸的地位也不同，还有从事报道的编辑、记者、领导的底气和胆量问题，在这里我不下结论，供大家参考。

（十二）珠海航展提倡记者跨界采访

《周会纪要》【2014】第42期 11月13日

以后像珠海航展这种跨部门、跨领域的采访，提倡记者也要跨界。我们的新闻采编人员要提倡跨界，区域部的记者也要懂时政、懂领导排名，政文部的记者也要懂经济。现在经济部的记者只能采写低空空域开放，讲到时政新闻又要交给政文部，这种状况将来要逐步改革。新闻从业人员都要跨界，我们是为了生存而奋斗。

采编业务周会要多一些讨论，引起采编人员思考。社会天天在变，作为一张传统的《羊城晚报》，我们要睁开眼睛，认真研判社会上的变化，研判后要有动作，要紧跟时代的变化。

另外还要讲一个专业问题，这次航展网上信息很解渴。国产大型运输机，展现了中国空军运输能力已可以延伸到亚洲区域，这里面有很深的含意。我们的空军歼31，虽然还没有量产，数据都没出来，航展第一次公开试飞，行家们都在盯着，老百姓看看也过瘾。苏35飞机连我们的空军司令员马晓天都坐进去了，国家副主席李源潮也靠上去瞄一眼，领导人都好奇，更何况老百姓。关于航展有很多谈资，老百姓津津乐道，所以说我们

羊城晚报
航天“两巨头”成交1200余亿元
珠中江新闻 A21 2014年11月 13 星期四
飞行员培训学院现身航展
珠海培训飞行员同样火热
本土企业受青睐
2015年起珠海年年有航展
新闻中心难见俄罗斯身影

珠海航展报道版面

这次的航展前半段没做好，不够专业，虽然够热闹，版面上还可以，但谈资、热点做得不够好。但是也有写得好的稿件，如林丹今天写的国产发动机与发达国家的只相差十年，中国的航空工业、军工工业少有第一次放开讲，咱们要卖飞机，我们已经有四代飞机，讲出来也是威慑力；还有政文部写的战斗机美女飞行员，有亮点。这次航展报道还是要表扬，假如我们的报道对专业或半专业的东西，再深入研究一下，推出老百姓津津乐道的、又不违规的话题，更能吸引人。

（十三）关于领导人活动的通稿问题

《周会纪要》【2014】第45期 12月4日

本周三次领导人活动都没有通稿，这是新变化。其实想当年，省委书记、省长的活动，都没有通稿，都是记者自己写，领导也不审。当年七届人大二次会议，我在北京采访叶选平省长，我写完稿以后，不仅叶省长不看，连叶省长的秘书也不看，只要稿件表述没有歪曲省长的原意就行。

本周省长、副省长参加地方活动也是少有的没有通稿，我们要适应这种变化，这种地方性的领导活动，不是什么特别的事，不需要发通稿，这种活动即使不报问题也不大，在这种情况下，参加采访的记者（包括区域部和记者站）要学会基本时政报道的框架和本领，如简单的排名，这时候再打电话回来问主任，那成本就高了，现场就可以拉住市委办、县委办的秘书长、副秘书长大致让他帮忙排一排，作为记者这方面的意识一定要有。

整个羊城晚报社所有采编人员都要有时政意识，这不只是政文部的事情。部门开业务会时一定要强调这一点。领导没有发通稿，也就是说没有框框，但也不能乱写，这时写稿记者的基本判断比较重要，更多地考验值委、执行主任、编辑的判断和把握。所有采编人员都要培养时政新闻的意识。

（十四）强化对时政新闻的整合梳理提炼

《周会纪要》【2014】第48期 12月25日

本周李克强出访稿做得好，通常重要的时政新闻稿要求只用新华社稿，新华社稿虽然不会错，但也难以出彩。地方新闻媒体如何活用新华社稿，值得去思索。这次我们用的都是新华社稿，我们所做的是整合梳理提炼，把埋在过往新闻或通稿里的料挖掘出来，按一定脉络整理出来，就抢眼了。要闻部整合的这两篇稿是一个大胆尝试，值得表扬，值得鼓励。对值委、要闻部和相关编辑提出表扬。

这里也得做一个提醒，如某人的新闻，以往新华社、《人民日报》也发过简历，最近一期《求是》杂志还有他的文章，如果我们也去整合，就出大问题了。这次除一些网站和自媒体外，严肃媒体连简历和照片都没登。

我们的同行《新京报》做了大量的时政新闻整合，值得借鉴。尤其对于一些非敏感的事件和人物，可以去尝试。

时政新闻，这里有个度的问题，哪些能做？哪些不能做？没有一个统一标准，有些在头版不行，在三版就行；这样的标题不行，换个标题就行。包括一些经济新闻报道同样如此，如财税政策，牵一发而动全身，早一天早半天捅出去都不行，一些民生新闻亦如是。

我们的时政新闻必须拓宽视野，通过这些案例，摸索出一些经验，要闻部和政文部可以大胆去尝试，关键是如何把握和把关。

（十五）再谈领导人通稿的编发

《周会纪要》【2015】第12期 4月16日

刚才值班编委提到，今年以来李克强总理好几条稿子都是中国政府网发的稿，而新华社并没有发稿。这对比过去只有新华社垄断发领导人的报道，的确是个新情况。在我分析看来，也许是因为主次的区别，新华社会更多地考虑发总书记的稿，总理的内容则相对少些。在此背景下，中国政府网就有了发布政府领导人相关报道的空间。

关于中国政府网发布的稿，我们还是可以理直气壮地用。像今天（4月16日）我们报眼位置选用中国政府网的那条关于李克强严斥烦冗流程让一些好政策“迟迟落不了地”的稿子，我觉得放到头版头条的位置也不为过。而像中国政府网这样的政府官网，当前也是个重要的新闻源。我认为值委、中心值班主任在常规的工作流程之外，也该补充对相关网站做好信息监控。

不过，关于领导人的稿子，这里头还是有很多微妙的东西需要我们考虑、平衡。到底什么样的稿件能用，拿什么做标题，我们还需慎重对待、仔细斟酌。

（十六）做政策解读性新闻，用老百姓听得懂的话，翻译给老百姓听

《周会纪要》【2015】第31期 8月27日

从政经新闻、民生题材入手，尝试做解读式新闻。作为党报，《羊城晚报》为贯彻各类宣传任务，花费了不少版面，刊发通稿。然而，这类通稿文章内容往往是四平八稳，政策、亮点、核心内容都深埋文中，传播效果不理想。如果以这样的方式来落实宣传任务，在我看来其实是存在误区的。最近收听央

广一档新闻栏目，这档栏目专门解读国务院常务会议上做的决策，由此受启发。个人觉得，《羊城晚报》也可以做一个类似的专栏，凡要刊登省里政策性较强的通稿文章，我们可以开一个小窗口，对政策进行解读，把干涩、生硬的通稿文本，用老百姓听得懂的话，翻译给老百姓听。打个比方，广东提出“机器换人计划”，我们在介绍这项计划的时候，可以找来社科院专家或企业负责人给大家算笔账，对比机器人与劳工的成本花销，比对一个机器人能抵多少个劳动力，两者之间哪个更有优势等。这样的解读，老百姓才看得懂、有兴趣看。毕竟只有不断改进传播的方式、增强传播有效性，才能吸引老百姓的注意力，媒体才能牢牢掌握话语权。我们可以先从政经、民生题材方面，尝试做做看。

（十七）阅兵报道气势磅礴

《周会纪要》【2015】第32期 9月10日

两周总结详细，关于阅兵的报道，同意海利的总结，《羊城晚报》所用的版面虽然不多，但有气势。新媒体对阅兵报道作新尝试，准备得早，推出了H5，阅读数据增长，总共有将近20万的阅读数。本次阅兵中国拿出了相当多首次亮相的武器，网上对“东风26”的射程等，说能打多远，是单发导弹还是多头导弹，网上的信息是铺天盖地的。可惜我们没有军事版，也没有这方面的专家。王普从小角度弄出了不错的新闻。

阅兵当天处理得不错，周总值班，我和海利也在，新华社的大广播最后发出几张照片，不太理想。新华网上的照片，清晰度不够，那天一直等到中午1点45分，我们决定，头版用一张阅兵的大图加上习总书记的两张图。最后呈现出来的效果不错，一张图太小，用了习近平两张图，正好把他的国家主席和军委主席两个身份都突出了。这次阅兵报道可圈可点，各部门回去可以开业务会点评一下。

羊城晚报

2015年9月 4 星期五

抗战胜利 70周年 1945-2015 大阅兵

纪念中国人民抗日战争暨世界反法西斯战争胜利70周年大会在北京隆重举行，习近平发表重要讲话

正义必胜！和平必胜！人民必胜！

李克强主持，张德江俞正声刘云山王岐山张高丽江泽民胡锦涛出席

羊城晚报 2015年9月3日

抗战胜利70周

习近平发表

习近平在纪念中国人民抗日战争暨世界反法西斯战争胜利70周年大会上发表重要讲话

正义必胜！
和平必胜！
人民必胜！

70响礼炮轰鸣

7万羽和平鸽高飞

抗战胜利70周年阅兵报道部分版面

钢铁巨龙 威仪如山

红色血脉 民族脊梁

雄师百战 将星闪亮

大国重器

A8

大会上午举行

受阅部队

羊城晚报

1957年10月1日创刊

2015年9月 3 星期四 乙未年七月廿一

广州天气 34℃ 25℃

胜利日 大阅兵

阅兵报道气势磅礴

东子弟兵 亮相大阅兵

激光测距+熟练操控 装甲车乘载"齐步走"

雄师百战 气壮河山

炎黄子孙 永志不忘

习近平宣布中国裁军30万 全军及武警部队坚决拥护

重点是压减老旧装备部队 精简机关非战斗机构人员

无论裁减涉及谁 都坚决服从命令

空中梯队巨大国旗 内含神舟飞船技术

歼-10A 第二梯队 军师团级主官领驾

（十八）主旋律题材的宣传要有高超的业务水准

《周会纪要》【2017】第27期 7月13日

今年下半年，关于主旋律的题材报道还将进一步加强，我们该突出的要予以突出，主旋律的旗帜必须高举。对于主旋律题材的宣传，《羊城晚报》一贯有着高超的业务水准，从记者的采写到版面的包装，丝毫不马虎、不对付。2015年，斩获了第25届中国新闻奖系列报道二等奖、版面一等奖的《红色娘子军精神·薪火相传》系列报道，就是个例子。近年来，我们的《龙腾港珠澳》全媒体大型系列报道，也是不可多得的优秀作品。在当前纸媒千篇一律的版式之下，《羊城晚报》全体采编下了不少功夫，倾力打造好稿件、好版面，不断提升这张报纸的核心竞争力，努力为读者提供优质内容及版式呈现。我坚信，优质的内容并不会过时。这里谈到的优质内容，包括版面、版式、图片、插图、标题呈现等等。在媒体深度融合的道路上，我们在经营好《羊城晚报》这张传统大报的基础上，坚持移动优先战略，重点发展好我们的新媒体板块，努力提升新媒体优质内容的生产力。

（十九）贯彻落实习总书记重要讲话精神，创新新闻报道形式和内容

《周会纪要》【2018】第12期 3月29日

今天下午，省直机关工委到羊晚集团检查各党支部、党小组“三会一课”“两学一做”的落实情况。提请各部门在抓业务的同时，党建工作也不能放松。

1. 习总书记在广东团的重要讲话，是做好采编工作的行动指南

今年的全国“两会”上，习总书记专程到广东团参加审

议政府工作报告，听取了代表们的发言，最后做了重要讲话。省委李希书记对学习贯彻习总书记在广东团的讲话高度重视，“两会”还没开完，广东已经在北京召开了省委常委会，学习了三次。“两会”之后，省委、省政府也召开了相关的电视电话会议，我们集团党委也多次组织了学习。在此提醒在座的采编一线的中层干部，李希书记明确指出，学习贯彻习近平总书记在广东团的重要讲话，是今后一个时期头等重要的工作。这其实也是指导我们进一步做好采编工作的指南，希望同志们加强学习，深刻理解总书记对广东“四个走在全国前列”的殷切希望。

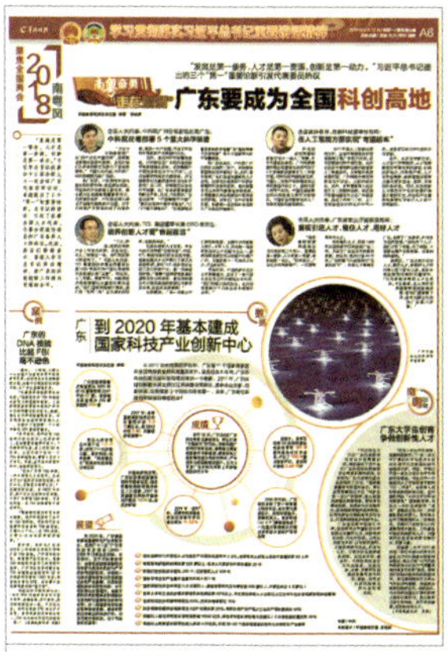
广东要成为全国科创高地
到 2020 年基本建成
国家科技产业创新中心

《羊城晚报》有关科技创新的报道

今年是改革开放40周年，广东在这40年间所取得的巨大成就举世公认，所以习总书记希望广东要以改革开放的精神重新出发，在四个方面走在全国前列、提供新的经验。除此之外，总书记还特别提到，广东尤其是珠三角地区要着力打造“9+2”世界级湾区，即珠三角9个城市加港澳地区，要将这11个城市打造成世界级的城市群。现在回过头看，无论是这次习总书记对广东团提出的“四个走在全国前列”，还是省党代会提出来的“四个坚持、三个支撑、两个走在前列”，以及更早期对广东的各种批示，一条红线贯穿下来，都体现了习总书记对广东充满感情、寄予殷切希望，同时也提出了很高的要求，即：广东在取得的举世瞩目成绩的基础上，还必须继续发扬改革开放、敢为人先的精神，在新时代、新征程上有新的作为。具体的目标就是“四个走在全国前列”。

我们一方面要认真学习总书记的重要讲话，另一方面要密切关注广东省委、省政府是否有新的相关政策措施出台。比如广东科技创新大会，这就是李希书记到广东后，特别是学习贯彻总书记讲话之后，省委、省政府的第一个重大举措——全力推动科技创新。昨天，省委宣传部新到任的傅华部长也要求《南方日报》《羊城晚报》、广东电视台今天就要推出广东科技创新大会的后续报道。政文部和区域部能在这么短的时间交出“功课”，这非常好。总编室要把接下来我们有关广东科技创新的报道方案上报省委宣传部，下一步围绕广东的科技创新和产业转型升级，还有大量的工作等着我们去做。

2. 要创造性地宣传好省委、省政府的中心工作

《羊城晚报》作为省级党报，应该对省委、省政府中心工作多做一些创造性的、解读式的宣传，这里面可操作空间是非常大的，而且能实现与《南方日报》的错位竞争。循此思路，我们在科技创新的大题目之下，就可以梳理出很多热点问题。比如说，科技大会上讲到的广东科技创新虽在全国领先，但具体到某些科技创新的人均数据却不到北京、江浙的一半。这些数据本身就有很多的新闻点值得我们深思和挖掘，值得我们在这方面配合省委、省政府的中心工作做新闻。

总之，在配合省委、省政府中心工作的新闻宣传过程中，我们应在重大问题不出差错的基础上，想方设法创新宣传报道的形式和内容。从大的方面说，这也是我们结合采编业务学习贯彻习总书记在广东代表团的重要讲话精神的具体体现。

（二十）杜绝严重违规的假新闻

《周会纪要》【2015】第1期 1月8日

类似的事件，广州市政协原副主席潘胜燊被抓，《羊城晚报》广州版做得不错，但金羊网上同样的稿起码多了300多字，这300多字当中有相当一部分是给当事人定性的。经查，这条“加强版”的稿是记者在通稿基础上加了记者去年和前年采访当事人时所了解的情况，以及把采编Q群里的内容装进去的。其实即便是同一人在不同时空说的话都不能随便放在一

起，几年前他还是市政协副主席，今天已经不是了。另外，我们一再说金羊网发出去的东西，就视为《羊城晚报》官方发出去的。这条稿部门主任怎样把关？谁编辑的？金羊网是谁审批的？谁授权定性连纪委都不敢定性的事情，这是严重违规的假新闻。

我们说金羊网有些东西不一定等纸媒，可以快一点、早一点推出，这是指重大的突发事件，或者是相关职能部门公布的板上钉钉的事情，当记者这些东西应该能分清楚。金羊网就这件事检查一下审批的程序，谁编、谁批、谁签发？晚报还没出、网上就已经出了，请金羊网写个详细情况说明交到总编室。另外，金羊网整个审批环节、审批程序都应该有一整套规定，要严格按规定做。

这两篇稿反映报社采编人员，尤其是采访部门一些年轻同志没有时政新闻意识，带兵的主任、副主任管理不到位，年轻记者满腔热情做新闻，我们的部门主任一定要带好兵，抓好管理。

（二十一）互联网时代更要做资料积累工作

《周会纪要》【2015】第34期 9月24日

习近平出访美国，我们做的“习式外交”的解读，非常好。这个话题，这种可视化，经过编辑，经过整理，引申出一个话题，《羊城晚报》时政新闻怎么做。现在天时地利有这个条件，我们可以适度尝试。我看外交的解读，网上的反应也不错，阅读量也上去了。《羊城晚报》的民生新闻、社会新闻向来是干得不错，但我们的时政新闻多年来是短板。这点不仅是政文部，也包括值班总编、中心主任、要闻部。包括其他的部，广州部、经济部、区域部。《羊城晚报》时政新闻短板，研究一下，参考《新京报》，还有人民网，包括其他网站、微信号，可以把很硬、过去只有一个标准出口的东西，现在通过官方微信做适度的解读，这些是《羊城晚

羊城晚报

王岐山：反腐不是从严治党的全部

2015年9月 27 星期日

习近平在华盛顿同奥巴马举行会谈，就中美关系发展提出六条建议并强调：

与美方构建新型大国关系
是中国外交政策优先方向

中秋

世纪沧桑话中秋
最美还是家乡月

9月30日至10月2日或是广深出城高峰

双节拼假大军提前抢闸出游

月色撩人

养殖场深埋毒物
两上市公司或涉案

习近平结束访美
取得49项重要成果

加强两军交流

加强反腐合作

密切人文交流

恒大绝杀已成习惯
两球落后逆转人和

中国男篮三胜进复赛
势头向上进步却不大

习近平主席访美报道版面

报》、羊城晚报新媒体的标杆、参考。新部长强调这点，《人民日报》的官微已经是这个思路。新媒体能做，都市类的媒体能做，我感觉《羊城晚报》也能做，关键是怎么做。纵观外部环境，现在具备尝试的条件，问题是我们有多少水平能做得出来。

《南方日报》今天对习近平出访也做了解读。刚才讲练江污染，《南方日报》做得不错，1+X 的采访，做了个跨版，人大调查的内容，虽然是“死老虎”，但花大力气做，这说明《南方日报》嗅觉也蛮灵敏的。

《羊城晚报》的时政新闻，政文部是主打，包括要闻部，不知你们有没有这种档案库。21个地级市的书记、市长的姓名、年龄、简历，在省直机关干了哪几件事情摆得上台面的，还有他个人的喜好等。好几个省直部门的领导换岗

读+ 新闻周刊

A2 封面

习主席明天起访美

独家图解

“习式外交”

跟习大大学怎样交朋友

应美国总统奥巴马的邀请，国家主席习近平明天起将开始对美国进行国事访问。

羊晚君根据外交部网站公布的消息统计，自从2013年3月当选国家主席以来，习近平以中国国家元首的身份共出访了32个国家，脚步遍及五大洲；此外，近年来每年都有上百位外国政要到访中国，中国外交比历史上任何一个时期都要广泛和活跃。习主席在外交场合有着鲜明的个人特色，被媒体称为“习式外交”。

“主场外交”、“足球外交”、“夫人外交”、“点穴式外交”……这是反映“习式外交”风格的几个关键词，也是十八大以来中国外交的几个关键词。在中国综合国力不断增强的大背景下，“习式外交”反映出的是中国领导人在国际舞台上更加自信。“习式外交”的一些做法也能给咱们平时交朋友带来一些启发。

“习式外交”解读新闻版面

时，《南方都市报》做过这样的分析。不要认为这些资料上网一搜就行，这不对。全世界的媒体，对每一个重要人物的资料研究都非常精细，建议相关部门研究一下，建立市委书记、厅局长的个人资料库、专家库等。整个上层建筑意识形态，你不把这些人的来龙去脉、喜怒哀乐搞清楚，号不准脉搏，你的时政新闻就不上档次。比如体育总局肖天出事了，照片还得从网上扒拉。娱乐部，所有的明星八卦，都要藏在你的口袋里。办报人就是得有资料库，这些就是媒体积累的功底，是任何一个自然人所没法做到的，这才是媒体手里的干货。当年苏少泉（注：羊城晚报体育部原主任、著名体育记者）把每场比赛的资料，用卡片记下来，任何比赛，他都能找出资料分析，看起来很过瘾，现在有了云端、大数据，我们反而缺这些东西。记者的专业和普通人的区别就在这里，恳请大家要做点积累的工作。

羊城晚报

2015年11月8日 星期日

27℃ 23℃

习近平同马英九昨日在新加坡会面，两岸领导人首度握手

这一握，跨越66年风雨

习近平提出四点意见：

坚持两岸共同政治基础不动摇。希望岛内各党派各团体能正视"九二共识"

坚持巩固深化两岸关系和平发展。当前最大现实威胁是"台独"势力

坚持为两岸同胞多谋福祉。我们愿意首先与台湾同胞分享大陆发展机遇

坚持同心实现中华民族伟大复兴。相信台湾同胞定然不会缺席

马英九表示：

要巩固"九二共识"，扩大深化交流合作，为两岸下一代创造美好未来

两岸同胞同属中华民族，都是炎黄子孙，应携手致力于振兴中华、致力于民族复兴

相关报道见A2、A3

习近平与马英九握手持续80秒

羊城晚报现场见证历史性时刻

"习马会"新闻报道版面

（二十二）从"习马会"谈时政报道厚积薄发

《周会纪要》【2015】第40期 11月12日

刚才爱群老总对咱们"习马会"报道的总结，我非常赞同。省级民生类大报，《羊城晚报》在重大时间节点、重大时政新闻面前不能缺位。就在"习马"即将会面的前两三天，我们临时决定派出记者前往新加坡采访。尽管这次的宣传尺度与以往不同，如此敏感的题材允许特派记者，但几位老总也是反复商量，最终选定张林（注：羊城晚报政文部记者）担纲。张林尽责尽职，作为一名年轻记者，独自挑起这么重的担子，写

回来的文章有观点、有深度，大家要向她学习。

不过，以上也只是成功的一半。这次“习马会”的版面安排，我看了以后，内心非常感慨：我们这批经过千锤百炼、多年新闻实践培养出来的优秀采编人员，真的是《羊城晚报》最宝贵的财富。从值班老总、中心主任、相关部门领导到记者、编辑，功夫下得足，功夫下得准。不论是现场采访、稿件采写、稿件配合，还是标题制作、版面安排、新闻把关等，在这一重大题材上，《羊城晚报》的报道可圈可点。

也许有的同志抱怨，这么重大的新闻事件，自己怎么没能获得外派机会？对此，我想明确说，《羊城晚报》对于重大事件、重大新闻题材的调兵遣将，一向是反复比较、再三斟酌，务必选的是能担纲的人，写稿成文能力透纸背的人，并且要集人际交往、个人突破、题材驾驭、稿件成文等各种能力于一身。要么不派，派出去的一定要打胜仗。特派记者要能代表集团，在重大报道面前与全世界记者同台PK。不过，也请各位采编人员不要灰心，尽管大家绝大多数的工作时间都埋头在常规采编当中，但出彩的机会还是有的。大家平时要多学习、多积累，看家本领在日常报道中要多显现，机会总会轮得到。

另外，希望各位部门主任就“习马会”这一重大时政报道案例，结合各部门业务做些点评、举一反三，促进业务水平提高。

（二十三）做好大时政新闻的现实意义

《周会纪要》【2015】第43期 12月3日

上周国内外大事比较多，各位都谈得比较细。我赞同爱群总刚提到的几点意见，尤其就如何做好大时政的问题，这对于每一位值班老总，包括编辑中心执行主任、部门主任，都是当务之急的大课题。

关于时政新闻尤其是大时政的问题，我多次在周会上谈过。《羊城晚报》自复刊以来，紧紧抓住社会民生新闻与突发新闻报道。在那个年代，鉴于当时的政治开明度、老百姓物质生活并不丰富，人们对社会新闻、突发新闻有着迫切获知的现实需求。时至今日，进入到新世纪，作为民生大报，《羊城晚报》并未改变对社会新闻以及突发新闻的关注。但新时代之下老百姓对社会新闻、突发事件的关注层面，跟过去相比已经有了截然不同的含义和需求。互联网渠道的出现，使得人们的思路更加开阔、眼界更加宽广。老百姓在吃饱、穿暖、住好的基础上，对自身的权益越来越关心，对社会问题的容忍度跟过去不可同日而语。大环境之下，世界政治的潮流也趋向更加的民主、开放。

因此，在新时代办报，除了社会、民生新闻之外，时事政治新闻的意义也非同小可。还请在座各位要站在这样一个大背景下看待大时政，从这个角度理解大时政，将令人豁然开朗。

（二十四）要善于从民生角度解读政府的经济决策

《周会纪要》【2016】第28期 7月28日

本周省、市两级人大常委会，有省审计厅的报告，有广州市市长的工作报告，对记者、编辑的业务能力要求非常高。刚才郭启钊谈到这周的业务感受："上面的要求"越来越高，作为要闻部编辑，做标题越来越困难，战战兢兢。在我看来，有这种感受，那就对了。毕竟，《羊城晚报》过去一直擅长民生报道，不太注重经营时政题材。

这次审计厅报告的报道处理得不错。这周在省人大常委会上，审计厅发布的报告，提到了地方债的问题。地方债是广东的短板，也是高度敏感。捅得太大，有人不高兴，要不捅它，

羊城晚报
2016年7月26日 星期二
习近平会见美国总统国家安全事务助理赖斯，强调中美共同利益远大于分歧
要着力增进互信 要有效管控分歧
广东省委省政府发出八一慰问信
全面有效落实《南海各方行为宣言》 推动早日达成“南海各方行为准则”
2015年度 广东审计报告
一市4138套公租房空置超一年
广州市第十四届人大常委会第五十四次会议上午举行
市长：下半年向交通拥堵“开刀”
住宅去库存周期降至8.4个月
下半年将建100所实验幼儿园
基本完成广佛16条河涌整治
单位缴费率从8%降低至7%
今明两年企业可减负35亿元
日本一名男子持刀行凶 19人死亡 20多人伤

有关审计方面的报道版面

今日广州·城事 A14
广州市第十四届人大常委会第五十四次会议举行，温国辉表示上半年广州GDP同比增长8%
下半年 向交通拥堵开刀
城市交通拥堵问题比较严重
下半年将建设一批中小学校
住宅去库存周期降至8.4个月
下半年将建100所实验幼儿园 基本完成广佛16条河涌整治
单位缴费率从8%降低至7% 今明两年企业可减负35亿元

有关交通拥堵的报道版面

那就会漏新闻。《羊城晚报》在这个报道既没有过分突出，又把这个内容放出来了，这样的拿捏，我是认可的。

再看这次我们对广州市市长在市人大常委会上做工作报告的报道。温国辉在通篇工作报告中谈交通堵塞问题只提了一句话，我们偏偏以这个打了标题，还把“整治”交通拥堵改为向交通拥堵“开刀”，这个处理不妥。事实上，任学锋来到广州任书记一职后，专门委托《羊城晚报》搞了一份近2万字的广州交通现状及其应对办法。当时，书记给市政府、市交委、交警部门布置了很多作业，有相当一部分观点就是来自《羊城晚报》的这篇报道。可见，从他上任以来，广州就已开始对交通拥堵问题进行整治。而市政府这次把整治交通拥堵列入下半年工作，我们用“开刀”一词，明显是不合适的。

这次我们对省长与专家座谈会的报道同样存在不足，尽管还专门问过会上怎么发稿。我认为，按惯例，凡朱小丹出席的活动是要发通稿。但座谈会上，专家的观点意见，完全可以拎出亮点以及对广东有独特价值的内容做。起初记者没写回这方面的稿子，编辑看到同城做了大篇幅报道，也理应让记者补稿。从这个稿件的处理上，显示出我们对省政府的活动以及省政府的经济工作还是关注不够。当然，这也有一定的客观因素。过去，《羊城晚报》的传统定位，政文部就是对口党委、政府，经济部对口企业以及民生社会新闻。但这个观念和定位要转变。省政府的各项宏观经济工作，所有方面都跟民生息息相关。在做这类新闻题材的时候，《羊城晚报》各部门都不应只满足于通稿，还应充分发挥《羊城晚报》这张报纸的特性，善于从民生角度解读省政府的经济决策，在省政府每出台重大经济政策的时候，给予充分的分析。

以上谈的几个具体例子，事实上都跟如何用时政意识做好时政报道相关。当前，《羊城晚报》采编队伍在这方面还是有所欠缺的，包括要闻、政文、经济、区域、广州等各部门回头都要多钻研、多琢磨。各部门在对待采访活动及稿件采写的同时，也要注意与要闻编辑部门做好对接。版面导向同样重要，从关注一个具体的事情，到抓什么点、采访什么内容、在什么版面做、怎么做标题等，这是一个密切相关的链条。此外，我们也要利用采前会、编前会、部门业务会的契机，加强记者与主任之间、部门与值班中心主任、值委之间的沟通对接，彼此多交流线上的主要工作及关键节点。总而言之，具体的各相关业务，大家要努力加强学习，不断提高水平。

（二十五）时政新闻是老百姓关心的硬资讯

《周会纪要》【2017】第6期 2月16日

政文部人手紧张，一人跑几条线，但时政新闻关注的视角还可以宽一点，如点评广州各区书记、区长节后都干了啥，这样的新闻老百姓会关注的，时政新闻是老百姓关心的硬资讯，政文也可从这些角度考虑，当然有一定难度，省领导稿件必须用通稿，这不用多说，但我们可以从已经见报的文字当中发现新闻、寻找角度，如在党代会上提出的目标，除了那些务虚的内容，从民生的方面着手比较，到年底点评一下，年初的十件大事，年底落实了没？区域、政文、要闻都可以做，可多参考学习“侠客岛”“学习小组”等微信公众号的时政报道的角度。

时政新闻老百姓会越来越关注，肚子吃饱饭了，就会关心自己的权益，关心政治上的诉求，关心自我权益的保障，关心对官员权力的约束，这是一种进步，这里的新闻是大天地。

直播，播什么？广州日均火警一两百宗，不是每场火警都要直播的，要先问问死伤数字、过火面积、损失多大。我觉得越秀区搞的广府庙会直播，付出是值得的。

我们的报纸要有民生情怀，社会新闻不可少，但更要研究时政新闻，政文、区域、要闻、广州等部门都要重视。

第二章

如何发挥《羊城晚报》优势
办出晚报特色

当天新闻是晚报的优势，同时也是日报的短板。

媒体报道要接地气、有泥土味，要错位发展。

对懒散者的纵容，就是对敬业者的不公平。

记者不要以“对方不接受采访”为借口。

跑线记者不能只盯着线上的小口子，
眼界开阔一些，反应触角灵敏一些。

互联网时代记者稿件不能太长。

互联网时代不缺资讯，缺有眼光的整合。

要用百姓的语言、百姓的视觉、百姓的情怀做新闻。

近年来，媒体生态发生前所未有的急遽变化，传统媒体步履艰难。我一直在思考：《羊城晚报》的优势在哪里？

《羊城晚报》数十年深耕，积累起了不少经过时间沉淀与检验的独特优势，这些资源不应被忽视、被怀疑、被丢弃，不应迷失在互联网大潮的冲击中。

“定位”：《羊城晚报》是广东省委主管主办的党报，权威性与生俱来，任何市场化媒体均不具备。

“品牌”：数十年贴地而行，《羊城晚报》建构起强大的品牌影响力和公信力，拥有大批铁杆粉丝。这是一笔巨大的无形资产。尤其是在广州、在珠三角，《羊城晚报》与改革开放同行，观察、记录、思考，曾一枝独秀，一纸风行，积淀了丰厚的人脉和影响力。

“民生”：关注人和人的生活，是《羊城晚报》的传统。注重民生，用老百姓的语言、从老百姓的视角、以老百姓的情怀做新闻，《羊城晚报》比机关报更“亲民”。讲究人文关怀，浓郁的岭南文化韵味独树一帜，《羊城晚报》是响当当的岭南文化名片。

当下遇到挑战、遭遇“围城”，并不意味着《羊城晚报》传统特色与优势失去了价值，相反，这个蕴藏巨大能量的富矿应该迸发新机。如何发挥优势，在互联网时代创造性办出晚报特色，闯出一片新天地，实现价值再造，也是我常常思考的问题。

观念先行。全体采编人员必须具有继“往”开“来”的强烈意识，立足晚报优势，办出自己特色，再创发展新势能。

善于创新。我提出“办一份纯正的报纸”，就是要以专业精神、创新手段做出晚报特色的精品。发挥晚报优势必须结合当前实际，与时俱进，不断创新。比如：互联网时代，晚报再快，也快不过网络；文字描述再形象，也比不过视频。当天新闻是晚报优势，但已不能满足于抢"是什么"，还要抢"为什么""会怎样"。

在互联网时代，要利用晚报影响力、权威性、公信力，做"为什么"新闻，不断开发深度、独家的原创优质内容，在服务民生、传播文化上持续发力。晚报武功，唯"深"不破。

加强策划。要办出特色，必须向策划要生产力。不少好新闻都是策划出来的。报社、部门、编辑记者三个层面都必须有策划意识和策划能力，善于主动设置议题。《羊城晚报》要善于做深做透议题，成为网上之源，而非网媒之流。

突出重点。当前粤港澳大湾区建设正如火如荼，这是《羊城晚报》发展的重大机遇。对《羊城晚报》而言，珠三角市场与广州市场同等重要，加强深圳等珠三角重要城市的报道权重和报道特色，强化内容引力，重振雄风，意义重大。

夯实责任。把目标落到实处，就要夯实各个岗位的责任，尤其是关键岗位。部门主任、部门值班主任、编辑中心值班主任、值委在策划创新、统筹协调中各自扮演什么角色，《羊城晚报》形成了一整套制度规范。

有效激励。激励和惩处机制的建立也很关键。对懒散者的纵容，就是对敬业者的不公平。我们不断调整和优化定额管理制度，就是要激发记者编辑锐意创新、用心策划的积极性、主动性。

第一节

报纸的时间优势和地域优势

一、当天新闻是《羊城晚报》的撒手锏

（一）如何发挥当天新闻优势

《周会纪要》【2010】第42期 11月11日

广州新闻中心负责的“亚运火炬传递”报道，体现了同城唯一晚报的当天优势。

存在问题：

（1）要加强报题。目前采前会存在不报题的情况，说明记者和部门主任不够重视报题工作。

（2）当天新闻时效与质量问题。各采访部门主任要做好记者与编辑部门之间的桥梁，加强沟通与配合；要闻部也要提醒编辑，要积极主动与记者联系。

（3）建议经济新闻中心、广州新闻中心在报题时报一下各自部门版面的主打稿，避免冲突，便于协调和调整。

羊城晚报
承载欢乐、热情、梦与渴望；传递希望、友谊、爱与和平
“潮流”昨日穿云山越珠水
纯净圣火
盛典巨制再续新篇
在120前加塞这是谋害生命
撤销625家 保留346家
单双号限行延至夜12时
开幕式烟花今日安装完毕
香港男足争气1:0胜对手
明天，姚易对决
YI VERSUS YAO

“亚运火炬传递”报道版面

羊城晚报
30
英国威廉王子大婚，"灰姑娘"凯特·米德尔顿成为王妃
倾情一吻 童话成真
天宫一号神舟八号
下半年或无人对接
四官员被处分
两人被判无期
观众雨中传火炬
4月气温高降水少
亲子鉴定
依旧难断家务事
天河区两小学
地段划分微调
技术故障
推迟发射
12岁女童庆生
胸前挂满钞票
募捐必须透明
诈捐或遭起诉
出征世乒赛
国乒大阵仗
为求平安无事，
体育课变游戏课
恒大五轮不败
奖金累计1700万
一套冷冰系统
十年守护广州
87776887

“英国威廉王子大婚”报道版面

羊城晚报
2
本·拉丹被美军击毙
调研经济民生工作
问候群众节日快乐
胡锦涛致电奥巴马
向遇难者表示哀悼
到保障房工地
看望建筑工人
冰雹袭韶关
毁屋六千间
同声传译最赚钱
煤矿工人最危险
幸福重要源泉
基本来自家庭
遇难者最高获赔
610万元新台币
吉林通化如家大火
遇难者多为窒息死
天津柔道队
自养猪与鸡
英意驻利使馆
昨遭纵火烧毁
奥巴马宣布
击毙本·拉丹
本·拉丹的人生轨迹
广州醉驾入刑第一人被刑拘
房地产交易会
外地盘唱主角
市区楼价坚挺
房企守株待兔
中大华农广大广医晋级四强

“本·拉丹被美军击毙”报道版面

（二）当天新闻是晚报的优势，同时也是日报的短板

《周会纪要》【2011】第17期 5月5日

本周《羊城晚报》很热闹，国际大事、日常新闻做得不错，除“威廉王子大婚”“拉丹被击毙”两件国际大事外，包括“醉驾入刑”“广州真正步入地铁时代”“专访《幸福的方法》作者”等报道。有一些是我们的独家，有一些有我们独特的角度，有一些是后续的追踪，做得不错。

“威廉王子大婚”和“拉丹被击毙”两件国际大事做得不错，由国际新闻部和要闻部配合，特别是国际新闻部，在发现新闻、资源整合、动用关系联系权威稿源、编辑直接通过外网翻译掌握背景，保证这两件大事做得不错。“威廉王子大婚”报道的版式和细节都做得较好，个人认为，《羊城晚报》在此题材上所用的篇幅是合适的，要保证一些版面给其他常规新闻。“拉丹被击毙”的消息，当天最早由国际新闻部的编辑从境外英文网站上发现，第一时间向部门主任、值委等领导汇报，由我和值委商量，将此消息上头条，并配以主打图片，并作出一系列决定：一是适当推迟截稿；二是与印务中心、发行公司做好沟通，做好海报促销准备，虽然迟交版70多分钟，但最终上报摊时间只晚了30分钟。这样的情况今后还会出现，我上周在周会上说过，当天新闻是晚报的优势，同时也是日报的短板，总编室可以调查一下当天全国的晚报还有哪家抢到这条消息，抢到什么内容？当天我们在头版抢发了消息，可惜的是国际版没有相关内容，因为编辑已经交版离开了。这里提出并非批评国际新闻部，只是我们的流程如此设置。回头再想，假如我11时知道消息，一定推倒原先做好的版面，大做“拉丹被击毙”的消息，因为此消息肯定人人关注。

二、《羊城晚报》不能办成“广州晚报”

（一）珠三角市场比北京、上海更重要

《周会纪要》【2011】第4期 1月27日

香港“神童辉”罗兆辉在东莞猝死的报道，《南方都市报》和《广州日报》都有，我们的娱乐新闻版有报道，但东莞记者站没有稿。东莞记者站不够敏感，虽然有很多因素形成这种情况，但长此下去，《羊城晚报》如何立足珠三角？我们要在珠三角形成影响力就必须加强力量。这同时也是机构人员的问题，对我们来说，珠三角市场比北京、上海更重要，政文新闻中心、经济新闻中心都要把触角伸到珠三角，眼光要放眼全省境域，尤其是珠三角地区。今年我们要抓的其中一项工作就是加强珠三角的采编力量和版面配置。目前同城对手已对我们的流程改革作出应对，我们更要主动出击、抢占阵地。

（二）记者站要围绕地级市中心工作，挖掘当地民生新闻

《周会纪要》【2011】第38期 9月29日

区域新闻这几年逐渐以报道区域社会新闻为主了，当然批评报

道是一定要有的，但是要注意发稿的节奏，不能把广东新闻版变成是区域部的自然来稿。记者站要围绕地级市的中心工作挖掘一些当地与民生相关的比较成功的做法，从而体现当地党委政府对老百姓的关心。

政文部、经济部趁着这次下基层活动，把线上掌握的政策面上的情况结合各地级市的具体情况来做区域新闻，把省里面的决策具体放在地级市中加以落实体现。尤其是珠三角地区，是《羊城晚报》报纸大征订的核心区域，更要做好区域新闻报道。

（三）“珠三角城市病”策划可从关注人的心灵、社会发展、公平正义等方面发掘

《周会纪要》【2011】第48期 12月15日

下一步推出的策划“珠三角城市病”，也是要以独家视角取胜，可从交通、环境、拥挤、人际交流、心灵沟通等方面入手。经济发展了，人们的荷包涨了，有房有车了，但人与人之间的隔阂却越来越大。城市病可以延伸出二三十个角度，各条线、各个部门都可以从关注人、关注人的心灵、关注社会的发展、关注社会的公平正义等方面发掘出更多新的角度。

广东两会 A4

大城市，居不易，“病”在哪

城市现“贵族化”倾向，委员建议公共空间回归社会公益属性

问诊城市病 倾听您声音

分解大院

开放场馆

“珠三角城市病”报道版面

（四）加强与深圳、珠海重要部门的联系，重大信息不能丢

《周会纪要》【2012】第15期 4月19日

深圳金融创新这么重大的事情，但看《羊城晚报》的稿子却是一点感觉都没有，记者写不出深圳前海区重大金融创新的感觉，直到第二天还没能把握住事情的关键。光是地方记者站知道这件事也不行，经济部负责联系的省金融办有没有相关消息？当然深圳很多方面都是独立的，直接受中央管辖，我们不一定掌握到最确切的消息，因此下一步的工作，政文部、经济部、区域部都要研究怎样加强与深圳有关部门的联系，尤其是重大信息不能丢。现在《羊城晚报》有关深圳、珠海的社会新闻都做得比较顺畅。但是当地部委办的重大决策，比如深圳的前海、珠海的横琴等，很多方面包括架构、管理、体制等都是全新的，这两个地方都是广东的重镇，《羊城晚报》怎样体现？我们在这一点上比不上同城媒体。

（五）下苦功夺回广州和珠三角市场

《周会纪要》【2012】第25期 7月5日

发行公司提供的数据很重要，我们要对改版后的情况做个总结。现在核心问题是粤东粤北粤西“砍”了一张纸，加到珠三角新闻版，能不能忍受这三地发行10%的跌幅，而广州、珠三角能不能把这10%夺回来？珠三角新闻版开设一个多月以来，佛山、东莞的党政部门都非常重视，很多党政部门和企业都主动提出要做广告。最近“东莞特刊《十年》”我们做了110多万元的广告，其中政府广告占了60%，这个专刊做得不错。我有信心广州、珠三角地区的发行会补回一部分的损失。所以这次改版的任务很重，要把版面做好，抢占广州市场，同时要重视珠三角的发行和广告。

（六）“绿瘦”减肥产品调查报道：不能为了个人蝇头小利轻易被“和谐”

《周会纪要》【2012】第32期 8月23日

羊城晚报食品安全小组近期的几篇报道都打得很准，没有失实的地方，社会关注，当事企业和人害怕了，食品安全小组的影响力也打出来了，但“绿瘦”减肥产品的报道只能算是打了个平手，打痛了，但没有打死。个中的原因，既有记者经验不足的因素，也有多种复杂的社会原因，同时，也要提醒各部门主任、副主任，要秉公办事，要以报社利益为重。最近两篇调查报道还没出街，晚上我就接到了电话，对方都知道我们将放哪个版，做什么内容，做多大，记者是冒着生命危险去做调查的，我们要对得起他们的艰苦劳动，要对得起“羊城晚报”的品牌，不能为了个人的蝇头小利随便轻易把文章“和谐”掉了。

我们一定要在珠三角地区、广东地区甚至华南地区打出羊城晚报的影响力，一定要让广告、发行提高上去，《羊城晚报》的影响力其中一个就是舆论监督，要多鼓励记者一打到底的冲劲。还要分不同时期、不同场合、不同领域、不同层次来做，即使打不死这些黑心企业，也要打到对方胆战心惊，到处求饶。设立食品安全小组，绝不仅仅是打一两个食品安全问题，这只是手段，将来要在整个社会上，在读者、消费者心目中，树立羊城晚报竭诚为消费者的食品安全鼓与呼的形象，通过打黑行动，我们与相关职能部门联合一起推荐一批品牌，建立食品安全体系，树立标杆，树立明星企业，老百姓循着《羊城晚报》颁发的食品安全牌匾就可放心购买食用安全食品，如果企业失信就会被摘牌。通过建立羊城晚报食品安全标杆，彰显《羊城晚报》民生大报的威力，这是食品安全小组的努力方向，也是我们倾集团之力打造的品牌。

（七）广州报业市场和珠三角报业市场同等重要

《周会纪要》【2013】第19期 6月6日

目前《羊城晚报》在珠三角地区的发行量下跌，影响力下降，从而广告量也下降。《羊城晚报》对核心的珠三角九市守不住，就变成了“广州晚报”，而在广州也没有很大优势。我们必须对广州报业市场与珠三角报业市场同等重视，去年开设《珠三角新闻》版就是为了恢复在珠三角地区的影响力，从而拉动广告、发行。

（八）总部与地方站要有效沟通，共同策划经营

《周会纪要》【2013】第27期 8月1日

东莞站发稿占据了《珠三角新闻》半壁江山，这是不平均的。《珠三角新闻》是去年6月开设的，目的就是强化珠三角地区的影响力。

目前《珠三角新闻》有四个版，当地有东莞版、佛山版、顺德版、深圳版、珠中江版等，在不增张的情况下怎样利用这些版面互相做大，互相置换。要考虑两方面因素：一是稿件数量，因为有些版比较缺稿；二是稿件时效，一些新闻，《佛山日报》《东莞日报》和网上早就有了，你还写，就是炒“冷饭”。下一步，我们除了守住广州大本营外，要在珠三角九市中佛山、东莞、珠海、中山等与广州邻近、经济比较发达的城市，进一步扩大影响力，抢占广告市场，增加发行量。

要提高写稿质量。《财经新闻》需要大量的珠三角资讯，可以通过大编辑平台的视频与佛山、东莞、深圳、珠中江等记者站面对面沟通，请技术部短时间内迅速搭起视频会议的平台。要闻部、《珠三角新闻》编辑部、《财经新闻》编辑部利用三楼的大屏幕先做起来。

读+新闻周刊·调查 A4

本报针对珠三角第一代农民工的调查发现，30年来，他们把青春血汗贡献给了城市，如今他们日渐老去步入囧途

城市啊！你拿什么反哺他们

还乡与留城的两难尴尬

“关注珠三角第一代农民工”报道版面

（九）第一代农民工报道折射出来的深远意义

《周会纪要》【2015】第32期 9月10日

刚才讲第一代农民工的报道，题目很好，但纸质上的报道已是改了第二稿，网络上的版本作了改编，做形象化，可读。第一代农民工，是个很大的题目，也是很好的题目。我们要继续做，深入做，不要浅尝辄止。

珠三角的第一代农民工，几十万人，从小伙子、小姑娘到现在五六十岁的人了，有的回家乡，有的还留在广州。记者要写出真正打动人们心灵的文章。第一代农民工是一个广阔的概念，大家都在为广东作贡献，但记者用怎样的笔触，写出他们的喜怒哀乐，写出他们的无奈，更重要的是他们的无奈有哪些在现有财力下可以解决的。农民工还不能像城镇居民一样享受养老保险和退休，现在做不到。但养老保险异地存取异地拿，给这批人必要的尊重，可以写。写了第一代，一定要写第二代、第三代，把这三代农民工对比着一起写。农民工的心态有很多可写。这个题目可切细点，顺着慢慢做，找些专家，谈谈城市化过程中的利和弊，珠三角与长三角第一代农民工的对比。评深部做了个好题目，但第一篇浅了点。农民工这道风景线是现代版岭南文化分枝。研究这种社会现象要像做学问一般扎实，理出思路来，小角度呈现。切小之后，以小见大，每个小角度折射出每一代农民工在广东发展中应有的地位和影响。

（十）《智能生活点亮珠三角制造新征途》具有全国指导意义

《周会纪要》【2017】第35期 9月7日

这条稿做得很有深度，对全省、全国有指导意义，而且是独家新闻，放在东莞版有点可惜。当天我也犹豫了半天，要不要抽到前面的版面，当然新媒体转得也不错。以前我也讲过，假如不能半个版抽稿往前面放，可以编一条综合性的消息放在要闻版。因为客观条件的限制，全国版、珠三角版、广州版、地方置换版，不同的版本之间这些独家新闻、深度报道如何腾挪，除了要闻部要着手，各个部门也要主动推荐，把这些独家新闻、深度新闻的影响力最大化，彰显《羊城晚报》的独特，与同城媒体拉开距离。最近的五六年，我做佛山、东莞、珠海年度好新闻评选的评委，发现佛山、珠海都有一些好新闻，我给佛山推荐的消息，几乎都获广东新闻奖二等奖以上。不要小看地市新闻，地市新闻假如以广东、珠三角作为考量问题的背景，以本地的一个点、一条线索作为节点报道出的新闻，在全省的新闻评奖都能得到好评，珠海、佛山非常明显，而且评委的眼光都比较一致。

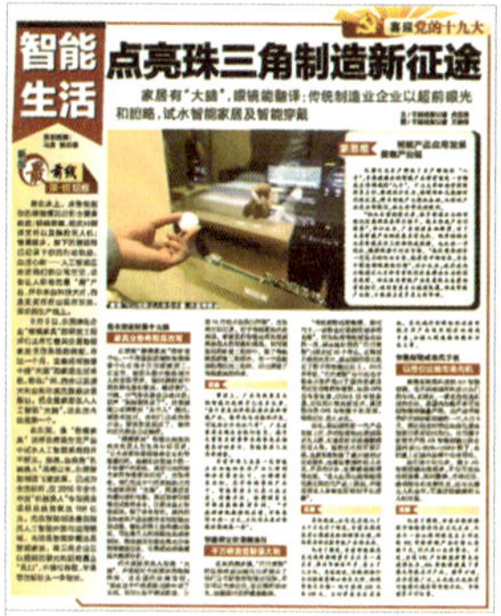

《智能生活点亮珠三角制造新征途》报道版面

有一些好稿，有些部门的值班领导没发现、没向要闻推荐。值班不能只来报个题，要负责向报社推荐本部门自写、自组的文章，你是行家，所以要有眼光发现并且推荐。我经常到要闻部值班，发现有些值委的电脑仅仅是签版而已，没有浏览各大网站、微博微信、大号，来什么编什么、签什么。搞这个屏幕绝不是为了好看，为了参观用，接下来，这些制度要一步一步落地，值班老总要负起这个责任来。总编室要把制度建立起来，规定部门值班主任、编辑中心主任、值班老总每天上班必看的网站、微博微信、大号，每天来值班要能数出国际国内各三件最热事件，要站在报社的角度来统揽一天的新闻，胸中有全局才能编好版，所有的值班人员要负起这个责任来。通过东莞版的这篇稿件，报纸的分工合作，版面之间的不同定位、协调，引申到各位一起参与办报纸办新媒体，要有独到的眼光，以及如何利用这个新媒体指挥中心整合资源。互联网时代办报，不缺资讯，缺整合，缺有眼光的整合。学会提升我们的眼光，《羊城晚报》的新闻报道将一骑绝尘。

（十一）密切关注广东科技创新最新动向

《周会纪要》【2018】第12期 3月29日

高质量的经济发展是以科技创新为驱动力的。科技创新作为抓手，对广东经济结构的进一步调整意义非凡。羊城创意产业园如何按照省里的要求创新发展，要制订出年度计划，每周督办。

至于采编部门，包括报纸和新媒体的内容生产都要围绕科技创新这一主题，除了省委宣传部公布的创新榜之外，我们自己能拿出些什么东西来？经济部、政文部要进行专题研究。目前，广东科技创新中还有一些文件没有宣布，比如引进人才、留住人才方面细化的政策措施。事实上，全国各地现在都在进行人才大战。那么，强调科技创新，强调世界级大湾区建设的广东，如何在这一波的人才争夺战中占得先机，包括出台什么措施，如何打破约束人才引进、人才培养的各种体制机制，如何瞄准全球顶尖的人工智能前沿技术为我所用等这些，都值得我们密切关注。

（十二）提高对深圳的报道权重意义重大

《周会纪要》【2018】第17期 5月17日

这两周大事多，深圳文博会算是一件。至本届为止，文博会已举办了14届。过去，每届都有相当级别的领导来。今年也不例外，中宣部部长黄坤明同志出席了活动。本届文博会上，羊城晚报报业集团除了在广东馆有一块展示区域，另自掏腰包在主场馆显著位置盘下一块展位，有了更好的展示机会。成效是明显的，中宣部部长黄坤明同志就被我们这个展位的大屏幕给吸引了，步行到羊晚展台，两次问到《羊城晚报》实现传统报纸与网端打通的有关情况。

羊城晚报

推动新时代文化改革发展开创新局面

5天时间集中展示文化改革发展成就

“深圳文博会”报道版面

本次文博会启发了我们，类似活动的相关准备工作还是很有必要的。像文博会这样的平台，对于羊城晚报媒体融合的展示更是重要。我们提出的口号是：打造具有鲜明岭南特色的现代文化传播集团。那么，在文博会上亮不亮相、怎么亮相，如何搭台向领导、大众展示，值得我们斟酌、考量。

羊城派4.0项目昨天正式启动

文化+科技 创新路径 本土产品输送全球

“羊城派4.0项目在第14届深圳文博会现场式启动”报道版面

这次深圳文博会的报道，深圳市委宣传部对我们予以表扬。

但我有另外一番体会。虽然这次我们重点报道了深圳文博会，早在今年深圳“两会”的时候，我们也把相关内容放到要闻版面来做，但是，我们对深圳的关注、报道还是太少。要是按目前羊晚的报道权重来看，广州大概占七分，深圳占两分，可见对深圳的权重是偏低的。要增加对深圳的版面支持、人力支持、内容支持。下一步，我们在要闻版等主要版面不断加大对深圳的报道力度。《羊城晚报》曾经在历史上错失了多次开拓深圳市场的机会，对于这座有2万多亿元GDP的城市，我们要把这块市场给抢回来。相关采编部门如区域部、政文部、经济部等，要按此要求，多到深圳挖掘资源。

（十三）媒体报道要接地气，有泥土味，要错位发展

《周会纪要》【2018】第17期 5月17日

我们对佛山、东莞、江门、惠州、珠海等地市也要有所侧重，主动出击。上周我带队到佛山专访佛山市委书记鲁毅。出乎我们意料，鲁毅没有谈佛山的经济与制造业，倒是给我们详细介绍了佛山是如何抓美丽乡村建设和文化建设。从《三字经》原创作者来自南海，到佛山当地的祠堂文化，鲁毅如数家珍。但与之形成鲜明对比的是，《羊城晚报》作为一张省级文化大报，就是做文化报道的，但我们对佛山这座新闻富矿的文化题材挖掘是缺位的。省委宣传部部长傅华同志曾在多个场合反复强调，媒体报道要接地气、有泥土味，要错位发展。我认为，《羊城晚报》这张省级党报，除了重点报道好中央、省委省政府的决策部署，还应加大力度挖掘社会民生尤其是文化、经济等方面的题材内容。我们要好好考虑接下来的版面导向、各采访部门的力量布置、新媒体布局、经营工作等。下一步，请各位值班老总、采编部门主任抓紧落实。

观念突破杀出一条血路
敢为人先写就几多传奇
官方主导转向人人参与
大爱广东引领慈善风尚
粤港澳大湾区建设
是香港发展新引擎
广东自贸试验区示范带动效应凸显
从产业互补到融合发展
粤港澳共迎高质量发展
两地通达
线路织网
转型升级
新旧共荣

庆祝改革开放40周年系列报道部分版面

（十四）发挥自身优势大做特做庆祝改革开放40年的报道

《周会纪要》【2018】第20期 6月7日

改革开放40年的报道要继续推进并做好，这组报道从集团层面进行统筹，每周推一期。接下来除了主线之外，可能还会有多个分支，各部门报的题目，都会进行统一梳理，由要闻部统筹。从现在开始到年底不停地推出，而且所有的系列最后结集成册。改革开放40年，1980年复刊的《羊城晚报》，除了1978年和1979年之外，其余的38年全程记录。斗胆讲，记录改革开放，广东没有一家报纸比得上《羊城晚报》。改革开放之初，没有子报子刊，唯《羊城晚报》思想解放较全面地记录改革开放的进程。值此庆祝之际，我们再不好好“美”一把，就太对不起这张报纸了。当然，经过交换意见，都觉得今年的改革开放40年报道非常难做，但难做也得做，相信羊晚人是有智慧的，不仅能做，而且会做好。话又说回来，我们是为历史留纪录，一种重大的决策、重要的史实，首先要精准，不要以讹传讹，如果发生在广东身边的事，史实都搞错，那就太不应该了。我们要为历史留痕迹，所以这组庆祝改革开放40年的报道要求非常高。接下来，我们会根据每个时期做不同的专题，除了报纸外，新媒体、网站、客户端、图片、音视频，要适度跟进并留一些资料。

（十五）“山竹”台风报道胆子还可大些，打破常规

《周会纪要》【2018】第35期 9月20日

这里我代表集团对本报所有参加追风报道的采编一线同志的努力表示嘉奖和表扬。

大家谈得非常好。这次抗台风报道，总的说不错，我这几天一直关注羊城派的直播和我们的报纸，还有同城纸媒体及新媒体、广东卫视和央视，以及各自媒体消息，十几小时不断地看。今天是业务探讨会，在此，我谈一点“看客”的意见和看法：

先谈谈报纸。应该说这次报纸做得不错。但是，回头想一想，互联网时代，在有声音、有画面的视频面前，报纸是弱者，我们的报纸做得很精，花了很多人力物力在这方面，但现实很惨烈，央视8月份有个广东广告市场的数据：电视50亿元，广播5亿元，报纸1亿元，这就是现实！

我可以说广东质量最高的纸媒是《羊城晚报》，无论是内容、标题、图片、编辑，我们还有一批老读者，但在这个场合我们还是得说实话，天要下雨，娘要嫁人，一个不争的事实是，读者在流失。

这次防台风报道，我认为还可以大胆做，可以打破常规。

羊城晚报
2018年9月17日 星期一
16日17时"山竹"登陆台山
23时移出广东进入广西
今日恢复上班 学生停课一天
防风Ⅱ级应急响应降为Ⅲ级
全省累计转移311万多人
风眼直击山竹 港口浪高四米

羊城晚报
2018年9月18日 星期二
2018世界人工智能大会开幕 习近平致信祝贺
世界公众科学素质促进大会召开 习近平致贺信
勠力同心 救灾复产
省委省政府召开视频会议
检查台风"山竹"灾害情况部署救灾复产工作
李希马兴瑞出席会议
海军陆战队今晨涉水救人
台风夜，十小时水中"生死救援"

2018年"山竹"台风报道版面

"山竹"是少有的台风，广州荔湾区的救人故事，我们抢到了。这场灾难，一是要表现灾难有多大，损失有多大，死了多少人；二是大灾报道要见人，还要做暖心的故事，这也是上级要求的主旋律，目前看荔湾的救人是最暖心的一个故事，但文章只写出了65分，可惜了。

文内两次称这位走下地下车库的人为"失联者"，这个专业术语没错，但用于报道不合适，要知道这个"失联者"不是普通失联者，他是去地下负三层关电闸的，是台风中的英雄。还有他这几小时在地下车库是怎么过的？文章平铺直叙，没写出现场感，读者也没能感受到救人寻人的强烈的紧迫感。当然写了他的孩子老婆下跪，但这个细节也没有渲染好。地下水淹三米，他抱着管子侥幸没有淹死，照片也没有一张，拍不到当时的情境，可拍车库的环境，包括人的照片。这里不是批评记者，仅仅是业务探讨，记者也不容易，据说当事人本人及单位都不想让记者采访。

另外，要是我值班我会大胆把这条新闻放头条。

第二节

善于从常规新闻中找新角度

一、常规新闻必须补短板求出彩

（一）加强策划深入挖掘，主动设置议题，做深做透话题新闻

《周会纪要》【2011】第15期 4月21日

关于普华永道25岁女硕士过劳死的后续报道，我们的记者能够敏感抓住题材进行挖掘，但挖掘得不够深入，应该从跨国公司超时加班与《劳动法》的权利义务相矛盾方面进行深入挖掘。关于“省医两天三医生被打”，应该从医患纠纷角度切入，要善于营造话题。丛飞和邢丹生前致力帮助辍学失学儿童，而邢丹却死于辍学失学青少年之手。假如再深入挖掘，将会是一个很好的题材。

入职半年，25岁女硕士猝亡
生前发微博称很想睡觉，普华永道否认其“过劳死”

普华永道25岁女硕士过劳死后续报道

我们应该加强策划，采编双方主动设置议题，围绕当前社会热点问题，通过极端个案，发挥采编人员的专业特长，凸显传统媒体的公信力，做深做透话题新闻。

（二）对懒散者的纵容，就是对敬业者的不公平

《周会纪要》【2011】第6期 2月17日

关于漏稿问题，存在两个方面的因素，一是分工问题，此前，采访一线部门已就各自负责范围进行了重新界定。二是态度问题，上周已提出要大家尽快恢复状态，但本周仍出现记者责任心不强导致漏稿的情况。另外，负责拍摄“张广宁（时任广州市委书记）当导游”的摄影记者没有跟完全程就提前离开，对比同城其他媒体的记者别人坚持到最后，应该对记者提出批评。据了解，还有热线记者不跑突发却向新快报记者“过料”、要闻部编辑上班迟到、个别记者没完成定额向别人“借分”等懒散现象，都不可容忍。希望大家从严管理，要健全处罚与奖励机制，对懒散者的纵容，就是对敬业者的不公平。

（三）“上海地铁事故”报道三个“不到位”

《周会纪要》【2011】第38期 9月29日

有三方面做得不到位：一是前方记者太新，一线采访稿件不到位；二是本地跟进不到位；三是要闻部整合不到位。

前方记者的报道写得太平淡，同样一个事件，记者采写的只是一般性的、人有我有的报道，如果有意识地去继续挖掘，稿件呈现出来的效果会完全不同。记者要拓展思路，多动脑筋，把点踩下去才更具说服力。

此外，这组稿本地落点新闻也做得不够到位；要闻部编的外地版也太单薄，没有中心，抢不到眼球。在稿件不理想的情况下，编辑更加需要运用整合手

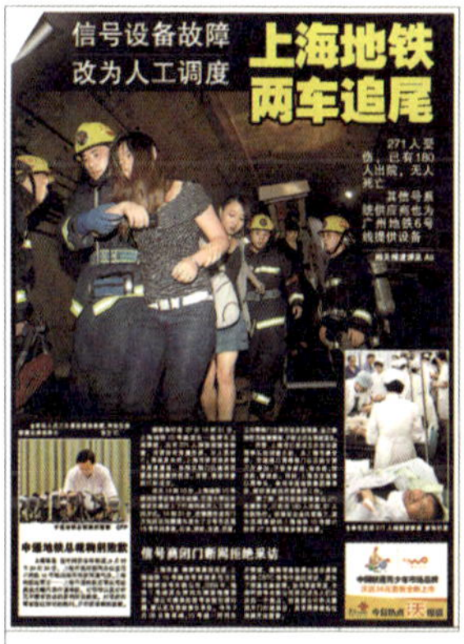

“上海地铁事故”报道版面

段，将网络、微博等方面的资讯核对整合，炒出一盘好菜来。本地版的图片冲击力就很大，轨道交通示意图做得很好，让读者了解东西南北，细节组合也很好，效果大不一样。各部门回去要开业务会，对比同城其他媒体找差距。

（四）报纸要年轻化

《周会纪要》【2011】第40期 10月20日

事实上，这两三年来《羊城晚报》都在不断努力，降低读者的年龄层次，紧跟社会的话题，紧跟社会热点，年轻化不仅仅体现在网络的时髦语言，还要找准社会的痛点、痒点，要有更高的关注度，更大的影响力。

（五）怎样把《羊城晚报》常规性新闻做好?

《周会纪要》【2011】第45期 11月24日

我非常同意刚才两位值委的观点。其实做报纸就是采编人员天天都在想尽办法发掘一些好新闻，或者是独家的和独特视觉的新闻。

刚才值委谈到的翻译功能，把生涩的文字翻译成老百姓喜欢的语言。今天头条的《当心啦！公交"屁股"装了摄像头》，就是很生动的新闻。还可以追下去，对这种做法合不合法提出质疑。这就是一种翻译。《羊城晚报》跟日报区别最大的一点就是用老百姓的语言、以老百姓的视觉、怀揣老百姓的情怀做新闻。

闫修彦刚才讲的有问题的三篇文章，包括经济部的年票问题，政文部的女职工休假，经济部的业主大会。如果要闻部不在这个周会上讲出来，各部门主任是不知道的。

焦点
A8
当心啦！
公交“屁股”装了摄像头
广州明日启用一批公交专用道
交警部门：
公交车不守规矩一样罚

《当心啦！公交“屁股”装了摄像头》报道版面

《羊城晚报》的发稿途径是报了题后记者直接发给编辑，编辑改完后直接给值委，值委看完后就可以出街了，各部门主任基本上只看到最后的成品。如果你们有毅力有恒心长期坚持看记者的稿件，你就会看到问题。假如你不看原稿，单看成品，你就不知道问题出在哪里。刚才讲的这三篇稿，我建议经济部、政文部把最原始的稿打出来，再把见报稿打出来，作为一个业务探讨。这不是出哪个记者的丑，只是说有这种现象，文章最终出来的效果跟原稿差别比较大，主任一定要拿这些具体的稿件开业务会，大家探讨一下到底是哪个地方没做好，记者才能得到提高。

我现在要求要闻部的编辑，在电脑首页那里放个文件夹，在值班过程当中发现有问题的稿件，拷贝一份放在夹子里面，先干别的，一个星期整理一下，有哪些问题稿件，是一些什么类型的？分析一下是什么原因。假如编辑把改稿当中的这些心得跟一线的记者点评交流一下，这样效果就很好。

部门主任也要辛苦一点。要逐个记者、逐篇文章狠抓。没有捷径，就是这样培养名记者。如果确实有些记者抓来抓去都抓不出东西，可以换换线，调整一下岗位，说不定他跑这条线不行，跑另一条线却有作为。但是提高业务水准是肯定要的。各部门要利用现有的采访力量，不要指望从哪里有好的人才调过来，一定要靠内部调整现有的力量。

这方面广州新闻部做得不错。部门主任既要编版，也要指点采访、研究策划。主任就是要抓这些常规新闻的报道。只有这样抓，《羊城晚报》这支队伍才能打仗，没有什么讨巧的办法。编辑部也要辛苦点，不能来啥就编啥，要引导指挥，编得好一点。要鼓励记者、鼓励编辑。

（六）如何对重大新闻采访活动统筹协调

《周会纪要》【2012】第38期 10月11日

拿到报料后由谁统筹的问题，因为涉及采访部门要用多少人力去做，做完后大致能呈现出多少个版，包括部门之间的协调，一般情况下采访部门是不敢拍板的，因为不知道稿件能不能被采用。这种拍板，如果放在要闻部，编辑够不够资格、水平及底气？尤其是时政类稿，编辑部门并不是很了解，做出来会不会不符合要求。如果由值委介入拍板来决定做大还是做小，都可以拿出来讨论。

像名人突然去世这类新闻，值班主任可以提前跟记者说，预先搜集资料，有值班主任交代任务，记者就会尽力去做，做完了，即使因各种原因上不了版，也应该算工分。

大家讨论的这些问题都是老问题，当中涉及定额问题、机制问题、报纸定位问题，在目前还没有一个满意答案的情况下，我觉得充分利用好采前会报题系统，是能够解决相当一部分问题的。分三个层次：

（1）要闻部的值班主任在早班晚班之间起到了承上启下的作用，既要协调又要指挥，还要安排好版面让值委来拍板，值班主任的任务很重，相当一批的协调任务，还是要放在值班主任这里，值班主任承担了值委的一部分前置的工作，值委是一星期轮换一次，而要闻部值班主任天天在一线，比值委更熟悉情况，当然最后还是要由值委来拍板决定。

（2）从长远来看，要闻部将来要扁平化管理，成立政文编辑室、经济编辑室、广州新闻编辑室，专题研究各自领域的报道方向，比如，老领导、名人去世，这些任务应该放在政文编辑室长期研究，同时跟省老干局保持沟通，掌握老同志的健康情况，做好报道准备。资讯科做的是长期广泛的面上的东西，但是眼前的一两个月准备什么材料，就要通过省老干局等关系。经济编辑室就要专门研究宏观经济，研究金融证券等国际经济问题对中国的影响，研究珠三角产业转型面临的问题。将来各个编辑室都要达到这样的水准。

（3）值委是代表集团最后签版，签了字就要负起责任。当然所有的羊城晚报采编责任都应由总编辑来负，我跟值委一起来共同承担报纸的责任。值委的职责是要把好导向关，版面上的一些安排，该拍板的一些前置的东西，要闻部值班主任要多跟值委报告，哪些内容值得做？多少个版？要征求值委意见。比如国际上出了大事，两个新闻版不够用，调版的权限在值委，值委可以协调在别的地方抽版、调整，要闻部可以提出方案，但是拍板权在值委。但值委也不用管太细微的东西，值委是抓大放小，要闻部要加强请示汇报意识，这样就形成集体办报，而不是总编辑办报，集中大家的智慧。

在目前情况下，大家要互相补位，报纸是大家的，像广州新闻部采访不到当事人，政文新闻部采访到了，这就是补位意识，要多鼓励。要以报社利益为重，而不仅仅是部门利益，相互协调，提倡补位，只有这样才能把报纸问题逐步解决。

（七）怎样多角度多侧面地进行重大主题报道

《周会纪要》【2013】第34期 9月18日

红色娘子军排长王运梅去世，接到羊城晚报社原总编辑张宇航的报料后，在很短的时间内，采和编共同努力，照片和稿件都做得不错，表扬记者和编辑。第二天的后续报道，记者没到现场，但稿件写得活灵活现，很有现场感。

值委的意见有道理，一篇稿件的呈现可以是多角度的，可以写海南是个养生的好地方，使得老红军长寿；可以写当地政府的关心，让老红军得以高寿等，可以延伸做很多新闻。采编部门都要思考，当一个新闻事件来临的时候，怎样多角度多侧面地进行报道。

（八）记者不要以“对方不接受采访”为借口

《周会纪要》【2014】第47期 12月18日

作为记者，不要用“对方不接受采访”这样的借口，20年前还可以这样糊弄过去，现在不行了。我多次说过，办报不论什么问题，第二天一打开同城其他报纸，马上就有答案了。采前会、编前会领导交代的事就是任务，一旦形成拍板的东西，记者就应该去做，不应该提出这样那样的理由，第二天报纸一出来，凭什么人家就能采访到呢？

我们是对事不对人，各部门主任都跟记者说一下，以后不要再出现这种事情，再有的话，请记者自己到要闻部跟值委说明。

（九）《港囧》高票房的启示

《港囧》比《泰囧》好看吗？
首映后观众就吵起来了

自认《港囧》比《泰囧》强
徐峥：你以为再拍一部《泰囧》，
观众就会满意？

“《港囧》高票房的启示”报道版面

《周会纪要》【2015】第35期 10月8日

我没看《港囧》，那天上网看到《港囧》的票房，无厘头的票房有差不多十亿元。想一下，为什么《泰囧》《港囧》票房那么好，林如敏（注：时任羊城晚报娱乐新闻部主任）是行家，说到点子上了，现代人看电影有时候只想哈哈大笑一下。假如《羊城晚报》的文章，除了指定动作外，我们也做这些。现代人都不动脑筋，不想那么累。我们过去老是想，导向、正能量，没错，现在还是需要，但整张报纸都是这些内容也不行。《泰囧》《港囧》《中国好声音》，为什么火？为什么社会上绝大多数人喜欢这些东西？它没营养，现在很多人不需要营养，你以为给他上课，历史、人文、情怀？人家不需要。我看这票房太厉害了，我想咱们《羊城晚报》也要折腾这些东西。假如社会上相当一部分的读者、受众喜欢的，咱们就得跟，类似《港囧》，无益但是又无害。我只想大家脑洞能够开一开，如此这般它的票房才能够上去，我们报纸，专版、花地、晚会等非时政新闻类的东西，也可按照这个思路操作。其实现在很多人回到家里很累的，翻翻报纸笑一笑，就像进了电影院哈哈哈笑一笑。这个供大家参考，包括新媒体。

（十）跑线记者不能只盯着线上的小口子，眼界开阔一些，反应触角灵敏一些

《周会纪要》【2015】第36期 10月15日

本周《羊城晚报》漏三条新闻，我觉得真不应该。如福建省省长落马这条稿。中纪委网站公布的消息，线在政文部，新媒体部也有监测，但我们报纸还是漏了。《羊城晚报》，办了这么多年的一份报纸，这么多的人、这么多的线，独漏真的说不过去。建议新媒体监测这块，要是发现什么重大题材，利用采前会、定版会或是各种沟通交流平台，跟采编部门对接、提醒一下。跑线记者的眼界也要开阔一些，不能只盯着眼前线上的小口子，反应触角也要灵敏一些。总而言之，各相关采编部门、人员都得打醒精神。

二、刹住长稿之风

（一）长文章太多，要闻部要把好关

《周会纪要》【2010】第49期 12月30日

一方面版少，要闻部要把好关，控制好一些不应该长的文章，腾出版面为符合晚报定位的好文章让路。另一方面，采访部门提醒记者，对一些一般的题材要主动砍短，把握不准的向部门

负责人请示。

（二）刹长稿风

《周会纪要》【2011】第33期 8月25日

我打算把长稿情况抄送给各部门主任，让大家研究一下有些文章值不值得做这么长，值不值得写三五千字甚至一万字。长文章有很多原因，但不至于一篇稿上万字。

（三）适应快读、浅读时代

《周会纪要》【2013】第28期 8月8日

网络时代是快读、浅读，但我们的新闻周刊有的稿件动辄一个整版，太长了。有人研究过，吸引眼球的文章在800~1000字，超过1000字没有人看了。

（四）如何处理通稿？

《周会纪要》【2011】第17期 5月5日

目前存在一个悖论：有通稿记者一般就不发挥，因为怕发不出；但等到同城日报出了自己角度的稿件后，编辑部门也会怪采访部门没有自己发挥的稿。关于“五一”劳模的稿件，原稿应该不是通稿，但内容太简单，不够认真，而且记者提前离开，这是不对的。我们以前都有过教训，这种重大的时政新闻要求记者坚持到底，这是一个态度问题，不能有通稿就养懒，现在存在这样的苗头，要不得。

通稿在什么情况下发挥，有两方面问题：

一是跑线记者应该有基本的觉悟，不能把问题推到部门主任和编辑部，坐等任务和派工。跑线记者应该有自己的判断，应该主动发现问题，向部门主任提出，再由部门主任、要闻部、值委等一起研究是否发挥。

二是现在有些采访部门的值班主任只是个“报题主任”，并没有把哪些题目值得做大，哪些题材值得深挖等信息提供给编辑部门参考，也没有把报社领导、值委传达的上级精神传达到部门里，起到上传下达的作用。希望各个采访部门的值班主任要负起责任，不要只当“报题主任”。采前会上，值委要大胆裁决，什么题材要做，如何做；一些重大题材，记者报题后，要闻部也应该根据实际情况作出回应。采编之间应该利用好现有的资源和平台，进一步密切沟通。另外，“阿里山火车车祸”的后续报道也没有跟好，这类突发事件会牵涉很多部门，相关部门要有抢新闻的意识，也要发挥好采前会的协调作用。今后如何更好地发挥采前会的作用，需要作进一步研究。

（五）在会议通稿中琢磨出新闻

《周会纪要》【2012】第11期 3月22日

表扬邓琼（注：时任羊城晚报社科教文部记者）。她经常能够在会议通稿中琢磨、思考一些事，要提倡这种精神。类似这种稿件，要闻部要往高一个档次去打分，目前我们给大版面，或者评好稿的手段去调动记者的积极性。我的想法是，网上大家都有的稿，只能给一点小分；能够在通稿中挖掘出新东西，能够策划一些新意、亮点，特别是独家的，要给他打高2~3倍的分；假如自行策划一些完全是独家的，有影响力的，如“灵修”“富二代”这样的稿件，就打高8~10倍的分，这就是经济杠杆。要培养、鼓励记者动脑筋，挖出与别人不一样的东西。我们从定额改革入手，拉大得分差距，差距拉不开，报纸永远就是温吞水。

第三节
深入基层要成为常态

一、深入基层，新老记者要走出去沉下去

（一）“走转改”活动要成为常态

《周会纪要》【2014】第24期 7月3日

今天上午省委宣传部召开的全省新闻战线“走转改”活动表彰会，对各媒体上半年的“走转改”优秀作品进行表彰。庹部长（注：时任广东省委常委、宣传部部长庹震）强调，“走转改”要成为常态，要进一步推动“走转改”与日常报道相结合，推动“走转改”与采编业务制度化相结合，推动“走转改”与队伍建设相结合；以后提拔、重用、锻炼干部，要从“走转改”的优秀人员当中挑选。宣传部要求各媒体对本单位优秀的“走转改”作品进行精神上的表扬和物质上的奖励，各个媒体的主要负责人要带队下基层，各种保障机制要落实。除了省委宣传部重奖，我们的羊城晚报社内好新闻奖金也增加了，对一线采编的好文章、好栏目要真正给予重奖。

（二）我们都要经常到基层走一走

《周会纪要》【2015】第5期 2月12日

《新春走基层》这个栏目，我们好久没开了。请各部门主任在春节期间的稿件策划清单中，再梳理一下这方面的题材。我记得之前广州部提交的，让记者回乡看看打工一族的回乡感受、对广东改革开放感受的策划，可以让记者深入采访。最近央视做的《新春走基层》，北方一处铁路桥墩结冰，大伙拿着木榔头敲冰，出镜记者也跟着敲，这说明记者、摄像都在现场，那是真正的一线。《新春走基层》这个栏目值得写，恰好春节期间版面松，希望各个部门把《新春走基层》这个栏目经营好，要闻部也精选一批稿子，《行进中国·精彩故事》栏目也要做。我想起之前走访东莞横沥镇，听说他们那里的牛墟，逢初三、六、九的凌晨四点钟，几千头牛在这里交易，已交代几个部门联系去做，辛苦记者走一走、写一写。我作为总编辑，也该走基层写稿子，各部门主任也该走走基层，写点稿子，总编辑是记者，部门主任更是记者。

（三）新记者的培训太重要了

《周会纪要》【2016】第1期 1月7日

媒体融合时代，互联网挤压的时代，传统媒体生存依靠的是我们对内容的把控，除了依靠我们这些老人外，也要靠年轻人。我感觉年轻人的积极性很高，但是基础知识不够扎实，晚报的一些好传统，在他们身上有体现，但是不明显。所以希望各位部门主任言传身教，2016年好好抓一抓新同志的培训。包括总编室、新闻学院，从集团的层面、从报社的层面抓好培训，作为2016年其中一项重要工作。不光是新记者，中老年记者也要培训，还有在座的主任也要培训。培训有时要开讲座，有时要脱产学习，有时要考试。例如可

羊晚集团每年都对新入职大学生进行岗前培训

以组织新记者到一个地方一块采访，同题作文，限时交稿，做点评。培训要结合实际，要抓到实处。

（四）再谈对新人的培训

《周会纪要》【2016】第6期 2月18日

这也不是新题目了，现状就是新媒体挖墙脚，人员不断流失，这一两年还会有人辞职，我现在手头上还有两封辞职信等待批，估计还有一些人在犹豫，在观察。这两年，《羊城晚报》一些骨干（包括主任副主任中层这一级）我个人估计会被高薪挖走，这很正常。所以，我们要尽快培养新人，这是当务之急。

这两天审读组给我一份报告，是他们工作过程中审读出来的一些差错，我看完后觉得，应当把这份报告发到每一位部门主任手上，请你们对号入座。出现的问题，哪些是你们部门的哪位记者、编辑的，回去开业务会，逐条对照。以后审读组定期给我一份这个报告，咱们以此为据，进行即时纠错培训。报纸出了问题，有的已“出街”，有的还没“出街”，比如刚才说的人大会议的问题，是审议还是讨论，是任命还是审议，不光是政协人大的，还有其他方面的问题，都要弄清楚，发现问题解决问题，业务讨论不要来虚的。另外，集团法律审计部有一份关于2015年涉及采编部门的投诉（诉讼）总结，请总编室从中挑选出一些案例进行业务学习、培训。我去年去中宣部参加学习时，发现有位专家出了一本《采编人员基本守则》，总编室想办法购买一些，人手一册发给所有的采编人员。各部门主任对此事要抓紧，对照我们日常采编工作中哪些容易出问题，哪些已有经验教训，通过具体事例加强培训。

（五）谈记者采访作风问题

《周会纪要》【2016】第21期 6月2日

我发现目前我们的记者太拘泥在广州了。除了广州新闻外，羊城晚报80%的记者中80%的稿件都是“猫”在广州写的。请各位部门主任想一想，你手下的记者一年离开广州几次？就算有限的离开次数当中又有一大部分是别人请的。记者自己发现新闻线索主动下去基层的又有几次？目前我们有一些记者拿了通稿，上网搜索背景资料就写稿。我考虑，在适当的时候采取措施，对所有的通讯员开通与编辑的联系渠道，所有的通稿在给记者的同时编辑就能收到。一般的通稿没有补充、没有开挖的，记者就别写了，通讯员可以直接将通稿给编辑。我多次强调，对报纸里40%的垃圾稿件要下狠心去掉。因为大家都能得到的通稿，网上比你出得更早，更详细。

记得我当年当记者的时候去湛江、汕头采访，我是晚上到省汽车站坐大巴，经过一个晚上的车程，第二天早上8:00到湛江、汕头后找上通讯员去采访，一整天采访结束后夜里又坐夜班车回广州，回广州次日还要继续上班。想想现在有几个记者坐大巴等公共交通工具去采访的？

我多次说过，如果记者水平不高，报社会动用所有资源帮助你提高业务水平；但你的态度不端正，觉得这不行、那不行的话，凭我的经验，这种人一定当不好记者。懒的人能当好记者吗？既然当不好记者，就别在这里干了。你没有情怀，不愿意跟这张报纸共同成长，不愿意在你年轻的时候、负担很轻的时候为报纸奉献，你老的时候这张报纸又怎么能养你呢？下记者站锻炼你都不愿意接受，以后报社又怎么能指望你承担其他的责任和义务？

曾经有一位编辑居然找部门主任说，因为值夜班影响了夫妻感情。简直是岂有此理！你这一句话对所有值夜班的同志是一种侮辱！连值夜班都不愿意，这种人要来干什么？所以，各位部门主任，我建议你们从现在开始，对部门记者在广州采访新闻发布会之外的工作要做到心中有数，每个月离开广州到基层采访有几次？有多少题目是自己挖掘的？另外，报社要坚持实施轮岗制度，尤其对年轻记者要坚持轮岗，有实际困难的可以提出来，合情合理的可以照顾；没有正当理由拒绝轮岗的就劝其离开，决不能迁就。《羊城晚报》养不起没有责任、没有担当、怕苦怕累的人。当然，作为配套的保障措施，在生活上要满腔热情地关心年轻记者，这是一个问题的两个方面。

我们多次探讨过，将来提拔干部是否可以把有记者站工作经历作为前提条件。将来假如这条规定实施的话，估计相当一部分人提拔不了。所以，作为培养年轻记者的有效途径，轮岗制度必须坚持。

（六）新人上“两会”有利于普及时政意识

《周会纪要》【2018】第5期 2月1日

这次省“两会”报道，我们加入了新鲜血液补充到采访队伍，对于记者本人和整体团队都有收获。刚才，经济编辑部值班主任也提到，记者吴珊首次上会，表示学到很多东西。

一直以来，无论是集团层面还是晚报社层面都有这样的想法，“两会”报道不仅仅是政文部在担当，尤其这些年，我们都有意陆陆续续选派新鲜血液融入“两会”采访报道组当中。这样做的目的，是让时政意识能在晚报社采编各部门得到普及，使得羊晚这张民生大报的采编人员在时政报道方面不缺位。这次首次参加“两会”报道的吴珊，原本在线上只是跑民生、社会题材，会后她也很感慨，自己的时政报道硬伤还是不少的，今后在这方面还要多加强。

在我看来，时政意识对于每一位采编人员都非常重要。

（七）羊晚有一批能人

《周会纪要》【2018】第20期 6月7日

本周版面热闹，一系列重大新闻事件，做得很有章法，特别是改革开放四十年、高考、深圳房改等系列专题、焦点，在报纸、新媒体上都有不错的呈现。正如刚才大家总结时所说的那样，除了编辑记者的努力外，主要是值班老总指挥得好，林海利、莫丹涛具体指导，中心主任上下协调，各部门值班主任上传下达，落实到位。其实，相比同城和外地的媒体，《羊城晚报》内容生产的流水线是高效的、有秩序的。改革开放四十年，通稿发完之后，我们自己策划采写的稿件也刊登了。看了以后，不得不叹服羊晚的能人和能耐。羊城晚报社有一批能人，这些能人包括老总、主任、记者、编辑、美编、图总、组版、校对等，这是个链条，少了哪个环节都不行，都会有瑕疵，甚至运转不灵。一个优质版面的呈现，背后必有一个庞大的支撑体系。我对羊晚整个采编系统充满信心，每临大仗，我们的采编团队就像二战时盟军的队伍，总是无往而不胜；而坐镇指挥的值班总编就是在北非战役中击败隆美尔的杰出将领蒙哥马利。

（八）资深羊晚人是宝贝

《周会纪要》【2018】第20期 6月7日

刚才大家表扬了一批新老记者，我很感慨。《羊城晚报》有一批资深采编人员，他们对这个品牌忠心耿耿，无私奉献，羊晚之所以有今天，离不开他们的努力，他们是《羊城晚报》转型发展的宝贝。如严丽梅，跑线跑得出神入化，写的文章连财政部部长都要看一眼，她写的关于“崔永元事件”很到位，其核心就是偷税漏税，回想当年“刘晓庆风波”也正是偷税漏税。演艺圈好多事水泼不进，这次的“崔永元事件”撕开了一个口子，媒体要永远站在时代前列，尤其是记录时代的记者。新记者有热情，而老记者多了一份冷静，再加上历史的分析，所做的新闻就很精准。

此次到英国参加培训，英国《每日电讯报》报史专家接待了我们，老专家82岁了，还每天上班。在伦敦大街出租车上，我们鲜见年轻的司机，都是五六十岁的老司机。虽说这是其社会老化的表现，然而，在我国内地，也同样老化，60岁以上的老人已达2.4亿。从这个角度看，我们现在这个岁数还很年轻，我们甚至可能考虑让羊城晚报离退休的老同志发挥余热，只要愿意，都还可回来再干几年，这样也可以大大降低我们的人力成本。

（九）要培养好年轻人并善用他们

《周会纪要》【2018】第20期 6月7日

最近，有不少新记者辞职，也有一些辞职在外面转了一圈后，还是觉得羊晚好想回来的。其实，《羊城晚报》的事业，也是年轻的事业，各位都要想想，如何更好地培养年轻人，如何让他们从三分钟热度变得忠心耿耿，如何让他们对羊晚这个品牌认可，做到待遇留人，事业留人，感情留人。因此，刚才点到那一些新记者、好记者，部门主任要倾斜，重点培养。羊晚在广东的媒体圈，一向是以敢用、善用年轻人而著称的，年轻人因而成长很快。人才流动很正常，我们要靠自己的双手，挣得属于自己的社会地位、荣誉及待遇。

羊晚去年和前年的收入持平，因这两年我们几乎还是“大锅饭”，所以犹豫着没给大家加薪，但是到了2018年，我们会在去年的基础上往上加，不过，绝不是平均加，而是从调动大家积极性上增加，多劳多得，拉开差距。

（十）记者被打，正当权益要保护

《周会纪要》【2015】第1期 1月8日

广州某委要求的私了就是不见报，这不能答应。请令来社委与广州市某委协商，我们还是要见报，理由是我们必须给公众一个交代。打记者和打得轻重是两个概念，只要拳头伸出来，就是妨碍我们正常履行记者职务，不存在轻重问题。你有权利拒绝采访，但是无权利伸手打人，这是原则，既然打了人，不管是流血还是没流血，轻伤还是没伤，打人就是事实，报纸也登了，我们要向公众有个交代，不能私了，记者的正当权益要保护、要伸张。当然，如果你上门道歉了，事情定性了，发多大的篇幅倒是可以商量。

二、细节决定成败，也“决定”新闻奖

（一）参加广东新闻奖评奖的看法

《周会纪要》【2014】第12期 4月3日

（1）消息类较弱。互联网时代，报纸的一则消息，已经涵盖

不了一个事件的真相或者说是事件的全貌。互联网时代办报，通讯、系列报道比重越来越大，要求有更深的思想性，更深入的挖掘，深刻解剖社会事件，最终大版面呈现。

（2）重视网络新闻。本次评选，网络新闻单独设了七八个奖项。金羊网获得“网络专题”一等奖。接下来，金羊网要认真研究在互联网时代怎样更好地设置网络，更吸引眼球。

（3）不要忽视评奖细节，上报材料要整齐漂亮，便于评委阅读。

（4）鼓励多报论文送审。新闻论文的一等奖等同于新闻类一等奖，较少碰到大题材报道的部门可多写、多报送论文参与评奖。

（二）参评中国新闻奖评选不能有丝毫差错

《周会纪要》【2014】第33期 9月4日

通报一下这次参加中国新闻奖、长江韬奋新闻奖的评奖情况。《羊城晚报》的“微信任”拿了个系列报道的三等奖。今年的评委会主席田聪明专门找了一批国家语言委员会的专家，专门对送评作品进行核查，发现作品中有一处错误，包括标点、文字不规范，错一处就不能评一等奖，错两处就连评奖

寻找微信任
评估师：百姓误解是因为不了解
行业内的规范和准则多多，而且惩罚严厉，一次作假便自毁前程

现金汇款，安全快捷 直接入账，方便体贴
寻找微信任
“待用快餐”为何多数餐厅敬而远之？
与流浪者同桌用餐，你介意吗？

“《羊城晚报》‘微信任’”系列报道版面

目录都上不去了，非常严格。全国十几个新闻院校院长、校长做评委。全国都盯着纸媒的消息、评论、通讯、系列奖，网络组还有八大奖：网络设计、网页设计、网络评论、网络专题、网络访谈等，网页设计评上就是中国新闻一等奖，这体现了对网络的重视，下次金羊网也要重视一下参评工作，得奖也是影响力。

（三）要提高新闻消息采写质量

《周会纪要》【2015】第11期 4月9日

今年广东新闻奖评选，在评标题奖时，评委一看羊城晚报选送的标题，就说不用议了，一等奖就是它，这个标题就是要闻部的《一袭华服迎贵宾 一水结缘谋合作》。另一个是我们的红色娘子军系列报道，这次初评也是一等奖。今年所有送评广东新闻奖的稿件版面都是电子版，可以请总编室把各家媒体选送的稿件和版面等挂在内部网上给大家学习。

这次湛江送评了一条海水稻种植成功的消息，南方报业集团张东明总编辑马上就打电话给记者"为什么没有这条稿？"珠海送评了一条"年薪1元聘请9名博士做经济发展顾问"的消息，我也给林丹打电话说过这件事。从这些参评作品可见，地市报这些年实力在不断增强，《佛山日报》《珠海特区报》等的获奖消息都让人眼前一亮。相比之下，我们这些大报感到汗颜。我们的"珠三角机器人"的消息，也能拿大奖，但评委现场点评，稿件没有现场细节，这条稿唯一的缺憾是缺细节。这两年，珠海、深圳、佛山、湛江送评的消息都是响当当过硬的稿件。虽然，这几年我们的系列报道很强，但消息对比各地市报却有些走下坡路了，希望各部门主任重视起来，抓消息、抓通讯、抓标题。

互联网时代，我们的报道比不了速度，只能比文化、比内涵，报纸本来就比网络慢，因而报纸讲的是内涵，是耐读。前天晚上，

羊城晚报
2014年11月11 星期二
第十届中国航展今早隆重开幕
习近平出席亚太经合组织领导人同工商咨询理事会代表对话会
今年启动亚太自贸区进程
推进投资自由化和便利化
习近平和彭丽媛设宴欢迎出席APEC会议的领导人、代表及配偶
一袭华服迎贵宾　一水结缘谋合作
今晨9时破250亿元!
广州昨日卖地8宗 外地大鳄豪吞7块
40多家企业涉虚开发票2.89亿元
开车玩手机 超七成网友赞成"入刑"
奥巴马在APEC工商领导人峰会上演讲时透露:
赴美留学商旅签证延长至五年和十年

“一袭华服迎贵宾　一水结缘谋合作”报道版面

中央3台放十大作曲家的作品晚会，我问90后的人，这些是我们那个时代的歌，你们不听了吧？结果他们却说，我的手机铃声就是这个。真正的艺术，能让人产生心灵的共鸣。越是互联网时代，我们越是要静下心来，比慢、比深度、比影响人们的感情和心灵。我们的官方微信很实用，但网上转载量大的文章，相当一部分是要让读者在感情上产生共鸣。我们几十年形成的价值判断是很宝贵的，在互联网时代我们也不要放弃这种专业的东西。

（四）《羊城晚报》荣膺两项中国新闻奖

《周会纪要》【2015】第39期 11月05日

本周中国新闻奖颁奖，对羊晚来说也是非同寻常的一周，《羊城晚报》获一个一等奖、一个二等奖，非常难得。

南方集团有4件作品获奖。我曾作为评委参与中国新闻奖评奖，除了通讯、消息、系列报道、评论四大件外，还有版面

刘海陵（左一）和刘红兵（右一，时任羊城晚报社社长）向获得2015年第二十五届中国新闻奖一等奖的孙焰（左二）和李焕菲（左三）颁发奖杯

和论文奖，除此之外，还有新媒体奖和国际传播奖，网络奖项有十几个项目，大家都没怎么重视，国际传播奖除了央媒，其他媒体应该都争不过广东。这些奖项以后应关注和重视。

我们得到中国新闻奖这个荣誉，很长志气。按报社规定，一等奖奖金1万元，二等奖奖金8000元，在此基础上，再从总编辑奖里拿出2万元进行奖励，一等奖共2万元，二等奖共1.8万元。

（五）港珠澳大桥报道版面未获中国新闻奖要深刻反省

《周会纪要》【2017】第45期 11月30日

刚刚兆均（注：时任羊城晚报评论深度部主任林兆均）讲的非常重要，相关部门不要以为这只是美编的事，相关的编辑要注意。评广东新闻奖时，这个版面以绝对优势拿了一等奖，但是到了全国，我们连三等奖都拿不到。除了中间有文字上的硬伤外，还有个比较严重的问题：印刷。这就要从编辑的手法上找原因。版面在电脑上看很漂亮，但印刷出来就不行，同样是国产新闻纸，为啥人家能做得到、我们做不到？获奖的兄弟报纸内容比不上我们的港珠澳大桥报道，但是人家的印刷编排水平超过咱们。我们很多方面做得很好，但是在临门一脚的关键节点上脚软，可惜。

贰

第二篇

追求卓越

第一章

以舍我其谁的精神 追求卓越新闻

办报纸要树立读者意识、读者观念。

提倡做新闻要有“三气”：锐气、灵气、底气。

慎用网络语言。

采编沟通也是生产力。

新闻作品要有精品意识。

媒体的生存发展取决于它的新闻生产能力。

好稿不要急着轻易放出来，要经营，要深耕。

新闻报道策划追求出奇制胜。

优质内容是传统媒体安身立命之本。

媒体的核心是做内容，
这是党和政府对媒体的要求，
也是老百姓的需要。

做新闻就是要比思想比角度。

互联网时代，传统媒体的核心竞争力是什么？我认为还是我们作为机构媒体的专业生产能力。我们有几十年打造、积累起来的新闻原创队伍和不断创新与完善的体制、机制，正是靠着新闻专业人才队伍，我们才得以与互联网新兴媒体短兵相接，相互融合又坚守阵地。

《羊城晚报》以民生、社会新闻报道见长，时政、财经报道也别具风格，文体报道更是津津有味，芳香四溢。我们的民生报道、社会新闻报道充满了人文情怀；我们的时政、财经报道将党委政府的方针政策通过老百姓的语言传递到他们心坎里，拉近两者间的距离；我们更是文体报道的行家里手，将文体大餐烹制得赏心悦目……这就是软实力，这就是羊城晚报的独门绝技。

这些独门绝技靠的是羊晚人那股子对新闻始终追求卓越的狠劲儿，对重大新闻不做到极致不善罢甘休的气势，这种观念已浸入羊晚人的血脉，成为一代一代羊晚人传承延续的新闻观念。羊晚人面对新媒体的挑战，沉着冷静，不断改革，勇于创新，走稳自己的融合之路！

本报推出“红色娘子军精神薪火相传”系列报道

传奇队伍83年来传递坚定信仰

践行社会主义核心价值观

相关报道见 A5-A7

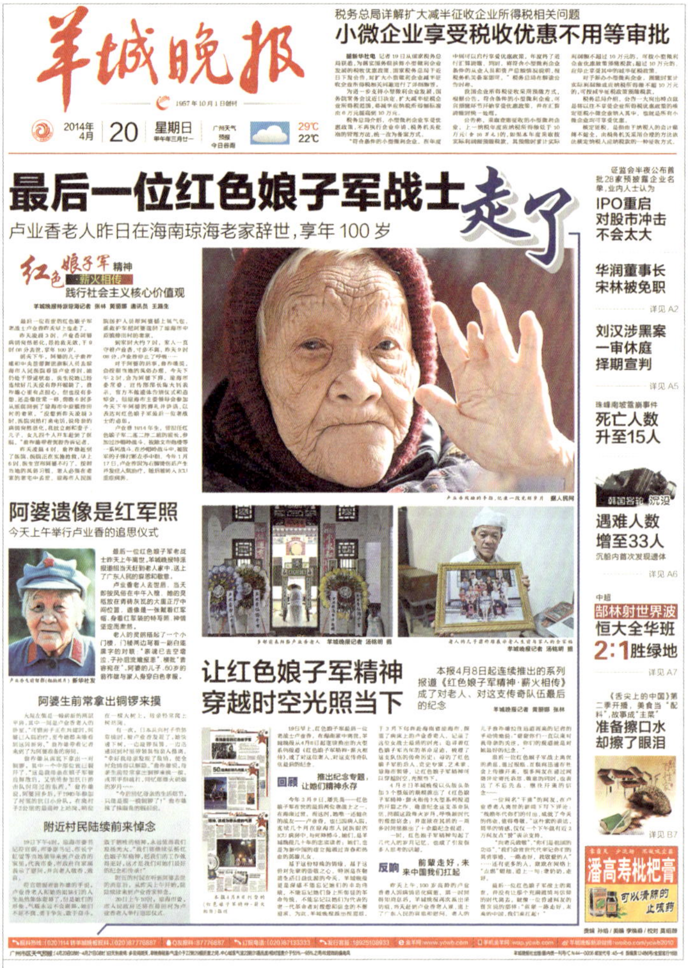
羊城晚报

1957年10月1日创刊

2014年4月 20 星期日

税务总局详解扩大减半征收企业所得税相关问题

小微企业享受税收优惠不用等审批

最后一位红色娘子军战士走了

卢业香老人昨日在海南琼海老家辞世，享年100岁

红色娘子军精神 薪火相传

践行社会主义核心价值观

阿婆遗像是红军照

今天上午举行卢业香的追思仪式

阿婆生前常拿出铜锣来摸

附近村民陆续前来悼念

让红色娘子军精神穿越时空光照当下

本报4月8日起连续推出的系列报道《红色娘子军精神·薪火相传》成了对老人、对这支传奇队伍最后的纪念

回顾 推出纪念专题，让她们精神永存

反响 前辈走好，未来中国我们扛起

IPO重启对股市冲击不会太大

华润董事长宋林被免职

刘汉涉黑案一审休庭择期宣判

死亡人数升至15人

遇难人数增至33人

郜林射世界波 恒大全华班2:1胜绿地

准备擦口水却擦了眼泪

红色娘子军精神 薪火相传

寻找最后的红色娘子军

平凡的战士 伟大的女性

红色娘子军精神 薪火相传

50年经典影响几代国人

“娘子军”的自强精神在演员身上留下烙印

红色娘子军的精神永存 给年轻人正确价值引导

“红色娘子军精神薪火相传”系列报道

第一节

新闻精品是如何磨炼出炉的？

羊城晚报记者黄丽娜（左一）、张林一行专程来到琼海，在病房看望卢业香后，专访了卢业香的儿子翁祚雄（右一）
图/受访者提供

（一）中宣部充分肯定“红色娘子军精神薪火相传”系列报道

《周会纪要》【2014】第15期 4月24日

这组报道得到中宣部的充分肯定，刊发了新闻阅评，阅评中对本报的报道评价很高：“这组报道发表在清明前后，正是缅怀革命先烈、学习革命英雄的好时节，它表现了一个个鲜活生动的形象、一个个可歌可泣的事件，整组报道非常契合社会心理和读者阅读习惯。有内容，有深度，显现出厚重的历史感和鲜明的时代感，其创新做法很具参考价值。”

另一组报道“寻找感人医患故事”也做得不错，得到了省委领导和省委宣传部领导的表扬。

但话说回来，“红色娘子军精神薪火相传”的报道，最初的呈现显得比较散，年轻记者感情细腻，故事催人泪下，但只停留于就事论事，三个版缺少一根主线。经过多方思维碰撞提炼，这组报道紧扣“信仰”主题，既符合习总书记的系列讲话精神，也与当今年轻人有互动，通过对原稿的再创作，三个版三个立意，分别从三个角度来呈现，有高度，接地气，既有感人故事，也升华了主题。

（二）教育部APP稿件报道节奏、分寸掌握得好

《周会纪要》【2015】第34期 9月24日

谈一下教育部APP的稿，我当天晚上看这稿就犹豫了一下，觉得欠缺了什么。后来和值委沟通，这稿件最后呈现和原来不一样，还是做了些工作。改标题，文章经过打磨，打击的点选得相对比较准。没有去打教育部，而是针对学生和家长的这些资讯保密与否。今天其他媒体参与跟进，挖其中有没有

羊城晚报

广州中小学生家长被紧急通知将孩子的学籍表拍照传至一软件平台，不少人质疑：

学籍信息上传商业APP安全吗？

2:1

针对学籍管理平台疑云回应羊城晚报

教育部称统装APP无商业目的

实现学生“一人一号”

为何开发推行

是否运作顺利

免费开发无商业应用

有无商业目的

是否出现泄密

跨省转学可9小时完成

安全防护有相关要求

“教育部统装APP”报道版面

猫腻。我们的报道节奏、分寸掌握得好，敢于放头版头条，我觉得像一张《羊城晚报》。现在可以做这种尝试，我感觉这条稿做得准了。一是记者的眼光，二是相关主任、编辑打磨，值委敢拍板放头版，令人欣慰，做这个选择判断不容易。这条稿应好好表扬，大家也反思一下，接下来《羊城晚报》应当怎么办。

《羊城晚报》报纸的定位将随着这次改版有一个重大的改变，往大里讲是与互联网对标；往小里讲，《羊城晚报》这么多年的办报理念要做些调整。这篇稿件，不能仅是把它作为一篇舆论监督的稿件来看，还体现了《羊城晚报》的影响力。

（三）“青蒿素与广东的故事” 系列报道是如何策划出来的

《周会纪要》【2015】第36期 10月15日

最近一段时间，《羊城晚报》有不少让人眼前一亮的好稿。比如说，屠呦呦获诺贝尔奖及其后续报道。乍看之下，青蒿素跟广东关系不大，但实际上这里头确确实实有故事。通过多年跑线积累，我发现青蒿素可以结合广东做点题目，于是策划了“青蒿素与广东的故事”。政文部及其他相关部门把稿件完成得不错。《羊城晚报出版社解密“523任务”》一稿，更让羊城晚报出版社曾出版的《迟到的报告——五二三项目与青蒿素研发纪实》一书火了起来，最近就有公司联系我们，说出资给该书再版，并把新的内容加进去，我看可以跟出版社联系运作。

揭秘青蒿素与广东的故事 开栏语

屠呦呦获奖，中非部长级会议上科摩罗副总统感谢“中国兄弟”

广东抗疟药物“救”了一个国家

揭秘1

浙江学者、广州中医药大学特聘教授宋健平昨天从南非开普敦回国，连坐了24个小时飞机的他难掩疲惫也难掩兴奋，因为在刚刚举行的第二届中非部长级卫生合作发展会议上，他和他的科研团队收获了沉甸甸的感激和新的合作成果。

科摩罗副总统感谢“中国兄弟”

帮助科摩罗快速控制疟疾流行

广东抗疟药物成对非工作“名片”

“青蒿素与广东的故事”系列报道版面

我同意刚刚值委、执行中心值班主任以及各部门主任谈到的稿件情况。好稿频出，这反映了我们采编人员尽心尽力的工作状态。对此，我很是感动，也希望我们一线的采编人员再接再厉。

（四）广东新闻阅评表扬《羊城晚报》

《周会纪要》【2015】第39期 11月05日

近期省第161期新闻阅评题为“省主要媒体有力驳斥东莞企业‘倒闭潮’传言”。阅评中提到，10月27日至29日，针对东莞等地出现所谓企业“倒闭潮”的不实报道和网上传言，广东省主要媒体陆续刊发报道予以正面回应。10月26日，东莞市政府公布了前三季度经济运行情况，GDP增长7.9%、新登记企业增长13.3%等系列数据，27日，《羊城晚报》即推出报道《东莞用热辣数据喊冤——明明增速领先何来外资撤离》。28日起，《南方日报》《21世纪经济报道》《南方周末》等也相继推出报道，短时间内迅速形成声势。

驳斥传言，最有效的办法就是展示事实。通过对东莞GDP、投资、消费、存款、财政、市场主体、高新企业等数据的对比分析，以及大量的个案采访，有力地支撑了“经济企稳回升”的论断，反映了转型升级的进展。《羊城晚报》报道指出，东莞有1万多家外资企业，每年都会有部分低端代工生产的外资企业关闭外迁，这很正常，数量不超2008年。在澄清事实时平衡各方观点，理性而客观，《羊城晚报》的报道指出“东莞确实有一些企业关停、外迁，但也不乏更多更先进的企业落地生根”。

这组报道，用大量数据和生动事例，深入浅出客观分析，驳斥了传言，展示了“世界工厂”转型升级取得的可喜成绩。相关报道始终坚持用事实说话，客观理性，讲究平衡，读来让人信服，网上传播广泛，有力地澄清了事实，起到了良好的舆论引导效果。

第162期新闻阅评则以“借青蒿素讲好‘广东故事’”为题，高度评价了《羊城晚报》“青蒿素与广东的故事”系列报道。

该阅评提到，在我国科学家屠呦呦获诺贝尔生理学或医学奖后，从10月10日起，《羊城晚报》连续在重要版面推出数十篇“青蒿素与广东的故事”，充分展现了广东科研团队与药企多年来的不懈努力和为人类健康做出的巨大贡献，弘扬了广东人敢为人先、务实进取的精神。早在9年前，羊城晚报出版社已出版《迟到的报告——五二三项目与青蒿素研发纪实》。在日常采访中，《羊城晚报》已掌握广东科研团队和制药企业鲜为人知的开拓故事。在屠呦呦获得诺贝尔奖消息公布5天后，《羊城晚报》即开始大篇幅推出系列报道。

《羊城晚报》站在时代的高度，用国际视野看待这组报道，精心策划，抽调精干采编人员精采细编，文章写得引人入胜，版面编排大气悦读。前三篇，《羊城晚报》以半版或1/3版的篇幅，采取纵向通栏到底的罕见编排手法，十分抢眼球，声势夺人。

“青蒿素与广东的故事”，涵盖医疗、制药、国际人道救助等多方面，报道体量大，时间跨度近20 天，但整组报道层次分明，章法得当，第一篇报道《广东抗疟药物“救”了一个国家》展示的是广东青蒿素药品在非洲的巨大作用，引出读者对系列报道延续阅读的渴望；第二篇报道写的是广东抗击疟疾团队在非洲8年来当“白求恩”工作的故事，生动感人，可读性很强。之后推出的《羊城晚报出版社解密“523任务”》《青蒿素再显威，或降服关节炎》《青蒿素类抗疟药物八成市场份额被西方占据》《疟疾输入风险仍高很多医院无抗疟药》《广东丰顺青蒿“含金量”领先全国 提纯度高人一截》《持续12年投入14亿——一份钢铁般的坚持成就青蒿素的扬名》等报道，分别从不同角度延续话题热度。由于披露了诸多鲜为人知的故事细节，亮点多，10多篇长篇报道可读性强，各大门户网站纷纷转发，影响力极大。

好题材都是养出来的，且每一篇稿件的出笼，都经过仔细打磨。各位采编人员要有精品意识，要经营精品，这是我们的安身立命之本，我们有非常优秀的采编团队，有总编辑亲自带队千里“追猪”

的优良传统，一年之中各个部门要“折腾”出几个有影响力的报道和版面。羊晚的前景一定是美好的。

（五）广马报道体现了采编优势和集体智慧

《周会纪要》【2015】第44期 12月10日

这周报道谈得比较细，青蒿素的报道、厅官出庭的报道、广马的报道、中国援非吃不吃亏的报道、农妇追凶的报道，这些报道都是本周亮点。

广马的报道，当天新闻抢足了，正好是周六周日，我们拿了两个版来做，加上老天给力，有“广马蓝”。《羊城晚报》广马的报道得到了广州市委书记的高度赞扬。广州市委宣传部叶敏副部长专门给我发来短信，表示感谢。回头想想蛮有启发的，我们讲当天新闻，讲了几十年，它确实是羊晚的硬优势，别的报纸没法做过我们。第二天广州有报纸推出“广马精神”，省报也做“广马精神”。我说这广马就是狂欢节，年轻人锻炼身体，快乐一下。我们老讲互联网海量、互联网快，传统报纸不跟互联网比，你把别的报纸比下去就行。这次现场的图片、文字做得不错，值班老总拍板，中心主任、要闻部等相关部门配合，我们提前做了布置，这是集体合作的成果。从单幅照片来说，我看不出同城有超过我们的，广马应该打这种仗，不要纠结于早报晚报、日报晚报。互联网时代，一些报纸是要淘汰的，我们这些小绵羊跑不快，羊肯定是跑不过狼的，但跑过别的羊就行了。最后狼吃饱了，不叼你这只羊了，这就是“丛林法则”。这确实给我们启发，这个报道体现了《羊城晚报》的采编优势和集体智慧。蔡惠中说，现在大家在一起沟通成本低了，不仅是我们搬家后大家离得近了，沟通容易了，更主要是因为我们采编机制的转变，大家都有意识地加强沟通。

羊城晚报
奔跑吧，“广马”勇士
2小时09分57秒

“广州马拉松”报道版面

采访港珠澳大桥建设的记者：何奔（右一）、林桂炎（右二）、黄珏（右三）、李国辉（右四）、马化展

《龙腾港珠澳》特别报道VR新媒体作品截屏图

（六）港珠澳大桥报道策划非常成功

《周会纪要》【2016】第1期 1月7日

这周的新闻有三个策划，“跨年朋友圈”“新年新愿”，在媒体同质化的时候做出了自己的特点。港珠澳大桥的报道是近年少有的大手笔，海利老总牵头带队，多个部门参与。这是世纪工程之一，这个报道准备了很长时间，第一波推出来，非常抢眼球，跨版的报道，还有后面的几个版都下了功夫。

回想一下，这种重大的交通枢纽、交通建设的策划，《羊城晚报》以前做过很多次了，青藏铁路做了两次，一个是“新天龙八部”、一个是“龙驰巅峰”。青藏铁路离我们这么远，《羊城晚报》派人去做了，港珠澳大桥就在我们家门口，哪有不做之理。在

龙腾港珠澳
羊城晚报社·港珠澳大桥管理局 合作
扬帆伶仃洋
白海豚戏水
巧织中国结
东西人工岛
治国理政新实践
全面深化改革广东篇
海上天路飞跃伶仃
世界最长的跨海大桥
1 精卫填海 最长最难的桥
2 攻坚克难 科研"组合拳"出击

港珠澳大桥报道跨版版面

广州地区的同行当中，我们打响了第一炮。媒体融合的时代，传统媒体要提高影响力，除了日常的新闻报道，还要抓一些有影响、有深度的报道。我们去年拿中国新闻奖的“红色娘子军”系列报道题材出自海南，《羊城晚报》异地挖掘，影响力很大。各位部门主任，除了日常新闻指点外，还要每天抽几分钟时间琢磨一下，有没有一些让人眼前一亮、能让人记得住的报道，选一些这种好的题材。

新年第一周，在大家的共同努力下，这周报道可圈可点之处很多。更重要的是，通过这些报道、版面，我们在纸和字后面看到了采编人员的干劲，成效也很大。

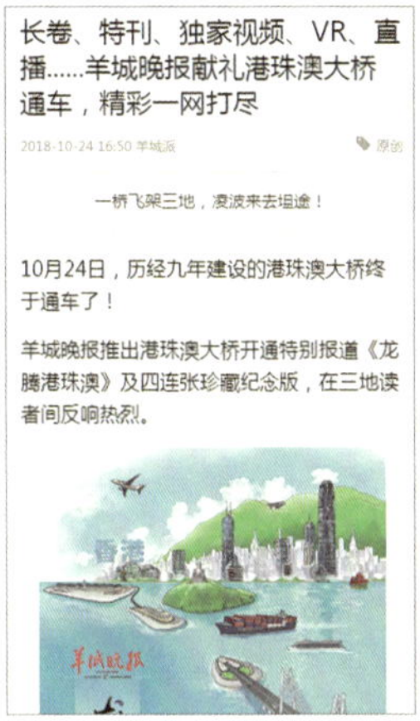

《龙腾港珠澳》特别报道新媒体作品手机截屏图

（七）《菠萝要向荔枝学什么？》带给我们的三点启示

《周会纪要》【2016】第21期 6月2日

前几天宣传部主要领导在《羊城晚报》看到了《同是佳果命不同，菠萝要向荔枝学什么？》这条稿，专门批示指出，记者采访得很深入，调查扎实，协助政府解决问题的角度，以及最后的版面呈现都非常好。

《同是佳果命不同，菠萝要向荔枝学什么？》这条稿给我们很多的启发。记得很多年前读《人民日报》老记者艾丰同志写的《新闻采访方法论》，里面有一个很经典的判断："当记者没有什么稿

读+深度 A7

同是佳果命不同 菠萝要向荔枝学什么？

茂名荔枝产销摸索出“多类种植＋分期上市＋冷链物流”的新路，或可为阵痛后的徐闻菠萝产销提供借鉴

高州荔枝 八大品种 分期上市

专业物流 冷链储运 24小时内寄送全国

“菠萝要向荔枝学什么？”报道版面

不能写，而在于你怎么写。”当时我对此有些疑惑，但当记者时间长了就慢慢觉得这话是对的。刚才兆均点评的这两条稿实际上都是负面报道，或者说批评报道。其中韶关土壤污染的稿是当初我们抽下来的。其实菠萝滞销的问题是有要求的。但这条稿经过多道把关修改，到最后才呈现出来，就有了良好的社会效应。这说明开展舆论监督、写批评报道的角度和出发点，以及立意是非常讲究的。单纯的揭露稿子就出不来，或者刊登出来就要挨批评。变换一个好的角度，不但稿子能登出来，还得到领导同志的表扬。当然，记者写稿，从低的要求说是为了见报挣工分；从高的要求说是如何帮助党和政府，帮助群众解决实际困难，而不是为了得到领导的表扬。这条稿可从多个角度下笔，但最终选了有建设性的角度写。这条稿给我们的第一个启示是：写批评稿怎样选取角度，这非常重要。

我想对在座的各采编部门的同志说，请你们负起责任来。如果记者写了稿，部门主任只充当“二传手”报个题，领导说用咱们就用，说不用咱们就不用，坚决听指挥，也没有大错，但你不是一个负责任、有担当的部门领导。碰到一些值得开挖或值得小心的稿件时，希望各部门主任向兆均同志学习，反复掂量、斟酌，这就是传、帮、带。部门主任要起到承上启下、上传下达的作用，但不是让你当“二传手”，而是要对一些题目认真斟酌，反复推敲，做一点像样的文章。这方面要求，我与各部门主任共勉。我作为总编辑，一年里怎么样也要有1~2篇像样的文章，在心中反复思考，反复“折腾”，选一个最好的角度。所以，这条稿给我们的第二个启示是: 遇到重大题材，无论是正面的还是舆论监督的题材，作为部门负责人如何去反复掂量，反复斟酌，以及反复修改？希望各位部门的负责同志，对这点要认真思考。

这条稿带给我们的第三点启示是，记者必须“接地气”，深入基层采访，才能挖掘出好的题材，写出内容扎实、更“贴身”的好新闻。罗坪在记者站待了一年多，有基础。我发现他的好几篇稿件都可从字里行间看出采访的深入程度。《同是佳果命不同，菠萝要向荔枝学什么？》之所以广受好评，产生良好的社会效果，与他深入基层采访、掌握第一手资料这种踏实的工作作风是分不开的，这值得记者们学习。

（八）“坑老保健品”报道社会反响强烈

今日广州
A13
坑老保健 卧底日记
销售员反复推敲每个细节 只等临阵向老人们“亮剑”
执法人员一走 老总又慷慨有力大打鸡血
销售员这样吸金“棺材本”

“坑老保健品”报道社会反响强烈

《周会纪要》【2016】第34期 9月8日

这个报道做了很长时间了，中间也有一些曲折，记者居然受到这些保健品公司的威胁，羊城晚报社报了警，提醒记者要注意安全。今天还推出了新的形式，可能不太像新闻，但在新媒体时代，是不是新闻不重要，有没有用、有没有人看才是重点，广州新闻部探索的勇气值得肯定。这是个旧题目，广州新闻部做成这个样子不容易，我们绝不停手，还要继续深挖。报道已经做了不少了，也揭了一些骗子公司的手法，但还缺一个典型的个案。一是抓点，二是抓面。教育防范的面，你们已经注意到了，通过小品视频提醒大家注意，教育一大片，这很好。接下来思考如何在众多的现象中抓到一个典型的点，效果会更好。这个报道社会反响强烈，提出表扬。

人文周刊·广东美术百年大展特辑 A6

百年美术
广东气象

1 不仅是美术大省 更是美术强省

2 在"粤港澳大湾区"时代 找到新路向

3 呼唤下一个 百年新经典

许钦松
广东版画家起重要作用

丁宁
我看好广东美术

黄永年
创新不能离开传统

梁江
近现代美术中心在广东

方土
当代艺术走在全国前列

人文周刊·广东美术百年大展特辑 A7

留学主导:"洋画运动"一马当先

美术革新:岭南画派强势崛起

人文周刊·广东美术百年大展特辑

觉醒呐喊:新兴木刻震撼人心

独树一帜:激情岁月艺术自

（九）"书香节"和"百年大展"报道小角度切入，根植岭南文化

《周会纪要》【2017】第32期 8月17日

本周主要两件大事，南国书香节和广东美术百年大展。两个内容，《羊城晚报》都做得浓墨重彩，体现广东文化大省的风采。

羊城晚报出版社在"书香节"推出《才俊的炼成》和张忠德的《难缠小病防与治》两本书，我和胡泉（注：时任羊城晚报社社委）都去站台。岭南文化其中一方面就是中医中药，中医中药不仅治病、预防，还讲究食药同源。德叔的专栏，和当年佘志强的煲汤专栏异曲同工。栏目是我们专刊部开发出来的，这是广义的岭南文化，《羊城晚报》应该多做这方面的事。

"百年大展"更不用说。一般人到美术馆去看，就是看热

“广东美术百年大展”系列报道版面

闹，这是一个比较专业的领域，相当多的同志不了解那段背景。我看了“百年大展”，再看我们报纸关于21个大家的专题，很感慨。

“百年大展”，真正留得下来、让人记得住的作品，一定是和当时的时代背景、时代生活贴得很近的作品，才能更多地引起人们的共鸣。那个年代出了一批绘画艺术的“样板戏”，极其精彩，比如《绿色长城》《螺号响起来》《我是海燕》。我们获得中国新闻奖的“红色娘子军系列报道”，《羊城晚报》很敏感，抓住了最后一位红色娘子军的原形。更主要的原因，这个作品因为它的艺术形象感染了一代人，它的艺术再现，芭蕾舞、电影、音乐等，艺术作品的感染力之强，绝不可以低估。

回过头来说“百年大展”，我们只选了一个很小的角度——百年广东美术大家探踪，就在全国引起轰动。这就是组织策划的艺术，慎部长给《羊城晚报》定位“岭南文化名片”，这是突出我们的文化大报的优势。我觉得本周，一个“书香节”，一个“百年大展”，报道很好，以后这类题材，还得大做。

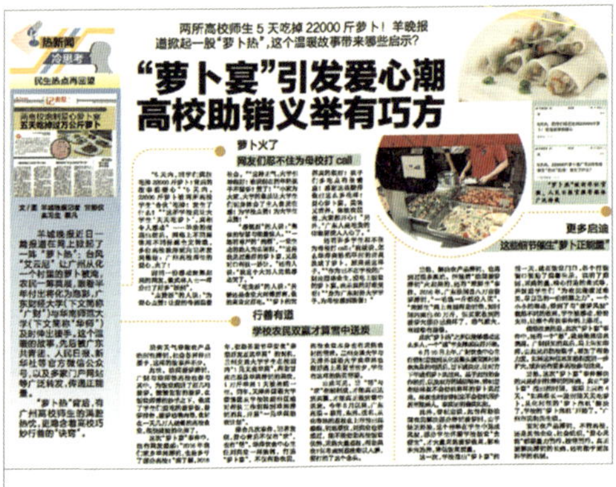
两所高校师生 5 天吃掉 22000 斤萝卜！羊晚报道掀起一股"萝卜热"，这个温暖故事带来哪些启示？

"萝卜宴"引发爱心潮
高校助销义举有巧方

强降水导致从化一村庄萝卜被淹，广财与华师联手助农民渡难关

两高校炮制爱心萝卜宴
五天吃掉过万公斤萝卜

"大学生吃萝卜"报道版面

（十）进一步提升"新闻价值"判断能力

《周会纪要》【2018】第22期 6月21日

个人认为"大学生吃萝卜"稿应该放在头版头条（除重大时政新闻外），这里不是批评广州部未看出稿件的分量，这条社会新闻，充满了正能量，我们是"打到一头鹿不知剔鹿角"。《羊城晚报》做是做了，但还是按一般的新闻做，没有突出大学生群体，没有上升到人文情怀的高度。

值班老总、中心主任、要闻部主任、部门主任，都要准确掂量新闻的分量，要不断提高这个看家本领。我们一辈子就是干这个的，就像厨师，同样的原料，大厨的出品更加好味、更加好吃。吃透两头是传统媒体过好日子的法宝，这个法宝不能丢。不单是民生题材的价值判断，社会、经济、时政新闻也是一样的，中层以上的领导，以后不要说"没想到"。

第二节

新闻要有三气：锐气、灵气、底气

（一）要保持一股向上冲的气势

《周会纪要》【2012】第11期 3月22日

本周涌现出一批抢眼球、有晚报特点、有深度调查和多角度的报道，如癫狂的灵修、富二代、“好人”系列等，本周的新闻报道承接了最近一段时间以来晚报的气势，采编一线的积极性调动起来了。那就是身为《羊城晚报》的一名记者、编辑，做起事情一点都不比别人差，我们有这个志气，做同城最好的报纸、最好的新闻，这种气势近期越来越明显，通过新闻报道、版面反映出来了。《羊城晚报》最可贵的就是这一点，当年复刊我们就是凭着这一股气势，在窝棚里办出了最高发行量180万份的《羊城晚报》。

这些年，羊城晚报发展不是很顺，我们不要去怨天尤人，不要去强调客观原因，我们要承上启下，要把采编一线人员的积极性调动起来，人的积极性上来了，才会有好文章、好作品、好版面、好策划。世界上任何事情都是人的事情，人的积极性调动起来，把人的思想工作做通之后，没有什么事情是办不成的。本周这么多生猛的、很有创意的新闻报道，如查假店、假货，油价上涨，警方查身份证，我个人非常欣慰，看到了这股气势，凭借这股气势，晚报不出三五年，一定能够战胜困难，我有这个信心。羊城晚报现有的这些人员，完全有条件、有能力，重夺华南第一大报的声誉。要做到这一点，确确实实要掉一层皮，世界上没有免费的午餐，要把报纸做上去，就要费力气。

（二）办报纸要树立读者意识、读者观念

《周会纪要》【2012】第13期 4月5日

刚才要闻部总结的时候提到的两篇报道，一是“台湾自由行”政策对广州深圳开放，二是广东省人民医院出动直升机救急病儿童，后来经过编辑与记者的沟通之后补充了一些读者关心的内容，我觉得要闻部的这两个题目处理得不错。经济新闻部的“奶粉”报道也做得不错。

我们写稿、编稿要培养读者意识、读者观念，第一关是记者，第二关是编辑，两方面都应该相互配合。记者在做新闻，特别是在做跟民生题材相关的新闻的时候，要把着眼点放在怎样为读者服务上，从接手题目、接到线索，或者是接到通稿开始，就应该有这样的意识，在做稿的过程中要把相关服务性的东西了解清楚。记者如果不清楚版面安排，解决的办法：第一是报题；第二是在采前会上记者与编辑的沟通；第三是交稿之后，编辑部门再进一步跟记者确认和沟通。遇上长假期不开采前会，编辑就可以直接跟采访部门主任、记者沟通，这本身就是一个交流的桥梁。一般情况，采访部门应该在采前会上多报题、多沟通，编辑部门有什么问题及时在会上与值班主任反馈，有时候确实来不及，晚上看到稿件之后再打电话、再了解也没有问题。只要采编共同努力，我们编的每一篇文章、出的每一份报纸，都是对读者有用的。

（三）把规定动作跟老百姓可亲可信可读结合起来

《周会纪要》【2012】第23期 6月21日

最近省委宣传部对《羊城晚报》“关爱好人”系列报道给予了高度评价，广东省委宣传部副部长顾作义专门做了批示：《羊城晚报》《关爱好人》专栏报道精心策划，引起良好的社会反响，希望再接再厉，认真选择典型，建立“关爱好人”基金，办成一个品牌栏目。省委宣传部也专门为《羊城晚报》这个报道做了一期阅评，赞扬《羊城晚报》“关爱好人”系列报道，鼓励更多的人以扬善的方式修补社会创伤，效果良好，值得充分肯定。

今年以来，《羊城晚报》从年初开始，围绕“好人有好报”“见义勇为”“广东精神”等积极向善方面做了一些报道，中宣部、省委宣传部都先后给予了表扬，省部的领导也给予了批示，这种正面的积极的报道，虽然是规定的动作，但也是按照《羊城晚报》作为民生大报的办报规律，把这种规定动作跟老百姓可亲可信可读结合起来，这一点做得不错，对相关的部门、相关的采编人员给予表扬。

（四）《羊城晚报》很有力量，足以影响政府的决策

《周会纪要》【2013】第6期 2月21日

最近一段时间以来，《羊城晚报》相当多的一批新闻做得很有锐气。做新闻提倡要有三气：锐气、灵气、底气。锐气是指敢说敢干，敢批评，敢监督；灵气要求做版面做文章要有新意、灵活，不要老气横秋；底气就是所提出的观点要站得住脚，全面，没有偏激、出位。这是对采编部门新的要求。

《羊城晚报》这张报纸很有力量，足以影响政府的决策，有时

政府的一些决策想法，因为《羊城晚报》的一篇新闻报道、一个新闻专题而改变的例子出现过不少，这说明《羊城晚报》这张报纸相当有分量，凭自己的基本判断，借助社会上老百姓的舆论，再经过我们的思考整合，做出了社会效果。政府不少的决策，就是因为我们的报道影响力而推倒重来，或者重新修改，有的决策推迟了，有的又提前了，很主要的原因就是媒体起作用。这方面的影响力，广州地区六家报纸中，《羊城晚报》做得好，文章扎实，观点全面，有代表性，既不落后，也不超前；既不偏激，也相对理性，让人觉得言之有理，这是我们引以为豪的事情。

（五）报纸要有一点真知灼见

《周会纪要》【2013】第6期 2月21日

《广州砸千亿修地铁到从化增城是否太超前？》这篇文章对从化增城修地铁提出了质疑，但这个问题一定要慎重对待。如果广州当初不是下决心把珠江新城切成小块拍卖，用拍卖的钱建地铁的话，广州现在的交通早就崩溃了。广州在地铁建设方面是超前了，但超前也有代价，老百姓享受地铁的同时也得忍受珠江新城的拥堵。但只有做好城市的拉疏，未来10年20年的发展才有空间，所以现在市政府在增城、从化修地铁的决策，不要简单地轻易否定说这一千亿元投得不好。我们敢于提出质疑是好的，这是媒体的责任，但应该带有一点报纸的真知灼见，在反映老百姓心声的同时，也要反映一部分这种超前意识。稿件总的来说还是客观的，超前太多固然是浪费，但跟不上形势也是浪费。这个话题是可以讨论的，媒体毕竟还不是专家，所以老百姓意见、领导意见、专家意见都可以提及。

（六）做重大策划要想尽办法找到关键节点上的重要人物

《周会纪要》【2013】第7期 2月28日

两位值委都提到了新闻采编的核心问题，我们的调查报道做得不够理想，主要是记者不够经验，不够勤奋，不够深入，路子也不够野，做重大策划时要想尽办法找到关键节点上的重要人物，并要提高采访的方法技巧，要挖掘碰撞出核心人物有见地的观点。新闻采访中很重要的一点，就是怎样调动被采访者的兴奋点。比如钟南山这样一个重要人物，要能够在采访当中碰撞出一些观点出来，这就需要你有足够的提问技巧、分层次的调查目的性以及适当的采访时机。这些今后都要逐步理顺，要加强培训。人力资源部要与采编培训结合起来，做好每年的培训预算计划，主要探讨做过的报道、版面。

（七）慎用网络语言

《周会纪要》【2013】第7期 2月28日

2月27日《羊城晚报》外地版A1版，标题导读《北上广年轻妹纸13%曾被性骚扰》，A3版《深中“骚年”自办周刊，骂得了校长走不出迷茫》。这两条标题都用了比较明显的网络语言。诚然，传统媒体不能落伍，但也不要过分地盲目追求，对于网络语言要慎用，报纸相对于网络应给人更加沉稳的感觉。据了解，喜欢阅读报纸的多数是35岁以上的中青年，喜欢网络的人即使再怎么迎合也不一定能吸引他们看报纸，这是一种趋势。我们降低读者年龄层次，方向是对的，要迎合一部分游走在报纸和网络

焦点
A3
深中“骚年”自办周刊
骂得了校长
走不出迷茫

相关报道版面

之间的群体，希望尽量吸引到他们的眼光，但同时，我们也不要赶走了跟随我们几十年的忠实“老粉丝”，这些方面一定要兼顾好。

（八）挂牌亮出我们的品牌栏目

《周会纪要》【2013】第22期 6月27日

本月高考、禁毒、股市、金价等内容都报道及时，整张报纸做得不错，很有气势，当天新闻抢得好，民生新闻、独家新闻秉承了晚报的一贯做法，穷追猛打。《天天315》《食刻出击》等栏目在同城中小有名气，要注意挂牌亮出我们的品牌栏目。

（九）采编沟通也是生产力

《周会纪要》【2013】第22期 6月27日

高考高分考生的报道，政文部、区域部密切合作的精神值得表扬，尽管新的定额下各位记者各为其主，都要完成任务，各部门都要出成绩，但这两个部门互相合作，互相补短。大家应给予这组稿件高分。

一张《羊城晚报》就是一个集体，虽然各部门之间、记者之间、编辑之间都存在竞争，但是最终在报纸上需要有独家新闻，要非常抢眼，非常亮丽，与其他媒体存在差异性，对于那些做了工作，不论有无见报署名的同志，我们都要有所表示。《羊城晚报》应该树立这种风气，只要是对集体对报社做出了突出贡献的，抢到了新闻属独家猛料的，报社都应该给予重奖。

在采访中，除一般动态正常运作外，有一些记者有了初步判断，或者说发现了新情况，或者正好赶到出晚报的时间点，建议先打电话给要闻部，这是很简便的沟通方式。如果不预先沟通好的话，发回来能上版的也许就是300到800字，顶多1000字的消息。记者、编辑都要有这种意识，前后方做好沟通，合理调配版面，编辑也会掂量稿件的分量。以后大编辑平台启动后，绝大部分的稿件都是采取这种沟通方式，要让记者知道这个稿登还是不登，大致登在哪个版，大约写多少字，甚至记者知道这趟采访从哪些角度采写，直线沟通，采和编非常明晰。

（十）记者不能只写单一的报道

《周会纪要》【2015】第4期 2月5日

“广州音乐之春2.0”活动比较热闹，过去搞音乐都在音乐厅，出照片、出碟，现在是网上出音乐，更多草根音乐在互联网应运而生，很适合打工一族，下载费用便宜，从而使音乐传播载体发生了天翻地覆的变化。

不论是娱乐部记者，还是经济部记者，都是羊城晚报记者，不能只写单一的报道，我们在流程上观念上还没有转变，从一开始就应该让一个记者做，这是安排的问题。

娱乐新闻
B1
羊城晚报报业集团联手滚石国际、欢聚时代YY、酷狗音乐
贯通线上线下，
开启“广州音乐之春2.0”
O2O 案例 三巨头成功试水
O2O 释疑 线上线下的结合
O2O 未来 晚报牵头建空间

“广州音乐之春2.0”报道版面

（十一）人生难得遇到几次惊天动地的采访

《周会纪要》【2015】第19期 6月4日

从本周重大事件来看，采编整体士气很高，重点表扬前线记者，目前沉船事件还未完，先收集下发稿等情况、前方需要的支持，记者发的视频、图片、文字，要珍藏起来，或许将来一两年之后就可以发，千万不要弄丢了，将来均是珍品，去了前方的记者，

不要浪费任何一个机会。

目前，我们严格按要求执行，当然不妨灵活些，不放过一切机会。

后方的值班老总、值班主任、编辑同样值得表扬，值委是总调度。羊晚采编积极性高涨，前方记者冲锋陷阵，能吃苦能出活，后方编辑有眼光，耳听八方眼观六路，整体呈现给读者的产品，很不错。

沉船事件的下一步，基本就是悲伤的，没有生还的了，接着就是很严肃地追究原因责任等，往下的内容地方媒体够不着，可以积累一些东西，但没必要硬碰硬。所以采访抗战组的记者可以撤了。

在此代表集团感谢前后方同志，特别提醒——工作量没有问题。人生难得遇到几次惊天动地的采访，一辈子能有一两次机会，这记者就没有白做。

（十二）广州“专车”事件所反映的问题

《周会纪要》【2015】第20期 6月11日

昨天下午珠江新城“专车”事件，几路记者都出动到现场采访拍图片，提出表扬，我们鼓励记者抢新闻，同时我们也得遵守纪律没有发稿，经济部对这个事件还要关注一下，这是全国性事件，目前还没有完，事件也反映出我们的政策制定上有漏洞，现在广州限牌，但不限外，马路上深圳车、东莞车太多。这个事情还可继续深挖，经济部先做些准备，紧跟事态发展，政策漏洞对社会损害更大，城市交通治理是一个系统工程。英国人管理城市的经验值得我们借鉴，当年我们做香港和新加坡的城市管理、交通治理经验，时任省委书记汪洋在我们的报道出了三期后，马上指示省委办公厅问《羊城晚报》总共出多少篇？全部打包上报省委办公厅，办公厅专门发文让21个地级市的书记市长都要认真读一读《羊城晚报》已发表和未发表的这组系列报道。

交通、“专车”事件只是一个点的爆发，怎么样合情合理合规将诉求统一到管理城市上，学问很深，作为媒体要结合不同体制下城市管理的成功经验以及失败教训，反观国内超大型城市的城市治理问题。2012年伦敦奥运会期间，我们派出采访小组赴英国采访，其中一个题目就是写伦敦的下水道，英国100年的城市管理，有独到之处。

青岛现在还用100多年前德国人做的下水道，不能不佩服人家。在深圳一下大雨，好多地方就泡汤了。改革开放30多年，深圳把所有的钱都用在地面上，地下管网建设欠账多，但没有媒体报道。广州好一点，这几年媒体不断在报纸上探讨下雨水浸的问题，《羊城晚报》也不遗余力地大力宣传，现在已经有所改善。城市管理跟制度没有关系，什么制度下老百姓都要生活，什么制度下天都要下雨。

“专车”事件不让公开报道，但可以研究和做一些准备，通过这个事件，提出了超大型城市的治理问题，这是全世界的共同难题，建议经济部、广州部、区域部、政文部都可以研究下这些问题。下一步专车问题解决了，还有公交优先问题等，专车只是挤压了出租车的空间，要真正过渡到像中国香港、新加坡那样85%人群利用公交出行，这才是现代化大城市良性发展的远景。

（十三）科技新闻是一种相当耐看、颇具吸引力的报道类型

《周会纪要》【2015】第25期 7月16日

本周美国“新视野”号探测器发回冥王星的首张高清照，《羊城晚报》连续两天头版主图都选用了这个题材，做得不错，但唯一

遗憾的是，这则科技新闻，我们至今没有一条自己采写的文字稿。一直以来，《羊城晚报》不仅仅做民生新闻厉害，科技新闻也很在行。“新视野”号探测器经历了九年长途跋涉，终于与冥王星“会面”的这条新闻，从科技含量来讲，探测器的核动力技术、超过5.8万公里的时速以及九年的漫长行程等，每个方面都是科普类文章的好素材。评论深度部、政文部、经济部可以在新闻背后再作深耕。

事实上，科技新闻是一种相当耐看、颇具吸引力的报道类型。《羊城晚报》一直以来的科技新闻，还有近几年副刊部的《博闻周刊》，都出过不少让人大开眼界的好文章。甚至现在网络上相当一批关注度较高的科技新闻，也是源于《羊城晚报》的内容。但近年来，我们的跑线记者不太注重经营科技新闻。的确，做科技题材的稿件大多吃力不讨好，投入的精力、时间比一般的新闻都要多，但记者还是应该在科技领域多花心思、多用心经营，重新给予重视。当然，编辑的主观能动性也很重要，应对此类题材作主导采写。

（十四）弄清国家的政治制度、政治架构是年轻记者必须懂得的基本功

《周会纪要》【2015】第35期　10月8日

我们国家的政治制度、政治架构，部门主任估计比较了解，下面很多记者、编辑搞不清楚。这是基本功，错了就是麻烦的事。不存在喜欢不喜欢，必须得懂。

各个部门主任回去之后，在业务会的时候普及一下，包括副刊、花地、晚会、娱乐、专版。党内一条线，政府行政一条线，人大、政协，省、地、市、县、镇、乡、村，行政架构，经常在记者的稿件中发现这些问题，学校不学，新记者进晚报

培训也没有这么细的，假如记者不琢磨这个事，一上来写稿，当然搞不清书记大，还是省长大。

节日里其中有一天，头版将省委书记放在眉题，省长朱小丹放在大题，书记字小，省长字大，这明显不合适。

报纸有个贬和扬，放什么位置、做什么标题，版位本身就是一种语言，人家不认为你不懂，人家以为你是故意的。这些问题已经多次反映了，建议部门主任回去强调一下这个问题，做些基本培训。

（十五）结合“双十一”谈谈如何做新闻追踪

《周会纪要》【2015】第40期 11月12日

我虽不是网购达人，但对“双十一”还是很关注。关注点倒不在于“双十一”能冲到多少交易额，而是数字背后的新闻。

比方说，每年“双十一”兴高采烈、举国狂欢过后，货品堆成山是新闻，货物送不出去是新闻，买到假货是新闻，网购被骗是新闻，货品物流过程摔坏不赔是新闻，网购引发的各种纠纷是新闻……狂热的网购背后，是中央鼓励电商消费的大背景，是尚待规范的营商秩序，是不尽成熟的消费观念，是网购行为引发的新现象新问题。

《羊城晚报》从现在起可以围绕一些话题做追踪，关注些极端个案、分析一些新问题新情况，引发民情热议，这就挺热闹。当然，有一个大前提，国家是鼓励电商消费，这方面不要给予否定。

（十六）互联网时代有没有用最关键

《周会纪要》【2016】第1期 1月7日

《羊城晚报》的《食刻出击》和《天天315》栏目，被评为优秀栏目，已经从省委宣传部拿回好栏目奖励90万元。我多次在周会上强调，这个栏目要加强，不光是在报纸上要做好，在APP、金羊网、新媒体微博、微信上也要呈现。媒体融合资讯是一个方面，帮忙有用又是一个方面。有的时候，《食刻出击》的内容不像新闻，不是新闻没关系，关键看对读者有没有用，对发行、广告有没有用。我们的思路还没打开，要转变观念、转变思路。互联网时代，有没有用是最关键的。

今年很多大事，巴西的奥运会、欧洲杯、长征胜利80周年、孙中山诞辰等，日历新闻也是新闻，看你怎么做，你抓住一个关键点做好了，有必要。有社会效益、经济效益的重大策划更是要两手抓。

（十七）文章越有见地，越能吸引受众眼球

《周会纪要 》【2016】第8期 3月3日

日常对热点话题的深耕必不可少。像房地产问题、医疗问题、教育问题、国企改革问题、金融政策问题等……过去我们做新闻大多都是“打一枪换一个地方”，少有对相关话题保持一两年长时间的投入关注；但接下来我们还应集中精力、固定联系所接触领域方面的顶尖专家、智库，潜下心、下功夫，系统研究一些具体问题。除此以外，副刊其实也可以纵观历史、比照发达国家的经验教训，做些有见地、有历史感的深度文章。从目前来说，我们版面上现有的文章还是浅显了些，整张报纸的水准和格调也有待提高。毕竟，在互联网时代，越是有见地、有水平、有分析的好文章，才越能吸引受众眼球。因此，鼓励记者们在完成每天的“短平快”以外，动动脑筋、多花精力，研究些具体的经济社会热点问题，也鼓励我们的编辑部门多发现好的角度，给一线的采编人员更多指导，包括我们的相关领导以及制度上的指挥棒，接下来要朝这些方面多给予倾斜。

第三节

做新闻要比角度、比思想、比品质

（一）新闻作品要有精品意识

《周会纪要》【2016】第18期 5月12日

不久前我和建平同志参加广东新闻奖的定评，目前获奖作品在公示中。

这次新闻奖评审，对错别字和标点符号看得很认真，我们的青蒿素稿、倒牛奶稿、负面清单稿均有瑕疵，但中国新闻奖不能弃权，青蒿素系列没有明显外伤，硬着头皮送上去了。

总编室要把那些差错问题复印公布出来，供大家学习。说实在的，我认真看了，发现只有《人民日报》送评的一篇消息，真的是没有一点可挑剔的，这说明人家够严谨、够硬气。

提醒大家，明年的评奖还是这个标准，但凡要冲奖的，一定要树立精品意识，包括各位主任、记者、编辑、校对，要反反复复多看几遍。

（二）全民关注的话题，可以深挖下去

《周会纪要》【2016】第19期 5月19日

本周相对平淡，有些新闻做得不错，特别是广州新闻全媒体编辑部

牵手父母·跨越数字鸿沟
如何让老人摆脱数字孤独?
老人对"互联网+"生活既爱又怕

"跨越数字鸿沟"报道版面

"孝行花城·跨越数字鸿沟"小结会上，三位评选出的"潮爸潮妈"正分享网上摄影、网上相亲、数字出行的新体验
图/受访者提供

的两个策划"精神病之殇"和"牵手父母·跨越数字鸿沟"，很到位。

这两组报道还可以深挖。"牵手父母·跨越数字鸿沟"开了个好头，今天科学男神孙维新在广东科学中心讲课的报道，是和广东科学中心合作的，这两篇稿件都是专题报道，但都有相当大的含金量。现在星座极热，台湾的专家教授认为"星座更多的成分是娱乐化"，这句话有足够新闻含量，这个点是可以拿来议论的。"牵手父母·跨越数字鸿沟"的报道跨度三个月，要好好策划，这不仅仅是老人跟孩子之间的联系了，现在的年轻人、情侣坐在一起都一人一部手机在看。本来科技进步给人类带来正效益，促使人与人之间的情感沟通联系更紧密，但现实恰恰相反，明明近在咫尺，心灵却相隔千山万水。这种社会现象，就可以产生无数的话题，做一年都可以。你们给出了一个好题目，是全民关注的话题，可以深挖下去。建议参照"微信任"的做法，不单议论，还要找人实地测验智能手机对人们的感情精神生活这种纽带式联系是否有影响，导演策划一下这种数据调查未尝不可。

（三）羊晚记者要有穷追猛打的劲头

《周会纪要》【2016】第33期 9月1日

刚刚两位值班老总谈到，关于电信诈骗的稿件，记者缺乏穷追猛打的劲头；“坑老保健”报道中，报社有人接到“你不怕走在路上有十几人打你吗”的威胁，谁这么大胆？我们要刨出这家公司，彻底曝光它，既为民请命，也为记者撑撑腰。

记得20世纪80年代，《羊城晚报》头版曾刊登过“一碗蟑螂汤的故事”，顾客端着一碗汤从陶陶居打的来报社，请《羊城晚报》评理，报纸为此开了专栏，连追半个月，在社会上产生了很大影响，对羊城服务行业影响巨大。记者要有这种挖掘新闻的能力和穷追猛打的劲头，光写通稿不行，还要刨出通稿以外的东西。

（四）媒体的生存发展取决于它的新闻生产能力

《周会纪要》【2016】第36期 9月29日

本周确实有一些好文章、好策划。港珠澳大桥的报道不仅是纸媒的报道，也包含了新媒体的报道，立体传播效果不错。另外还有刚才大家说的那几个独家新闻，《羊城晚报》确实需要这样的稿件。莫谨榕（注：时任羊城晚报经济部记者）作为股市记者新手能挖掘出《逾6000万股民空仓等待》这样角度的稿件很不容易；吴珊（注：时任羊城晚报经济部记者）的邮轮稿也是好文章，都要提出表扬。刚才丹涛也讲了，大家不应老盯着通稿。我也做了硬性规定，每个记者每周都要写点独家、有深度的文章出来，希望各部门主任抓紧落实。

我觉得将来报纸最终得以立足的，还是你的传播能力，还是你经营独家新闻的能力，也就是你的新闻生产能力，所以请各部门抓紧这方面的工作。当然，对于一些好文章、好策划、好的多媒体报道，还是要在政策上给予倾斜。其实广东经济在全国整体经济较差的时候还是有很多亮点的，希望相关采访部门的领导要多抓一些这种亮点和热点。目前房地产成为社会热点领域，我觉得《羊城晚报》在这方面做得不错，但还不能满足。虽说该题材有些制约因素，但我觉得有些亮点不妨讲一讲，比如北上广深的楼价，广州的涨幅是排在最后的，可以围绕这些内容适度研究一下。

（五）做有影响力的报道

《周会纪要》【2016】第46期 12月15日

在数字传播年代，传统的传媒机构安身立命还是在核心内容上。像《羊城晚报》这样的传媒机构不会死，因为传统主流媒体的生产能力没有一个自媒体能够比得上。但是这两年《羊城晚报》少有这样的报道。大家都很用心，但我们总是少一些让人眼前一亮的报道。一年有这么一两篇文章，那么这个媒体就越来越有影响力。我希望大家静下心来，挖点独家深度内容，尤其是评论深度部认真地研究一下中长期的题目。值班老总、中心主任、各部门主任除了应付通稿、专题，应付日常完成任务的工作之外，一个季度，怎么也得弄出一篇有影响力的文章来吧。要求各部门主任直接抓，一个季度要有一篇打得响的、类似这种刷屏的报道，要有点影响力的文章。现在报纸太平淡了，虽然管得严但仍有很多题目可以做。希望各位部门主任，要认真重视，真正抓起来。

（六）《羊城晚报》耐看

《周会纪要》【2017】第21期 6月1日

本周，省第十二次党代会，《羊城晚报》圆满完成上级的宣传任务，总体不错。在昨天的集团党委会、管委会上，我已传达了省委宣传部主要领导对全省新闻单位的评价——平稳报道，浓墨重彩。对于本次的宣传报道工作，省委书记也给予了高度肯定。刚才大家谈了一些稿件，总体也比较出彩。

本周财经版的《创新药越来越多中国造》，稿子策划得不错。其实，我们的体育版、国际版、专刊版等，也经常有这样的独家策划，转载量都很高。在我身边有不少人提到《羊城晚报》耐看！这一篇篇的好策划、好稿件，就是最佳的印证。在这张报纸背后，是一位位兢兢业业的采编人员的辛勤付出。这两天，中国记协通过官网发布的《中国新闻事业发展报告（2016年）》提到，去年我国31家报业集团出现亏损，利润骤降53.21% 。在新媒体冲击之下，传统媒体的日子确实不好过。但根据省文资办的统计数据，《羊城晚报》在2015年、2016年这两年成绩都不错，特别是2016年，我们的利润大幅增长，在全省省属媒体利润率考核中排得很靠前。这两年来，每一位采编人员确实干得辛苦，但成绩摆在那里，请大家继续努力。

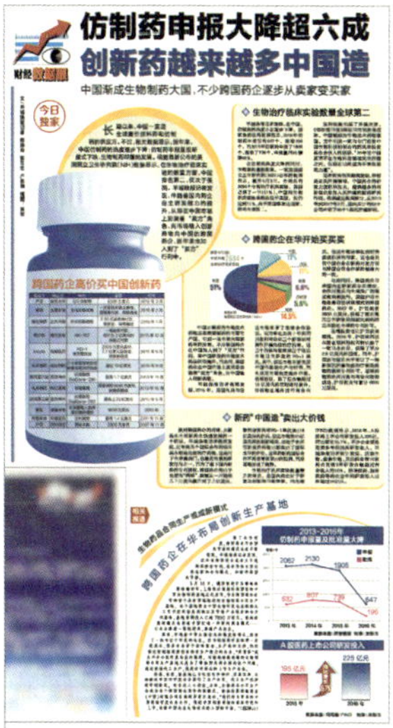
财经数据眼
仿制药申报大降超六成
创新药越来越多中国造
中国渐成生物制药大国，不少跨国药企逐步从卖家变买家
今日独家
生物治疗临床实验数量全球第二
跨国药企在华开始买买买
跨国药企高价买中国创新药
新药"中国造"卖出大价钱
生物药品合同生产或成新模式
跨国药企在华布局创新生产基地
2013-2016年仿制药申报量及批准量大降
A股医药上市公司研发投入

相关报道版面

（七）为读者提供有用的新闻

《周会纪要》【2017】第28期 7月20日

这周《羊城晚报》的一些报道蛮热闹的，关于房地产方面的报道、富力的报道、关于留守儿童的报道、老年人上老年大学的报道都比较亮眼。

在常态新闻中，怎样做出自己独家的视角、观点？《羊城晚报》要坚守做一张纯正的报纸，媒体融合，传统报纸和新媒体的区别，一个是“是什么”，一个是“为什么”。不管从哪个角度讲，核心都是报纸要能给读者、用户提供真正的新闻。无论技术手段如何日新月异，办报的根基不能丢。这个根基是传统媒体、党报、党刊存在的必要性，为读者用户提供有用的新闻。必须抓住这个特点，否则，再深耕别的领域比较难。

《羊城晚报》几年前开始的媒体融合改革探索，有这个意识，遵循这个方向。现在回头看，坚守这条路是对的。无论报纸、网站、两微一端，你最终是给读者、用户提供有用的资讯。让大家乐于看，乐于读，乐于转发，职能部门认可，网上流量数据可观。传统媒体当仁不让的优势，不要轻易地在媒体融合纷繁复杂的环境中把它丢掉。《羊城晚报》的生存发展根基在此。从这周的报道看到，像"通稿搬运工"一样的记者少了，有《羊城晚报》特色和独家视角的报道多了。

（八）好稿不要急着放出来，要经营，要深耕

《周会纪要》【2017】第32期 8月17日

看看头版这个"其命惟新"的标题，《出则正身朝堂 入则寄情翰墨》，有文化含量。现在讲起《羊城晚报》，很多人觉得当年《羊城晚报》的标题很牛，经常引起街谈巷议。当年老要闻部的标题，我印象很深。做标题工整对仗，还引用流行歌曲，老一辈要闻部人愿意花时间把标题做出彩。在互联网时代，大家都是看标题，一个好标题，让人留下印象，相当不容易，《羊城晚报》还要在标题上下功夫。

本周有一条稿，讲东莞的家具展，记者很敏感，在人工智能时代，传统的家具生产变得个性化、定制化、智能化。

记者采访了这个为期4天的家具展。我当时看到这条稿，已经见报了。我就跟区域部商量，家具生产这个传统的产业，东莞占全广东、全国、全球比例非常高，记者发现传统家具业已进入人工智能的时代，很好。唯一可惜的，作为通讯来写，写得不够细，缺少一些背景，只写了现象。

定制家具这一项每年有30%的增长，但是稿件中没有写传统家具的下降数字。讲到定制家具，最出名的尚品宅配，没有

东莞传统家具玩起智能化

家具也可听话 沙发能测血压

一回到家，音响自动开启；照镜子时，能看到自己的健康指数；感到疲惫时，智能沙发体贴地改变弧度；而沉睡时，智能床品不仅可实现睡眠数据的实时记录……8月14日，为时四天的东莞名家具展落下帷幕，东莞传统家具企业在展会上表现出十足的科技感：不仅家居产品呈现个性定制智能化，生产环节也突破传统壁垒，向智能制造迈进。

产品日渐智能化 沙发也能测血压

生产线突破壁垒 向智能制造迈进

“东莞智能定制家具”报道需进一步挖掘

提。传统家具的没落，人工智能家具的应用，没有对比。东莞家具产业在广东的份额、在东莞所有的传统产业当中的比重，这些都没有，就写了家具展的一些现象。要是把这些背景材料装进去，通讯就很立体了。如果写个千字的消息，把背景、现象提炼出来，这条消息参加广东新闻奖，是蛮有竞争力的。可惜了，消息当成小通讯写，通讯又没写透。

家具行业的转型升级、融合，有点像报纸行业，守着传统的报纸必死无疑。记者有点敏感，潜意识逮住了一个好题材，没有经营好。

我个人觉得《羊城晚报》有不少这样的好题材，如果发现内容有可能深耕的、有可能得奖的，我希望不要在部门主任手上溜掉。

这几年，我指导政文部不下五条稿。我说这是广东新闻奖一等奖的题材，写成这样子！回去重写！写了一稿二稿……五稿还在重写。清远“猪肉佬”、红色娘子军、青蒿素，我一数能数出好几个来，最后都拿了广东新闻奖一等奖。

有的时候，新闻的点是藏在里面的，看你怎么去经营。有的好稿不要急着轻易放出来，要经营，要深耕。我印象最深的是曾璇写的一篇关于高层设计的稿，积累了十个月，等到那一年的省“两会”再放出来，得了广东新闻一等奖。

新闻是客观事实的记载，能造假新闻吗？能养吗？我想这是两个概念，有些新闻是要等一个时候，思路经过磨炼，清晰了成熟了才更好，只是单纯这么做，会有点可惜。

在座的各位，各个部门要抓业务培训，有些稿件要精心策划，花点时间经营，要打磨。各个部门业务会，要研讨业务，不要变成传达、报题。业务会就是要研讨，拿干货出来，要允许一线的同事提问题，要碰撞，要进行业务探讨。

（九）新闻报道策划追求出奇制胜

《周会纪要》【2017】第43期 11月9日

今年的财富全球论坛马上就来了，海利总已牵头相关的同志做了布置。打这种大仗，传统的新闻报道策划、常规的战役要打，但出奇制胜也非常重要。大家也许还记得1997年香港回归时的新闻大战。为做好这一重大题材的新闻报道，《羊城晚报》提前一年就派记者前往香港采访，一波接一波地每次推出4个版的专题报道，层层递进，非常有气势。可以说，当时《羊城晚报》关于香港回归的新闻策划和立体式多方位报道，广东的媒体同行无人能比。眼看着大功告成胜利在望之际，《广州日报》异军突起，一举推出97个版的香港回归专题报道。虽然这97个版里80%都是翻炒的旧材料，只有20%是记者写的采访稿，但毕竟这是在中国新闻史上第一次推出了97个版，造成全城轰动。我们辛辛苦苦做的一波接一波的海浪式报道读者都没记住，就记住了《广州日报》的97个版。这也很好地说明了常规战役和出奇制胜之间因策划方面的区别而产生的不同效果。举这个例子也就是想提醒各位，辛苦做常规报道当然也需要，这是基础。但有的时候只要抓住了一个“爆点”，就能达到四两拨千斤的效果。

（十）优质新闻产品生产永不过时

《周会纪要》【2017】第45期 11月30日

最近到上海参加腾讯媒体峰会。有很多感慨。互联网的发展，技术的进步，让越来越多头脑清醒的人看到优质新闻内容的稀缺性和价值。用户对资讯的需求不是少了，是比过去更多了，也更高了，但是提供给用户的优质资讯却越来越稀缺。《羊城晚报》每天都在生产优质内容，只不过这些好东西因为我们的平台和渠道受到限制，没有很好地传播，《羊城晚报》的价值还没有被互联网充分挖掘。只要我们坚守下去，多经营好东西，总有一天，市场是会回归价值的，对优质内容是要付费的。当今移动端迅猛发展，对传统媒体冲击很大，但是危中有机，《羊城晚报》实现了弯道超车，实现了广告的突破。

《羊城晚报》始终坚持走自己的道路。我们过去怎么办，现在就怎么办，任他东南西北风，我自岿然不动。大家做得很辛苦，但是有成绩，兄弟报纸都很羡慕。我们要做好每个版面、每条新闻，认认真真做好工作。我们刚刚开了好头，但还远远不够，广东第一不是我们的目标，我们要当全国标杆。慎部长说，我们是精神产品的生产者，要有社会地位，要有尊严。

（十一）要用好用足党政部门的资源

- 要擅长和党政部门的领导打交道。
- 除了盯着新闻题材、新闻资讯之外，还要盯着政府资源。
- 用好党政部门的资源可事半功倍。
- 用心一点、勤快一点，把做过的宣传报道做一个总结，给领导列一个报道清单，送上去。

《周会纪要》【2017】第47期 12月14日

本周的报道情况大家都总结得很详细，特别是财富论坛，《羊城晚报》的采访报道，包括新媒体以及四连张，都做得可圈可点，同意刚才各位的总结。传统报纸和新媒体，在广马、国家公祭、广州文交会这几件大事的采访报道当中，羊城晚报人的拼搏精神、周密的策划、相互协调都做得不错。

谈谈我的一些看法，财富论坛，在没有几个采访证，很多的场合进不去的情况下，记者的综合能力、突破能力都很好，作为记者、编辑都应该表扬。但我总在想，广州市的主要领导对《羊城晚报》是高度重视的，广州市委宣传部副部长还专门上门，问有什么需要协调的。《羊城晚报》在财富论坛期间没有用好与广州市委、市委宣传部的良好关系，资源、资讯对接不对称，事先的沟通不够。《南方日报》在财富论坛期间组织了一场早餐会，为什么《羊城晚报》就没有参与其中的一些活动？有没有人事先想到？有没有人想到事前去跟广州市委沟通我们能够做些什么？我们的报道做得不错，但刚才提到的这些点，确实与同城媒体有差距。我们这张报纸、我们的新媒体、我们的新闻都做得很好，但羊城晚报人很有情怀，有一个短板，就是不擅长和党政部门的领导打交道，用好这些资源、关系。我们很认真地埋头于文章、新闻、直播，而《南方日报》却是要想方设法对接资源。我们擅长战役的战术、打法、组织、配合，但是政府的资源没有用好，没有想到或者想得不够，用得不够。

我向经济部提出，省政府的所有部委办局，要一个个去走，拉上关系。经济部走了一些，但走得不够，很多资讯我们不知道，我们的跑线记者眼睛只盯着新闻题材、新闻资讯，这个没有错，但除了盯着新闻题材、新闻资讯之外，还要盯政府资源和广告资源。广州的许多活动，南方+用政府资源就用得很足，我们的羊城派在广州地区还可以，但在省内别的地级市有多少影响力？我们没有充分用好党政资源，还在很辛苦地做地推。最近我在下面的地级市走，感觉羊城晚报整个的采编以及经营系统离党委政府挺远的，人头不熟，业务往来不多，做了多少好东西领导不知道，或者感觉不深，领导有什么好东西往往也是通过宣传部拐个弯，我们甚至不知道，我们主动去找职能部门要这个要那个资源的情况非常少，政文部、经济部、区域新闻部、广州部都存在这个问题。我们很认真很专业地在一线打拼新闻，这是对的，这是我们核心的看家本领，但是有党政部门的资源则可事半功倍。《广东建设报》一张小报，去年的利润几百万，今年还有增长，他们只服务一个住建厅，但是他们深耕住建厅，专门派了两个人在住建厅驻点上班，服务好所有行业的新闻，最后连住建厅的新媒体托管也拿到手。羊城晚报对省政府这么多厅局的资源还没有很好地抓住，没有很好地转化。政文部争取到法院、公安局、政协、妇联的专题，但资源的挖掘还是不够，还得要展开。我认为广州部对各个区的挖掘是好的，过去各个区的资源都在当地媒体，我们抢了一点回来，广州新闻部一个策划接一个策划，春凝（注：指时任羊城晚报广州新闻部主任陈春凝）、林圳（注：指时任羊城晚报广州新闻部副主任）、刘云（注：指时任羊城晚报广州新闻部副主任）做了不少工作。这年头是要策划、要服务的，不能够他发一个新闻你写一个新闻，就叫服务好了，远远不够。以往21个地级市的广告老大是《南方日报》，今年我们江门市的广告占比上来了。羊晚各个部门主任、副主任、记者编辑，要把这些资源抓住。财富论坛等活动，我们确实做得不错，新闻也做得很好，但党政部门的资源用得少了一点，没有用足。

客观上，《羊城晚报》为各个地区、各个部门做了很多很好的宣传，但是领导不一定都能看得那么精准、记得住，这就需要我们用心一点、有心一点、勤快一点，把做过的宣传报道做一个总结，给领导列一个报道清单，送上去。

（十二）优质内容是传统媒体安身立命之本

《周会纪要》【2018】第13期 4月12日

媒体融合走到今天，互联网技术再怎么进步，最终还是靠优质的新闻内容来吸引人们的眼球。比如刚才林如敏讲的最近诗词大会上的外卖小哥，我们从中可看出，诗词大会之所以如此火爆，其中原因之一是高大上的中央电视台对社会各界选手的精挑细选，尤其是特别注意群众基础。熟读唐诗宋词、满腹经纶的大学教授等知识分子大有人在，可央视挑的选手却很群众化：警察、老师、外卖小哥……同样地，在互联网时代，优质内容是我们传统媒体安身立命的核心。本周羊城晚报记者采写的“注水牛肉”“多家知名旅行社上黑榜”等独家稿一炮而红，影响甚大，非常好！各采编部门主任要抓记者采写原创新闻、独家新闻、深度新闻，之前曾要求过，每个记者每周写一条独家（原创）新闻，除了正常的应付和忙不完的动态稿外，抽出时间好好经营一篇有深度的、独家的新闻。尽管如今的记者都很忙，版面都很紧，但我始终坚信，羊城晚报生存和发展，其核心还是离不开优质的新闻内容。媒体越是融合，越要靠优质内容来说话。

（十三）《学习心语》专栏稿要把人物写活才利于传播

《周会纪要》【2018】第13期 4月12日

习近平总书记殷殷寄语，要求广东在构建推动经济高质量发展体制机制、建设现代化经济体系、形成全面开放新格局、营造共建共治共享社会治理格局上走在全国前列。《羊城晚报》因此推出《学习心语　你我故事》系列，讲述发生在你我身边的“走在前列”的故事。接到任务后，记者动作很快，

羊城晚报

1957年10月1日创刊

2018年4月5日 星期四

24℃ 15℃

学习贯彻 习近平总书记重要讲话精神

李希主持召开省委常委会会议

学习贯彻习近平总书记重要指示精神

坚决完成好脱贫攻坚任务

详见A2

学习心语 你我故事

共建共治共享，将心比心贴心，解码广州一幢楼房的街坊幸福感

旧楼和谐装电梯

邻里关系更投契

开栏语

旧楼加装电梯

九旬老太下楼了

没事走家串户

邻里间更亲密了

美国发布对中国产品加征关税清单，中国打出回击重拳

500亿美元反制清单公布

打，奉陪到底 谈，大门敞开

——财政部、商务部有关负责人回应中美贸易摩擦热点问题

详见A3

国务院常务会议决定进一步减少涉企收费

降低实体经济成本

南粤创客快来亮相

“寻找十大南粤创客范例”启动

清明追思

今天消息

广州市民“正清日”拜山

广州市火葬场、银河公墓的拜祭台一早就被“抢光”

凌晨3点多出门去“霸位”

路峻路早上7时已排车龙

无烟祭拜区略显冷清

奖池 8.77亿元

全国一等奖12注中。

《学习心语 你我故事》专栏

及时把稿件采写出来，可是，没有用基层群众的自身语言把感受说出来。写装电梯，写老人食堂，事情很好，但文章中却见不到人物特点，也“听”不到符合基层人物鲜活的“土”话，只是停留在对事件的叙述上——不要让人物埋没在事件当中，这样就体现不到习近平总书记的民本思想。学习心语，就要逮住事件当中的代表性人物，并对他进行细致深入的采访，然后把他的感受用他的语言对文章进行重新组织，用人物发自内心的话体现文章的意思。要把人物写活，包括人物的语言、动作、神态、内心世界等。因此，记者要在写稿中下功夫，几十篇文章中，哪怕只有一两篇写出一定的业务水准，深入一点，感人一点，写出一两句让人回味无穷的话，都会让读者有良好的阅读感受，才有利于长远的传播。

（十四）媒体的核心是做内容，这是党和政府对媒体的要求，也是老百姓的需要

《周会纪要》【2018】第25期 7月12日

当今媒体环境下，像《羊城晚报》这么专心做内容的并不多，最近我到西南参加一个媒体论坛，顺便到当地一家媒体考察，发现他们的中央厨房全媒体指挥中心有好几个。该报业集团去年的利润大多来自房地产，而报纸几乎没有利润——如此一来，谁还会认真做报纸内容？媒体的核心是做内容，这是党和政府对媒体的要求，也是老百姓的需要，问题是如何平衡好内容与经营的关系，如果没有了优质内容，那党和人民还要我们有什么用？刚才有同志提出疑惑：为何互联网大佬会看上我们的报纸？那是因为我们报纸有公信力，做的新闻很正规，内容很值钱。因此，要珍惜内容生产。

（十五）做新闻就是要比思想、比深度、比角度

《周会纪要》【2018】第35期 9月20日

这个周会，我们一起来反思一下台风“山竹”的报道，点评一下各家媒体的优劣。

大家要反思，如何扩大传播的影响力，要逮住一些看似平常的东西，挖掘其中的新闻眼。这次台风眼平静，广州风量雨量也不大，但海潮倒灌严重，这是一百年来最大的潮。

比不过新媒体的快，比不过电视的形象，就要比思想、比深度、比角度。

到了台山，盯台风眼很好，但风眼是平静的，其实台风眼风不大也是新闻；你们注意没有，港台媒体特别关注台山核电站和港珠澳大桥的安全，据我所知，台山核电站是抗强台风

“山竹”台风报道版面和新媒体作品截屏图

的，港珠澳大桥也设计了抗18级台风的风洞试验，央视拍了一下港珠澳大桥，台风中大桥不会有什么动静，但我们可以去拍风洞，这些都不是什么秘密，都是可以报道的，可以关注的。

或者再构思一下，拍一下15级风中树的弯度，18级风中的树又是怎样的，看起来是娱乐，但是会很吸引人。

还有一个引人关注的点，就是广州的小蛮腰，广州人是非常关注小蛮腰的，这个大铁塔会吹倒吗？据我所知，广州小蛮腰，包括上海的东方明珠、上海的世贸中心等建筑，都设计了风锤。如果联系联系，放一个摄像枪在这个风锤附近，监测一下小蛮腰的风速，再测一下深圳湾、大鹏湾、台山海晏湾的风速，请行内专家进行分析，可以大大满足读者的好奇心，这样的新闻一定会吸引眼球。

还有一个纵深的比较的角度。这次台风菲律宾死了70人，还有70多人失踪，广东只死4人；这次“山竹”是一百年最大的台风，带来一百年最大的潮，可否做一些数据对比，如历史上台风的对比、历史上潮头高位的对比，再牛一点，还做做历史照片的对比。

思路这样一打开，会开阔很多。

这些点我们都有点到，但不够突出。不够跟别人比速度比形象，就得想办法比思想比深度比角度。

第二章

社会新闻和民生新闻：纸媒避免“同质化”的两个法宝

抢独家、抢当天的意识。

只有独家策划才能拉开与同城媒体的差异化。

对同质化新闻要有包装意识。

《羊城晚报》离不开鲜活的、第一手的动态新闻。

民生题材是《羊城晚报》安身立命之本。

办党委政府认可的党报、办老百姓喜闻乐见的民生报。

我们要向同行学习，要认真研究对手，才能取胜。

实实在在地把经济利好和将来经济发展趋势告诉老百姓，
这样的报纸才有用。

社会新闻和民生新闻既是一种新闻种类，也是新闻理念和情怀。

在媒介传播中，关注社会事件和民生百态，成为媒体赢得受众认同、提升自身品牌的重要方式。

互联网充斥着大量以“市民喜欢”为噱头的碎片化、浮躁化、泡沫化、情绪化的内容，社会新闻和民生新闻需要从中实现对新闻主题深度挖掘的突围。

作为“社会瞭望者”的传统媒体更应突出其责任和担当。

有别于机关报和都市报，《羊城晚报》定位民生大报，社会新闻和民生新闻是手中两大法宝，因内容和形式更接地气、更贴近生活，长期以来，在反映生活、干预生活、引导社会热点方面，《羊城晚报》拥有很多可圈可点之处。

重独家、抓本土，提升社会、民生新闻的质量

与网络媒体相比，一张以社会新闻和民生新闻为法宝的报纸，为何能持续受到老百姓的青睐和信赖？我认为，就在于接地气、以人为本。

2005年至2015年，在媒体发展同质化的年代，《羊城晚报》在同城报业大战中，更加注重独家新闻的竞争。

同时在新闻策划、主题包装上下功夫。

对区域性媒体而言，要想生存，就必须强化新闻“落地”，充分利用地域文化的差异性和独立性，开拓“我有人无、人有我优”的本土化民生报道。这也是与网络媒体差异化竞争的重要抓手，优势所在。

多年来，《羊城晚报》在本土民生新闻的实践上有着良好深厚的传承。

本地资讯具有不可替代的原创性、唯一性和及时性，特别是在地域接近

性和心理接近性方面。

全触角、小切入，实现“小民生”向“大民生”转变

社会新闻和民生新闻是《羊城晚报》安身立命之本。随着时代的发展，《羊城晚报》也在积极创新，以一种新的理念审视社会新闻和民生新闻。

对于民生、热点题材，我们要主动设置议题，在新闻报道中实现由“小民生”向“大民生”理念的转变。

《羊城晚报》注重打开更广阔的视野，将“本土”和“深度”“权威”“主流”有机结合，从更具建设性意义的层面，审视社会发展的突出问题、探索社会进步的无限可能。“小民生”构筑“大格局”是衡量社会新闻和民生新闻的一把标尺。以小见大、见微知著的社会新闻和民生新闻报道才能给人以启迪。

《羊城晚报》一直致力于赋予新闻“思想”、提升新闻“魅力”、拓展新闻“空间”等方面，善于将民生与社会热点问题、新闻由头与公共事件有机结合起来，以更广更深的视野，呈现出新闻的宏大主题，在经年累月中形成了独具特色的社会新闻和民生新闻的权威性和公信力。

增本领、提效率，转变传播方式

网络时代论坛、留言板、博客、微博、微信公众号等，都成为社会信息传播和交流的平台，社会新闻和民生新闻在传播速度、传播内容、传播方式上都发生了改变。

我们改变了传统的传播手段。将社会新闻和民生新闻中的过程和节点，通过新闻客户端分解传播出去，将大众纳入了新闻生产环节中并在传播过程中引入互动，及时更新，变化后的传播手段带动了与民众的隔屏交流，强化了社会新闻和民生新闻与大众生活的紧密联系。

作为社会问题的瞭望者，一方面要提升“互联网+社会新闻和民生新闻”的传播能力，另一方面也要在快速且纷繁复杂的社会信息下，以民为本，关注和谐，在“真”字上下功夫。这才是赢得受众、实现社会新闻和民生新闻报道成功转型的关键一招。

第一节
独家策划拉开与同城媒体的差异

（一）抢独家、抢当天的意识

《周会纪要》【2011】第16期 5月4日

抢独家新闻，任何一家媒体都在争取。但除了独家采访以外，在一些大众化的报道题材中，除了题材本身，换一个新的角度发现一些别人没发现的有价值的东西，同样也可以做出差异化，做出我们的特色。

当天新闻是晚报的优势，同时也是日报的短板。互联网时代，可以说每个人都是记者，都能通过手机等，记录下新闻事件。我们要充分利用新媒体带来的便利抢发当天的新闻，包括图片和内容。

（二）没有了动态新闻，报纸不好看

《周会纪要》【2011】第22期 6月9日

当天新闻在保证正常出报的情况下，要立足于抢。现在许多动态新闻，尤其是独家动态新闻《羊城晚报》没有，同城的《广州日报》《南方都市报》版面多，有优势。很猛的动态新闻人家有，我们没有，批评一下就过去了；但是很多信息量中下的动态新闻，人家拿扫帚一扫能扫一地，我们仍没有，所以在这里再次提醒各采访部门的主任，一定要抢动态新闻。我们强调焦点、深度，给人以思索，这是对的；但另一方面，新闻毕竟是动态的，没有了动态新闻，报纸不好看。

（三）突发事件的指挥问题

《周会纪要》【2012】第14期 4月12日

重申：一是不管谁接到报料，信息来了之后，按照原来的渠道，首先报给本部门的值班主任，再报给编辑部，相关值班主任可以直接拍板派人采访，出省的向我报告，出境的向社长报告。省内采访各部门主任就有权力批准。二是协调、指挥问题，各个派兵出去的部门值班主任就是指挥者，指挥协调责无旁贷，包括前方记者在现场逗留多长时间、往哪些方面做、与区域以及其他地方的配合等，同时把情况反馈给要闻部的值班主任。要闻部可以根据版面的需求，提出一些意见，可以通过值班主任与前方反馈，如果时间紧迫或时间太晚，也可以直接与前方记者联系。

（四）“神九”报道同城媒体同题竞技

《周会纪要》【2012】第23期 6月21日

“神九”报道，举世瞩目，同城六个纸媒同题竞技，从最后的结果来看，无论是版面的内容、图片、文字，《羊城晚报》都是首屈一指。这一次我们版面多，前方记者挖回来大量的精彩报道以及独家猛料，特别是几个宇航员家庭生活的独家报道，读者很感兴趣。最难能可贵的是搞回来一批独家照片，打开特刊最吸引眼球的就是这些图片。当然，这也是前段时间前方后方配合赢得基地领导对《羊城晚报》报道严谨而不违规的认可，也包括半年前

A6

神九飞天记

神九天宫首次自动交会对接完成，三名航天员第一次进入天宫，实现我国载人航天又一次历史性跨越

中国人的太空之家，真棒！

相比神八对接 此次四点不同

精测妙控变轨 五次减为四次

本报特约记者深情回忆八年前采访刘洋的点点滴滴

满脚血泡，刘洋拉练150公里

“神九”报道版面

基地领导到广州来，政文部去接待，打好关系基础的结果，虽然这是很细微的事情，但也是整个“羊城晚报”品牌的集中体现。

通过近年来的航天发射报道，目前基地对《羊城晚报》的认可，在同城六家媒体中“没得比”，这一次只有我们的记者能正式持证进去采访。平时星期天版数是很少的，这一次经社长同意增加了四个版一张纸，成本十万元，当时还不知道有没有广告，但报社领导的决策很到位，先做了再说，后来广告公司做了大量的工作，收回了成本。

对于这种重大的事件，《羊城晚报》按照通常的版面也能够挤，但效果会打点折扣，这一次前后方的配合，采编经营的配合，这一仗打得漂亮。“神九”飞天的报眉设计，视觉新闻部承接着“神五”“神六”专刊的风格，相比较同城媒体，我们的报眉做得最好。构图美观，色块从天蓝过渡到太空的深蓝，看起来非常大气。

（五）只有独家策划才能拉开与同城媒体的差异

《周会纪要》【2013】第19期 6月6日

财经新闻版做的《瘦小女子睡塌宜家木板床》，背后反映了家具大卖场拼价格，质量不过关，这个题材跟老百姓生活比较贴近，

瘦小女子睡塌宜家木板床

产品质量再遭吐槽，疑因为床框变形

宜家 拼低价误质量?

《瘦小女子睡塌宜家木板床》报道版面

换一些不同的角度可以继续追下去。

财经新闻最近半年来做得不错，很多题目抓得很贴身，不少新闻都是同城独家。广州新闻版有些策划也做得很好，但放在后面，而且只有广州地区看得到，别的地方看不到。要闻部和值委要大胆地在头版上刊登这类独家策划稿件。前面的几个要闻版，各单位都在比要闻、比国际新闻、比民生社会新闻，这些东西大家都有，大同小异，只有那些独家的策划才能拉开与同城媒体的差异。包括娱乐、体育、花地、晚会做的独家策划也可以抽到要闻版来。值委选头条的标准不要太死板，只要好看，就放头条，整张报纸就都活了。将来还要想办法对这类在部门中抽上来做头条的好稿，除打分外，还要另外加分或给予奖励，建立相关的机制。

（六）报纸要设立“改写编辑”，强化差异

《周会纪要》【2013】第20期 6月13日

《羊城晚报》的新闻报道质量是同城报纸中数一数二的，无论是版面安排、文章策划都很不错。但报纸同质化的问题摆在面前。罗韬值委的值班总结做得好，既点到了问题，分析了原因，又提出了改进的办法。

解决报纸同质化的问题，可从如下方面着手：

（1）开好下午4点半的定版会，要引起足够重视，不要变成报题会，报题会是上午11点半开，下午开的是定版会，采访部门要拿出近九成的成品来开会，由编辑部拍板定稿，一定要提高开会质量。

（2）要闻版除了特别策划以外，有差异化的东西不多，大部分的独家猛料在“珠三角新闻”“广州新闻”“财经新闻”“国际新闻”“娱乐新闻”“体育新闻”等，他们都做出了

大量在同城中具有差异化的报道。值委、值班主任要大胆“放大”这种差异化，放宽视野，开阔思路，把这些独家好稿放到要闻版上来，希望有自己专版的部门服从这个办报的趋势。

（3）作为有自己专版的部门，好不容易做了大策划，却被抽掉上要闻版，辛苦的劳动如何体现？在这方面，广州新闻部与要闻部经过多次的磨合，现在沟通、协调得不错，有些稿件广州新闻部还主动提出放上要闻版扩大影响力或前后版联动。这些做法值得有版面的部门学习借鉴。

(4)下一步研究一套可行性的加分机制。对于被抽掉的版面,怎样加分,如何体现付出的劳动,通过什么方式给予鼓励。请研发部先研究做出方案。

（5）建议要闻部培养“改写编辑”。后面版面做了两个版以上的大策划，要闻版也不可能照搬过来，可由“改写编辑”做出反映核心内容的梗概放在要闻版，最大限度吸引眼球。版面整合，前后版联动很重要。现在对编辑的要求是要瞄准目标人群，整合各方面资源，与互联网竞争，而不再仅仅是改稿做标题的年代了。

（七）策划独家新闻要有包装和自我宣传意识

《周会纪要》【2013】第44期 12月5日

第一策划要全面，第二版面呈现要大气，第三各个部门要全方位配合。有好的策划不惜用大版面，不惜做提前预告，不惜用新媒体推送。以往有成功的例子，也有失败的教训，比如逮住一个好独家，但出现版面呈现不好，标题导读不突出，或者预告不突出，或者新媒体、网络媒体配合得不够好等情况。提倡各个采编部门策划更多的独家新闻，并要有全局观念，举报社之力包装、做大，要动用报社的所有资源来包装亮点，要把报社最尖端的人才派出去，而不是守着自己的部门来做，打仗要完胜。

（八）怎样对独家新闻进行包装

《周会纪要》【2014】第22期 6月19日

新闻周刊《青蒿抗疟　广东学者坚守非洲》这条稿，青蒿素不是新闻，全国都在研究，美国哈佛医学院也在研究，中央电视台连续播了多期纪录片。美国控制住认证，有了这个认证，才能在全世界卖青蒿素。广东谈不上是最顶尖的研究，没有认证，但走出另一条路，广州中医药大学青蒿素抗疟研究团队，用十年的艰辛，以承包治病的方式，派出医疗队，用我国研制的药，按我们制订的治疗方法，成功在非洲国家快速控制疟疾流行。这个新闻我们抓到了，同时还拉动了120多万元广告。这些新闻怎样发现？如何包装？这是广东的科研项目，广东的学术产品，广东的企业资助等，这些都给广东争了光。这个新闻也有同城媒体去抢，但对方只给了《羊城晚报》，因为我们有整体的策划，有多年积累的人脉关系，当然还有我们的公信力。所以说一篇好的新闻是靠我们一个团队去包装，特别是要闻部、值委在最后一关怎样包装，怎样策划，都很讲究。要闻版怎样挖亮点，挖掘独家，挖掘重头稿件，从哪个角度包装，吸引读者看，吸引领导关注，吸引广告商，标题怎样做，都是很讲究的。

新闻周刊

封面 A13

赛跑死神又十年

青蒿抗疟

广东学者

坚守非洲

《青蒿抗疟　广东学者坚守非洲》报道版面

（九）值委把关得当，记者拼劲十足

《周会纪要》【2015】第46期 12月24日

本周几件大事，从早晚班值委、中心主任到部门主任，导向把关都很不容易，像新闻导向的把握，稿件该不该发、该不该抢，包括新华社稿的来回抽撤等。在突发事件及重大事件的报道面前，更要讲导向正确，更不可图一时之快。这次的深圳滑坡事件和黄埔石化火灾，事实上并不是单纯的突发事件，还将关系到一些官员。对于具体问题上的小心和谨慎，各位值委，包括其他在座人员，在相当一段时间之内估计还要继续维持。当然，我同意给深圳滑坡事件、黄埔石化火灾的一线记者予以通报表扬，他们的敬业精神值得鼓励。还记得过去我的类似经历：十几年前珠海前山塌楼，当时现场也是封锁的，我跟蔡惠中（注：指时任羊城晚报视觉新闻部主任）两天两夜没出来，只能躲在吉普车上睡觉，到了第三天林丹进去，我们才被轮换出来。还有深圳"8·5大爆炸"，当时我就在起火的原点，一直采访到凌晨四点钟火灭，才去指挥部捧起最后一份盒饭当晚饭吃，也顾不上自己浑身上下的泡沫臭气。因此，我对重大突发事件中一线采编人员的艰辛非常理解。记者从一线采集回来的文字和图片，足以掂量得出作品背后所付出的努力。另外，除了两个突发事件，本周其他热点方面如中央经济工作会议、中央城市工作会议、国务院常务会议等，羊晚在标题上是下足功夫，核心新闻点都拎了出来，本周的当天新闻也是优势明显，在此一并予以表扬。

（十）跑线记者每人每周要经营一条独家新闻，挖掘一条具有独家视角的稿件

《周会纪要》【2016】第26期 7月14日

重点谈一个问题：打开报纸，同质化的东西太多。不是指南海仲裁案，而是同质化的通稿太多，跑线记者缺乏动脑精神，表扬丰西西（注：时任羊城晚报社政文部记者），刚刚值委表扬的两条医疗稿，是花了工夫挖掘出来的，不是通稿，还有"580卷草纸堆门"稿件，也是独家稿，网络转载量很高，我们的版面和新媒体，太缺这类稿了。

拿通稿当然轻松，掐头去尾就是一篇，而自己去经营多费劲，

没人管吃喝，还没车马费。但通稿，你还没动笔网上早就有了。

优质的内容，是《羊城晚报》的核心价值。羊城晚报人一直是老老实实做新闻的。最近，“头条新闻”来广州与《羊城晚报》谈深度合作，就很认同《羊城晚报》这一点。

这里郑重提出，跑线记者提倡每人每周经营一条独家新闻，或在线上挖掘经营一条具有独家视角的稿件，各部门主任要监控、检查、落实。

抄通稿也要具有技术含量，不是说通稿不能用，我也是记者出身，不写通稿是假的，但不能2~3个月全是通稿。

2~3个月都写通稿，没有一篇原创，一定不是好记者，真到这个地步，你也不用写了，让通讯员直接与编辑部联系好了。

要闻部主任、中心值班主任，对这种含金量不高的大路货，要砍，要挤水分，可大可小的，要小；可登可不登的，不登。留下干货，提高文章的含金量。一些动态的东西可以交给网站，新媒体告诉读者“是什么”，报纸要告诉读者“为什么”。

（十一）写有独家视角、独家观点的好文章

《周会纪要》【2016】第28期 7月28日

刚才值委提出，眼下对于头条的选择深感困难。不可否认，本周是有一批好稿，但有相当一部分记者满足于一般的动态，发回的稿件以通稿居多，好稿非常匮乏。大概两个星期前的周会上我就曾提出，要求每位记者除了完成常规任务、应付线上动态之外，每周至少要有一条独家报道或是自己挖掘的稿件，不一定非得做到焦点稿的篇幅，但必须有独家观点、独家视角。当前报纸同质化如此严重，独家以及优质的内容实在太重要。请各采访一线部门的主任还是要认真落实好此项工作。

第二节
社会新闻和民生新闻要做出晚报风格

酒鬼父亲卖儿换酒
执着母亲寻儿廿载
狠心父亲
至今不说儿子去向
重情哥哥
赴湛江打工找弟弟
再见儿子一面 听他叫一声妈

“恶父卖儿换酒”报道版面

正值第六次全国人口普查，增城市两兄弟出生证遗失，遭遇入户难
谁能给我一张身份证？
27年黑户生活
4年辗转求助
5部门相互推诿

“兄弟办身份证”报道版面

噩梦夫妻

“河南姑娘在广州”报道版面

汕尾警方今年初侦破一宗贩婴特大案，抓获13名人贩，令人不解的是——
11名被拐男婴竟无人认领
警察马汉强
暗中盯梢3年
拿定人贩把柄

“汕尾打拐无人认领男婴”报道版面

（一）《羊城晚报》离不开鲜活的、第一线的动态新闻

《周会纪要》【2010】第39期 10月21日

从本周报道来看，可读性很强，有不少好的社会新闻，如“恶父卖儿换酒”“汕尾打拐无人认领男婴”“河南姑娘在广州”“兄弟办身份证”等。我们应该创造条件，让第一线的记者挖动态，我们强调时政大报、深度报道，绝不是以牺牲动态为前提的。但我们

的动态内容仍显不足，这除了记者，还有编辑、采访部门主任等各环节的责任。《羊城晚报》民生大报的定位，离不开鲜活的、第一线的动态新闻。我们要向《新快报》《南方都市报》学习，多拼抢一些有活力、鲜活的题材，编辑部门要主动放大处理这类题材。

（二）要有强烈的新闻追踪意识

《周会纪要》【2011】第19期 5月19日

本周关于醉驾的题材属于做得较好的新闻追踪，在采前会上值委、要闻部主任、广州新闻中心、政文新闻中心、经济新闻中心等部门做好部署，加上近来频发的醉驾车祸、司法观点冲突等相关内容整合得较好，琳琅满目，让读者感觉晚报在这个题材上追踪得很全面。但有两个题材我们跟得不够深入：一是“故宫失窃”题材，我们仅停留在警方和故宫方面的说法，这是当前的热门话题，包括安保设备等一系列问题其实都可以深挖。二是IMF总裁性丑闻，国际新闻部已经做了大量报道，但还是就事论事，没有深入透彻去分析。另外，“省财政厅建议广州市回购华快”，《羊城晚报》是历年来最关注华快问题的城中媒体，而我们的报道却没有对这些报道进行回顾，也没有回顾历年来“两会”上对此问题的说法，不够穷追猛打，缺乏当年追踪“洛溪大桥收费问题”那种气势。本周有一则关于“华乐街警方查扣违章停车”的报道做得较好，好在把警方和违章停车居民两方面的意见都比较客观地呈现在版面上，而不仅仅反映提供线索的一方的意见，而这种意识往往是晚报记者比较缺乏的，有时候甚至会出现不同线的记者就同一问题发生观点冲突。所以，我要求记者必须成为社会问题专家，只有成为社会问题专家、熟悉社会问题症结所在，才能在揭露社会问题的时候，既打得准、打得狠，又安全，还能让同行佩服。建议今后实行大要闻平台后，各采访部门主任要与值委、要闻部一起研究报道安排，对采写得不够好的稿件可以马上提出修改意见、布置记者进行修改。

（三）民生题材是《羊城晚报》安身立命之本

《周会纪要》【2011】第20期 5月26日

本周民生报道突出，有四天都是以民生题材作为头条，这既是没有重大时政新闻的原因，也说明了《羊城晚报》的民生新闻在同城媒体中做得较好，有的是独家、有的是首发，也有的是比别人挖得更深。民生题材是《羊城晚报》安身立命之本，“白云区小车撞人”“长沙市委原副书记直言创文浪费”“内蒙古少年被误判”“合格假药”“双城记”等都做得不错。民生新闻的重要性不言而喻，但本周我们仍有做得不到位的地方：

一是“一房测绘出三个面积”，本来在上周的报题会上已经报题了，但由于客观原因在“临门一脚”时被同城媒体抢先了，建议今后采编部门要加强沟通，落实好采前会上的报题。

二是“28年驾龄司机错把油门当刹车”，是我们首发，不错。但对司机的背景追踪还是不够，应该继续向司机的亲友同事了解司机

“双虹”堵龙

“超负”导致丫髻沙大桥早衰

当年的首创技术不影响大桥质量；此次大修后可望重获“高寿”

提前踩点“堵情”

交通分流方案

“丫髻沙大桥封闭检修”报道版面

收入比长沙人高一半，广州人为什么不如长沙人“娱乐”？

扎堆的长沙和小圈子的广州

双城记

歌厅文化PK抱团墨友

娱乐至死PK辛辣时评

田汉大剧院的欢乐三小时

陈中秋：广州人不爱张扬

“双城记”报道版面

在过去的各方面情况。我们在做社会新闻的时候往往首发动作较快，但要进一步深挖相关延伸内容方面却做得不够。采访部门的主任、副主任，要根据采前会上报社领导、值委以及其他部门提供的一些好点子，和记者做好沟通，要闻部也要研究如何在版面上体现这些与老百姓密切相关的社会新闻。

三是“丫髻沙大桥封闭检修”问题，建议找相关的桥梁专家、施工者进行采访，可以向揭黑幕的方向进行报道。

今后我们在社会新闻方面都应该对问题进行深挖、思考，力求告诉读者“为什么”，要学会举一反三思考，只有这样，我们的民生题材才能做得比其他媒体更深入、理性，具有建设性。

（四）晚报就是要讲民生

《周会纪要》【2011】第32期 8月18日

刚才提到的一系列新闻都是从民生这个角度去思考，晚报就是要讲民生，这是《羊城晚报》的老传统，但是现在的社会新闻要有更多的新东西，再单纯靠街头巷尾的新闻不够了，讲白了，就是媒体在社会上的话语权在增强，特别是互联网、微博等新兴媒体出现后，老百姓参与民主诉求更多了，老百姓解决了温饱问题就要追求公平，公平正义是更大的民生。

（五）要把晚报的看家本领亮出来

《周会纪要》【2012】第6期 2月16日

社会新闻让人眼前一亮，把晚报的看家本领都亮出来了。例如：“胶水有毒”“剪爱”“赔不起的豪车”“想不到的好人”等，特别是今天凌晨的河源地震，做得不错。地震报道的稿件和版面都应该各评为一等好稿。对于好的记者，我们没有更多东西给予你们，一个是给予表扬，另一个是在版面上、档次上给予优先照顾，只有这样，才能充分调动每一位采编人员的积极性。凌晨地震这个时效只有《羊城晚报》有，平面媒体也只有《羊城晚报》有，这一次我们逮住了、用足了。表扬闫修彦，值完班回到家看到地震的消息，能当机立断，调配了人员采访，抓到了晚报的时效性。政文部的两名记者以及视觉新闻部的记者，在凌晨三点左右接到电话，二话不说马上出发。我们现在很缺这种精神。要让所有的采编人员知道，这种精神要大力弘扬；要让他们都知道，你不辛苦、不流汗，报纸就没有好文章、没有好发展。河源地震这个事件，拍板拍得早，记者反应快，赶到当地就马上写稿，赶在上午出报，再加上版面安排，明天日报想要超越我们不是件容易的事。

河源万绿湖4.8级地震
事发今天凌晨2时34分，暂未收到人员伤亡和财产损失报告
最新消息
震中河源市东源县锡场镇
震源深度13千米 河源市区震感强烈
羊城晚报记者星夜奔赴地震震中
“瓦房在抖动，鞋没穿就跑出来了”
暂无人员伤亡及财产损失报告
广东省地震预报研究中心主任杨马陵称
广州近期将地震纯属谣言
近年与广东相关的5次较大地震
河源地震床动桌摇 粤湘赣多地有震感
广州各区均有震感

“河源地震”报道版面

（六）突出有独特眼光的社会新闻

《周会纪要》【2012】第6期 2月16日

比较突出的还是社会新闻，特别是一些独家的社会新闻。这些独家包括有独特眼光的社会新闻。例如：赔不起的豪车想不到的好人，胶水有毒等。差异化还包括版式，导读位置的改变，我认为可以尝试。把导读的位置挪移一下，把一些我们认为值得做大的新闻做大，值得突出的角度突出，我们的差异化就凸显出来了。

（七）要继续秉承民本观念

《周会纪要》【2012】第45期 11月29日

央视在一个月前已经公开讲新闻联播要改革，要更多地关注民生，几十年一贯制的《人民日报》也要改革。主流声音开始贴近民生，贴近大众，晚报也可以做一些尝试。报纸从诞生之日起秉承的就是民本观念，草根视角，《羊城晚报》本来就是一张民生大报，相比两张机关报而言，我们是更贴近老百姓、更贴近生活的报纸，这是下一步改革的路径和朝向。

前几天参加了北京财经年会，同行都纷纷称赞《羊城晚报》的影响力和做新闻的功底、用心，欣赏《羊城晚报》这个老品牌。这让我们认识到，我们的长处和优势以及所做的努力大家还是看得到的。新一年即将开始，我们不要怨天尤人，要振奋精神，考虑怎样更好发挥我们的优势，在新的环境下，特别是在新媒体的竞争之下的生存之道、发展之道，考虑我们的版面和新闻怎样做，以及我们努力的方向。

（八）民生报道出彩而生猛

《周会纪要》【2013】第2期 1月17日

十八大之后，《羊城晚报》的民生新闻，一周比一周好，到了这一周，达到了一个相当的高度，许多报道把同城媒体比下去了，很多都是我们首发，有些尽管不是首发，但我们的后续追踪报道冷静而全面、深刻。在速度和深度，尤其是民生新闻方面，《羊城晚报》紧紧抓住民生这个点，既出彩又安全，老百姓也满意。对本周的一系列新闻报道提出表扬。

（九）彭教授出访着装新闻考量胆量和眼光

《周会纪要》【2013】第11期 3月28日

当晚值班老总给我打电话，说新华社没有这个稿，我们敢不敢用，我毫不犹豫地说用。我是这样认为，领导人代表的是国家的发言、行为，用通稿代表国家立场，但领导人的夫人、夫人的着装，应该可以做。我们做得早，但《南方都市报》是最早的。《羊城晚报》是在第一军团大报行列，我们要做的是比《南方日报》的高度低一点、比《南方都市报》高一点的东西，在这个层次上的东西能不能一网打尽，既考总编辑的胆量和眼光，也考在座各位分管领导、部门主任副主任、编辑部的眼光和水准。这次是抢对了，但没有抢到第一，应该进行总结。

（十）社会新闻既要煽情，也要有真知灼见

《周会纪要》【2014】第12期 4月3日

本周最大亮点是珠三角地区连下暴雨。表扬广州新闻部、视觉新闻部、区域新闻部的一线记者，做得不错。当然，珠三角有些地方做得稍微弱了一点，"高要山体滑坡活埋香港风水师"也是因暴雨引发的社会新闻。这个事件做得最快、最大的是香港的《东方日报》，推荐大家关注一下这张报纸，80%的新闻都是社会新闻，这个事件中香港记者取得死者家属的信任，全程紧跟，这是香港媒体的一贯做法，也值得我们学习。

在互联网时代办报纸，更要有思想性、有深度及专业，尤其是社会新闻，既要煽情，也要有真知灼见，这样才不流于平庸。在浮躁的社会环境下，新闻从业人员要冷静一点，多思考一点，在这种大环境中体现报纸的专业精神。记者年轻，有热情有冲劲，但更要有专业知识，要有专长和人脉。

广州　城调 | A11

新现身的、有改善的、已消失的……
连场暴雨下，羊城晚报记者四出巡城

探问广州地上河

41个水浸黑点整治正在推进

新 名单
仓头－生物岛－大学城隧道

旧 荔湾
荔枝湾涌片区

有 改善
华侠黄埔大道路段及暨南大学门口

已 消失
南顶

"暴雨成灾"报道版面

社会 A6

东莞长安镇的“骄子计划”，改变了当地众多“富二代”的成长轨迹，他们从中学会反思，学会珍惜，学会感恩……

他们是“富二代” 但他们的内心更富足

“加多宝·学子情”爱心助学报名火热

目前已有数千人报名，申请成功者可获5000元助学金

寻找寒门追梦学子 2014“加多宝·学子情”

莫建坤：“自闭”少年当上电视台记者

李杰枝：最大收获是目标更坚定

麦永鑫：“鸡冠头”少年变身婚礼主持

孙瑞辉：迷茫大学生学会了感恩

为了讨好女朋友 两少年“比武”打斗

今年主题：邀青少年聊“家风”

《近万“富二代”不甘当“娇子”》报道版面

（十一）要把眼光放在经济飞速变化的社会

《周会纪要》【2014】第27期 7月24日

政文部《近万“富二代”不甘当“娇子”》的独家报道抓得好，今天《中国青年报》发表了一篇长评论，对长安富二代教育提出了一些看法，富二代固然要教育，但不用过分担心富二代都成废物，呼吁要更多地关注贫穷孩子。

《羊城晚报》做经济新闻、经济现象，要关注社会生活方方面面的变化、观念的变化，如东莞的正宗“土著人”，凭家里的分红过得很富足的孩子的教育。当然也包括贫穷孩子的教育。有一个例子：东莞长安镇有一个在当地干了20年的清洁工，她的孩子在东莞成长，考上博士，即将赴英国剑桥大学工作。土著的富二代和这种外来的年轻孩子的成长都有其成长的轨迹。我们要把眼光放在经济飞速变化的农村乡镇，富裕之后，土著或外来者在观念方面的变化。这种现象在整个珠三角都有，尤其要关注人的心理变化，这才是《羊城晚报》这张人

文大报应该天天关注、天天挖掘的新闻，经济部、政文部、区域部都要关注这些方面。

（十二）办党委政府认可的党报、办老百姓喜闻乐见的民生报

《周会纪要》【2014】第39期 10月23日

前一阵子，习总书记在文艺工作座谈会上透露出这样的信息，改革开放30年了，我们的物质层面上极大丰富了，但社会道德水准、基本规范、基本素质有所下降，我们享受了高度发达的物质文明，但精神方面的欠缺，我们要来承受后果。英国人统治管理香港100多年，现在保留了香港70%青山绿水。职能部门的负责同志和我沟通交流时表示，东莞折腾了60%的土地，佛山超过55%，珠三角不会少于50%，不少土地重金属超标。你用30年赶过别人100年的路，是有代价的，但社会的基本道德、伦理，民众的基本素质、基本观念，似乎倒退了。最近党中央、习总书记高规格召开了文艺工作座谈会，后面一系列问题要跟着解决。作为党的喉舌、老百姓的媒体，我们的空间是很大的。《羊城晚报》既不是机关报，也不是都市类的小报，我们是党报，在两类报纸中间，遇上了发展的好时机，赶上了好时候，应抓紧机遇，根据中央的要求、根据老百姓喜闻乐见的衣食住行这类民生需求来开展工作。《羊城晚报》这份党委政府认可的党报，老百姓喜闻乐见的民生报，还是有相当广阔施展才华和本领的空间，因此，我们更应该抓紧机会，走我们自己的路。

（十三）谨防网络利用报纸的报道炒作低俗新闻

《周会纪要》【2014】第43期 11月21日

省新闻阅评《各地媒体要警惕低俗炒作之风抬头》，文中提

到，近期各地媒体特别是一些媒体的娱乐民生新闻版块，为了吸引眼球，片面迎合受众猎奇心理，对低俗煽情内容恶性案件的炒作时有出现。

我特地把《羊城晚报》被点名的《疑家庭纠纷，汕头男子杀妻后肢解 嫌疑人已自首》一文调出来看，其实篇幅比香烟盒还小一点，但是里面有些细节，如果编辑当时删掉就好了，看报纸的人没什么概念，但是网络上的人以这些细节的内容标上夸张的标题炒作一番就成问题。记得去年全省开展扫黄活动时我们刊登了一篇《东莞姑娘嫁不出去》的文章，从报纸上看是很正面的东西，但放在网上用标题折腾一下，立即火起来，我们受到批评，所以《羊城晚报》一定要头脑清醒，要谨慎。

（十四）我们要向同行学习，要认真研究对手，才能取胜

《周会纪要》【2014】第45期 12月4日

《羊城晚报》是一张有文化底蕴内涵的报纸，本周《南方日报》《广州日报》的文化报道都做得好，《羊城晚报》要加强这方面的宣传。尽管我们的花地、晚会今年以来做了很多工作，我们的文化报道接地气、贴近群众，有口碑，但是《南方日报》《广州日报》两家报纸也在奋起直追。

《广州日报》的《咪表泊位 老板是谁》，这是批评广州“咪表”市场的深度报道，做得好。这本来是《羊城晚报》的题材，广州编辑部追“咪表”追了很长时间，也没有停止过，类似的专题也做了不少，但南方、广日也没有“打瞌睡”，羊晚有的东西，比如做图表、方格、漫画、色块等《广州日报》学得很快。

报纸的民生定位，我们做得大，做得细，自称是“走地

鸡”。我们的重点，包括广告、发行的重点、忠实读者60%~70%都在广州。《广州日报》有政府资源，我们要向同行学习，特别是南方、广日，要认真研究对手，才能取胜。

南方日报人才储备、梯队的培养比羊城晚报做得好，这决定了报社未来5年、8年成长的后劲，因此，我们也应该加强在人才方面的储备。

（十五）认真学习央媒对民生问题的批评监督

《周会纪要》【2015】第1期 1月8日

这是民生题材，《羊城晚报》早期都在做。央广紧紧揪住出租车行业份子钱，抓得很准，核心的问题就是管理层有这么高的份子钱，这组报道一下子抓住了行业的核心问题。

我们对出租车也抓过一些问题，份子钱也讲了一些，但点到即止。大家留意一下，最近新华社、中央电视台、中央人民广播电台，做这些舆论监督的事毫不客气。新华社穷追猛打上海的踩踏事件，十分到位，人家也同样受大的舆论格局环境影响，当然新华社的地位跟我们不一样，水平、功力、胆量值得我们学习。《羊城晚报》要学习借鉴央媒报道，尤其是如何对民生问题批评监督，监督到什么份上，什么尺度。本来出租车罢市这种群体事件，按照过去的惯例碰都不能碰，但央媒把六七个城市出租车罢市问题串在一起讲，避免了某一个城市将来会引起的反弹，而且又通过这几个城市的共性“份子钱太高”，指出背后就是管理层的垄断，把腐败点了出来。到位！解渴！

我们《羊城晚报》有自己的特点、优势，同城其他媒体远远比不上羊城晚报这种绝对的优势，包括民生新闻、文化底蕴等，在新的一年，我们都要大力弘扬羊晚这些独特的优势。

（十六）要在党委、政府的决策和群众议论中间发挥桥梁作用

《周会纪要》【2017】第28期 7月20日

本周重大的民生政策很多，广州出台的租售同权的政策、关于工业用地的报道。但租售同权在广州如何能够推行，能不能实现？打个比方，广州户口和河源户口不一样，广州的车牌和汕头的车牌不一样，优质的学位永远是稀缺的。

政府的本意很好，但落地能不能执行好？作为媒体，做批评是容易的，但怎样能协助政府，让它完善制度是很难的。

习总书记在中央金融工作会议上强调，北上广深要服务好实体经济，不要只是去罚款，动不动就去查企业。《羊城晚报》把它拎出来做标题，太有眼光了。

一个政策的出台，批评是容易的，但建设性的落地、协助党委、政府办成一件事情，把这个比较好的初衷落地，是很难的。报社需要在党委、政府的决策和群众议论中间发挥桥梁的作用。我们媒体应该在这方面用力气。

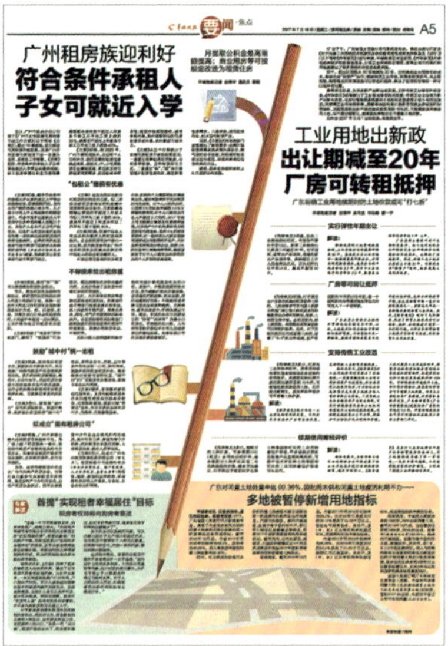
要闻 A5

广州租房族迎利好
符合条件承租人子女可就近入学

工业用地出新政
出让期减至20年
厂房可转租抵押

多地被暂停新增用地指标

“广州出台租售同权政策”报道版面

所以说管理是一门学问，政府、民众、媒体以及职能部门，方方面面的力量，怎样进行整合和梳理，最终达到社会问题的根治，媒体应该做这个。媒体不能当愤青，不能像街头大妈只会骂街，也不能像所谓的“大嘴”那样随口乱放炮，更不能像个别官员那样做缩头乌龟，什么事都不干。

第三节
经济新闻要通俗有用，擦亮两个拳头栏目

（一）"富二代"报道很好

《周会纪要》【2012】第11期 3月22日

有全新的角度，企业到了更新换代的时候了。现在的"富二代"变成一个贬义词，一讲富二代就是鄙视的眼光，但是广东，特别是珠三角的富二代不一样，这个点与时机抓得好，推出也很有气势，用了三个版，唯一遗憾的是放在了财经版，如果放在二三版，可能气势、效果更好。报纸的影响力最终是捆绑在一张报纸上，对老百姓来说，他分不清哪个版是广州新闻部，哪个版是经济新闻部，他只认为你这张报纸有没有用，从这个角度讲是一荣俱荣，一损俱损。

（二）要多去珠三角地区跑经济新闻

《周会纪要》【2014】第18期 5月22日

全省的经济新闻报道，除了广州之外，还必须覆盖到珠三角九个市，东莞、深圳、佛山离我们最近，也是我们的广告大户、发行重镇，更要做好这些地区的经济报道。

经济部对广州以外的区域不熟悉，不了解，不容易接触到管用

的人。以后经济部的记者下地方，先约好记者站站长，先共同了解拟采访的城市市长近年抓的核心经济工作是什么、该市的经济情况如何，翻阅当地报纸近半年的经济报道，找到共同的亮点之后，就约常务副市长、市长谈相关问题。

（三）楼市新闻要认真对待

《周会纪要》【2014】第22期 6月19日

在楼市拐点的时候涉及广告客户该如何报道，经济部要强势介入，这是市民特别关注的事情，要闻部对一些研究机构、学术机构出台的比较靠谱的数据可以做。当然对一些广告客户会有影响，广告公司把握一下，但不能太将就。怎么样和广告商周旋，要有所考虑。既不主张一概不管，也不主张一概都放。综合办可以做一些协调、判断工作。这些事情老百姓关注度太高，发展商也非常关注，房地产楼市新闻不要简单地看成楼市的变化，背后一方面是地方政府土地财政，另一方面是银行贷款的安全以及挤兑的风险，最终这两个结果导致中国经济怎样走，直接关系到国家经济走势，同时也关系到每一个老百姓的切身利益，所以楼市新闻要认真对待。

（四）专业新闻如何做得通俗可读

《周会纪要》【2014】第22期 6月19日

严丽梅（注：时任羊城晚报经济部副主任）写的《粤政府债券获最高信用等级》，这是财厅给的通稿，估计其他媒体都有，但只有《羊城晚报》和《广州日报》两家稍微敏感做大了，羊晚放了头条，表扬要闻部、值委有眼光，这样的政经新闻值得上头条。后面版面把全国各个省的地方债务用一个表格

2005年11月，严丽梅（左一）在广州采访时任国家审计署审计长李金华
图/受访者提供

列出来，这就把专业性题材做得通俗可读，让读者一看就明白。广东排第二，谁排第一？谁排第三？一目了然，地方政府债务，关系到土地财政，也关系到房地产政策，地级市县区欠债，省也一样，老百姓都很关心经济形势，房子该抛还是该买，都很关注。地方债看起来是专业新闻，实质上是极其民生的政经新闻，只不过是要做得通俗化，让老百姓看得懂。

不久前去听了经济学家郎咸平的演讲，他是金融学界的博士，他讲货币投放，政府印钞，在一个多小时的演讲中，没有听到任何“M2广义货币投放”之类的字眼，把专业知识、经济学的理论和他研究出来的数据和规律，用老百姓听得懂的话去解释计划经济、市场经济、政府干预，用词极其通俗，而背后深藏的都是深奥的经济理论。

（五）大力打造《天天315》栏目，树立公信力

1. 谁欺负老百姓，我们的报纸就要“收拾”谁

《周会纪要》【2012】第10期 3月15日

对“315”的报道比较满意。从去年“315”开始，我们开了一个《天天315》的栏目。但是有一些想法我想提出来跟大家探讨。

汽车打假，这是一个很好的议题。找一辆车自己设置一点故障，然后送去检修的点子是我出的，这个有新闻伦理的问题，但对这种几分钟之前刚加了两罐雪种、到了另一家店又说要加三罐雪种的4S店，根本不存在新闻伦理问题，应该曝光这些黑店，把他们端

焦点 A7

雪种满满小汽车
三次要被加雪种

焦点 A7

消除“故障显示”
4S店要价上千元！

荣威行驶途中突然熄火

“《天天315》栏目”报道版面

掉。我们还是手太软了，应该把那几家店的照片挂出来，直到他们改好为止。就算是广告客户也应该点出来，过后改正了可以给补上。好的店也应该拍出来，让读者知道去这样的店你不会受欺负。这样的报纸才有公信力。顺着这个思路，广告公司搞一个老百姓的投票活动，哪些店被投诉票最多的，我们列出来；哪些店是不斩客的，也列出来，广告公司牵头搞一个红黑店张榜，让老百姓自己投票，只有这样才可以收拾那些“野狼”店，这样的做法才管用。老百姓拿起报纸，不是挠痒，登出来以后被骗的钱能追回来，多收的雪种钱能要回来，这样的报纸才有用，《羊城晚报》要做这样的报纸。我们做人要低调，做事要高调。写的文章要为老百姓服务，谁欺负老百姓，我们的报纸就要“收拾”谁。

以后采和编在做这种事情的时候，要一出手就有用，报纸影响政府决策，这就是报纸的力量所在。登一个问题，要立刻就有反响，不能石头丢进水里，不响。最近一年多来，晚报有很多这样的批评报道，登出来后第二天、第三天，职能部门、相关部门就立刻查处，说明报纸有力量。如果所有的报道都可以做到这样，《羊城晚报》就是最牛的报纸。要让职能部门围绕着我们的议题设置去研究及采取措施，满足老百姓的诉求。

下一步准备在报社内部公开招聘两名记者，专门负责食品卫生安全监督报道，用一年的时间做《天天315》报道。

2. 与老百姓衣食住行相关的新闻可以猛做

《周会纪要》【2015】第8期 3月19日

《天天315》这个栏目要一直做下去，在现在大的舆论环境之下，只有做民生社会、消费者权益保护新闻是最安全的，最讨老百姓喜欢，与老百姓的生活很贴近。报纸利用新消法，维护消费者权益，空间很大。这次《天天315》专题，政文部

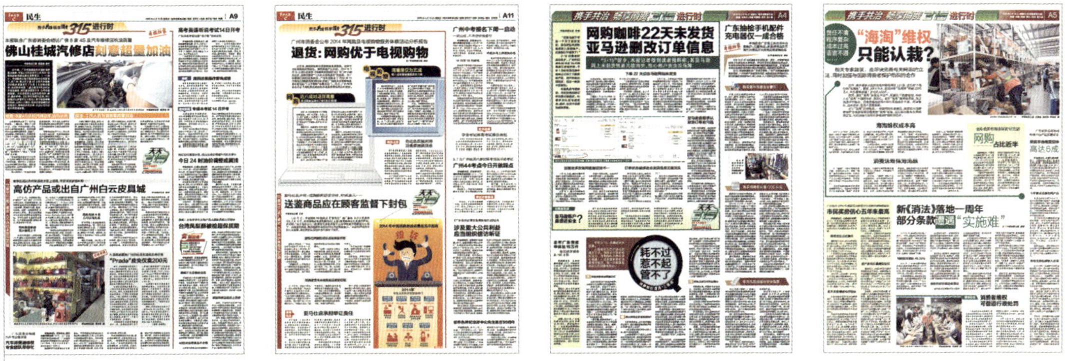
佛山桂城汽修店刻意超量加油
高仿产品或出自广州白云皮具城
退货：网购优于电视购物
送鉴商品应在顾客监督下封包
网购咖啡22天未发货 亚马逊删改订单信息
广东抽检手机配件充电器仅一成合格
耗不过 惹不起 管不了
“海淘”维权只能认栽？
新《消法》落地一周年 部分条款遭遇“实施难”

《羊城晚报》《天天315》栏目“名震四方”

做了“消费者购买爱马仕的奇葩遭遇”，做得很好。区域部各记者站也有很多这类的新闻，在当地版刊登，当地企业并不怕，影响力不大，所以主报也要登，这样更有影响力，这些与老百姓衣食住行相关的新闻可以猛做，潜在的广告影响也很大。

3. 配评论、推独家，与执法部门联动，继续擦亮两个拳头栏目

《周会纪要》【2015】第8期 3月19日

我们有两个栏目《天天315》和《食刻出击》，这两个栏目基本同类，都是紧紧盯住消费者权益保护做文章，任何时候做都不会有大错。这两个栏目都被省委宣传部评为“优秀品牌栏目”，拿回来60万元，这不容易，因此这两个栏目最好天天有，这不仅是经济编辑部的事情，各个部门都有份。

表扬经济部，这两个栏目几年经营下来，已经小有名气。2015年再把这两个栏目好好擦亮，建议开个评论专栏，评论的火力再猛一点也不过分。

另外，与消委会、执法部门联动，跟省食品药品监督局合作，设置出跟别人不一样的独家报道，甚至可以放头条，配评论。当然这要靠我们主动策划，坐等读者报料是不够的，这只是渠道之一。最近做的“十类缺陷商品”，批了三星，三星主动要求做广告，这是职能部门提供的抽查结果，除此以外，我们自己也要主动出击，对那些侵害消费者利益的目标企业，明访暗访，做得更大。

要主动策划方案，倾报社之力，拿焦点版做，拿头版做，跟消委会、工商局打招呼，广告经营一路跟进。要主动设计。比如，广东4S店很黑，可以找台车去试点，事先找专家判断是什么问题，如果专家估计维修费3000元左右，然后我们送去4S店，若4S店开价8000元，付钱修好后让消委会职能部门鉴定，鉴定后公布，不但要退钱，还要赔钱。另外，报社在宣传部奖励的30万元费用中给经济部留了10万元检测费，这些都是要专款专用的。

我们的监督报道围绕老百姓的衣食住行、大众需求来做，不要全面铺开，一个一个来，现在环境留给我们的空间，就是衣食住行、民生社会，这对《羊城晚报》是个机会，要狠做一把。经济部先做出方案，版面配合，区域部在地市方面也可以联动，广告也留意一下，各方面配合做出大动作来。

4.左手握着职能部门，右手握着广大消费者，才会有力量

《周会纪要》【2015】第8期 3月19日

以前经济部有“食刻出击”小组，但现在因各种情况已七零八落，“天天315”属于经济部跑消委会线的，无形中把自己约束在很小的圈子内，跑消费者的只能盯着消委会，其实一个记者跑不过来，思路要打开，建议经济部主任牵头，把“天天315”“食刻出击”两个小组重新建立起来，包括跑线和不跑线的，可以跨线，一个小组五六人。主任牵头，两个拳头，围绕衣食住行收集线索，拿出报道方案，以经济部为班底，报社所有相关部门配合，也请在座各位回去部门发动一下，有没有像修车黑店类似的事情，我们再研究一下，看能不能打死。记者本人，包括亲属在外受侵权的，一定要见报，当然要核准。维护消费者权益的事情天天做都没有问题。

赶快行动起来，请海利牵头，经济部、要闻部联合做起

来。广告公司找些客户，新媒体部也要在网上找找客户的投诉。“两会”过后这段时间，做一些老百姓关心的事情，《羊城晚报》只有这样做，才能在老百姓心目中树立形象。左手是职能部门，右手是广大消费者，经过我们评选，好的品牌推出后，广告就会追着来。

5.《食刻出击》栏目不要告诉读者怎么造假，而要告诉老百姓怎么识别假

《周会纪要》【2016】第25期 7月8日

《食刻出击》我也关注了很长时间，经济部花了很大力气，每周三推出，这个栏目已经拿了两次省委宣传部的名专栏奖，我们还想把这个名栏目向更高的档次推。

现在两位记者做得非常努力，这个栏目无疑还要再做大。国务院专门颁布了食品安全的规定，这是当前最热点。我们重视这个栏目，但又不容易找题目。《食刻出击》基本没有线，我做了基本协调，政文部公安的食品药品环境支队以及经济部食药局的食品线拿出来，给食品安全小组去跑。食药环支队平均每天侦破1.7宗案，怎样通过这个渠道建立关系，要打开思路。

《食刻出击》不仅仅是揭黑，还可以宣传、普及、防范、教育。这次“蜂蜜”的报道开了个很好的先例，但要转一下角度，不要告诉读者怎么造假，而是要告诉老百姓怎么识别假。不仅讲食品安全，还得增强老百姓的食品安全意识，这是比较高的要求。

《食刻出击》专栏记者与广州执法人员一起夜袭广州市白云区一私宰点

图/受访者提供

这个栏目继续保持，每周一期，每周三刊出。同时，金羊网上开一个栏目，可以和报纸上的搭配，把全国所有关于食品安全的信息全部放在这里面，变成一个集纳。我们从开这个栏目到现在所有的报道都能搜索出来，要查食品安全相关的法规，网站上可以

链接得到。有一些离标准新闻差一点的，但是和食品安全有关系的、挤不上版的内容，可以放在金羊网上。让读者养成习惯，一旦读者用户有食品安全方面的疑惑，就上金羊网，点开这个栏目。还可以细分：揭黑的、造假的、红榜、黑榜……先做红榜，让读者投票，然后食品、药品部门配合。以后变成网站网页对“食刻出击”的报道是最全的，在报纸上选取其中的精华来做。

（六）把经济利好和发展趋势告诉老百姓

《周会纪要》【2015】第20期 6月11日

刚才吴江（注：时任羊城晚报经济部主任）提到的政经类新闻要在要闻版、头版呈现，这个提法是对的。这半个月以来，中央深改组、国务院常务会开了多次会议，从习近平总书记到李克强总理都关注当前的经济形势，近一个月来以国务院、发改委名义出台的相关经济政策，可以用“触目惊心”来形容，从来没有像现在这么大力度开放这么多垄断企业的领域，从来没有像现在这么大幅度地放开民营企业、民营金融进入垄断领域。

过去这些领域都是国企天下，哪能让民营资本去染指，这说明现在整个国家层面上观念完全变了，我们要做好准备，迎接下半年经济反弹。经济部是先锋，发现有新的经济变化，主动跟值班老总和中心主任提出来，你们更专业，我们再根据这种资讯做基本评判，作下一步的部署。

同时，也希望值班老总、中心主任、各部门主任，密切关注国家、省级部门出台的相关配套政策的落地，跑线的记者不要漏掉，要重点关注这些政策的出台，已经或者将要给老百姓带来的影响，从这些角度做些直观的政策解读和分析，用老百姓听得懂的语言，实实在在地把经济利好和将来经济发展趋势告诉老百姓，这样的报纸才有用，能让他们读到感兴趣的文章，读到一些政策的解读，或者是对将来一些政治形势、政策的基本判断。

（七）财经新闻千万不要办成只是股票的涨跌

《周会纪要》【2015】第34期 9月24日

教育部APP的稿件，羊城晚报喝了头啖汤。这次又写出了老百姓的担忧，但我们的资源整合，财经类的资源整合做得不够。羊城晚报有这种资源，但没有协调好。经济部下面的财经新闻，要紧密配合，尤其是这些上市公司出现在新闻事件里，主动跟进，财经新闻千万不要办成只是股票的涨跌。理财的家庭需要关注对上市公司的追踪，唯有这个是最透明、最公正的，理论上也是不能造假的。《第一财经》《21世纪经济报道》在这方面的运用远强于《羊城晚报》。我们还是传统的、单一的理财、黄金、白银。但是社会发展，很多的政治、经济，水乳交融在一起，不能割裂。比如做财经报道，这个上市公司，我们不能仅仅说你是流氓，要证明你是流氓这才是本事。通过上市公司披露的信息，通过消息灵通人士深入调查、分析、资料积累，全部整合起来，假如我们当初第一篇见报后，第二篇进行分析，第三篇飞到北京去，找教育部底下的公司一个一个去捏它，那就会非常精彩，《羊城晚报》才叫“牛”。

（八）做好财经新闻晚监控，努力为读者提供越来越多深入浅出、专业有用的新闻资讯

《周会纪要》【2015】第46期 12月24日

刚刚夜班值委提到，财经新闻要做好晚上监控，对此我非常赞同。包括中心执行主任、值委、要闻部编辑以及财经版编辑，都应有晚监控的职责。虽说财经版一般在晚上9点前就已经签好版，但在这个时间节点后，如果发现有重大题材的，可以跟值委提醒一

下。另外，想谈谈本周的“宝万之争”。这个题材，既是高度关注，又没有禁令，我们不妨放开手做。这次我们的报道还是正了一点，其实可以用娱乐化的手法来做，或是用专业化的手法做，挖掘出历史类似事件、请国内顶尖专家做解读，做不同观点的对碰等。再有，这两天的房价问题，中央提出去库存、发展商建议适当降价，《人民日报》马上利用数据分析、提出建议，引发了广泛关注。其实，财经新闻的空间很大。目前，广东人均收入突破1万美金，珠三角地区远远还在这一水平之上。人们的生活水平得以提高之后，对国家出台的经济政策、理财信息更是关注。羊晚虽然不是专业财经类的报纸，但在财经这块的新闻报道，我们也应多花精力，不断提高水准，努力为读者提供越来越多深入浅出、专业有用的新闻资讯。

（九）搞好经济领域报道突出办报差异化

《周会纪要》【2016】第11期 3月24日

每年全国“两会”开完后到6月份高考前，按往年惯例，新闻将进入比较淡静的时期。尽管这两周我们也有一些不错的稿件，但对于海利提出的我们仍需加强新闻策划，我非常赞同。

这两天，我从其他媒体上看到两个经济领域的好策划，印象深刻。一个是《21世纪经济报道》前几天围绕北上广深创新企业数量、上市公司总数等方面做的一个数据统计，文章重点反映出广东目前已经超过北京、上海的最新情况，也凸显出广东转型升级创新的优势所在。另外一个是《第一财经日报》做的关于北上广深四大城市金融机构现金存款量的比较，反映哪个城市最有钱，既有数据，也有专家观点。我觉得以上两篇报道的角度选得很巧，对我们很有启发意义。特别是《21世纪经济报道》的这篇，作为广东媒体能策划这样一个题材，并凸显出广东的亮点和优势，这无疑对于省市领导还是老百姓来说都非常提气，并且这样的题材很好地规避新闻风险，也不乏亮点，是个不错的策划。他们的思路，我们各采编部门可以多借鉴。

当然，《羊城晚报》的新闻策划也做了不少好内容，财经版就有一批既与同城媒体差异化、又能反映广东经济社会成就的好报道。不过，版面一般都放在后面，值班老总以后可以把一些有价值的内容提前，或让编辑改写成三五百字的提要式导读放到前面版面，这既能丰富要闻版元素，也有利于与其他传统纸媒做出差异化。

（十）必须补强财经证券金融报道

《周会纪要》【2017】第28期 7月20日

中央金融工作会议后，万达为什么要抛资产？他们这些大鳄的嗅觉是敏锐的。这些内容，我们不能往政治上爆炒，但是五年一次的中央金融工作会议以及中央财经领导小组会议，这两个会议开完，富力、融创联手接手万达，三方签协议，看看大鳄们的动作你就能感觉到，金融领域的下一步管理方向。

金融政策转型，一财网直播了，这是超级大事。金羊网到昨天都没看到消息。我不往政治上解读，关于三方签约是可以报道的。三方签约了，最新的富力地产冒出来了，这是大事，而且富力是广东的企业。

《羊城晚报》历史上不太关注金融工作和财经证券领域。相关的部门应该琢磨一下。《羊城晚报》向来擅长社会新闻，但这不够支撑一个严肃的传统媒体的主体内容，单纯的社会新闻包括娱乐体育新闻，很抢眼球，很吸引人，但是不够。财经、证券、金融，北京、上海越来越多这些事情，我们好不容易能有驻地方的记者，应考虑好人员的配置或一专多能，尽管羊晚是区域性的报纸，也离不开全国事件的参照，这些报道也是地方、行业关注的。

第四节
融媒时代，部主任更应懂带兵会打仗

（一）肯定大胆钻研、勇于探索、敢于承担责任和风险的精神

《周会纪要》【2011】第16期 5月4日

新闻纪律下，怎样在政策的缝隙中做新闻，我觉得这周的值委动了脑筋，想了办法，本周值委和要闻部值班主任想方设法满足读者的阅读需求，在同城媒体中做出了差异化。只有这样，我们才能在激烈的市场竞争中站稳脚跟，抢占更多的市场份额。这种大胆钻研、勇于探索、敢于承担责任和风险的精神值得鼓励。这种精神也是作为值委很可贵的一点。

“红线”不能碰，但离“红线”远远的也不行。通过采访记者提供的线索、采访部门主任报告的背景、要闻部值班主任提供的判断，最后和值委一起共同研究稿件可以做到哪里，可以放在哪里，这样，我们的新闻才能贴着“红线”跑，读者才能有东西看。以后，采访部门主任也要与值委和要闻部值班主任一起，承担起这种判断和责任。希望各采编部门主任以及全体采编人员眼睛瞪大一点，耳朵灵一点，搜集方方面面的信息，提供给值委和要闻部，帮助我们在下判断时少一点忙乱，

少一点盲目，为我们的报纸共同来承担一些风险。

（二）加强通联工作

《周会纪要》【2011】第36期 9月16日

通联工作一直是羊城晚报的传统，也是我们在同城媒体中的强项，但最近几年有弱化的趋势。现在交给总编室的任务就是要把通讯员队伍重新理顺起来，充分发挥通讯员的作用，他们好的想法、建议，以及对报纸的看法也可在报纸上体现出来。以后要分批分片召开座谈会、进行培训，听取他们的意见和建议，这其实也是在为采编一线提供后勤保障。请各部门在下周四之前，把本部门通讯员的资料重新整理报给总编室。

（三）带队伍，育新人

《周会纪要》【2011】第48期 12月15日

广州新闻部在这方面做得很好，部门主任主动策划题目，并指导记者联系采访对象，选准切入口，找角度找材料，对记者起到“帮、扶、带”的作用。

目前我们的记者、编辑太年轻，部门主任要肩负起培育新人的重任，要研究同城媒体对同一题材的做法，找出我们自己队伍中的不足。同时要对重要稿件的质量把关，提高总体水平。

（四）练就辨别新闻价值的“慧眼”

《周会纪要》【2012】第6期 2月16日

提倡每一位记者、编辑、值委、老总都要培养一双辨别新闻价值的“慧眼”，让《羊城晚报》的报道都像本周的报道一样不断有

广州街头令人百感交集的一幕
赔不起的豪车 想不到的好人
男青年告诫获"原谅"
碰不起的豪车 赔不起的保险
男青年，你在哪

热点
1 广深两地豪车知多少
2 豪车理赔责在哪里?
3 "撞豪车"风险如何化解?
4 豪车理赔案件所占比例极低
豪车："别摸我"

《赔不起的豪车 想不到的好人》报道版面

创新、不断有亮点。

以今天的《赔不起的豪车 想不到的好人》为例，首先是记者要发现新闻，发现跟别人不一样的新闻，发现得早；记者只有做到勤跑，到现场多听，才能发现。编辑也要有"慧眼"，要善于从记者的稿件中发现、提炼；值委、值班主任、老总遇到这种大事敢于拍板、给版面、放大来做，这都需要培养"慧眼"。

（五）如何培养新记者?

《周会纪要》【2012】第40期 10月25日

22日我写了一篇《环卫工脸上闪过一丝犹豫 市长毫不犹豫握住他的手》的特写，各位同事有空可以读一下，我事前是花了一点功夫的。广州地区在开展垃圾分类行动，《羊城晚报》在推进广州垃圾分类当中应该做点什么？我布置这个题目以后，广州新闻部策划了一些方案。星期天我跟随陈市长（注：陈建华，时任广州市市长）去看几个垃圾分类点，回来以后，我就写了一篇文章，我写了四个细节：一是市长坐什么车，现在的副省级官员坐广州自产的车不多；二是市长穿什么衣服、什么鞋；三是在导语中卖个关子："普通的星期天，市

广州垃圾分类“新政”试点百日，市长陈建华率团调研多个生活垃圾分类试点——

全民参与，华哥满意 部分试点，缺人缺钱

深入走转改 喜迎十八大 民生关注

羊城晚报讯 记者梁伟韬报道

三种试点模式成效各有千秋

环卫工脸上闪过一丝犹豫 市长毫不犹豫握住他的手

羊城晚报记者 刘海陵

番禺垃圾焚烧厂半年启动工

华哥表决心：

2015年广州生活垃圾 五成能当做资源回收

《环卫工脸上闪过一丝犹豫 市长毫不犹豫握住他的手》报道版面

长要办一件不寻常的事情”，怎么“不寻常”？文章最后一段才点出来；四是市长跟环卫工人握手的细节。可以说，我跟随市长的时候，眼睛看的东西跟记者看的东西还是有点不一样，所以提倡记者要多观察。

我举这个例子是想鼓励部门主任要带好队伍，培养年轻人。以前每个月都要统计哪些部主任写了稿，我没有硬性要求，部门主任管理部门的任务很重，我鼓励大家有空时写写稿，但更主要的是多抓业务，抓培训。部门主任要有底气，要成为业务好手，你管的方面你都能做得到，你给手下的指示你自己能做得到。

最近，我想在不影响采编工作的情况下，对中层干部进行充电、回炉学习，对中层骨干进行有针对性的实战业务培训，很有必要。

第三章

勇敢担起
舆论监督这副重担

舆论监督要敢做，会做，还要懂做。

报纸有力量，大家出去才有模样。

只要采访扎实，不怕打官司。

舆论监督是《羊城晚报》立于不败之地的一把利器。

报纸舆论影响政府决策。

深度报道最忌隔靴搔痒。

新闻的后续追踪问题显功力。

做强做大深度新闻报道，多出拳头产品。

对于转载我们的稿件要有版权意识。

只有重视网上维权，羊城晚报的价值才能提升。

在新闻舆论工作中，舆论引导和舆论监督是社会主义新闻事业的两大功能。

我常对记者、编辑说，报纸必须有力量，我们的采编人员出去才有模样。这个力量来自哪里呢？其中很重要的部分就来自舆论监督报道。但是这个力量不是蛮干，要服务于党委和政府的中心工作，在这个前提下开展舆论监督。这里面就要把握好几个方面的问题。

第一个方面，监督要选好题材。比如关乎老百姓切身利益、关乎社会风气、关乎市场健康发展、关乎全省各地基层办事窗口政风作风等方面的问题，开展舆论监督有利于推动党委政府部门加强管理、维护社会公平正义、维护市场健康发展的，都可以大胆进行采访报道。

第二个方面，监督必须准确到位。这个准确到位，就是考验记者的采访功底。记者的采访必须扎实、准确，信源不能单一，涉及被批评的各方或者发生纠纷的各方，你都要采访到位，新闻不能失实，写出来的文章没有硬伤、站得住脚，你这个监督报道才有力量。

第三个方面，监督是为了更好地建设。我们报纸做舆论监督，不是为了批评而批评，不是为了破坏而监督。监督要能够促进事情的解决，使得事情符合老百姓的正当诉求、有利于党委政府更好地开展工作。

舆论监督要把握好时度效。我们落实到实际工作中，就是要把握好新闻舆论监督的节奏、分寸、适时适度，这样才能收到最佳的报道效果。

“以优质内容取胜的报纸”，靠的是什么？我认为，除了要靠上述的舆论监督报道之外，更要靠源源不断、生猛的深度报道和焦点新闻（焦点新闻也可以理解为深度报道的一种）。

怎么做好深度新闻？我的看法可以简单地概括为三点：第一是加强策划。遇到好的新闻题材，我们要以精心策划取胜。第二是选好角度。我在羊城晚报的采编会议上经常说的一句话叫作“抓好第二落点”，特别是对于一些重大突发事件，各家媒体都出动记者，假如我们在时间上稍慢了一点也不怕，我们要选好深挖角度“后发制人”，我们有这个底气。第三是凡是优质的独家深度报道，《羊城晚报》都要以最优质的版面资源来刊发。《羊城晚报》的老报人有一句代代相传的口头禅，叫作“捉到鹿要识得脱角”，用普通话来说，就是要求编辑们遇到好的题材、好的稿件，一定不能浪费、不能错过。鹿身上最贵重的是鹿茸，你不要把这最贵重的东西浪费了，好的深度报道就要在头版和重要版面醒目位置刊发。

总之，做好舆论监督报道和深度报道，要求我们在策、采、编、发、播各个环节需要高度重视、做好周密的工作安排。

第一节

用客观公正的报道，做公众利益的守护者

（一）毫不犹豫地进行舆论监督

《周会纪要》【2011】第6期 2月17日

本周表扬广州新闻中心关于“荔湾涌污染”的批评报道，无论我们与有关部门关系如何密切，面对问题，都应毫不犹豫地进行舆论监督，否则报道就会毫无价值，但前提是报道必须客观准确。

（二）舆论监督要敢做，会做，还要懂做

《周会纪要》【2011】第24期 6月23日

本周承接了前两周的好势头，整个《羊城晚报》的气势出来了。民生大报、人文大报办报理念有所展现。这两周，我觉得像一张《羊城晚报》了，同城媒体一些主管采编业务的老总也有同感，从发行和广告以及报料热线的统计数据来说，读者对本周舆论监督、社会民生、人文关怀的报道反响好，如“农行信用卡”“天懿系列”“廖冰兄基金会出纳”“议价的士”“漏斗女孩”“泰国香米调查”等，本周报纸的气势办出来了。

重点讲舆论监督报道中的“天懿”事件和“农行信用卡”

天懿美容美发"大起底"
天懿表态自省 承诺全面整改
本报"农行淘金支行私发信用卡"报道一石激起千层浪
广东银监局将介入调查
广州交委突查"议价的士"
羊城晚报暗访报道出街，交通管理部门迅速反应——
"12元的路程收30元以上"

天懿美容美发"大起底"
罔顾健康无证开业 没有资质就敢整形
员工入职不查健康证
挂生活美容招牌 卖医疗美容狗肉

"农行信用卡"系列报道版面、"天懿"系列报道版面

事件，两组报道有很多可圈可点之处。无论是"天懿"还是"农行"报道，这种采访的认真和细致，编辑部门对稿件的精准修改和精心做标题，是我们立于不败的根本。

以上两个舆论监督的案例值得大家借鉴和研究。当然也有问题，比如"天懿"，并不是所有的网点都有问题，舆论监督的具体操作还要注意精确性。舆论监督要敢做，还要会做，最后还要懂做。

"农行"报道中还有一点难能可贵之处在于：跑线记者批评所跑单位，写稿的记者自己就是跑农行的，精神可嘉，我们要鼓励和保护跑线记者。

（三）报纸有力量，大家出去才有模样

《周会纪要》【2011】第42期 11月03日

舆论监督要进一步强化。最近几周，羊城晚报的士气高

涨，报纸有力量，大家出去才有模样，报纸有力量的其中一点就是舆论监督。大家的积极性调动起来，希望保持这种锐气，发扬下去。

注意掌握舆论监督的节奏，合理搭配。舆论监督是一把双刃剑，“稳、准、狠”提得很好。舆论监督的核心问题是准确，这样才能立于不败之地，但同时要掌握节奏、分寸和时机。

要经营好《亮剑》《刮骨疗伤》《天天315》这些栏目。《刮骨疗伤》栏目下一步要盘点、完善一下已经布置的题目，这个栏目不是单去揭露冷漠，落脚点是要以曝光冷漠来呼唤善良，要给人以善的希望的。

（四）只要采访扎实，不怕打官司

《周会纪要》【2012】第17期 5月10日

林如敏（注：时任羊城晚报娱乐新闻部主任）刚才讲的两个明星与晚报和好的情况，与大半年前我在周会上经常提醒各部门主任，注意写文章不要当被告，这是一个问题的两个方面。我反复强调，只要记者采访扎实、准确，采写的文章没有大硬伤，因为报纸的影响力大，当事人也好，他周围的人也好，他的团队也好，对你有意见，甚至威胁你发律师函或者真的发律师函，这种官司羊城晚报就应该跟他打下去。羊城晚报一年如果没有三五单官司，说明你的报道都统统躲在红线以内，是没用的东西，报纸也就没有影响力、公信力。批评监督的力度可以往前走一点，如果都是平平淡淡、平平安安地写，都是些隔靴搔痒的稿，谁还看你的报纸，报纸在业内没有影响力，就是废纸一张。在采访扎实、没有失实和主观故意、没有构成人身攻击和诽谤的前提下，我支持各个部门去冒尖，往前冲，就算打官司也支持你们。别人敬重你，敬重报纸，这张报纸才有用，这个才是羊城晚报最终的目的。

（五）舆论监督是《羊城晚报》立于不败之地的一把利器

广州邮储翠馨支行
涉嫌理财销售误导
已引起监管部门关注
存款变保单
邮储再遭投诉
误导、私售
理财销售乱象频现

“邮政银行涉嫌理财销售”报道版面

《周会纪要》【2012】第49期 12月27日

本周报道出色，与强有力的舆论监督报道分不开。经济部的“邮政银行涉嫌理财销售”做得扎实。区域部的“裸官是否适宜继续任职？”“湛江市政府副秘书长包二奶超生被免职”等在社会上引起了很大反响。视觉新闻部的“搜身门”也没有受到任何的异议。羊城晚报社实行新定额管理以后，像这类好稿子都可以加分。

舆论监督是《羊城晚报》常年扛起的大旗，各个部门都不能放弃，特殊情况特殊时期可以有所选择，比如党的十八大举行时期，有严格的要求，但现在我们一方面要学习贯彻十八大精神，另一方面就要加强舆论监督，而且加强舆论监督也是贯彻十八大精神的具体体现，舆论监督是羊城晚报立于不败之地的一把利器。

（六）我们要确切地问一声：“我们的报道有没有失实？”

农药920遭菜农滥用

“农药920遭菜农滥用”报道版面

《周会纪要》【2013】第1期 1月10日

9日，同仁堂的相关负责人来到报社，主动回应事件。但有一句定性的话，在稿件中见不到。以后做了批评报道，对方单位负责人上门来，我们都要确切地问一声：“我们的报道有没有失实？”这是对我们报纸最大的肯定。如果失实了，报纸要道歉；如果没有失实，这一句关键的话一定要见报。

“农药920遭菜农滥用”的报道，在整个问题蔬菜中，“920”是元凶，但到底“920”是什么？整版都没有“920”相关的图片，虽然文章中也解释了一下是植物激素，但是既然讲明蔬菜是用了这种植物激素增大，就应该猛打“920”。接下来，后续报道要继续关注用了农药“920”，对老百姓到底有多大的危害，监管部门、农业部门等对植物激素的看法，同时也要给读者指明方向，到底吃什么才是安全的。

（七）舆论监督掌握好节奏和分寸

《周会纪要》【2013】第17期 5月23日

《羊城晚报》这张以民生定位的大报，舆论监督不可少，但监督过程既要符合党委政府的利益，同时更要符合老百姓的诉求，注意监督内容必须准确真实，另外要掌握好节奏和分寸，掌握好操作的技巧，不要过分集中在一个地区、一个行业、一个领域。

（八）新快报事件

《周会纪要》【2013】第38期 10月24日

轰动全国的“新快报记者被长沙公安抓走”事件，引起了上级部门的高度重视，已经在紧锣密鼓地处理事情。对方先把“记者被抓”一事放到网上，《新快报》提出要有回应，集团几位领导商量以后，同意《新快报》回应，但不要带有情绪，同时把事情上报。《羊城晚报》作为集团主报，我们当天的外地版没有回应，只是在当天的本地版作了简短回应，并且是严格站在法律范围之内。这就是《新快报》头版的评论以及后面两个版的文章和晚报表态出台的前后经过。今天《新快报》在转新华社文章的同时，再次加上标题“再请放人”，《羊城晚报》考虑到方方面面的原因，没有刊出相关的内容。我和社长认为此事《新快报》在表态上特别是头版的两篇文章情绪太浓。

我长年从事公安政法报道，对这件事有一点担心，假如记者是干干净净，没任何问题，那事情对本报业集团、对新快报下一步的走向都非常有利，但是假如记者或者记者周围出现问题，事情就不一样了，下一步的舆论怎样走就变得非常复杂，所以基于各种各样的考虑，从今天开始不再登相关的文章，除非有官方的权威消息。我个人认同这种处理办法。前期的处理包括公安抓人的程序、手续、罪名等妥当与否，都只是事情的一部分，事情的真相还在于最后公安侦查的结论，我建议这个时候要冷处理，包括我们的官方微博，以及各位主任及部门记者微博，留一定的空间给职能部门协调处理事情，等待长沙警方比较完整的事实调查出来。当然大家对这个事件有不同的看法，但我作为总编辑，职务行为必须按照中央、省委的要求，守土有责。另一方面，我个人长年从事公安政法报道，对这个事件也有担忧。此事已经引起了境内外主流媒体的高度关注，当然境外媒体刊登的角度和用意跟我们完全不相同，所以这个事件也可以说是一个国际事件。目前只暴露了事件一截，还有一截没有露出来，也许后面这一截有相反的结果，所以请大家要冷静。当然网上各种观点都有，也有一些比较有智慧的。我们是当事单位，在这个问题上请大家配合一下。羊城晚报所表现出的冷静与理智，为下一步处理事件会留下比较好的基础。

（九）陈永洲事件《羊城晚报》立场坚定

《周会纪要》【2013】第39期 10月31日

新快报事件，晚报立场坚定，各部门主任、编委、社委、老总等都保持清醒的头脑，保证了羊城晚报到目前为止在这个事情上站得稳。羊城晚报几十年的发展，我们无权拿这个品牌、拿几代人辛苦积累起来的心血随意摆布，我们要共同维护好“羊城晚报”这个品牌，要珍惜这个品牌，每走一步都要小心，认真处理每一条稿、每一个版面。正是这种态度保证了我们在这一次事件中能以大局为重，没有很急地表态，没有很急地往前冲，避免了被动。

（十）新快报事件对《羊城晚报》品牌造成极大伤害

《周会纪要》【2013】第40期 11月7日

本周以来，《羊城晚报》经历了创刊以来最大的一次灾难，两次上新闻联播，教训深刻。我们办报不能小看一篇文章，不能小看文章放的位置以及文章的标题，处理得不好，会给媒体带来灭顶之灾。在此，提醒大家，每一位采编人员都有责任把好政治导向关，尽可能堵住漏洞，避免不该出现的问题。

（十一）报纸舆论影响政府决策

《周会纪要》【2015】第2期 1月15日

在当前媒体融合环境下，公信力强的党报舆论一定会影响政府决策。生物岛的拆违，北京路的传统文化报道，包括南沙倒牛奶事件，还有一系列的报道，有的不是《羊城晚报》首发，但《羊城晚报》登刊后，领导和职能部门立刻会有回应。包括省委书记两次批示，北京路报道引起广州市越秀区委书记的反馈，黄蔚山（注：时任羊城晚报区域新闻部汕头记者站记者）的稿件当地公安纪委立即反应，不管是正面表扬还是说情等，说明传统媒体，尤其是传统媒体中公信力极强的《羊城晚报》，能够影响政府决策。

讲这个例子，是希望我们各位不要在新媒体环境下迷失几十年来形成的判断力，《羊城晚报》这张报纸影响力之强大，是许多新媒体远远做不到的，我们面对新媒体不要夜郎自大，也不要妄自菲薄。新媒体是渠道、是工具，传统媒体也可以用，传统媒体的影响力、公信力仍然还在。

（十二）“帝王蟹”报道确立独家或重大策划类稿件“先报后网”原则

《周会纪要》【2016】第35期 9月22日

本周《食刻出击》推出的几篇舆论监督类稿件质量不错，包括“ 活生生的帝王蟹被酒店调包换成了死蟹”“阳澄湖大闸蟹尚未开捕，广州已现‘李鬼蟹’”以及“进口燕窝‘注册制’满3年 市售溯源燕窝不到10%”，记者抓到的新闻点都非常鲜活，事件关注度高。但“帝王蟹”这篇稿件实在是遗憾——料是本报记者先抓到的，编辑部门也收到了记者发回的稿件，但就在编辑提出修改意见、让记者将稿件再作完善的过程中，同行《新快报》抢先我们发了稿，网上首轮刷屏热转的报道成了《新快报》的稿，甚至连金羊网也转的是《新快报》稿而非本报采写稿！从初步了解情况看，编辑部门看到记者一稿时，编辑部门列出了具体的修改提纲及采访意见，由要闻版相关编辑联系记者，等完善稿件后再行发稿。但记者并未及时予以修改，倒是把新闻的信源分享给了新闻同行，与此同时，记者把一稿发到了部门稿库，部门把稿件签到了新媒体库，经新媒体发布的内容，也成了公开的信源，导致越来越多的同行得到了料，甚至比我们抢先发稿。

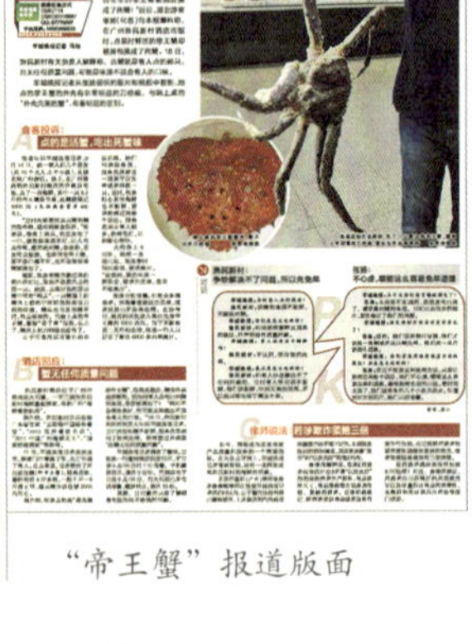
湖北游客投诉点了4000元
的鲜活帝王蟹，却吃出死蟹味
渔民新村被指上演“掉包计”
食客投诉：
点的是活蟹，吃出死蟹味

“帝王蟹”报道版面

这个事情，值得我们总结。第一，包括经济部及其他采访部门，回头要组织部门业务会，就“帝王蟹”这篇监督报道稿件进行业务总结。一方面要认可记者的付出，就“帝王蟹”这篇稿件本身而言，成稿的方方面面观点较全，媒体态度保持中立，确实是一篇质量不错的舆论监督类稿件。另一方面，业务部门也要通过第一稿和成稿的对比，点评原始稿件中有待补充的元素及具体需要完善的方面，通过实实在在的例子，让记者了解舆论监督类稿件的采写要素，点拨提升核心实战能力，不断提高采编队伍业务水平。第二，关于纸媒及新媒体平台的发稿流程，请总编室组织相关采编部门议一下，并作梳理优化。在我们现有的出版流程中，对于稿件的审核发布是有严格流程规定的。记者向稿库提交的稿件，凡提交到要闻稿库，新媒体则没有取稿权限；稿件必须提交至部门稿库，再由部门主任或部门值班主任审核签发至新媒体稿库，新媒体才能取稿采用。凡是从部门稿库审核提交具体记者稿件至新媒体稿库的环节中，部门主任或部门值班主任为审核把关的第一责任人。按目前规定，凡本报独家或重大策划类稿件，均按“先报后网”原则，稿件应优先在纸质报见报而非在新媒体平台抢先发布。就“帝王蟹”这次稿件的具体发布流程来看，显然有违以上原则。按相关流程规定，还应先在纸质见报，再通过新媒体渠道发布。当然，在我们的流程规范和现实操作上或多或少也存在着矛盾和困惑。我们就从这次事件中吸取教训，对流程再作梳理，多方听取意见，下来进一步优化流程。

（十三）适时适度做好舆论监督，更好呈现

《周会纪要》【2018】第13期 4月12日

关于舆论监督，习近平总书记指出：新闻舆论监督，是党和政府的一项重要工作，舆论监督和正面宣传是统一的。当然，要把握好“时度效”问题。区域部采写的“注水牛肉”和经济部采写的“旅行社黑榜”等监督稿件，难能可贵。在刚刚召开的通讯员座谈表彰会上，我发自肺腑地对广东21个地级以上市宣传部门的参会嘉宾讲，一个地方不可能没一点负面新闻，关键看你如何协调，起到化解矛盾、促进工作、团结鼓劲的效果，否则你这个宣传部部长一点力量都没有。我这句话得到了不少基层宣传部门领导的高度赞同，说我道出了他们的心声。因此，希望记者去经营一些有深度、原创的舆论监督报道。

互联网时代，传统报纸更应该讲究原创和解释性新闻报道。我们有金羊网、羊城派客户端，记者写的一般动态稿就往那儿发，别费劲往报纸传。报纸需要多发些解释性的新闻，如政文部关于教育招生解释性的报道。要把报纸和新媒体对应差异来办，才会引起读者的关注。《北京晚报》今天头版几乎用整版解释北京入户门槛，就很吸引人。做传统的纸质新闻，就要舍弃一般的动态，在允许的情况下，多做一些深度稿、独家稿，做动态新闻背后的解释、分析及其趋势。

提到深度报道，值班总编、中心主任、要闻部主任，都要负责做好协调刊发。“注水牛肉”的报道我们做得很好，很扎实，遗憾的是没能在报纸上先发，被动地跟在了新媒体、电视台之后，等于起个大早，赶个晚集，临门一脚没踢好，可惜了。以后类似独家的稿件，值班老总要协调好，优先保证在报纸上刊发，否则新媒体和电视台出来后，各方都已知晓，相关部门闻风“公关”，报纸落于后手，就很难再发了。“注水牛肉”现象极其恶劣，如果我们不报道出来，还不知道会有多少老百姓受害，我们不能凭个别人和报社关系熟就置群众的利益不顾。在这一点上，东莞市和深圳市都应该给我们送锦旗才对。

记者辛苦采写这样的稿件不容易，值得重点表扬。我们要发挥集体的智慧，让舆论监督报道在媒体上得到更好的呈现，达到最佳的社会效益。

第二节

深度报道的“四度”：高度、广度、力度、温度

（一）深度报道最忌隔靴搔痒

《周会纪要》【2010】第39期 10月21日

《羊城晚报》近来狠抓深度报道，大有起色，特别是周末版的《羊城晚报》。但我们的深度报道仍存在不到位的问题，有些报道虽然规模不小，但仍如隔靴搔痒。建议大家阅读一下近期《中国地理杂志》和第600期《三联生活周刊》，学习一下人家是如何进行深度报道策划的。

我们要求动态报道要动起来，深度报道要到位，体现时政、民生大报的权威，与网络抗争，给读者启发。我们要加强学习，向同行学习，采访部门主任要加强对记者的指导，主动找原因，才能使《羊城晚报》在市场竞争当中立于不败。

（二）深度报道凝聚集体智慧

《周会纪要》【2011】第49期 12月22日

本周做的两个深度报道“足球窝案开审”和“不靠谱的古玩系

中国足球窝案
A3
今天上午 开审陆俊
收受贿赂，杨一民大部分承认
非法拘禁，赌球恶行极致发挥
陆俊一场就收了35万
强调自首情节，周伟新求轻判
刚出道时，他就想当官哨
当庭新证据，黄俊杰乱了阵脚

“足球窝案开审”报道版面

列”都是跨部门合作的结果，新闻资源得到了充分的利用，效果不错。“足球窝案开审”报道弘扬了足坛的公平、公正、公开。

最近这一段时间采编部门出现了一股你追我赶、不甘落后的劲头，无论记者还是编辑，为了一篇好文章，一个好标题，一个好的后续追踪报道，都在拼命地发挥出最大的潜力。这股不甘于平庸的风气非常难得，也是《羊城晚报》至今在广州竞争激烈的报业市场当中立于不败之地的核心精神所在。希望各采编部门的同志振作士气，大家拧成一股绳按着既定的采编思路，继续做好新闻报道。

（三）“小悦悦事件”报道成功引导社会舆论

《周会纪要》【2011】第40期 10月20日

本周最大的亮点报道是“小悦悦事件”。这个报道呈现出三大特点：切中时弊、真情感人、导向正确。

“小悦悦事件”我们不是首发，但最终呈现的效果是最好的，主要表现在四个方面：一是采编多部门的配合、重视，保证了报道的成功；二是多角度挖掘报道；三是评论的强势介入；四是掌握节奏，层层递进。

“小悦悦事件”是一个负面事件，但最终的效果向好的方面引导。

由此事得到了一点启发：在现今如此激烈竞争的大环境下，能够抢首发、抢独家的可能性是比较少，而且即使抢到首发也未必影响力就是最大，关键是要看怎样做。传播学上的一个理论名词“议程设置”，就是通过大众媒介对某个事件的连续突出报道，成为社会舆论讨论的中心议题，从而引导大众对这个问题的关注和重视，达到预期的传播效果和影响力。

结合“小悦悦”的事例，我们可以研究一下：怎样根据

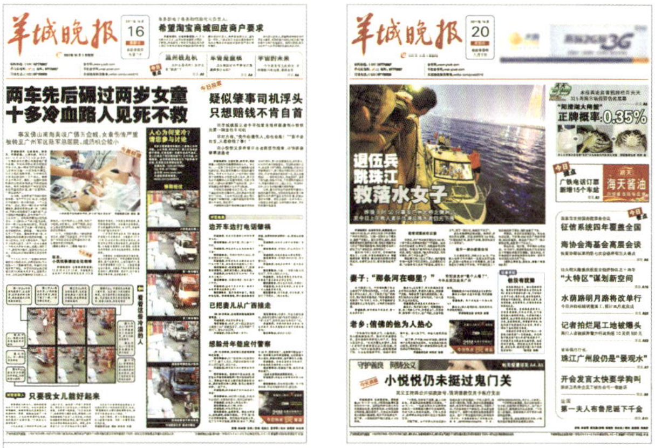
羊城晚报 16
两车先后碾过两岁女童 十多冷血路人见死不救
疑似肇事司机浮头 只想赔钱不肯自首
只要我女儿能好起来

羊城晚报 20
退伍兵跳珠江救落水女子
小悦悦仍未挺过鬼门关

“小悦悦事件”报道版面和“退伍兵救人”报道版面

我们对整个社会价值的判断并结合读者的需求来设置议题？通过文字、摄影、评论、论坛等全方位的配合，从而达到作为主流媒体应有的正确引导力和影响力。

（四）理应对深度新闻部要求更高

《周会纪要》【2012】第6期 2月16日

深度新闻部成立以来，做了不少好东西。今年开年做的民工调查做得比较扎实，其他的一些报道也不错。我不敢对所有的采访部门提这样的要求，但我对深度新闻部提更高的要求，他们参照标准是和央视、新华社看齐。深度新闻部刚才提到的每周业务学习非常好，央视对“缝肛门”事件的报道，新华社对“八毛门”的报道，我看了以后都非常感慨，自叹不如。一般的动态新闻，新华社和央视不见长，都是地方媒体见长，但是事件过后，对深度新闻的追踪分析这两家媒体都是一针见血，非常有力，而且没有用以往拉开架势的做法，而是以非常平和的心态，采访得非常到位、扎实，提的观点句句“到肉”。《羊城晚报》不能整张报纸都是深度报道，但是我对深度新闻部提更高的要求。

羊城晚报
20
粤IV97号油破9史上最高
成品油价格今起上调，每吨涨600元，90号汽油和0号柴油每升分别提高0.44元和0.51元
打着帮人灵性成长的招牌，鼓吹性解放，开办涉嫌淫秽的课程……
癫狂的“灵修”疯狂圈钱
广州积分入户卡明起三天内发放
贤 有坚定的信仰 有良好的品德
能 能与别人合作 又能独当一面
两岁半女童被劫持 警方谈判无果击毙劫匪
受伤女生被当女尸扔沟里
甄子丹赵文卓“开打”
假灵修真杂交 课堂教室传出呻吟声
玄乎只是假面具 敛财方为真面目
鼓吹通灵穿越 实为“心理邪教”
撩人女性裸照不堪入目 天价课程不乏白领学员
秦铭远的“追随者”都是“迷途的羔羊”
培训无资质，课程有猫腻

《癫狂的“灵修”》报道版面

（五）《癫狂的“灵修”》系列先查后报

《周会纪要》【2012】第11期 3月22日

最近一段时间，晚报每周都有一些新的东西，有一些亮点，好的文章、记者、版面，要给予大力的嘉奖。《癫狂的

《癫狂的“灵修”》报道暗访现场图/受访者提供

“灵修”》一稿，首先要表扬深度新闻部，做得有策略，根据线索摸底几个月之后，发现问题很严重，马上向上报告并联系了省公安厅的治安、反邪教等相关部门，主动让公安机关早期介入，等我们登完之后他们能一窝端。这次我们的报道能站得住脚，原因是我们先给职能部门报料，让他们先查，查完之后，我们再做，我们目的达到了。

（六）“山寨商标”报道如何做下去？话题值得讨论

《周会纪要》【2012】第11期 3月22日

有关报道今天登了，工商也查了，接下来要做的是，把记者在采访当中是怎样发现这个点，怎样到职能部门去举报，职能部门的执法难点以及商标持有人的难处等情况，通过新闻或记者手记的形式一直做下去。这是记者从新闻实践当中碰到的最真实的问题，有法但难以执法，这本身的新闻性比捅出一个黑店的新闻性更大，在行业里面有指导意义。中国特色的社会主义法律体系确实建立了，但老百姓又能够从这些法规当中得到什么实惠呢？记者把采访当中发现的问题摆出来：我们发现了这个点，请工商去查，工商查了之后又说查不了，要由商标人举报，商标人又不想把事情搞大，把这些在采访当中遇到的苦恼放在版面上登出来，请社会上的高手、各个行业的专家给我们支着去解决这个问题，这个新闻意义大。你把这个话题端出来，让工商说工商的话，质监说质监的话，商标管理说商标管理的话，以及商标持有人愿意看到的情况，把这些都摆出来，制造出一个个的话题，这本身就是记者的天职。这个题材还可以追，开局已经开得很好，要继续解剖，请教专家，让社会来讨论，共同解决问题。

（七）好看的新闻应大胆往前放

《周会纪要》【2012】第41期 11月1日

“王石婚变”是这几天最热的娱乐八卦新闻，这条稿应该放到要闻的“焦点”版来做。要闻部的值班主任、值委可以把它往前面放。或许要闻部考虑到把稿抽到前面来，虽然影响力大一些，但后面的版面（包括广州新闻、财经新闻、珠三角新闻）没有东西可填，所以只在前面做一个导读，但是好的新闻，特别是独家的新闻，站在报社的层面来说，不存在是哪个部门的问题，只要是好东西就应该往前放，往大里放。有一个悖论，后面版的编辑不愿意自己辛苦策划出来的东西被要闻部拿走，因为这得重新做版且没有工分，可能还会影响交版时间。新定额就可以解决这个问题，部门主任、分管领导、值委几个层级加分，就可以弥补策划、执行人以及编辑时间上的损失。还有一个解决办法，就是加强报题，把本部门的主打稿和策划报一报，要闻部值班主任和值委有兴趣的话马上拍板，稿件的编辑就有时间做两套方案。

财经新闻
A17
王石婚变传闻火了“圈子经济”

娱乐新闻
B1
地产大亨恋上年轻女星，元芳，你怎么看？

“王石婚变”报道版面

我们要加强沟通，加强报题，要闻部值班主任和值委大胆地把一些“市场经济”的东西放大，放到前面的版面来。我注意到最近一段时间，报纸的重复率很高，久而久之，读者就会觉得下午看晚报形同嚼蜡，没有味道，就不会再订你的报纸。

所以要让读者感到我们的报纸有东西看，并且是有好东西、独家的东西看，“市场经济”要更灵活一点，占的比重要更大一点。

（八）20篇动态新闻远比不上一篇800字的深度新闻

《周会纪要》【2012】第13期 4月5日

最近深度新闻部的“灵修”和“少年江湖”的两组报道下了苦功。对这种好的文章、策划、专题要给予重奖。总编室也下发了关于授予参与“灵修”报道的采编人员“总编辑特别奖”的表彰通报，给相关的记者、编辑发放奖金一万元。一个好的策划、一篇好的报道，全国超过一万家网站转载，这对报纸的品牌影响力很大，发行零售量也上升了。

不仅要鼓励深度新闻部的记者，其他各个部门跑线记者都要精心采写好稿，写深度报道，编辑编精品。编委会力争在权限范围之内给予重奖。新的定额管理制度出台也会向这类新闻倾斜，让记者明白，20篇动态新闻的影响力远比不上一篇800字的深度新闻。一篇有影响力的稿对集团、报纸产生正面影响，就应该给予重奖，社长对这种思路也是高度认可的。羊城晚报现在要超过别的媒体，一是要辛苦，二是要采取非常措施。而当务之急，就是要出拳头产品，并给予适当的版面与收入上的倾斜。

（九）负责任的媒体要施展对社会的影响力

《周会纪要》【2013】第25期 7月18日

类似李天一这样的案例，大家都可以思考一下。17日央视《新闻1+1》中，主持人白岩松从李天一案件引起的清华大学教授两次不当言论的微博切入，结合网上的雷人雷语，分析知识分子应不应该讲这种话，还做了一些老百姓网上调查，做得有深度。

这类题材说正面不是正面，说负面也不是负面，说是社会新闻但谈的是伦理道德，它又来源于社会新闻。老百姓并不关心是否属社会新闻，只关心讲得有没有道理，只要求好不好看。对于这些案件社会上有各种各样的声音，而负责任的媒体应该利用广阔的空间来施展对社会的影响力。我们的报纸有几十年的品牌影响力，又是省级党报，在每一个人都是信息发布者的时代，我们这些受过专业训练的人能做什么？我们应该做什么？相当大一部分网民一方面愿意看，愿意听雷人雷语，另一方面也想听全面、中肯、有力度的分析，这就是我们需要做的，因为我们具有专业精神、专业知识，有社会责任感。

（十）设立评论深度部的意义

《周会纪要》【2014】第16期 5月8日

这次改革设立了评论深度部，要下大力气加强评论和深度报道，《新闻周刊》这些年作了尝试，最近几个月屡屡听到因没稿而停刊。深度新闻是《羊城晚报》目前的软肋。采编大平台搭建后，只会加强不会削弱，各部门都要做深度新闻，除在《新闻周刊》上体现外，各版面也要呈现。大家都要多动脑筋，才会碰撞出更多的东西。其实深度的题材有不少，如三亚发财政补贴，每人360元，《羊城晚报》也有简单评论，但是讲得不透，三亚发财政补贴是因为外来旅游者多导致当地物价太高，本地老百姓苦不堪言，所以要提高收入。这种政府惠民措施和政策，中间有没有内在的联系，而不要单纯说发得好或者不好。这种深度报道，只要动脑筋去想，会有很多相关的东西。广州新闻版这几年做了很多策划，春凝同志对编版和对社会生活的观察，有自己独特的视角，比较到位。一种社会现象出来之后，从哪几个角度进行分析都有讲究。报社有一批这样的优秀策划人才，一个社会事件、社会现象出来之后，从多角度判断和分析，准确预知社会哪个地方将会出现问题，及早进行策划准备。各位部门正副主任要提高对整个社会（包括经济、政治、文化）的认知度。

英国人200年殖民统治，香港地100年开发，目前为止，土地开发仅30%，还有60%的土地储备，英国人讲究城市建设占多少、公共绿地占多少、经济生产企业占多少、居民休闲场地占多少等一整套的城市管理理念。而珠江新城也许过25~30年，地下所有管道都会出现瘫痪，是否地下工程都是短期行为？面子工程？改革开放30年，广东珠三角地区60%的土地资源已开发了。昨天有一篇公布中国河流水质的报道，报道中说到珠三角河流水质一些指标100%超标。这些我们都可以分领域去比较，我们的思想水平有多高，报道水平就有多高，我们的知识结构，决定了我们对社会现象从哪些方面切入等，让《羊城晚报》的报道更深刻、更理性、更有思想。

（十一）抓住新闻挖深挖透

《周会纪要》【2015】第31期 8月27日

最近几篇官员的案子，稿子写得不错。像中移动广州分公司党委书记的忏悔、故事，特别有意思。最近逮着的几个独家，记者把官员背后的故事做深做透，马上就引发了广泛关注，虽然并不容易，但我们值得提倡。谈到这里，我联想到最近深汕高速大巴翻侧事故的报道。印象中，最近几个月大巴事故至少发生了三五宗，事故的核心问题还是超速，并且超速情况非常严重。对于这一宗宗的事故，我们固然要做动态跟进，但在新闻背后，我们还应该把目光放得更深更远，把新闻做得更深更透。比方说，就这次深汕高速上的大巴侧翻事故，区域、经济、政文其实都可以介入，与省公安厅交管局对接上，借来测速枪，到高速上专盯大巴的车速或定点做流动测速，看看大巴超速状况现在都到什么程度。我们也可以深究目前高速公路尚无法实现全程区段测速，让大巴司机有余地躲避测速的原因，甚至可以横向对比在测速方面有着先进经验的美国及台湾地区，他们利用车载装置，全程记录车辆行车情况，并且有严格的法律体系和惩罚机制做保障。总而言之，把新闻挖深、挖透，才能在推动解决公共交通超速问题上有所为。这才是我们媒体应有的担当。

（十二）做得更专业、更到位，我们才有优势

《周会纪要》【2015】第46期 12月24日

本周，区域部《新闻最前线　深·猛调查》栏目，再有深度调查报道获得省委领导批示。一次或许是偶然，两次就是必然。这说明我们的栏目开得好，记者的采访深入扎实；当然，也说明领导高度重视《羊城晚报》。建议区域编辑部回头对采写这些受领导肯定的深度调查好稿的记者、编辑予以表扬、鼓励；另外，对《新闻最前线　深·猛调查》栏目的内容大多是什么类型的题材、什么时机监督、如何做监督、监督持什么度等方面，分头做些总结。我最近在思考，论报纸舆论影响政府决策。其中的观点：无论互联网影响力多大，传统媒体尤其是公信力强的媒体，对政府决策尤其对决策者还是有着巨大的影响力。我坚信这一点。在这个互联网时代，事实上，读者对资讯的需求不是少了而是多了，对资讯的要求不是低了而是高了。这么多的泛泛资讯，读者对获取资讯其实是要求更高。他们不仅仅是要知道些什么，还要知道为什么以及专业的内容。这次深圳滑坡事件中，测绘局这么一个冷门的部门，他们事前事后的现场测绘图一对比，点击率奇高！埋的33栋建筑，建筑是横的还是竖的；滑坡面积如50个足球场大，这范围究竟有多大……一看测绘图立即明了。人们常说，现在的信息渠道多了、资讯来源也更方便了，但是从一

村干部违法征地
为安置一拆迁户？
利用支付宝绑定银行卡
小偷不用密码转走存款
帮诈骗人取款获利三万
韶关一男子获刑三年半

《新闻最前线 深·猛调查》栏目版面

深圳山体滑坡大救援
泥沙覆盖6万平方米 两千人彻夜搜救

深圳滑坡事件报道版面

定层面来说，人们对资讯的要求越来越高，而这正是我们的春天！自然人只能做动态，专业的内容只能留待专业的人做。大浪之下，浑水摸鱼；但大浪淘沙后，只有高水平的才能留到最后。所以说，媒体融合的时代我们不要慌张，也不用过于担心，倒是把自己的事情做得更专业、更到位，我们才有优势。

（十三）媒体融合时代如何将“两张皮”捏合成“一张皮”

《周会纪要》【2017】第29期 7月27日

我同意刚才蔡惠中所说的观点。深度稿、焦点稿单靠新记者是很难做到的，他们没有经验，没有报纸与新媒体之间的协调能力和关系，所以黄埔大道撞桥新闻中我们没能挖掘出更多的深度报道，我不批评记者。但是，各部门的值班主任，假如你的部门没有焦点稿、深度稿，你要想一想为什么没有？你去抓落实了没有？在黄埔大道撞桥事件的新闻报道中，新媒体第一时间要抢落点，只要是正规渠道出来的消息都要先抢，这完全没错。我多次说过，新媒体和报纸的区别就在于，一个告诉人家“是什么”，一个告诉人家“为什么”，也就是新媒体抢动态，报纸抢深度。报纸不应与新媒体比时效，而是要挖掘更深层次的新闻内容。在这方面，部门主任和部门的值班主任辅导了记者没有？布置了工作没有？抓落实了没有？

另外，值班主任和值委开会的时候布置了没有？正如蔡惠中刚才所说的，我们的全媒体指挥中心还不是真正的全媒体指挥中心，还是“两张皮”，报纸归报纸，新媒体归新媒体。现在我们所做的改造就是力求将“两张皮”捏合成“一张皮”。

新媒体架构的改造第一步就是要把它的值班像报纸架构一样搭建起来；第二步就要将新媒体的值班和报纸合二为一，以后羊城晚报全媒体指挥中心的值班总编没有报纸和新媒体之分，抢落点、抓深度都要一起指挥协调。出现了黄埔大道车撞桥这样的新闻，首先，你有没有第一时间拍板在新媒体上抢第一落点？其次，你有没有马上调动各相关的采访人员，进行后续不断的跟进、拓展采访。再次，事故发生后，主要交通干道出现瘫痪，你有没有指挥新媒体和报纸报道当地的交通变化情况？最后，问题出来之后怎么办？疏导交通的政策，抢修的情况，什么时候能修通？以及从工程建筑的角度看，为什么这座桥会撞移位？桥修复之后是否会对质量、安全产生影响？如何防范类似情况的发生等。值班总编、中心主任具不具备这种眼光和判断，具不具备这种调动指挥的能力和水平？这些就是深度报道。对一些突发新闻，动态的内容在报纸上我们不该做太大，甚至可以不做。传统报纸一天只出一两次，一般的动态新闻不要做，留给新媒体。报纸要做就做深度内容，这就是现在与以往对民生社会新闻处理的区别。

不同的介质，不同的时效要放置不同的内容，从这个意义上说，对深度报道、焦点新闻《羊城晚报》这张报纸要理直气壮地抓，怎么抓都不过分。这是互联网时代报纸赖以生存的一个方向。要解决这个问题，就要从值班总编和中心值班主任开始，从各部门的值班主任开始，你们不仅仅是报题，不仅仅起沟通作用，还要分清楚哪些是一般的动态消息，哪些是可以做焦点新闻、深度新闻的题材，对这些题材要认真布置切实经营好。

第三节

要善于用法律武器向侵权“吸血鬼”开刀

（一）对侵权稿件要有维权意识不当“杨白劳”

《周会纪要》【2012】第11期 3月22日

最近晚报的报道网上转载率很高，但不少没有标明出自《羊城晚报》，涉及版权问题，我们要发律师函，总编室与战略运营部联系，把两个月以来，哪张报纸、哪个网站登了多少篇没有署晚报名的文章，列一个名单，给他发一个律师函，第一请他们发稿费，第二请他们标明文章出处，第三我们保留追诉的权利。这种转稿，转载的单位最低限度是要标出处，并支付稿酬。可以选一些很极端的报社，发律师函，拿到稿费就分给记者，这是劳动成果。同时提请编辑部及相关部门注意，我们在使用图片及转载文章的时候注意标明出处。现在互联网的搜索引擎太强大，不管你躲在什么角落，一搜索马上就出来。各位辛辛苦苦、花了那么多成本做的稿件，鼠标一点就变成别人网站的稿件了，抢眼球的东西都属于它的了。我们都成“杨白劳”。纸媒怎样保护知识产权是个大问题。晚报的报道网站转载率高，影响力出去了，但转完之后实在的东西我们得到多少？《华尔街日报》的中文版，你看标题可以，看内容就需要付费。我们可以利用新媒体的手段来扩大自己的影响，但是新媒体不能无偿地拿走我们的东西。

总编室就《癫狂的“灵修”》一稿网上转载问题，请战略运营部一个个搜，搜完就给各网站发函，要制止这种侵权行为。

（二）对没支付稿费的网站进行法律追讨

《周会纪要》【2012】第12期 3月29日

《癫狂的“灵修”》我们独家刊发之后，估计有上万家网站转载这篇文章，金羊网以及战略运营部做了大量的工作，但还不够。建议找一家比较恶劣的网站（包括那些拿掉我们图片水印的网站）去告，诉讼金额不需要很高，并找一个记者全程跟进，只有告倒一家，才会对一片的强盗网站有震慑力，并且通过告的过程，扩大金羊网的影响力。

（三）职务行为版权在报社

《周会纪要》【2012】第12期 3月29日

重申纪律：羊城晚报的记者、编辑，采写回来的文字、图片、音像，首先是属于羊城晚报所有。要给出去，必须走程序经过批准，未经批准流出去的，是违反纪律的行为。报社原来是有规定的，总编室准备重新拟定规定，规范相关的纪律。对于晚报用过之后的文章、图片，其他兄弟媒体、商业网站想用的，要按程序报批。

（四）视觉新闻部要建立图片库，维护好版权

《周会纪要》【2012】第13期 4月5日

关于评报栏有人提到图片使用问题，我认为有合理的一面。

《羊城晚报》多年来积累了不少摄影记者拍摄的照片，也建立了图片库，但在新闻版上能运用的新闻类资料照片不多，大多数图片都是买的，这可能是编辑做版的时候，因为搜索方便，上网一搜就可以用了。但是，视觉新闻部的图片除了提供日常的新闻报道之外，还要更好地为一些专题新闻报道发挥作用，比如，为一些纪念日的周年活动（如国庆、社庆）、一些重大事件（十八大召开）的回顾等方面提供相关历史资料。羊城晚报的记者、编辑，采写回来的文字、图片、音像资料，是属于羊城晚报的，我们要用好我们自己的版权。在技术升级改造时，视觉新闻部参考学习别的图片网站的分类方法，梳理、建立资料查询的纲和目，让大家最大限度地用好已有的资料。为此，我们一方面要从技术上解决问题，另一方面从设置分类上解决查询简易问题。

要闻部、副刊版的部门主任，要提醒本部门编辑，要强化用本报记者图片的意识，尽量多用本报记者的图片。记者现成有的，又是准确的，你就用，省钱省力。确实没有的，该买的要买，从与我们签了约的三个图片网站上买，但不能随便从互联网上拿图片，那样容易成为被告。

报社的资料库，应该可以做到在记者、编辑有需要的时候，不需要到百度搜索，从弹出的十几万条相关信息中慢慢翻看，而在自己的内部资料库就能找到与专业有关的资料，给采编同志提供便利。资料室要适应数字化时代，可考虑利用技术平台、全国新闻媒体类资源的一些数据化的东西，为采编一线提供强大技术支撑。

（五）增强维权意识要全体行动

《周会纪要》【2014】第21期 6月12日

前年，我们做的引起社会很大反响的《癫狂的“灵修”》系列，被多少家网站侵权转了文章，我们完全可以一家一家去查，去核实，去维权，可惜没有人做。羊晚纸媒在互联网时代要扩大自身的影响力，

万人受邀
今起参观
垃圾处理厂

千名校长
掩鼻参观火烧岗

该垃圾填埋场最高处78米；为防参观者“臭倒”，一台救护车到场

万人行花费多少？

2017年广州目标：
实现原生垃圾
零填埋

《千名校长掩鼻参观火烧岗》报道版面

就要有维权意识，让大家看到《羊城晚报》这张报纸的影响力。

从现在开始，凡遭互联网侵权的，各部门一个个记录下来，发到法律事务部。如《千名校长掩鼻子参观火烧岗》有200多家网站转载，《朱家庄园田间“教父”》有100多家网站转载，金羊网要了解哪些是签了约的，没有签约的就发律师函。虽然很多网站多次转载我们的文章，但对金羊网流量没有好处，明年我们要提高一倍的签约价格，要保证大流量。互联网时代，除了适应、融合，还要扩大《羊城晚报》在互联网时代的影响力。

金羊网、新媒体部都要有互联网的意识，扩大粉丝量，增加点击量，打击互联网强盗不能仁慈。以后凡转载我们的，都要做好证据保存，谈赔偿，不行就采取法律手段。抓住几个典型案例，全力以赴去维权，扩大影响力。各部门都要有维权意识，不是稿件被转载了就完成任务，要扩大《羊城晚报》在网上的影响力。

（六）探索新闻维权、付费阅读模式

《周会纪要》【2014】第24期 7月3日

国家和省的职能部门出台了一些传统纸媒打击互联网盗版的维权政策，现在正是纸媒对靠吸传统媒体血长肥的网站进行维权的好时机。但是对侵权由谁来发现、谁作为诉讼主体、如何诉讼等几个层面我们都没有很好地落实。纸媒辛辛苦苦费了那么大的人力、物力做出来的东西，被流氓网站偷走，是很心痛的事情。要对版权、著作权进行好好的保护，要鼓励相关部门去追讨，各部门要经常上网搜索，一旦发现侵权，就马上列出清单交法律审计部发律师函，接着谈赔偿、签约、合作等问题。法律部要多发律师函，不要顾虑太多。

互联网时代我们的电子报、历史资料要不要收费，如何收，相关部门要通盘考虑，斟酌、考虑一些应对策略。金羊网是《羊城晚报》的未来，我们如何在纸媒还有一些影响力的时候带动金羊网在互联网的大潮时代生存、赚钱。互联网时代，信息真假繁杂，但最终大浪淘沙淘剩下的都是纸媒原创的好东西，报纸多年积累下来的采编力量、有思想的文章，最终是被留下来，最终是要付费去阅读和购买的，这就是传统纸媒在互联网时代生存的法宝，但前提是不能这么贱卖，不能这么随意就被别人偷走。

（七）如何维护版权

《周会纪要》【2014】第35期 9月18日

《羊城晚报》即将召开新媒体、传统媒体维护版权会议，我参加。我们要对数字媒体公司的一些版权合同大幅度提高单价，对那些偷偷摸摸，违规侵权的公司全部要发律师函。互联网跟传统媒体的融合，版权是一个前提条件，不把违规侵权行为打掉，将来单价永远提高不了，付费的盈利模式永远成立不了。我们要站在这个角度上，让数媒公司、金羊网和新媒体部共同研究版权维权问题。

说回图片，有人认为，图片别人传播越多，《羊城晚报》影响力越大，说得没错，互联网时代讲究影响力，但是传播出去扩大影响力只是一个方面，另一方面还要盈利，当然这是一个问题的两个方面，影响力扩大了，盈利才高，盈利高了，反过来也会支撑影响力。

警方缉捕毒贩枪战的照片是本报独家，这是冒着生命危险拍来的，但现在网上其他人拿了也没打上《羊城晚报》的名字，这种情况法律审计部就要去追，告对方侵权，起诉他，发律师函，我们是得益者。摄影记者也可以主动收集证据，维权成功可以提成奖励。通过这件事，看到互联网和传统媒体融合当中怎样巩固传统媒体高价付出的文字和摄影作品，这才是媒体融合的真正目的，最终报纸有什么好处，怎样良性循环发展，我们这些经过培训的优秀采编人员，其价值怎样在互联网时代体现，阅读优质的新闻作品是要付出代价

羊城晚报社反侵权公告

【第一号】

通过全网数据监控、文本内容对比、稿件来源追踪、传播路径分析，以及媒体白名单筛选等技术手段，现将未经授权转载羊城晚报社及其旗下新媒体平台原创稿件的部分平台予以公布，请相关侵权网站、移动客户端等平台立即停止侵权行为，羊城晚报社保留进一步追究其相应侵权责任的权利。

部分侵权转载平台如下：

序号	侵权主体	侵权文章链接	侵权文章标题
1	"亿邦动力"客户端	http://m.ebrun.com/250445.html	[illegible]
2	亿邦动力网	http://www.ebrun.com/20160119/163176.shtml	[illegible]
3	"花生地铁"客户端	https://m.hoteastday.com/a/3584456117228871540?qid=z00041	[illegible]
4	万家热线网	http://365jia.cn/news/2012-04-05/104287EDCE13AB25.html	[illegible]
5	金投网	https://news.cngold.org/c/2013-05-09/c1810336.html	[illegible]
6	E都市网	http://sz.edushi.com/bang/info/113-114-n753628.html	[illegible]
7	[illegible]微信公众号	https://mp.weixin.qq.com/s/naI-iR1h3MAwWw3f5zD4NVA	[illegible]

为规范网络转载行为，制止非法侵权转载，现郑重公告如下：

一、任何单位或个人，在任何公开传播平台上使用著作权归属于羊城晚报社及其旗下新媒体平台的原创内容的，必须事先取得书面授权；

二、对侵犯自身著作权益的违法行为，将采取一切合法措施，追究行为人的侵权责任，包括但不限于公开谴责、向国家版权行政管理部门举报、提起诉讼等，欢迎读者提供侵权线索；

三、本次被侵权行为已进行证据保全，请侵权方在五日内与我方沟通解决。

版权事务联系电话：020-87133588

羊城晚报社
广东羊城晚报数字媒体有限公司
二〇一九年四月二十六日

2019年，羊城晚报社发布《反侵权公告》（第一号）

的，而不是免费的，融合应该朝这个方向发展。

当然，现在免费成了潮流，成了习惯，软件不免费也要“翻墙”破解。

我们的照片，在互联网上被偷了，就要起诉他，不管是谁，要规范互联网的版权，我们是得益者，不要以为与对方关系好就不发律师函，一样照发，凡是网上偷我们的都要发。

另一方面，我们也要注意防盗，信息技术部要想办法研究这个问题，花钱买也要在水印上加防伪标志，否则以后没人再跟我们签约买照片了，网上随时拿得到，不要小看这个技术工作，这是媒体融合实实在在的一大步，所谓的融合就是这样一步一步地走下去。

我们要看到互联网和传统媒体融合中的价值，这才是融合媒体。

（八）只有重视网上维权，《羊城晚报》在互联网时代的价值才能提升

《周会纪要》【2014】第36期 9月25日

前天我们开了《羊城晚报》版权维护工作会议，我们要成立羊城晚报版权维护领导小组。在互联网时代，我们辛苦生产出来的大量优质新闻作品，被许多没有签约的网站无偿盗走，再这样下去将来报纸就没法发展。我们重视网上维权，是要站在羊城晚报媒体融合的高度，纸媒怎样健康地、平稳地向互联网过渡，我们的优质新闻产品是有代价的，互联网不能无偿或很低成本地盗用。购买、签约、付费要走正规的渠道，只有提高价格，羊城晚报在互联网时代的价值才能够提升。今年以来金羊网发了很多律师函，好几个商业网站回过头和我们签约。我们将来要出台规定，所有的采编人员都要积极参与维权，《羊城

晚报》生产的都是优质新闻资源，不能被无偿盗走，我们要在媒体融合的路上找出新的盈利点。目前我们签约200多万一年的版权收入，远远不够，起码多一个零，现在要从集团层面来抓版权维护的问题。

（九）记者要赶快拿起武器维权

《周会纪要》【2015】第13期　4月23日

国家出版局出台了新规定，网上的免费午餐要结束了。这是双刃剑，对纸媒是好的，但金羊网和官微官博则要小心了。如何应对？象征性地给稿费是一个路子，我们自己也要拿起武器维权。经济部的《药价高出同类20倍竟也中标　广东一药企怒告国家发改委》有210家网站转载，假若这里头有100家是可交换的，那剩下的100家就是偷我们的。记者要行动起来，哪些是偷的，偷了多少，记者自己最清楚，建议尽快出台分成细则，维权收入报社多少、部门多少、当事人多少，规定出来，经过知识产权小组和管委会讨论通过，就可以试行。这样既可保护当事人，也是保护传统纸媒的知识产权。

原研药单独定价再惹争议——
药价高出同类20倍竟也中标
广东一药企怒告国家发改委

《药价高出同类20倍竟也中标　广东一药企怒告国家发改委》报道版面

（十）提高传统纸媒的版权费用

《周会纪要》【2015】第31期　8月27日

最近，我们有些文章，在网上热转。网络能为我们扩大公信力、影响力，这固然是好事。但我们辛辛苦苦做出来的好东西，一下给网站转走，这也太过廉价。我们正在研发自己的APP，我们也该同时着手考虑如何提高传统纸媒版权费用的问题。理想的状态，首先，得要区分签约和没签约的版权费用标准。其次，要打通机制，让记者能从文章转载所收取的版权费用中，获得相应提成，以此形成良性循环。相关事宜还请版权小组、法律事务部、金羊网等部门一起商量。

叁

第三篇

从纸向云

第一章

从一张纸到一张网的传播

在网络上有影响力，报纸的影响力才会更强。

互联网时代办报更需要媒体专业精神。

传统媒体利用互联网渠道给自己插上翅膀。

在网络上做大做强《羊城晚报》。

多向互联网企业学习。

每时每刻都要求自己转换为“互联网+”思维。

互联网将传统媒体的影响力和公信力精准量化。

网络监测数据是采编和经营的重要参考依据。

传统媒体最宝贵的财富
是经过几十年历练培养出来的专业传播人才。

互联网时代媒体更要有求实、证伪的专业精神。

一张有着60多年历史的老牌大报，《羊城晚报》在媒体融合转型发展中始终保持着自己的定力，既主动拥抱移动互联网和新技术，又坚守传统媒体的专业优势和内容生产核心，不求速度最快，但求步履坚定，坚持走一条适合自己的、能行稳致远的融合发展之路。

羊城晚报媒体融合发展的步伐早在2011年就开始了。我刚上任总编辑就要求编辑部在业务实践中“让传统主流媒体与电子媒体有机融合”。

如果再往前追溯，2009年12月，羊城晚报在新浪微博开通了官方账号，并于2010年1月正式开始发布内容。官方网站金羊网在2012年就试水广州市中级人民法院的日常庭审网络直播。同时，《羊城晚报》开设的网事版，既发挥了互联网的特点和长处，也结合了羊城晚报传统媒体的公信力，较早地开启了传统媒体和新媒体有效融合的探索。

可以说，《羊城晚报》凭借着敢为人先的开创精神，在媒体融合发展大幕拉开之前就主动拥抱互联网，推动转变观念，探索媒体融合发展之路。

正是历代羊晚人的不懈努力，才为羊城晚报走稳、走好媒体融合发展之路打下了坚实基础。

面对压力，我们明确提出，集团上下加强学习，尽快转变思想观念。同时，大胆启用观念更新、有闯劲的干部。此外，我们主动与腾讯、百度、科大讯飞、佳都科技、ZAKER等互联网公司和高科技企业开展合作，学习并借鉴其先进技术和管理经验。

幸运的是，我们比很多传统媒体更早开启了“闯关模式”：主动拥抱互联网和新技术，及早抓团队的观念转变；与互联网公司和高科技企业开展合作，助力我们解决媒体融合的“技术痛点”；经过几十年历练培养出来的传播专业人才，是羊城晚报攻坚克难、走出困境的核心依靠；在文化创意产业上的锐意进取，使羊城晚报的媒体融合发展得到了较好的反哺……

如今，《羊城晚报》仅仅是一张报纸的时代结束了，它已经蝶变成为一个立体传播平台，拥有了包括《羊城晚报》、金羊网、羊城派APP、微博、微信、音视频等多个渠道的立体传播生态。

在推动媒体融合发展的实践中，我们清醒地认识到：媒体融合发展是一个漫长的转型过程，不能搞“大跃进”，烧一两个亿就转型了。尤其是在困难和挑战面前，更不能自乱阵脚。毕竟，传统媒体转型要过观念关、技术关、人才关、机制关、财力关。每一关，对背负巨大压力的传统媒体来说，都相当不易。

我深信，媒体融合发展，行稳才能致远。

第一节

借好互联网的力和势

（一）要让传统主流媒体与电子媒体有机融合

《周会纪要》【2011】第17期 5月5日

“威廉王子大婚”和“拉丹被击毙”两件国际大事做得不错。

尽管有不少电子媒体消息发布得快，但纸质媒体的读者依然希望通过报纸了解具体情况。电子媒体和传统纸媒互有长短，我们无须妄自菲薄。我们在腾挪空间有限的情况下，在头版如此突出处理这条消息，彰显了我们的传播力和价值观。

由此得到一个启示，作为传统媒体，我们应如何与互联网、手机、微博等新兴媒体竞争和互动？目前，晚报要闻部，甚至值委都太过埋头编版，应该同时关注电了媒体，要让传统主流媒体与电了媒体有机融合。我们的编报模式，要在网事博览版的基础上，加强与网络、微博的互动意识，这是要闻部值班主任和值委的责任。下一步如果有条件的话，在要闻部这个平台，值班编辑应该同时关注金羊网、晚报官方微博，以及众多权威电子媒体，不能只埋头于报纸中。“威廉王子大婚”的消息，虽然我们做得不错，但美中不足的是，同城媒体还将这对新人与当年查尔斯和戴安娜的婚礼进行了对比，这是我们所没有的。关于“拉丹被击毙”的后续报道，我们动用了三个整版去报道，这涉及资源整合、版面调动等方面，值得今后总结。

（二）办好网事版

《周会纪要》【2011】第37期 12月8日

网络新闻主要还是要依靠区域新闻部来做，应该说《羊城晚报》的网事版在同城媒体当中开得比较早，刊登了一系列在社会上有广泛影响的文章，发挥了互联网的特点和长处，同时也结合了《羊城晚报》传统媒体的公信力，这种新媒体与传统媒体的有效结合，最大限度地达到传播效果。区域新闻部要好好总结经验，跟大家分享做网事版的经验与教训。

网事 A11

网购给差评，卖家狂报复

个人信息"裸奔"遭残网整蛊，警方表示可以报警求助

"感动2011"征集主题歌

筹不到千元医疗费 夫妇携女闹市裸游

卢美美高调叫板周筱赟

全球网友帮他求婚

欲摆脱包养遭威胁 女子无奈实名举报

网事版曾引领业界

要闻部、总编室、新闻研发部、区域新闻部都要在适当之时认真商议一下，怎样把网事版办得更好，加强对年轻同志的教育，让他们尽快成长起来，成为网络新闻的好手。

（三）传统媒体怎样在互联网条件下发挥公信力

《周会纪要》【2013】第17期 5月23日

本周重大的新闻事件很多，事件一出来，马上成为城中乃至全国的热点，网络转载率非常高，《羊城晚报》基本没有缺位。

最近一年，这类重大事件越来越多，因为涉及政府职能部门、老百姓的切身利益，关注度都很高，报道慢或者报道不全面、没有新招，都要落伍。我们作为一家有强大公信力的媒体，要对这类频发的社会热点事件给予高度关注，建议每个部门都要回去总结，遇到重大事件该如何提前预判、及时跟踪、穷追不舍、举一反三；应该怎样组织、怎样整合、怎样在版面上呈现。这类重大事件通过媒体的组合式报道、集中报道，倒推着我们的政府、社会组织、公民个体以及整个社会的道德体系、防范体系向着文明社会进步。媒体的力量正在更深层次地介入、影响社会的变革与进程，这就对媒体从业人员提出更高的要求，一是对题材的驾驭判断能力，既不能操之过急、判断失误，也不能落在老百姓的觉悟之后；二是记者必须深入一线，合情合理地呈现老百姓的诉求；三是版面的呈现恰如其分、有前瞻性。传统媒体怎么样在互联网的竞争下充分发挥自己的公信力，更进一步地推动社会的进步，都是值得我们研究的。

（四）金羊网一周评论、一周排行榜给了我们很多灵感

《周会纪要》【2012】第37期 9月27日

请金羊网做一个调查报告，调查在一段时间内，点击率高、读者关注度高的是一些什么新闻，这些新闻跟羊城晚报纸媒、金羊网，跟外网转载是怎样的关系。报业发展到目前这个阶段，纸媒要办得好，除了关注平面媒体之外，还要充分利用现代媒体手段，依靠网络，吸收网络精华。过去办报靠感觉，没有数据依据作支撑，不知道读者关注什么类型的文章、标题、图片，完全是盲人摸象。金羊网做一些基础分析，对纸媒、整个集团、内容提供商了解读者的需求，意义重大。通过互联网研究读者、受众、发展方向，供各部门主任参考。

（五）如何做网络标题？

《周会纪要》【2012】第45期 11月29日

就《“90后”成国考主力军》这条稿，建议金羊网、要闻部开业务会，研究除时政类新闻外，社会与民生类新闻，怎样的新闻和标题才能最大限度地吸引读者眼球，成为网站的热搜词。

金羊网要对这种我们的报纸首发或报道过的东西，到了网络经编辑另拟标题后点击量大幅攀升的情况进行统计、归类分析，提供给晚报编委会、要闻部参考，也给管委会决策提供数据。

《羊城晚报》在当前的形势下，必须与互联网、新媒体相互借力，相互学习。要闻部一方面借助金羊网的调查，另一方面通过网络这面镜子，研究传统媒体在角度选择、标题制作、版面放置以及图片大小这种硬信息的新闻传播中，怎样迅速被云搜索抓到。学会借助别人的长处，最大限度地发挥传播影响，才是真正顺应时代。

研发部刚才提供的一些国内媒体广告情况及资讯，大家在分享的同时，要树立信心，同舟共济，充分利用各自手中的资源，为这个传统的报纸尽一分力，共同渡过这个难关。互联网与传统媒体的结合，是一个很大的题目，需要在座各位达成基本共识，并给管委会提供相关的决策依据。

（六）报纸B叠网络转载率很高

《周会纪要》【2013】第20期 6月13日

《羊城晚报》B叠的版如6月7日楼市周刊的文章《写字楼热上加热　商铺热度有所退减》被凤凰网等51家网站转载。6月8日娱乐新闻版《蔡少芬：我不是工作狂》被网易、大众网、国际在线等近70家网站转载；6月10日《郑伊健秀腹肌》被网易、新华网、21cn等近50家网站转载。这非常难得，说明互联网时代，不仅仅是前面的A版，后面的B版也要做好，都有转载。我们要多鼓励B版的编辑，编好的文章、多策划好的选题。负责他评打分的部门也要注意平衡，除了关注前面新闻版以及拉动广告、发行，提升品牌影响力的新闻外，对B版采编人员要做适当倾斜。

（七）网络有影响力，报纸的影响力才会更强

《周会纪要》【2013】第23期 7月4日

根据金羊网统计，6月27日《大学生租客抢高校周边房源 部分二手房租金涨逾三成》被逾200家网站转载；7月3日《土地增值税清算“大棒”再次挥向房企》被逾290家网站转载；7月1日《钱荒来了？！失血楼市或急降温》被近340家网站转载。最近财经新闻抓的题目非常好，转载率非常高，这就是品牌影响力。我们的品牌影响力高了，广告量才会上升，大家的收入才会上涨。记者抓到好东西，编辑编出好稿件、好标题，文章到了网上吸引读者眼球，广泛地被大家议论，成为话题，在网络上有影响力，报纸的影响力才会强，广告商才会增加广告投放量，这是一个良性循环的链条。既然是一个链条，那么这个链条中的每个圈都不能断，要环环相扣。

（八）不要随便删帖、抽稿

《周会纪要》【2013】第44期 12月5日

提醒采编人员、网络媒体、广告公司，严防网络犯罪，不要随便删帖、抽稿，要以制度严格规范相关程序，最大限度维护集团的利益。

（九）互联网时代办报更需要媒体专业精神

《周会纪要》【2014】第12期 4月3日

互联网时代，媒体记者应该记录社会精彩的瞬间，通过文字、

镜头，表达有深度、有思想，值得保存的东西，让人过目不忘。在当今数字信息化时代，人人都有手机，每个自然人都是摄影者的时候，专业摄影记者的作用是什么？摄影记者受过专业培训，看问题的眼光，对新闻事件的判断都不同，用摄影镜头语言体现社会的变化，预知事态的发展和走向，提供读者思考的路径，拍出来的作品与自然人有天壤之别，精彩的瞬间流芳百世。

同样的道理，当人人都有手机发资讯的时候，专业文字记者的观点就是不一样。在信息过剩、精品缺失的时代，更加需要媒体的专业精神、专业素养，以及写出专业的文章、做出专业的版面。有生命力的报纸、有公信力的报纸是不会消亡的。

（十）突发新闻先在新媒体平台发布

《周会纪要》【2014】第16期 5月8日

火车站广场持刀伤人案，对于纸媒，唯一能操作的空间就是网络，官方微博及微信。下一步，遇到突发事件，包括天灾、火灾、交通事故等不可抗力因素造成的突发事故，第一时间微博、微信、金羊网刊发。这方面要制定相关的绩效机制，编委会讨论，对积极向网络发稿的记者给予鼓励。另外，还要起草一份在网络发布消息的“监管审查机制”。

（十一）互联网渠道给传统媒体插上翅膀

《周会纪要》【2014】第34期 9月11日

我和经济部马汉青（注：时任羊城晚报经济部副主任）、林曦（注：时任羊城晚报经济部记者）昨天一起去了揭阳郊区的军埔村，这个村的网上销售额一个月一亿元，1000多个店挂在淘宝上，典型的农民，怎么发展起来的？一开始就12个在外打工的孩子，回家利用互联网开网店，赚了钱，后来全村男女老少都加入，揭阳政府也大力扶持，免费培训，引进6家快递公司搭建物流平台，电信部门帮助提高网速。

互联网时代，世界是平的，不管你是在北京、上海还是在揭阳军埔村。我们要开阔思路，移动互联，是一次颠覆性的革命，犹如20世纪的蒸汽机革命。淘宝这次去美国上市，千亿IPO，马云很牛气地说了一句话："我又回来了！"我们传统媒体也是可以利用这个渠道的，这等于给自己插了翅膀。

我们平时利用手机上网，要多动脑，多思考我们的生存和发展之道，少点浪费时间在朋友圈里晒吃晒玩。

记者李青（注：时任羊城晚报经济部记者）留学一年回来，研究了美加传统媒体如何应对新媒体，写了一本书，认为纸媒一定有明天。我仔细看了，很好。我们今天遇到的问题，正在做的全媒体、媒体融合等，人家十年前就已经干了。

我们在新闻一线，提倡多研究业务，我要和大家一起举办个沙龙讲座，一起探寻媒体生存之道，共同应对恶劣环境，早研究早应对才有办法，苹果就是这样，一代一代推陈出新，我们要奖励好点子，设巨奖鼓励创新。

（十二）观念老化不能跟上时代脚步

《周会纪要》【2014】第17期 5月15日

作为新闻类的门户网站，金羊网办得较早，这些年小本经营能够保本确实不易，但直接点击金羊网的阅读量和点击率没有很大量的增加。门户网站的流量就像报纸的阅读率和影响力，是生存的根本，要努力在流量方面有所突破。《羊城晚报》的新闻内容有相当的传播力和影响力，怎样在别的网站传播、互换、签约的时候，同时提高金羊网的流量，这就是传统媒体与网络媒体、新兴媒体的融合问题，请金羊网、数字媒体公司、新媒体部思考、研究。

在媒体融合发展的今天，观念老化是不能跟上时代进步的，所以除了努力学习之外，还要大胆起用年轻的、有互联网思维的干部，把年轻同志放到领导岗位上去。各部门主任要加强学习，培养互联网意识，寻找真正的融合之道。我们要稳步推进新媒体发展，扩大报纸影响力，拓展赢利模式。

（十三）利用互联网弥补不足

《周会纪要》【2014】第17期 5月15日

本周有一点遗憾，《暴雨面前，最年轻都市为何不堪一击？》是新华社的稿，不是我们的记者稿。“水浸街”这个话题一点都不新，广州早就做烂了，区域部可以参照当年广州的采访做法。区域部经常借着一些题目在Q群上进行业务讨论，帮助记者提高水平，这种做法好。

深圳、东莞大雨的现场图片，我们比不上《南方都市报》，在突发事件中，南都已经不止一次超过《羊城晚报》，所以区域部任重道远。各记者站和总部都要加强业务学习培训。遇到这种情况，除了总部摄影部指导，也可以让地方报纸的摄影记者提供照片给我们，甚至网上读者的报料照片都可以用，互联网时代每一个自然人都是摄影记者，那为什么不利用互联网？这就是纸媒与互联网的融合。记者不一定事事都在第一现场，也不可能都在第一现场，各采编部门的记者、编辑都要有融合的意识。

焦点

A3

未来一周内雨仍下不停

广深线水漫道床封锁检查

昨夜11时

800旅客仍滞留东莞苦等

“水浸街”报道版面

第二节

融合，就是向网络学习

（一）把羊城晚报优质资源变成网络有效传递

《周会纪要》【2014】第20期 6月5日

房产新闻是一个热点，记者善动脑筋，《仅一成网友计划年内置业》《广州豪宅暴降百万仍难卖》这两篇稿好就好在点抓得巧，编辑有慧眼。《羊城晚报》在互联网的威胁之下，该怎么办，该写什么新闻，抓什么点，请各位认真思考。

《羊城晚报》的采编队伍是第一流的，读者也认可《羊城晚报》是认真的、有水平的、有眼光的，但现在不少年轻人不看报纸了，怎么样才能在网络上扩大《羊城晚报》的影响力，是我们要思考的。从腾讯弹窗、大粤网头条用我们的文章中可看到网络编辑有眼光，像“广州22名孕妇解冻胚胎生二胎”这条稿，我们的记者写稿的角度是表扬广医二院，但是网上只摘取有多少人冷冻胚胎的核心新闻，很抓眼球。珠江新城豪宅暴降一百万元仍难出手，光看题目，有房子的尤其是有珠江新城房子的广州人一定看。大家都在抛房子的时候，“仅一成网友计划年内置业”，这个新闻一定吸引眼球。网络在传播信息的时候，编辑水平高，抓住的都是抢眼球的点。金羊网、官博官微，要考虑怎样把羊城晚报现有的优质资源变

财经新闻　热闻 | A17

发改委反价格垄断再出手 5家外资眼镜商被罚1900万

华润创业完成收购TESCO中国项目 砸百亿豪赌零售市场

业主心态两极分化，有人惜售有人降价

广州豪宅暴降百万 仍难卖

30亿美元收购耳机商Beats 苹果史上规模最大收购

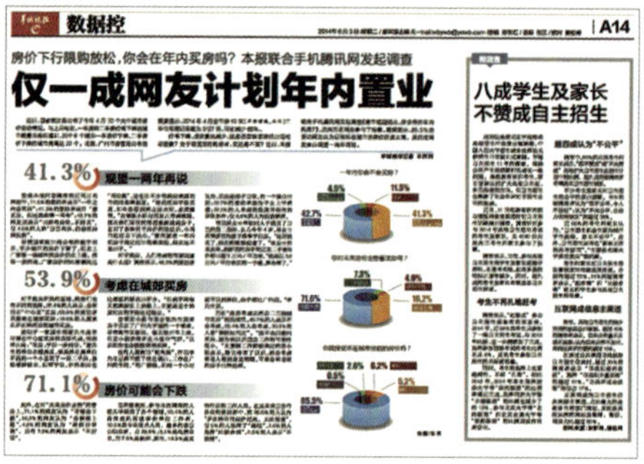

数据控　A14

房价下行限购放松，你会在年内买房吗？本报联合手机腾讯网发起调查

仅一成网友计划年内置业

41.3% 观望一两年再说

53.9% 考虑在城郊买房

71.1% 房价可能会下跌

八成学生及家长不赞成自主招生

相关报道版面

成网络有效的传递，吸引不看《羊城晚报》的读者。这么多网站转我们这么多的新闻，要找专家分析，摸出规律，网络转《羊城晚报》什么新闻，同样的新闻同城5家媒体做了没有，他们是如何做的，谁早谁晚；还要研究他们转的东西做了什么改造。我们的编辑也天天上网，要学学网络编辑，对没用的东西就大刀砍掉。网络面对海量信息，能毫不含糊地把没有用或者是基本没有用的东西扔掉，把最有用、最亮的亮点用头条方式、弹窗方式推送，这就是价值判断。在互联网的挤压之下，不论是新媒体还是纸媒的记者编辑，要向网络学习，这就是融合；取它所长，用它的渠道传递我们的东西，这就是善用。所以在周会上，各部门主任除了讲一周的亮点、做得好的稿件之外，还要互相启发，放低身段向互联网学习。

（二）传统报纸要适应互联网的挤压

《周会纪要》【2014】第21期 6月12日

昨天参加省委宣传部关于媒体融合座谈会，新时期互联网壮大以后，作为党的舆论阵地，传统媒体怎样与新媒体融合，壮大主渠道声音。省委宣传部将会采取一些实质性的措施。《羊城晚报》这样的传统纸媒要适应互联网的挤压，搭建全方位的发布平台，报纸的纸媒发布，网络的微博发布、微信发布，音频视频发布，户外发布，客户端APP等等，一次采集，多次发布。羊城晚报已经按这个思路在做。我们做了一系列改革，马上就要付诸行动。通过竞争上岗，通过机构改革，搭建大编辑平台，在互联网的挤压当中探索出一条发展的道路。

（三）做大做强网上《羊城晚报》

《周会纪要》【2014】第26期 7月17日

羊城晚报

香港政制发展"五步曲"迈出第一步

发展更紧密更全面更牢固伙伴关系

上半年我国GDP同比增7.4%

第一批录取院校还有2300名额待补

博士硕士学位授权点广东今年试点动态调整

广州一公交车爆燃 2死32伤

支付宝转账 快递员送检

公安部公布举报方式户口问题接受社会监督

青海西宁机场发生爆炸1人受伤

学费66.8万元 一半学员来自政界

提前关闭滨海景区 抓紧做好夏粮抢收

焦点 A3

广州301路公交车爆燃

火车晚点12个钟 让他搭上这趟公交车

公交车起火原因抓紧调查

这一夜，注定未眠

焦点 A3

赌博输钱心生不忿而纵火

伤员救治情况一日一报

抢救烧伤者需大量用血

市民放鲜花为伤者祈福

“301公交车爆燃事件”报道版面

公交车爆燃事件报道。对一线记者包括广州新闻部、要闻部编辑提出表扬。记者想方设法进入第一现场，挖掘到大量的幕后新闻。特别是近几天的后续都不错。微博、微信的呈现，后续的挖掘，纸媒上的呈现，对于这种新闻，网络可以先上。大家在今后的工作当中进一步探索。渠道方面、报料方面还是要巩固。报料的情况比较弱，下一步报料热线放到新媒体部，读者报料这一块要想点办法。让各条线利用线上资源的优势，掌握信息。

在这次事件的报道中，凡是写了稿的，都算任务计分，没发出来也算，有些好文章还可以算好稿由值委加分。

现在大家要有这种意识，《羊城晚报》有两种呈现方式：一个是纸质的，一个是网络的。我们新媒体融合的趋势，就是在网络上要做大做强第二份《羊城晚报》，培育好网上的《羊城晚报》，扩大《羊城晚报》传播力和影响力。突发事件是最好的练兵时机，也是最考验我们的胆略与智慧。能不能第一时间知道消息，同城媒体在事件中是最早发微博的，我估计他们的那张照片是路人拍的。这种情况下，只要做了基本核准后，微博、微信就可以推出来了，之后再靠我们的记者在突发事件现场作主打报道整合。

以后有突发事件，我们要争取第一落点、接着深挖后续的新闻，这就要培养我们的记者队伍。

另外，这种突发事件第一落点必定是网络，后续的一些东西还是在网络，很可能网络会变成突发事件的首发、后续的主战场，然后才到纸媒。所以两个渠道的发稿都会呈现出两种形式的《羊城晚报》。媒体融合、媒体发展就是沿着这么一个思路来展开。金羊网、微博、微信除了突发事件之外，还体现在网络上的呈现、盈利，互联网上的《羊城晚报》做大做强了，接着就是要讲究盈利，《羊城晚报》原创资讯的收费，网络资讯上的影响力以及广告等，这些都需要逐步来认真研究。

下一步的媒体融合，最终还是要考虑到盈利模式、发展模式，其核心就是记者的突破能力和编辑的整合能力。对记者培养单兵突破能力，鼓励一线记者敢于突破，同时要锻炼队伍，要有经验。这需要长期培养线人关系，有了这些强有力的关系，我们的报道内容才能是真实或接近真实的，才能站得住脚。

（四）新闻各端口如何推送才能步步抢先

《周会纪要》【2014】第35期 9月18日

本次广州警方缉捕毒贩枪战，我们是第一家发出微信报道，速度快，参与记者敬业、灵活，文字、图片记者做得不错。

所谓媒体融合，对于突发事件，大家看到的、感受到的、已经知道的事情必须上网，这个共识基本上有了，各媒体也都这么做了，这也是热词“媒体融合”的一个做法，不错。

过去发生大事，电台、电视台最快，纸媒第二天，传播一次就没有了，但有了互联网这个新的平台之后，实时的直播，

焦点 A3

闹市枪战 毒贩警方对峙6小时

受伤男警员伤情稳定

男死者家属神情恍惚

警察对居民大喊“不要过来！”

制毒窝点隐身环卫站

焦点 A4

芳村五金店老板助警破案中枪牺牲

不愿回家住户街道安排住宿

闹市毒窝谜团待解

“广州警方缉捕毒贩枪战”报道版面

随时随地的插播，资讯传播更快，羊城晚报大编辑平台，把传播资讯这种主要功能，转变成传递思想、传递观念，也是基于互联网的环境，这种新型的传播方式的改变，也引发了传统媒体整个传播观念的变革，把动态的消息让给互联网，实践证明这种做法大家比较认可。但问题是，在传播过程中后续的一些问题，也涉及《羊城晚报》这张传统纸媒下一步融合的一些做法。投入多少人力、物力做这种事，在新媒体上呈现多少？刊播事件、信息、死伤人数等，第二天纸媒还得登一遍。记者在新媒体上第一时间发布的同时应该给第二天的纸媒留多少？留什么？所有掌握的信息都放上互联网是最快的，容量是最大的，但所有都放上去了，纸媒死得更快。这是一个矛盾，不放互联网不行，其他媒体都有了，我们没有是失语，但所有的都放上去了，第二天纸媒只能“炒冷饭”。这些观点提供给各位思考、研究。

（五）网络上的《羊城晚报》更要精准分层探讨付费阅读

《周会纪要》【2014】第35期 9月18日

我们推出了官博、官微，新媒体矩阵也即将推出来，打出影响力，有的内容报纸上不敢放开讲，网络上可以讲。目前已经推出的十几个微信号，容量比报纸大得多。但是我们应该明白扩大影响力只是手段，最终还是要探讨付费阅读。在欧洲和北美这十几二十年来纸媒与互联网长期在博弈，最终支撑的盈利模式还是靠付费阅读。羊城晚报开了这么多官微号，造势造影响到一定程度之后，可以合并打包，一年付十几二十元钱，十几个官微号全部开放，凭密码阅读。纸质媒体卖1.5元或2元钱，工薪阶层一年花几百元钱就是看报纸的资讯。而互联网上的《羊城晚报》，比纸质媒体有更多独家的、新的内容和资讯，此外还有互动性，广告客户抽奖、优惠等一并打包，真正实现纸质版的《羊城晚报》是给普通大众看的，网络版的《羊城晚报》有更多内容，将来开发以后分几个档次，里面有分析、建议、炒股、教育、旅游、美食等，根据不同的付费订阅，推送不同的资讯内容，打折的程度不一样，广告、发行的配送也不一样，媒体融合到了一定阶段就是靠这样一步一步来实现。目前官微、官博只能做免费的东西，但是网上免费的东西做得太多，我们都该好好思考，怎样跟纸媒匹配？怎样带动网上的《羊城晚报》成长壮大？

《羊城晚报》纸质媒体和网络上的新媒体融合，大家都要不停地补课、不停地学习，一起把羊城晚报融合之路走好，不要冒进，不来虚的，实实在在地研究这种融合的核心和落脚点，《羊城晚报》这张报纸在当前融合过程当中，哪些能够尝试，哪些需要现在打基础，哪些现在可以大步地推进，哪些是眼前或者短期内看得到效益，哪些要研究要观察。比如，目前新媒体部在运营的微信托管，新媒体活动与广告公司配合推送的活动等，这些都在短短的时间内养活了我们这支队伍，但也是媒体融合的尝试。

上海媒体考察小组考察英国媒体，有些思路与我们想的一致。媒体融合的路不能冒进，也不能落后，在社会浮躁的时代，集团领导和各位采编部门负责人，都要头脑清醒，眼界开放，针对一些存在问题，认认真真地思考、落实。

（六）举办媒体峰会 推动融合发展

《周会纪要》【2014】第45期 12月4日

羊城晚报主办的媒体融合发展论坛峰会，好评如潮，组织者、参与者都付出了大量的劳动，这不是简单的自我推介会，说明《羊城晚报》在媒体融合大潮中摆脱了过去古板、沉闷、跟不上潮流的印象，咱们也在“潮流”中“泡泡水”。

我们搬家后会推出一系列各种各样的活动，在这种重大的历史发展时期，尤其是新媒体发展时期，《羊城晚报》决不缺位。但这条路不好走，现在学界都在吵吵嚷嚷，都在贬损传统媒体，尤其是传统纸媒，但我们要清醒。我是乐观派，对纸媒的明天充满信心，一方面是有自己的判断研究，另一方面是身为纸媒的总编辑也不会贬损纸媒。我判断，现在这个U型状态已差不多到底部，到一定时候会反弹，我们经过这么多新闻事件的冲击和锻炼，能够在一个很普通的新闻事件当中为一些不了解情况的人提供判断路径以及对前景的预测，我们有大量的经验积累，这是自然人不具备的。我们经过大量的培训后，呈现给读者的新闻资讯更优质更少偏见，而自然人会根据个人对事物的判断、取舍、好恶，呈现是带观点的。当然老百姓有时候喜欢重口味，但是当媒体发展到一定阶段、资讯成垃圾的时候，有水平的人一定会选择一个少带观点有自己评判价值的媒体，社会发展进步到一定的时候就会这样。

以后，报社还要组织大量各种各样的论坛，这种媒体融合的事情《羊城晚报》都不会缺席。但是，我们几十年的积累、几十年的经验，不要被眼前短时间的几朵浪花迷惑了我们常年形成的对事物的判断，各位在繁忙的采编工作之余，在当今眼花缭乱的媒体融合中，可以留意一下这个话题，不要自己贬损自己。

（七）传统媒体一片哀鸿，《羊城晚报》还活着

《周会纪要》[2015]第2期　1月15日

最近大家看到了我们同行的一些信息。某个集团202人离职、某报停了社区报，这里折射出传统媒体在新媒体夹击下的困境。从另一个角度来讲，我也有自己的解读。南都的总经理去了网络，离开传统媒体，这段时间有这个趋势。但我们的评论深度部、我们的广告公司还在招人，人家在流失，我们在招聘，应聘的人来自新华社、人民网、中央或省级媒体，相当一部分都很出色。传统媒体一片哀鸿，《羊城晚报》还活着，深度记者招聘底薪都一万元，说明在大环境下，市场还是有的，空间还是有的。

（八）多向互联网企业学习

《周会纪要》【2015】第4期　2月5日

我们搬迁来羊城创意园区，这里有很多互联网公司，我们这些思想观念传统的老手，利用这个机会向各种各样互联网企业学习，思想观念要转变，纸媒呈现方式也要改变。与互联网对标，向年轻人学习，用好新的介质，传统媒体一样可以用好新媒体。要有开放心态，向现代传播手段学习，为我所用，这是媒体融合的核心要旨。

音乐节尽管迈出了一步，但意义非同小可，真正意义在于，搬过来后，通过平台搭建，观念上怎样真正转变，从容量有限的纸媒向容量无限的互联网转变。

羊城创意园已孵化出一批上市互联网企业；园区建设获得诸多荣誉

酷狗

中科零壹

“国家音乐产业基地”标牌

荔枝

瀚华建筑设计

洋葱

（九）利用技术把读者客户精准捞出来

《周会纪要》【2015】第4期 2月5日

有公信力的党报怎样利用新的介质，把我们的优质内容推送出去？我们现在不仅仅是出一张报纸，是要通过传递资讯打造影响力，眼光和心胸不能仅仅盯着36个版。首先是观念、思想上的转型，不只是做八卦，要真正掌握媒体融合的核心。

通过互联网，把精准的读者捞出来给广告客户，把读者精准分层管理，互联网时代能做到把观念的东西变成现实。

（十）每时每刻都要求自己转变为“互联网+”思维

《周会纪要》【2015】第12期 4月16日

最近获得一组数据：今年第一季度，广州同城六家纸媒的广告额、发行量继续下跌。互联网时代背景下，逼迫着传统媒体革新的速度在不断加快。如何走出一条媒体融合之路，如何保住我们这张报纸，怎样探索媒体融合的引领模式……摆在我们面前的，正是一堆迫在眉睫的现实问题。

众所周知，羊城晚报花大力气建起了我们的全媒体采编指挥中心。但有同事认为，全媒体采编指挥中心不就是二楼那面大屏幕嘛。对于这种想法，我觉得对了一半。的确，目前我们二楼全媒体采编指挥中心很有气势，但事实上它不仅仅是个摆设。它的最大功能，将通过物理空间的转变，实现羊城晚报采编流程质的改变，将纸媒、网络、微博、微信等统统捏合在一个平台上办公。通过全媒体采编指挥中心，未来羊城晚报掌握的所有资讯将不仅仅是记者的文字、图片，还将包括微博、微信和网络、音频视频等信息。所有的素材将统一放进全媒体指挥中心的平台中来，原始稿件进来后，连轴运转的编辑部门将进行审核、把关、修改，修改完后的内容再放到稿件成品池，供新媒体的微博、微信、金羊网、APP和报纸两次出报等不同介质需求从中取稿。除此以外，我们全媒体采编指挥中心将有专人实时监控各大门户网站、政府网站、网络自媒体、各路财经指数等各种资讯，并有专人整理、收集，将整理、把关后的资讯为我所用。我们还将监控境内外的多路广播电视频道，下一步要闻部还将配备懂外语的人才编译内容，经把关审核后供国际新闻、要闻，甚至花地、晚会、娱乐、体育、专版使用。总而言之，未来《羊城晚报》这份报纸还会越来越薄，但它将不再是一张纸，而是一个平台，一个掌握多路资讯的全媒体发布平台。全媒体采编指挥中心对各路资讯收集、整理、编译、审核、把关形成成品，再把成品放到纸媒、微博、微信、网站以及户外视频等以不同介质呈现，整个纸媒的传统采编流程将进行全新再造，实现真正意义的媒体融合。

媒体融合是个大趋势。网媒已有先行者，跟全球十几个纸媒直接合作、互换稿件，着手打造一流资讯平台。最近，有同城纸媒宣布推出一个新平台，连带看新闻回报金钱的功能。在我看来，竞争对手我们要好好研究。但关键是我们晚报社的同仁要心怀危机意识，要转变传统的办报思维。互联网时代仅仅去深耕一张报纸已远远不够，我们还必须把眼光放到互联网，结合互联网的变化与竞争对手创新手法，思考我们下一步该如何应对、如何发展。传统的办报思维已经行不通，我们现在需要每时每刻要求自己转变为“互联网+”思维。希望大家都有这样的意识，我们共同努力。

（十一）互联网将传统媒体的影响力和公信力精准地量化

《周会纪要》【2015】第15期 5月8日

这两天省委、省政府办公厅专门转发一个文件，支持广东媒体尤其是传统媒体与互联网融合过程中，应该做些什么，应该朝哪个方向、哪条路径走，这个文刚刚发下来，下周集团党委会要专门研究这个问题。从省委、省政府的角度，已经在考虑媒体融合这个国家战略如何在广东推进落地。

金羊网这个监测周报虽然还比较粗，但思路是对的，我们生产的好文章，过去没有互联网时，好多文章登完了，大家觉得影响力很大，现在有了互联网，人家不提我们影响力有多大，实质上羊城晚报这一批优秀的采编人员，生产出这些专业性很强的新闻，仍然还有很强的新闻影响力和公信力，过去没有监控数据，现在有了互联网，对传统纸媒来说多了一副望远镜，一篇好文章有多少家转载，上了微博、微信之后，有多少点击量和粉丝，很精准地量化了。

另外晚报还有一份《报业市场统计》，由综合办做的，每周统计，一年下来就是羊城晚报的大数据，对这些基础数字进行分析，各位部门主任对这些基础数据要认真看，多分析，而且要分析转载率高的都是些什么文章，老百姓喜欢什么类型的文章，以半年、一年、三年为界，做一些分析，手下哪些记者写的文章转载率高，哪些一年也写不出几篇有转载的。

（十二）网络监测数据是采编和经营的重要参考

《周会纪要》【2015】第19期 6月4日

金羊网做的新媒体监测周报和综合办做的报业市场周报可以整合一下，有数据就会精准很多，老总打分要向这些稿件倾斜。最好还要加上一个季度分析，关注一下什么部门的稿转载率高、什么内容最受欢迎、是哪些网站转载的，可以给采编人员一个更好的指引，和纸媒有一个紧密的互动。

广告公司也有每天六家媒体市场的情况，加上央视CTR数据，这些数据资料我都会认真看，也希望晚报各部门要好好利用好这些大数据。

（十三）提供资讯最终是供人们消费

《周会纪要》【2015】第20期 6月11日

政文部的微信号“学大大”之所以这么受欢迎，就是有这方面需求的孩子家长觉得有用。“娱塘”粉丝过万，“汤王去世”阅读量过80万次，这些都是消费，老百姓有这方面的需求，报纸要研究这种现象、这种规律，提供这些资讯最终是供人们消费的，所谓消费就是有用。现在到处都是资讯，到处都是网站，但有用的东西不多，看《羊城晚报》能够帮助读者节省搜索的时间，提供一份信息量不是很大但管用的资讯，羊城晚报在媒体融合当中一定成功，这些资讯在互联网的照应之下，有自己独特的观点、判断，读者读《羊城晚报》有用，报纸就成功了。不仅仅是纸质版，还要考虑网上传媒。

第三节

目标：成为新型主流媒体

（一）数字时代下的新媒体文本写作

《周会纪要》【2015】第25期 7月16日

最近，羊晚官微《吃木耳炒蛋竟进了ICU，他犯了一个致命错误！| 8种毒菜，你家有吗？》这则推文，在网络上竟引起如此高的关注度。对于这则案例，我们有必要好好分析、研究。从类型来看，这则推文并非重大事项的公布，也不是影响广泛的突发新闻。它只是一条以“资讯+服务”为配搭的实用小帖子，内容叙述方式甚至连传统的新闻写作文本格式都没有，却引发广泛的传播力和影响力。

这则案例向我们传递出一个强烈的信号：互联网时代、新媒体数字时代下的新媒体文本写作，传统的新闻写作套路、内容呈现方式已经不再适用；取而代之的是，对事件带有观点、态度的文本内容，跟老百姓生活贴近的实用类、服务类生活资讯，得到的关注来得更高。另外，标题的制作也很关键。要想把新媒体的传播文本做得更加吸引人，做一个“标题党”、琢磨些特别打眼的标题，同样能大大增强文本的关注度，提高其传播力、影响力。

接下来，我们在羊晚各个新媒体平台的推文内容生产上，应

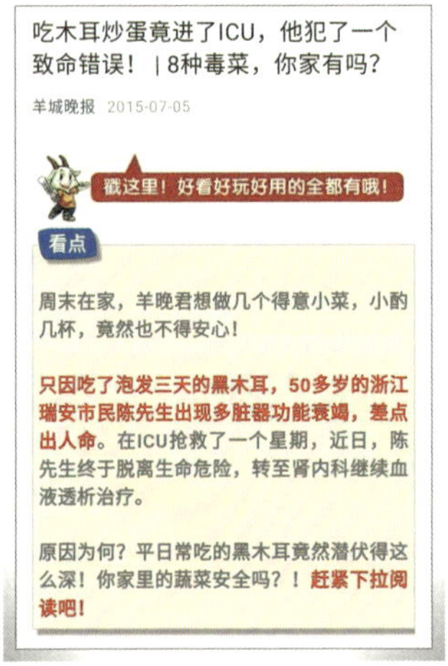

吃木耳炒蛋竟进了ICU，他犯了一个致命错误！|8种毒菜，你家有吗？

羊城晚报 2015-07-05

戳这里！好看好玩好用的全都有哦！

看点

周末在家，羊晚君想做几个得意小菜，小酌几杯，竟然也不得安心！

只因吃了泡发三天的黑木耳，50多岁的浙江瑞安市民陈先生出现多脏器功能衰竭，差点出人命。在ICU抢救了一个星期，近日，陈先生终于脱离生命危险，转至肾内科继续血液透析治疗。

原因为何？平日常吃的黑木耳竟然潜伏得这么深！你家里的蔬菜安全吗？！赶紧下拉阅读吧！

急性生物毒素中毒

和吃了毒蘑菇一样

"这是一例罕见的中毒病例。"应斌宇说，罪魁祸首就是黑木耳久泡后产生的生物毒素。陈先生吃的这批木耳开封还不久，并且一直密封保存，之前也食用过多次，为什么会出事？陈先生的妻子很疑惑。

"这种病例非常罕见。我们调阅了资料，2010年西安曾发生过因食用久泡黑木耳造成一对母女殒命的案例。"应斌宇介绍说，"根据临床症状判断，我和几名医师综合分析，初步判断应该是久泡导致黑木耳变质，造成急性生物毒素中毒。症状跟误食毒蘑菇的中毒症状很像。"

羊晚官微《吃木耳炒蛋竟进了ICU，他犯了一个致命错误！|8种毒菜，你家有吗？》手机截屏图

该多考虑内容的筛选、包装，考虑好标题的制作。这个原则就是在主报的文本写作和标题使用上，同样有借鉴意义。不过需要提醒的是，“标题党”的使用，原则上在新闻版、副刊版，在民生类新闻、社会类新闻等，都可以尝试，但时政类新闻要慎用。

（二）最宝贵的财富是传播专业人才

《周会纪要》【2015】第38期 10月29日

传统媒体核心价值是被低估的，现在互联网老大选择在传统纸媒上做广告，开始重视纸媒的价值。但是，以《羊城晚报》为代表的传统纸媒核心价值仍未能被更多有识之士掂量出来。现在大家拿手机天天刷，但在新媒体上有多少有营养的东西？有多少能让人记得住的东西？在上面晒吃喝玩乐，弄几个风景，从中要找到有用的信息，得花大量的精力在一堆东西里去淘，淘久了就觉得烦了。我不诋毁这种传播手段变迁对纸媒形成的压力，但我也不高估它的作用。

冷静、理性地看待，任何事情都是有个回归的历程，冒

头、发展、高峰、衰落，潮流的东西很少能够永恒。我认为《羊城晚报》安身立命还是在于我们的核心内容，尤其是在座各位，我在《羊城晚报》改变定位的这篇文章中说道：最宝贵的财富是这批经过几十年历练培养出来的传播专业人才，他们是《羊城晚报》的无价之宝，是《羊城晚报》在媒体融合的大浪淘沙中沉淀下来的金子，也是将来《羊城晚报》攻坚克难、走出困境的核心依靠。一个微信公众号才几个人，而《羊城晚报》有数百个专业采编人员，加上这么多年的经验，做出新闻来的效果、数量和质量是不一样的。我们就凭着这些人和这么多年积累的经验，去和新媒体竞争。

（三）金羊网演播中心使用

《周会纪要》【2015】第42期 11月26日

金羊网演播中心已开始使用，花了大量人力物力的APP也即将上线。新媒体还很弱小，创新不易，相关部门主任对“两微一端”、金羊网要给予支持。目前纸媒广告以30%~40%的速度下滑，发行也不乐观，有人预言都市报不久要全线关闭，别忘了晚报都市报是同一阵营。向新媒体腾挪，留给我们的时间不多，若无风投，新媒体的盈利点在哪？一两千万元的盈利，养不活我们。但媒体融合之路必须往前走。

金羊网演播中心投入使用

（四）将广州新闻编辑部整体转型为广州新闻全媒体编辑部

羊城派“记者帮”截屏图

《周会纪要》【2015】第46期 12月24日

最近，羊晚媒体融合发展选取了广州新闻编辑部作为“先网后报”的整体试点，正好碰上雾霾和黄埔石化火灾两个事情，也算做了一回测试。关于广州新闻全媒体编辑部的试点转变，请各个采编部门留意，这将是全报社各采编部门的未来发展趋势，应对突发事件纸媒留不住的，未来都将采取“先网后报”。我认为，广州部这次的整体试行，是一次成功的尝试，包括记者和编辑都做得相当不错。不过，报网互动的大趋势，还需要我们的音视频尽快跟上，与此同时，记者、编辑也需要重新学习后台的编辑手法以及新媒体文本写作。国内到处都喊“媒体融合”，但真正实打实做的、走出条新路子的，不多。目前，我们的报网互动已经有了一个好开局，希望未来有更多的尝试，不断总结提升。

（五）羊城晚报要用现代企业制度提高劳动生产率

《周会纪要》【2015】第47期 12月31日

今年平平稳稳过去了，2016年重新开始。最近羊城晚报的新媒体招聘、经济风云榜的颁奖等一系列动作，在同行、企业中引起关注，有人说最近羊城晚报动作频频，媒体融合日子最好过的是羊城晚报，逆势增长。我感觉，2015年整个采编和经营一线的同志积极性很高，士气高涨。在2015年这么困难的时候，难能可贵。

今年报社减版、裁员，一线采编同志很紧张。很快我们要做采编人员手机定位，又让大家紧张。其实目的是让各位一线采编同志再挖潜力，出勤出工才有潜力可挖。另外，在移动终端时代，利用新媒体手段，在重大突发事件时，有利于指挥调度。2016年羊城晚报更加强调管理，2015年尽管做了一些改革，但在如今大环境下，更加要从严管理，用现代企业制度来提高劳动生产率。2016年，还要让多写好稿、多编好版的记者、编辑和一般的人员拉大差距，体现多劳多得的原则，羊城晚报这个传统国企要真正迈向现代企业。

（六）重视自我宣传

《周会纪要》【2016】第1期 1月7日

羊城晚报的媒体融合，尽管我们低调，还是在国内小有名气，去年有50多批媒体同行前来参观考察，虽然大家辛苦一点，但也有广告宣传的作用。总编室可以琢磨一下，把来的媒体梳理一下，展示出来，自我宣传这方面可以做一点工作。

（七）利用人工智能手机提升管理效能

《周会纪要》【2016】第6期 2月18日

报社给全体采编人员提供手机、话费和流量，最近技术部开发了一个定位小软件，要求采编人员的手机终端上安装羊城记者调度APP，以便于掌握记者的行踪。现在看来，安装的情况不理想，假如有哪位同志觉得被侵犯了隐私，可以有权利拒绝安装，但得把手机退回来。

我多次讲过，手机是生产工具，在媒体融合时代，这个生产工具要最大限度发挥作用。作为管理者，要最大限度开发现代工具带来的便利，将来有一些部门的一些人是不用回来上班的，可以利用无线通信的便利，在任何一个你们认为合适并愿意待的地方完成工作，技术条件完全支撑；我和社长商量了，下一步可以实行“大通铺”办公环境，部门之间没有边界，每个采编人员都有固定的IP地址，充分利用现代技术，无纸化、移动化办公。开句玩笑，到那时，你甚至可以在家边炒菜边办公。

回过头来讲，作为硬性规定，希望大家都安装并开通定位，这是职务行为，也是管理原则。

信息技术部要瞄准最新的软件技术，提高效率，提升管理，把人解放出来。视频会议系统开通后使用情况如何？如果技术方面还有些不够稳定，可以叫技术部协助修正，不一定每次开会都要把大家折腾回来。把人解放出来，是让你把时间腾出来，把新闻做得更精，把内容做得更强，更独一无二。

（八）强化编辑在整个链条上的核心作用

《周会纪要》【2016】第12期 3月31日

互联网时代，什么资讯都不缺，所以更要强化编辑在版面、网络、新媒体整个链条上的核心作用。可以没有一般的泛泛的记者，但不能没有编辑。现在版面上充斥着太多无效信息，编辑、中心主任、值班老总要毫不客气地动刀砍掉。除了记者的资讯之外，还有很多可靠的资讯来源，这就考编辑有没有眼光去发现，编辑的作用在互联网时代更为重要。既要表扬一部分编辑有眼光，同时也有相当一部分编辑包括新媒体编辑的水平不够，眼光不够独到，有时也没有积极主动地进行大范围的浏览搜索。以后要强化编辑的作用。

（九）胡春华书记视察羊城创意产业园区

《周会纪要》【2016】第14期 4月14日

4月6日，广东省委书记胡春华在广州市委书记的陪同下来到了羊城创意产业园，重点考察了园区的酷狗音乐，省委办公厅给了《羊城晚报》几分钟专题汇报，我讲了约5分钟，胡春华书记很满意。我说《羊城晚报》在媒体转型方面取得的一点成绩和一些做法，入驻园区的企业有100多家，收了不少的租金，目前《羊城晚报》只是做“房东”，接下来想方法做“股东”。春华书记插话说：

要闻·焦点

A3

要成功，来广州！

酷狗、YY等企业协力营造城市互联网创新文化氛围

羊城创意产业园、羊城同创汇等构建城市创业生态

A 企业与城市共建文化

B 文化成成“双创”落点

C 一条街价值超百亿元

D 创业产业生态覆盖广州

《要成功，来广州！》报道版面

“做房东股东都是很不容易的，我既鼓励你们当房东，更鼓励你们当股东，但是不管是房东还是股东，要上一个新台阶，服务好园区的这些企业，让这些企业在园区里感到方便。”

春华书记在视察园区酷狗音乐的时候，企业领导表述了“要成功，来广州！”的体会，春华书记认为说得很好。我向经济部布置，对酷狗音乐等园区几个企业的成功经验进行了宣传。第二天，“要成功，来广州！”的标题放在头版醒目位置，配合另一篇文章“‘北上广深’一线城市广州房价比较稳定”，力挺广州作为一线城市的地位。两篇文章得到广州市委、市政府的表扬和感谢。随后“羊城派”APP顺势刊登了“留在广州的30个理由”，形成立体传播，突出了广州作为一线城市的优势。

（十）传统媒体是圈养的羊，怎样在市场上变成狼

《周会纪要》【2016】第14期 4月14日

4月11日，省委宣传部召开全省媒体融合发展推进工作会，省委宣传部主要领导和省直媒体主要负责人都参加了会议。这次会议与以往不同的是，除传统媒体外还请了腾讯网、ZAKER网、阿里UC和YY等民营企业的负责人列席会议并发言。阿里UC总裁助理在会上对传统媒体批得毫不客气。当然，他说的也是实话，传统媒体

江河日下，宣传部把这些互联网大佬请来，一是让他们听听传统媒体在媒体融合上有什么动作，二是让他们发言刺激一下传统媒体人的神经。最后慎部长总结，在座的传统媒体一家都不会倒，党要管的。两个100亿级的基金，一个是海通证券市场化的100亿基金，省直各家媒体都参了股，该基金投资总监也旁听了会议。另外，省委、省政府拨了15亿元作为种子，各家媒体再投资，组成第二个100亿基金。这两个100亿基金产生的效益将来就是服务传统媒体的。

此次会议的目的就是传统媒体再不改变、再不融合就没有影响力了。请来的这几家民营公司的客户流量都是过亿的，而在APP同质化的大背景下，一个APP的客户端如果没有1000万的下载量就不算成功。目前，羊晚媒体融合又有不少新的动作，包括“立体传播1.0版本向2.0版本升级”“客户端精准定位”“羊晚视频、音频”等。广东电视台已经与ZAKER全方位合作触电频道，广东电视台与南日、21经济报道打造全新财经新媒体集团，广日旗下的信息时报整体往新媒体板块调整，重点经营垂直服务社区。各家传统媒体都没有打瞌睡，都在快马加鞭，媒体融合“快融”与“慢融”的成效是有区别的。

宣传部领导在会上打了个形象的比喻，在座的传统媒体是圈养的肥羊，放出去到社会上很快会被互联网这些狼吃掉，获邀的民营企业都是市场上优胜劣汰打拼出来的狼。羊城晚报报业集团汇报时，宣传部领导两次插话，认为羊晚媒体融合的路径是对的，但动作幅度还可以再大。宣传部领导在会上提到网络视频是一块大蛋糕，阿里UC、ZAKER、YY花重金对移动端视频倾力打造，我们在网络视频方面还是外行。所以，羊城晚报媒体融合的前景广阔但道路艰辛。

宣传部领导在会上建议地方传统媒体的APP建设不要与央媒的时政新闻硬碰硬，要对准社区服务。这正巧与我们“羊城派”的定位不谋而合，“羊城派”记者帮助解决民生问题其实就是这个定位。目前，羊城晚报官方微信在全国综合媒体排名第18位，相当不容易，金羊网、羊晚官微的排名都在上升，但我们不能骄傲，还有上升的空间。

羊城晚报的媒体融合取得了不俗的成绩，我们开了一个好的头，布局很好。但在前进当中，特别是和市场化的媒体相比，我们还是圈养起来的肥羊。下一步，羊晚的视频、音频怎样走，要好好地琢磨。

（十一）用心研究“两个舆论场”

《周会纪要》【2016】第18期 5月12日

目前存在两个舆论场，一个是传统舆论场，一个是网络舆论场。

作为高标准，如何在社会层面上，妥善处理医患关系、民众与公检法强力部门的关系，值得我们思考，目前整个社会情绪就是这样：是警察就是匪，是医生就是白眼狼，容易简单画等号，媒体怎么引导？

关于雷洋事件，网络舆论一开始很狗血，一些人关心他是否嫖娼，这一两天，才有一些头脑清醒的人发出理性的声音，认为雷洋事件关键不在嫖没嫖娼，而是人如何死的。嫖娼罪不至死，就算是死罪，警察也没有权力处死他，法治化社会，这才是问题的关键。

在传统舆论场，无论什么突发事件来临，经过这么多年的历练，羊城晚报是清醒的、谨慎的，我认为可以打90分。第二舆论场，羊城晚报部分参加，我们的两微一端一网，要打分，分数也不低。

《羊城晚报》（纸媒+新媒体）是标准的大众传媒，是社会良心、道德的守望者，在新闻选择上必须有一个基本的判别。尤其是在网络这个第二舆论场上，如何发布、如何把握发布的倾向性和时机，作为业务学习，许多东西是需要悉心研究和琢磨的。

各位作为传播专家，对两个舆论场的传播规律、传播效果，多做业务探讨，目的是防止出现差错和纰漏，把我们的工作做得更好。

（十二）立体传播彰显羊晚转型意识

《周会纪要》【2016】第24期 6月30日

本周的新闻很火爆，我觉得本周的《羊城晚报》做得非常好看——所发生的这些大的新闻事件，经过我们全体采编人员包括经营人员的共同努力，完整地呈现给了读者，这个呈现不仅仅是纸媒，还包括我们的全媒体，真正实现了立体传播，最大限度彰显了“羊城晚报”的品牌，这也是羊城晚报转型成功的一个例子。这个周会总结起来，那就是：让大家真正感觉到，《羊城晚报》再也不是一张单纯的报纸了！而是一个立体传播的平台，全方位地向整个社会充分展示“羊城晚报”这4个字的力量。当然，记者在直播过程中非常辛苦，刚才黄丽娜（注：时任羊城晚报政文部副主任）说现在的《羊城晚报》记者什么都要干，我觉得记者以后恐怕还要多干——其实媒体转型就是要这样，我们的受众不同了，单纯一张报纸难以满足读者。我个人觉得《羊城晚报》转型的意识是最强的。这不仅仅体现在社长、总编辑等管理层的意识上，更重要的是全体采编人员能够用行动来体现。当今环境下，羊城晚报走媒体融合之路，我们得拿出让读者真正接受并喜爱的产品，能够做到这一点，我们就能站在媒体转型的制高点。

大家刚才所谈让我看到了我们《羊城晚报》转型的脚步，说句提气的话：我们转型转得最快！当然，转型之路我们还要继续走下去，在这个过程中，我们不仅要有强大的品牌影响力，有非常良好的社会效益，还必须有良好的经济效益。我们还有时间，我们还有能力，更重要的是，我们还有人才……我对羊城晚报的媒体融合充满信心！

（十三）报纸要和互联网配合编辑

《周会纪要》【2016】第24期 6月30日

下一步我们报纸的出版，要跟全媒体的立体传播结合起来，相互搭配。刚才孙爱群总对本周报纸的点评我赞同，报纸做得非常出色，不仅体现出我们是省级的党报，更体现出是老百姓非常喜欢的晚报。有一些小问题需要探讨，包括如今天头版土耳其的爆炸照片，爆炸出的那朵蘑菇云，在当年没有视频直播的时候，这个图片放在报纸一看，很是抢眼球。但是时代已不同了，在报纸出来之前，电视、互联网、移动端都已滚动播报，等读者拿到报纸的时候，照片里的蘑菇云再大，都已不是新闻。报纸这时候要做的，就是解释为什么土耳其会发生爆炸，因此，编辑编报时，要跟互联网对应来编。有读者在我们的移动端转发土耳其爆炸的报道时，后面有一句评论："还是生活在广州安全"。不要以为这是一句开玩笑的话，其实这就是一个态度——《羊城晚报》做这些报道时，让读者看了感觉到：生活在广州是安全的，生活在中国内地是安全的！媒体融合时代，传统纸媒做标题、改内容时，要跟互联网进行对应，让读者有和互联网不一样的阅读感受。

（十四）要把满天繁星变成冲天大火

《周会纪要》【2016】第24期 6月30日

前些天我去宜昌参加全国晚报会长会议，会上《新民晚报》的总编辑提到，上海的《解放日报》最近整体转型，只留下一个编辑部编报纸，剩下的全部转型到新媒体。上海有一个"上海观察"，有一个"澎湃"，这两个新媒体都是政府主导并出资打造的，现在又对《解放日报》这个中共上海市委的机关报进行改革，仅仅留下一个编辑部——估计只留下要闻部，而把65%的精力放在新媒体上，特别是移动端。我目前无法评判这种改革的得失，但这是一个趋势，在媒体融合的道路上，人家的做法可供我们参考。

刚才很多位部门负责同志谈到了关于网络滚动播报、滚动直播的情况，谈了我们的航拍等，点击率有10万+，20万+，这是一个非常好的现象，说明羊城晚报在媒体融合的道路上，满天繁星，哪一天我们把这些星星集中起来，就是一把冲天大火。

（十五）台风报道厘清了《羊城晚报》传播平台各自分工

《周会纪要》【2016】第29期 8月5日

广州三十年一遇强台风的新闻报道中，《羊城晚报》报纸和新媒体的内容传播得到了从省委领导到普通百姓的首肯，在与同城媒体的PK中《羊城晚报》取得完胜，这个结论是客观的。

通过这次台风报道，我们更加看清楚了《羊城晚报》传播平台的各自分工。在这次立体式的报道中，报纸、金羊网、微博、微信、羊城派直播等都各自发挥了不同介质的优势，它们各自的特点、边界也已经划分得很清楚了，以后报纸就应该这样办。我此前提出过要求，每个记者每周都要写一篇自己经营的、不是通稿的新闻，把那些留不住的、动态的、时效性很强的内容全部留给新媒体。其实这就是要将报纸与金羊网、微博、微信、羊城派等新媒体清晰地划分开来。我觉得《羊城晚报》这种对内容的切割和与新媒体的配合，形成了立体的传播格局。通过台风报道的事例，我们已经把媒体融合不同的介质、不同的出口划分得非常清晰了，立体传播、全方位传播的格局有了一个雏形，这就是《羊城晚报》媒体融合之路走出来的探索。

（十六）大家对纸质媒体、新媒体功能划分和定位越来越清晰

《周会纪要》【2016】第29期 8月5日

我对《羊城晚报》这张报纸越来越有信心。目前羊晚的广告市场份额已经在同城报纸中稳居第二位，按照竞争对手的下降幅度以及我们的持平走势，过不了几年我们就一定能回到华南地区第一大报的位置。要做到这点，就必须要有优质的新闻内容。今天再次强调：每个记者每周除通稿外，要做一篇自己经营的、好看的、有深度的文章，请各采访部门主任抓紧落实此事。

报纸要活下去并比以前活得更好，就是靠一篇篇文章、一个个版面支撑起来的，这离不开每位记者、编辑、主任、值委以及所有员工的共同努力，这是一个链条。在当前媒体严峻的生存环境下，羊城晚报这个链条是完整的，大家对纸质媒体、新媒体的功能划分和定位都比较清晰，这保证了在媒体融合时代《羊城晚报》的步伐比同城媒体走得更快一些，各种制约、阻碍的因素也会小一些。正是基于这些判断，我对《羊城晚报》融合之路以及下半年的形势充满信心。

（十七）互联网时代媒体更要有求实、证伪的专业精神

《周会纪要》【2016】第34期 9月8日

离婚买房，当前超级热点的一个话题，值班老总、中心主任以及相关部门在这个问题上实事求是的探索精神，应该给予高度肯定。广东到底是不是大面积出现离婚买房？从目前的数据反馈来看，并不是那么一回事，《羊城晚报》是一张有影响力、有公信力、严肃的报纸，既要时时刻刻关注社会热点问题，在互联网时代更要有一种求实、证伪的专业精神。越是社会、百姓头脑发热的时候，值班老总、中心主任、部门主任以及编辑这些把关人，越要保

持清醒，既不缺位，也不越位，当这种社会现象出现的时候，如何冷静地判断，拿出有说服力的数据、真实的新闻素材。在媒体融合的时代，《羊城晚报》应该提倡这种精神。房地产新闻一直都是热点，经济编辑部、区域编辑部都要继续关注。副刊也讲了很多国外的房地产情况，说明我们的报纸还是高度关注行业领域的一些变化。

（十八）传统媒体如何突围？唯有脚踏实地、真抓实干、凝心聚力、奋勇前进

《周会纪要》【2016】第42期 11月17日

刚才大家谈到本周《羊城晚报》成功承办了一系列的活动，由此其实可以窥见羊晚今年总体形势不错，这是全体采编人员一年来共同努力的结果，也是我们紧紧围绕党委政府中心工作，在常规新闻报道之外，努力尝试全媒体立体传播、试水各式各样线上线下活动所取得的重要成果。广州地区的媒体同行也佩服：《羊城晚报》几乎每周都有让业内同行惊喜的动作，关键是这些活动不仅赚取了注意力，报社还收到了实实在在的收益。

市场从来不相信眼泪。传统媒体如何突出重围逆境，找准定位、抢夺阵地？在我看来，唯有脚踏实地、真抓实干、凝心聚力、奋勇前进。从《羊城晚报》本周承办的一系列活动放眼近一两年我们不懈努力所收获的成果，这是有志气的《羊城晚报》人团结协作、及时转变观念，付出辛勤汗水换来的成绩。同行间虽然有人倒下了，但市场分配格局为传统纸媒留下的空间还在，广告市场还在增长，我们没有理由松懈、放弃，我们再咬咬牙、继续奋进，努力走出困境，在媒体融合的变局中华丽转身。

（十九）“长江漂流三十年”称得上立体传播典范

《周会纪要》【2016】第44期 12月1日

本周《羊城晚报》一系列报道做得非常漂亮，特别是“长江漂流三十年”的融媒体报道，称得上《羊城晚报》这些年以来标准的融媒体立体传播的典范，参与报道的人员值得表扬。

我们拍摄“长江漂流三十年”的这些纪录片，拍得很不错，外界评价很高。但从纪录片爱好者的角度来看，觉得还比较单一，如果主线清晰的情况下，再搭配些软故事和软角度，那么传播效果就会更好。还有一个问题是：我们现在是单一机位，若有可能，可以多机位、多角度拍摄，采用近景、中景、全景、特写等镜头全面呈现。有时候人物的一个特写，胜过千言万语，这方面我们应该向电视台尤其是中央电视台学习！当然，做这些要有大投入，以我们现有的低成本能做成这个样子，我已经很满意了。羊城晚报不做则已，一旦做了，起点就要站得高一些。现在我们开了一个好头，接下来要好好琢磨：音视频这个板块能否拉起大旗来做？怎么做？谁来做？我们媒体创新，允许做实验，先野蛮生长，从中发现闪光点后再重点扶持。

（二十）网信办的排名是大家用辛苦汗水换来的

《周会纪要》【2016】第45期 12月8日

刚刚提到的国家网信办的排名，我们非常欣慰，也是大家用辛苦汗水换来的。金羊网全国总榜排第二十四，地方榜排第十二，广东第一，羊城派全国第五。此外希望能够更丰富全媒体指挥中心的显示界面，整合进去羊晚全媒体各平台的实时数据，让来访者更加直观地看到我们的粉丝数和排名，彰显羊晚的传统报纸和新媒体领域的快速增长，扩大羊晚的影响力。

（二十一）媒体融合是一个漫长的转型过程

《周会纪要》【2016】第46期 12月15日

广州市财政给了3.5亿元补贴《广州日报》。一张标准的党委机关报，之前走市场走得很好，但是在媒体融合的大潮中出现了巨亏，令人唏嘘。

刚才讲到搜狐，张朝阳要做自媒体的品牌。但是互联网时代，最终传统机构能生存下来，关键是靠核心内容的生产。从一开始我就坚信这一条，习总书记提出的媒体融合，是从长远的国家战略高度上，看准看清楚这个方向。媒体融合是一个漫长的转型过程，不能像“大跃进”，烧一两个亿就转型了。传统媒体在互联网面前，相当一批的媒体人迷失了方向，乱了方寸。传统媒体的主业、强项，拱手缴枪，我是非常看不惯的。我敢讲，《羊城晚报》的媒体转型在广东虽然不是最快的，但却是最稳的。媒体融合转型，尤其在互联网环境下，这种浮躁的心态，遍地都是。互联网时代不缺资讯，最缺的是优质的核心的内容，由传统媒体机构生产的优质内容，这些人可能在传统媒体机构里，也可能离开了传统媒体机构，但是生产优质内容的一定是这些人。我们不要把这些东西丢掉。

《羊城晚报》一年前已经开始对原创内容的版权逐步提升价格。国家新闻出版广电总局已经在布局像规范音乐版权一样规范文字、图片版权。不出三年，传统媒体机构的内容，就更大范围受到法律保护。市场化的媒体必须购买，用户在互联网上免费阅读，但都是机构买过来提供给用户的。像《羊城晚报》这种传统主流媒体的议价能力，也只有内容没有别的。

新媒体的渠道以及市场化的手段多的是，但是传统主流媒体内容生产是最强的。在这样的环境下，我一直坚信，像《羊城晚报》这样的团队，我们这样的转型方式和路径明天会越来越美好。

羊城晚报

《习近平关于党风廉政建设和反腐败斗争论述摘编》出版发行

羊晚布局双园区发展
开创媒体融合新时代

羊城创意产业园将打造成国内外具重要影响力的新型产业园区

东风东路733号大院将建设新经济产业为主的移动互联创业基地

新平台 新天地

A26

有融为大理念先

有关羊晚集团加快媒体融合、转型发展的报道版面

10月份，羊晚广告市场份额、总量大幅超过对手。这就是转型的红利。

在这个时候不要迷失方向，不要乱了方寸，不要盲目地迎合互联网呈现中个别的“歪瓜劣枣”，别字、错字行为，笑一笑无妨，别把它作为你的主攻方向。

我们对互联网的前景应该做一个很充分的判断。要有定力，要坚守一些东西，当然也要改变一些东西。你老守着传统报纸肯定不行，渠道变了。坚守什么，改变什么，是个大题目。这两天，一个是《广州日报》的事，一个是搜狐陈朝华辞去总编辑的事，我也在小范围里跟同事交流。还有，内地有些报纸改为公益二类事业编，很多报纸完全被“包养”了，仅仅是解决了不丢饭碗，要你像过去那样拿公务员的工资干现在的活，你又不干了。公益二类收支两条线，你收多少钱全部交上去；你开支多少，拨款有一个标准，有利有弊。

“广东那么多媒体，日子最好过的算是《羊城晚报》”，但是“好过”不是我们的目的，这两三年困难的时候，我们守住，熬过去，下一步我们还要大发展，我们不仅要“好过”，我们要过得最好。曙光已经看到，我们纸媒的广告量上个月已经第一了。有第一个月就会有第二个月，有第二个月就会有第三个月，这点我充满信心。

大家把各自的“地”守好，把工作做好就是对集团最大的支持。经济部的彩票公号超5万粉丝，要奖励。有了5万粉丝以后很多商业活动就可一步一步地谋划了。

《羊城晚报》媒体融合走得非常稳，已经看到一点点曙光，大家加把力。集团上下一心，清醒看到我们的强项和短板，今年还剩15天，明年我们再狠狠努力一把，日子过得更好。

从目前来看今年总的形势，同比还可以。这时大家要多做一些稳定的工作，多关心爱护下属，努力把今年工作做个好的收尾。留点时间，把明年的工作做一些盘算。

（二十二）集团活动极大彰显了媒体融合能力

《周会纪要》【2016】第48期 12月29日

本周集团活动多，极大地彰显了媒体融合的整合能力。从全国晚报无人机联盟，到成立教育发展研究院和教育发展公司，以及经营多年的广东经济风云榜。过去一年，羊晚取得这样的成绩，值得我们自豪。

本周是2016年最后一次周会，在此做一个年终小结，也提议，各部门主任简要用一两句话做一个回顾和展望。

岁末年初，心生感慨。媒体融合关键的2016年，《羊城晚报》报业集团值得总结的内容很多，回望这一年的实践探索，静心观察和思考，我认为最宝贵的收获，是《羊城晚报》人从上到下发自内心的观念改变。这种变化体现在四个方面：

第一，《羊城晚报》仅仅是一张报纸的时代结束了，必须蝶变成为一个立体传播平台。这个观念深入人心，《羊城晚报》已经从原有单一的报纸，转变为拥有《羊城晚报》、金羊网、羊城派APP、微博、微信、音视频等多个渠道的立体传播新形态，在媒体融合过程中，不论集团领导还是普通员工，特别是采编一线人员，融合创新的观念已深入羊晚人的骨髓。人的观念转变，这才是集团转型发展的最大红利。

第二，《羊城晚报》立体传播平台的多维构建，取得明显成效。这个平台涵盖了传统报纸、新媒体平台、活动平台三大板块，经过机构改革和机制创新，这三大板块的融合日渐顺畅，为实现立体传播的格局打下坚实基础。首先，搭建起全媒体指挥中心，运转良好，我们坚守传统媒体的核心价值，做精、做深、做强纸媒，并与集团新媒体平台各资讯端口互动；其次，新媒体板块影响力、传播力突飞猛进，实现高速增长；再次，活动版块将纸媒、新媒体、创意园区资源融合成一体，将线上线下攥成一个拳头，显示出融合的力量。

三位一体的立体传播整合，极大地彰显了羊城晚报报业集团的品牌影响力。

第三，经营观念从单纯版面广告转变为整合资源、立体营销，努力探索出一条互联网时代传统媒体营销新路径，不仅稳住了传统纸媒的广告量，还开拓了新的广告资源。在制度上，筑起采编和经营两分离的“防火墙”；在思路上，打通传统广告和新媒体广告的任督两脉，在全国纸媒广告收入普遍大幅下跌的情况下，羊城晚报报纸广告收入保持稳定，完成了预期目标。

第四，《羊城晚报》在媒体融合艰难的探索中，最宝贵的资源是人，是人的精神！

《羊城晚报》精神是以坚守和创新为内核的“寮棚精神”，在媒体融合转型的严峻形势下，《羊城晚报》人将个人命运与党的新闻事业，与集团的命运联系在一起，以二次创业的姿态重新出发。过去的一年，集团上下几乎人人超负荷运转，大家能够无怨无悔，这样的精神、这样的坚守，是我们战胜困难、无坚不摧的坚强法宝。

在媒体融合的道路上，如何走出一条符合自身特色的融合之路？我们一直没有停止探索。媒体融合“倒逼”我们，既要坚守岭南民生大报、文化大报的定位，又要以开阔的胸襟拥抱互联网，了解掌握运用最前沿的先进技术。

如何上合国家媒体融合战略，下接岭南山川地气；如何既坚守我们新闻理想之“魂”，又去热情拥抱互联网，并且不追逐其泡沫，这是摆在全体羊晚人面前的一道考题，过去这一年的实践和探索，我们交出了一份值得羊晚人自豪的答卷。展望2017年，我们坚信：《羊城晚报》一定会更好！

第二章

加快融媒体建设
形成立体传播新格局

网络媒体最大的好处就是有及时反馈。

互联网时代不缺资讯，缺有思想的整合。

集中优势力量投放在新媒体平台上。

视频不要电视化，要“活”起来。

精彩短视频顶文字千军万马。

我们的观念要像拆玻璃房一样拆掉与外界的隔阂。

坚守向社会提供精准稀缺新闻资讯的做法。

媒体融合创新要全员动起来，
传统报纸与新媒体架构要彻底打通。

移动互联时代做有个性有特色的东西。

如何推动传统媒体和新媒体的深度融合？融合的核心问题在哪里？经过实践，我们认为最核心的是人的观念转变。没有观念的转变，一切融合的具体方法都是空中楼阁，我们持续多年狠抓采编人员特别是领导和骨干的观念转变，把他们头脑中原来固化的旧框拆掉，注入互联网元素，而这才是媒体深度融合的核心所在。

2015年，《羊城晚报》建立“一平台三中心”，即全媒体采编大平台和全媒体指挥中心、新闻可视化中心、多功能演播中心，全面推动媒体融合内容再造、流程再造和渠道再造，成为国内较早以“中央厨房”运作模式为标准，建立实体全媒体采编指挥中心并进行常态化、全天候运作的地方媒体。

2016年3月，羊城派APP上线。这款基于本土“新闻+社交+服务”的新闻客户端，通过“内容再造、渠道再造和价值再造”等产业链创新，努力实现以平台整合建立新的用户连接，以互动吸引实现新的舆论引导，最终建成的新型主流媒体，它也是羊晚集团移动应用端的核心抓手之一。

2016年，《羊城晚报》开启音视频元年。推出自己制作的多种音频节目，获得了市场的广泛认可。在里约奥运会期间，《羊城晚报》推出17期原创视频《约么？里约》，单集最高流量450万，总流量超1亿，在腾讯视频排名仅次于央视第五频道。

移动互联时代，最关键的竞争力是原创内容的生产能力。《羊城晚报》六十多年的积累，为我们进行新媒体原创内容生产提供了扎实的基础。近年来，我们坚持“一手抓报纸改革，一手抓新媒体创新”的双轮驱动发展战略，着力打造名编辑、名记者、名主播，以内容为中心，采取图文、动漫、长卷、音视频、H5等多种形式，将高品质内容贯穿策、采、编、制、刊、播全流程，“火力全开”，真正做到产品丰富、定位合理、传送精准。

媒体融合是不可阻挡的潮流，任何转型都是痛苦的，但也是必须经历的。《羊城晚报》不仅是一张纸，而是一个媒体深度融合的平台。我们不仅生产最优质的新闻报道，我们还生产高品质的新媒体内容产品，依托自己的新媒体平台进行发布，并通过与众多互联网头部平台的合作将这些产品广泛传播。

这是对传统新闻内容的全新呈现方式，或许也是对媒体融合最好的诠释。

第一节

大胆在新媒体蓝海中劈波斩浪

一、如何做好官方微博、微信？

酒后开车想逆行逃跑

今晨快镜

阿Sir拔枪逼停保时捷

事发今晨珠江新城猎德大道路段

《阿Sir拔枪逼停保时捷》报道版面

（一）《阿Sir拔枪逼停保时捷》可设置广泛议题

《周会纪要》【2013】第5期 2月7日

黄巍俊（注：时任羊城晚报视觉新闻部记者）摄的《阿Sir拔枪逼停保时捷》照片，可以说跑线跑出了名堂，跟线上的通讯员保持着良好关系，关键时刻能够拿到独家猛料。希望所有部门、所有的线都要成为同城第一，要闻部编的版要比同城媒体强，一个月起码要有20个头版在同城中是最强的，每个采访部门有一半的线在同城中是老大，这个采访部在同城中就是老大。只有这样横向比较，报纸在同城中才能站得住脚。

《阿Sir拔枪逼停保时捷》出街后，微博上议论纷纷，此时可接着做一些后续报道，可以假设警察开了一枪后会怎样？也可以假设警察把驾驶员打伤了又会怎样？还有“警察该不该拔枪”？这些问题都可以拿出来探讨。其实警察在执勤当中有一整套用枪规范，只是老百姓不知道。现在整体政策要求和谐，要尊重民权，要解决老百姓民生问题，总体上来说是没有错，但是具体说到交警，他是在执勤，因此什么时候该拔枪、什么时候该鸣枪警告，这些方面我们都可以讨论，提高晚报的影响力。

（二）微博、微信托管是对单位和企业形象的包装和监控

《周会纪要》【2014】第24期 7月3日

《羊城晚报》要组织专门的团队，整理出一个规范，以后把党政机关部委办局的政府官博、官微托管起来。《羊城晚报》的团队做管理，除舆情监控之外还有强项：一是报纸有公信力。二是专业媒体。不单告诉你舆情警报，还给你五级预警。三是有一套危机公关方案，还有现成的成功案例。我们专门研究传播规律，专门研究危机公关及化解，专门研究上达领导下达百姓的议题设置，我们做这种危机公关的监控和管理是一流的，我们有无数的成功案例，在我们这托管，不仅帮你监控、管理，还提供公关危机对策。即使今年不在我这托管，但我辅助给你监控，一年之后，把我们的监控结果与你的监控结果公开对比PK。

在互联网时代，只有专业才能长久，才能打动人。所以微博、微信的托管，不要单纯看成仅是一个表格，实际上是对社会生活以及对这个企业的整体公关形象的包装和监控。我们可

以成立专门的机构，提供策划方案、危机公关方案，这些就是天天在一线实战、锻炼出来的传统媒体，有公信力的媒体最强的实力。以后发行、印刷会越来越萎缩，真正懂新闻、懂传播、懂受众心理的专业人士设计出来的东西，是打败一切伪互联网专家的利器。

（三）开了微信就像穿上“红舞鞋”

《周会纪要》【2014】第36期 9月25日

我们昨天推出了《羊城晚报》微信矩阵，全国各地同行都很关注。在媒体融合的大时代，我们没有只在嘴上谈概念，我们一步步在行动。我代表管委会、社委会和编委会，对参与工作的部门和同志给予表扬。

现在微信正热，我们有了之后就像穿上了“红舞鞋”，停不下来了，各部门主任就是部门微信号的第一责任人。现在很注重舆论导向的管理，具体到每一个编辑、记者的责任、权限。部门主任要管好微信号，特别是管好账号安全，谁在管这个密码，微信发布的终审权在哪里，都要有明确的责任和权限。另一个是日常维护，微信号开起来了，怎样去稳固，怎样长年运营，不断出新。一些小号

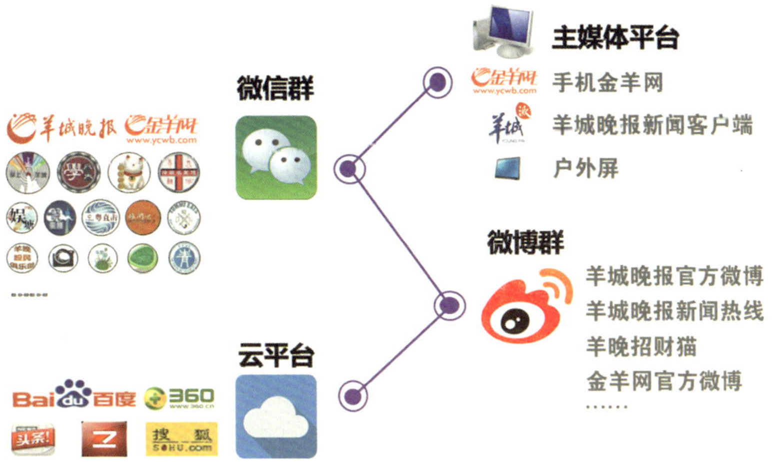

羊城晚报新媒体矩阵

之间怎么做好整合，各自的定位、目标人群等，运行一段时间后要细分，主号和子号都是要有区别的。

此外，新媒体的管理要分层次，目前大力鼓励、造势、转发。开这个号，粉丝量上去了，接下来要考虑经济效益。网络的传播力、影响力直接和“羊城晚报”品牌相关，必须要有一定的粉丝量和关注度，这要靠你的原创力量，靠你的整合、推送来扩大影响力，影响力提升后，反过来促进经营发展。在做大粉丝量、影响力的同时，目的是探寻盈利模式。我们的内容生产是同一拨人，报纸和新媒体，从大概念上讲，两个受众人群不重复，粉丝、影响力还都是手段，最终是怎样形成一个良性循环。

（四）互联网改变了一切，我们必须关注这种现象

《周会纪要》【2015】第18期 5月28日

最近，各个部门都重视全媒体运作，微信上抢先发稿，但是部门主任要把关，微信的信息发多少？留多少？尝试着卖个关子，做个导读式的，核心的、详细的内容请看报纸，这就是平台的良性互动。目前，整个集团收入还是主要靠晚报，要保证晚报的内容，保住会下蛋的“母鸡”。

“罗坪（注：时任羊城晚报评论深度部记者）捡荔枝”的稿件是我们最新的案例，说明我们微信的影响力。后续可以先按新闻来做，对报纸的人气也有帮助。

说到专车的新闻热点，“专车冲击波”这个题目做得不错。在座的谁坐过专车？世界变了，互联网颠覆了一切，我去南京参加媒体融合论坛，一下飞机，专车公司就发短信联系我，活动方把车辆接送全外包给了专车，走的时候也是坐专车。互联网改变了一切，我们必须关注这种现象，这是互联网搅局之后发生的其中一个变化，记者找到这个点比较好。

二、发挥传统优势 创新发展新媒体

（一）网络媒体最大的好处就是及时反馈

《周会纪要》【2012】第30期 8月9日

金羊网一周排行榜我留意了很久，高低的排序差别比较大，记得《癫狂的“灵修”疯狂圈钱》的点击量是8万多，而且被很多网站转载，其他的稿一般几千的点击量。我们做报纸编版的、写稿的都是“瞎子摸象”，特别是在新媒体面前，我们收不到任何一点的反馈，完全是凭自己感觉好看，自己认为是独家。现在网络时代最大的好处就是及时、有反馈，通过金羊网这一个排行榜，为我们提供了参考的数据，能够知道哪一篇稿子做得好，读者关注度高。有了网络以后，我们就能知道怎么样办好报纸，不是老总、副老总认为好就是好，要市场认为好才行，所以金羊网提供的数据很重要。当然凭我们几十年的办报感觉，我们认为是对的，读者就会喜欢，但毕竟是模糊的感性成分大一点，假如我们的习惯和经验再加上第三方的数据印证，就能把目标读者把握准确，编版、写稿更有针对性。金羊网还可以下点功夫，一方面把金羊网自己的点击量提高，另一方面也给我们纸媒特别是采编各部门提供更多的数据参考，我们很需要这些数据。怎样利用现有的条件，在花钱不多的情况下把这些数据合理地综合，给采编一线一些指引，给各位有个参照，这是值得采编部门研究的课题。我们现在无论讲改版成效，谈稿件的好坏，谈读者的反馈，都是碎片化的，没有一个涵盖面的数据调查，这对于我们来说也是挺可怕的事情。

（二）《羊城晚报》文章力求成为互联网热词

《周会纪要》【2012】第39期 10月18日

本周金羊网做的“羊晚集团新闻一周排行榜”，《新快报》的

《方舟子炮轰360再爆新证据》点击量57万多，昨天召开羊城晚报社委会议，邀请了广告公司、发行公司、金羊网的负责人来介绍广告、发行、网络的一些现状，其中金羊网谈到《新快报》“方舟子”这条稿之所以点击量如此高，是因为进入了百度的热搜词。我们《羊城晚报》的文章要力求成为互联网的热词，吸引读者点击，造成影响力。《新快报》这篇文章，57万的点击量，对报纸品牌影响很大。这就要求我们记者写文章要懂得抓角度、抓独家，编辑部要有慧眼，会做标题，要根据互联网读者的阅读需要来做标题。我们有很多文章都很好，也是独家，但是缺少适应互联网、适应年轻人的包装。

请金羊网、新闻拓展部都做个调研，给我们采编部门上上课，《羊城晚报》要适应新媒体的发展，就要借力新媒体，改造传统媒体，扩大我们的品牌影响力，融合到新媒体的竞争环境中去。通过对比，吸取长处。纸媒不仅仅是学网络语言，更主要是学互联网实质的东西，读者到底喜欢什么？互联网的强项，值得纸媒从业人员去认真研究。

（三）新媒体部每周做一份“新媒体统计分析综合报告”

《周会纪要》【2014】第14期 4月17日

新媒体部可借鉴金羊网的做法，每周做一份“新媒体统计分析综合报告”在周会上发放，分析一周新媒体状况，包括本报及同城媒体的情况以及介绍国内互联网情况。如“8秒微视”可以做些什么内容，怎样做？都可以做一些介绍。金羊网的“一周稿件转载情况”，每个季度及半年可做综合分析。大数据的概念就是点滴数据的积累，数据广泛收集之后的分析。如外面媒体转载《羊城晚报》的文章，转载了哪些内容，改标题率是多少，在改标题中主要抓住了什么东西。在时政新闻、财经新闻、社会新闻等方面，不同的门户网站喜欢《羊城晚报》哪方面的内容，这些都可以通过数据的统计分析提供采编部门参考。周会不仅要听各位的一周汇报，更要有资讯整合，《羊城晚报》整张报纸有什么重大的变化，无论是新闻和版面、广告和发行、互联网情况以及其他的政策都可以交流，有数据支撑、分析，大家相互借鉴，开高质量的采编业务周会。

（四）探索新媒体盈利模式

《周会纪要》【2014】第37期 10月9日

《羊城晚报》首批新媒体矩阵推出以后，反响很大，粉丝有很大的增长。下一步这十几个微信号，要细细分类，金羊网已与40多家网站和媒体签约，今后要对其内容进行归纳，从时政、财经、社会、旅游、娱乐、教育、心理咨询等方面，各微信号要用足这些料，待我们的“学大大”“娱塘”等发展壮大起来后，将来要与《羊城晚报》、金羊网打包，寻求新的盈利模式。

现在仅靠一张《羊城晚报》是不够的，搬家以后采编将在同一个大平台上运作，主报、子报、金羊网、微信、微博等资源共享，整个羊城晚报的全媒体逐步实行24小时值班。

感谢经营这十几个号后面的同事，花业余时间付出了辛勤的劳动，让他们长期当雷锋不行，要计算工作量，将来要补偿。

（五）点击量、流量与媒体发展的关系

《周会纪要》【2014】第45期 12月4日

各采编部门开业务会时专门下达一项硬性任务，主任、副主任带头，所有的采编人员，对报社主号微信和部门微信都请打开浏览一下，点个赞，转载就更好，这样我们的排名还会上一个台阶。不

要小看这个流量，流量、排位上去以后，广告会跟进。

下一步报社维权领导小组要开个会，讨论尝试有些内容怎样采取有偿收费。新媒体部也要考察一下“财新网”，这个网单纯靠新闻网络的点击量、影响力和收费订阅，盈亏已经持平。能够通过收费订阅持平说明进入了一个良性发展的轨道，这样的新媒体转型是成功的。

《羊城晚报》新媒体的基本门槛是有了，但这只是手段而不是目的，目的只有一个：营利。新媒体要把采编成本养起来，假如《羊城晚报》的新闻足够牛，金羊网跟人家谈业务的时候，有一部分签年单的，可以大幅度提高单价。如今天A4版有关股市的内容，记者分析到位，所有网站要转载的话，只能转标题、转导语，不能转全文，转全文的留给付费的客户。互联网能够发展到这一步，这才是转型真正的目的。只要找到盈利点、盈利模式，能够让采编机制长期地运转下去，这才是硬道理。专家的话可以听听，但最终把我们庞大的采编成本和自身的开支承担起来的，这才是硬道理。

我对纸媒、新媒体转型既不悲观也不盲从，除了财政给的一些经费以外，剩下大量的收入还要靠自己到市场上找，包括在传统纸媒和在新媒体上找，这是发展的路径和趋势。《羊城晚报》的互联网转型和媒体融合，各方面的观念、思想、火花我们都要听，都要做。

这次我们主办的“有融为大”媒体融合高峰论坛，最终实效还是要落地到我们的收入，这个跟点击量、流量、业界的影响力息息相关，这是不容易的事情。现在大家一讲到互联网，就想到免费，但是“财新网”走出了一条难走的路，起码盈亏达到平衡点。国外的《纽约时报》付费订阅已经超过了纸媒的订阅量，尽管不代表主流，大家都免费惯了，但毕竟有人成功了。我们的决策不能盲目，但是成功的例子值得我们去研究、琢磨。

焦点 A3

山西古戏台藏身番禺豪宅

题为非法迁移，因"水土不服"面临被白蚁蛀蚀及腐烂的风险

争议：古建筑异地迁移是破坏还是保护？

"水土不服"已被白蚁侵蚀

山西戏台迁至番禺豪宅

地产商称合法保护古建筑

《山西古戏台藏身番禺豪宅》独家报道版面

（六）独家新闻先让纸媒发稿

《周会纪要》【2015】第24期 7月9日

《山西古戏台藏身番禺豪宅》是我们的独家新闻，这就应该留住，不应该让新媒体先放出去。记者没有错，记者的责任就是写稿，写完后往系统上传稿就完成任务了。碰到这种情况，要利用全媒体指挥中心平台做判断，是否是我们的独家？别人能不能抢走？如果是，新媒体放到下午4点再推，与报纸同步，也可以互相链接，把核心的内容在网上做个导读，详情请看今天的《羊城晚报》。传统纸媒与新媒体互为索引，互为导读，新媒体所有的优势都超过纸媒，但在目前新媒体盈利空间、盈利模式还没有找到的时候，极速膨胀新媒体，把纸媒的消息统统让新媒体先上，会把报纸捏死。目前新媒体的收入远远抵不上传统报纸的广告。

新媒体要壮大，要人气，要粉丝，但核心底线要有基本判断。

（七）新媒体文本的魅力

《周会纪要》【2015】第26期 7月23日

官微已经有第三条稿过百万，不容易。三条官微，有的是原创的，有的是整合，有的是把别人的改了标题、导语。李开复的稿，对我们传统纸媒做标题有借鉴意义，《星云大师如此开导病中李开复，看后90%的人沉默了》，要是传统纸媒，做的标题就是星云大师开导李开复，心态看开点，名利看淡点。纸媒和官微都会抓住星云大师、李开复、病中（淋巴癌）等关键元素，名人生病有看点。新媒体加了“如此”，这就吸引我们要看看，怎样个“如此”法，怎样开导。还有“90%的人看后沉默了”，这里卖了一个关子：中国人的从众心理不得了。“90%的人都看沉默了”，那我一定是这90%里的，所以要看，咱们也沉默一把。我个人觉得，类似这样的业务探讨，不论是新媒体也好，金羊网也好，与传统纸媒可以相互借鉴、相互研究，尽管是不同的渠道和介质，但是“吸引眼球”这一点是共同的。

（八）新媒体发稿与绩效考核改革

《周会纪要》【2015】第29期 8月13日

大家谈得很详细，我和大家一样的感觉，本周是下半周，做得很精彩！头版的一些文章，我个人觉得像《羊城晚报》，这也是我们努力的方向。

有一个比较大的问题，记者积极性上来后，受到了新的考核定额约束，碰到问题是意料之中。目前相关规定正在走程序，相关的规范和思路都有，由每天的值班总编和中心主任做最终裁决。在全媒体指挥平台上，大家做一个裁决，谁先上，谁后上，上的内容多少，都交由全媒体指挥中心平台解决，由中心主任和各部门主任具体操作。记者的积极性要鼓励，但任何规矩都赶不上变化，不可能做到很精准，定好方向就行，报纸和新媒体，都是《羊城晚报》的。要站在集团整体利益角度来考虑问题。打个比方，有记者把通稿拷贝下来往纸媒发一次之后再往网媒发一次，网媒当然不能给你算分。集团目前正在改革，有些东西咱一步一步来，这次改革也发现了一些问题，我们把漏洞堵了一下。希望各部门主任回去后把这个意思跟大家通气，眼光放远一点。

另外，目前整个集团的七成收入还是靠这张报纸来支撑，现有首先要保证报纸能够活下去。新媒体的收入大幅增长，但还只是辅助，所有的好新闻都放新媒体的话，报纸就死得更快！现在还不到全方位全天候过渡到新媒体的时候。眼下，虽然新媒体新闻容量和影响力不断增加，但盈利模式还不明显。

（九）羊城派顺利上线，羊晚集团客户端实现零突破

《周会纪要》【2016】第11期 3月24日

羊城派APP于今年3月15日已正式上线，目前运营状况良好，广州新闻部整体参与进来、各采编部门抽调人手，羊城派APP能取得这样的成绩，是大家辛勤努力的结果。一如我在周三的现场会上向来宾介绍时说，羊城派这个客户端跟《南方日报》的“南方+”、《广州日报》的“广州参考”最大的区别在于，避开着重传播传统资讯的方向，致力于打造核心——集消费、维权、众帮的社交平台。慎海雄部长曾提出，广东媒体尤其是新媒体客户端的发展，不应与中央媒体拼抢硬新闻、时政类资讯，而应发挥南方媒体的独有优势，重点开发垂直纵深、贴身有用的资讯服务。羊城派APP的定位正是符合了部长的寄望，也符合作为一张地方晚报、都市报的自身定位。不过，羊城派APP的上线，只能说羊晚新媒体的标配齐了，但距成功还有一段距离，接下来我们还要继续努力。

羊城派上线海报

（十）羊城派专做消费、维权、众帮的东西

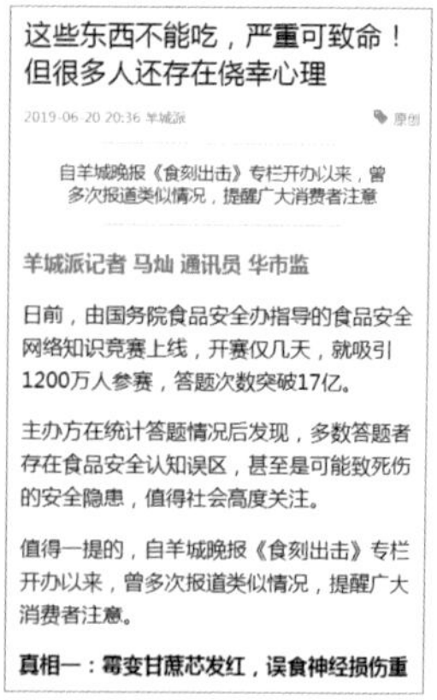

这些东西不能吃，严重可致命！但很多人还存在侥幸心理

2019-06-20 20:36 羊城派 原创

自羊城晚报《食刻出击》专栏开办以来，曾多次报道类似情况，提醒广大消费者注意

羊城派记者 马灿 通讯员 华市监

日前，由国务院食品安全办指导的食品安全网络知识竞赛上线，开赛仅几天，就吸引1200万人参赛，答题次数突破17亿。

主办方在统计答题情况后发现，多数答题者存在食品安全认知误区，甚至是可能致死伤的安全隐患，值得社会高度关注。

值得一提的，自羊城晚报《食刻出击》专栏开办以来，曾多次报道类似情况，提醒广大消费者注意。

真相一：霉变甘蔗芯发红，误食神经损伤重

天天315 | 广东针织内衣商品质量抽检，四成不合格！

2016-08-16 08:11 羊城派

省工商局提醒消费者，选购针织内衣时要看产品及其包装上是否有完整的使用说明。

羊城派记者 唐珩 实习生 陈金鸿

15日，广东省工商行政管理局公布了2015-2016年度流通领域针织内衣商品质量抽查检验情况通报。本次抽检的29家经销单位的120款针织内衣样本中，共发现不合格48款，抽检不合格发现率为40%。除去标识不合格的产品，出现质量本身不合格的产品占总样本数的25%。记者查询发现，不合格产品中未见知名品牌。

羊城派上线之初专做消费、维权、众帮的新闻

《周会纪要》【2016】第12期 3月31日

全国“两会”之后，本来是淡季，但本周的报道亮点纷呈，最突出的是舆论监督、民生话题，做得非常好。五华活人墓的追踪，最终拆除；“饿了么”的黑食店，做得很扎实，监督得很准确，职能部门现场去查，一查一个准。而且不像以往只监督干不干净，连职能部门都认可并封了店的，本身就是新闻。经济部、要闻部、中心主任、值班老总配合很好，提出表扬。广州新闻部做的网速、拆烟囱报道，老百姓关注度很高。羊城派上线以后，有《天天315》的味道了，关注与老百姓切身利益相关的问题，真正帮助老百姓，是羊城晚报以及新媒体都要牢牢抓住的定位。羊城派开了个好头，与报纸互为影响，互为支撑。上线之后，报料多了，线索也多了，这是好事。还有《食刻出击》栏目，在解决了人员、线索、编制、定额等问题之后，现在这两个栏目开得非常紧、非常到位和及时，编辑、中心主任协调也做得很好。在满大街都是APP的时代，羊城派就是要做这种消费、维权、众帮的东西。

（十一）新媒体及音视频发展

《周会纪要》【2016】第25期 7月8日

今天上午，省委宣传部主导的广东南方媒体融合发展投资基金正式签约，基金由南方报业、羊城晚报、南方广播影视传媒集团、省出版集团四家省直传媒出版企业和海通证券等金融机构共同发起设立。由海通证券运营，今天有六个项目投资签约，其中包括南方广播影视的新媒体项目。海通证券的基金我们集团也投了钱，如果我们自己有些好项目，基金也会投回

来，比方说我投了三千万元，假如带动两个亿的基金投回给我们自己，还怕产生不了好的音频视频项目？

我们新媒体的面很广，整体或者是项目打包，按照市场化运营。不要小看体育部找三个记者在视频上侃足球，不是那么简单，渐渐就看出名堂来了，就会有基金往你那里投。成立了基金，我们要抢占制高点。我们先做出来，基金先投给我们，成功的机会就比别人大。

昨天“世界五大洲30多个华文媒体看广东”采访团来参观羊城晚报，海外华文媒体与我们合作，说明我们的影响力。美加留学、意大利的足球俱乐部这种对接项目我们可以做，还可以成立公司来做，大家五五分成。要闻部、金羊网可以考虑开设一个华人世界集锦的版面，专门做海外的社会新闻，他们巴不得宣传他们的品牌，我们又能解决新闻同质化的问题。

前几天，我跟海利总、总编室去科大讯飞参观，他们的音频转换技术在全国是顶尖的，用语音开电视机，用语音指令手机拨打电话是很成熟的技术，但是他们利用核心音频转换技术，嵌进很多产品。美的的电器，用的全部是口头命令，就是这种语音技术，每个电器上贴一个小方块，小屏幕显示。还有机器人人机对话，人脸识别技术，但音频是科大讯飞最强的。羊城晚报音频将来有无限的空间，我们的教育、医疗内容，科大讯飞愿用核心技术跟我们合作，因为他们也做远程教育。现正委托总编室和他们一个一个项目去谈。

（十二）《羊城晚报》立体传播格局飞速形成

《周会纪要》【2016】第36期 9月29日

在新媒体版块方面，目前在音频、视频、微博、微信、网站各领域发展势头非常好，《羊城晚报》的立体传播做得“风生水起”。今年以来，金羊网的国内排名已有好几次超过南方网，可谓

全国“两会”新媒体产品《小强带你看两会》集动漫、动画、H5于一体

羊城晚报 2018 新年新气象
AI TECH
卷首语
新时代
2018
新期待
我们的目标是伟大复兴
羊城晚报再推“长卷+漫画”绘本
我们的向往是美好生活
天眼 FAST

在2017年最后一天，再次推出“长卷+漫画”绘本融媒产品——《新时代，新期待》

进步神速；羊城派APP投入大量人力物力，相关的同志做得很辛苦，所有的采编部门都给予了大力支持，能有这样的点击量相当不容易。我对所取得的成绩感到非常满意，而且这种进步已经令同城其他报纸同行刮目相看；同时也令广播电视同行多少有些吃惊。我们媒体融合走到今天这一步付出了很大代价，大家付出了很多辛勤的汗水和眼泪。当然，立体传播在发展过程中也遇到一些困难和各种各样的问题，这是在探索过程中必须面对的。这没关系，咱们在发展当中解决问题。基于我对《羊城晚报》采编队伍的判断、大家对这个品牌的热爱，以及各位的能力，我对解决这些问题充满信心。

（十三）互联网时代不缺资讯，缺有思想的整合

《周会纪要》【2016】第38期 10月20日

本周印象最深的是我们纸媒对纪录片《永远在路上》的落地。这个题材不是我们原创和首发的，但我们把电视的、通讯社

的一些东西整合。互联网时代不缺资讯，缺有思想的整合，所以互联网时代单纯的资讯生产已经不是第一重要，整合更重要。本次对《永远在路上》的整合探索值得鼓励。接下来，羊晚与新媒体更要多做一些资讯整合。重视对读者需求、流量、点击量、关注度的整合。

（十四）策划好“我与羊晚不得不说的故事”

《周会纪要》【2017】第33期 8月24日

什么是新媒体爆款？《人民日报》的一个“军装照”，短时间内就是10个亿的流量，最近微信里刷屏的“中年男的保温杯”，还有前两年上海彩虹乐队那个“感觉身体被掏空”，都很火爆。《羊城晚报》也是可以折腾几个这样的爆款的，只要不碰底线不触红线，我们要尽可能打开脑洞，去吸引粉丝，去抢流量，群众在哪，我们就要打到哪，要不断壮大主流媒体舆论阵地。

“我与羊晚不得不说的故事”，要好好策划一下，要大做。我建议有可能的话，先不要划圈，有一大批人60年来跟《羊城晚报》有无数交往的故事，近段时间因准备年会实在抽不出身，人力物力都砸在这儿了，开完这个年会，找几个部门一并来做，围绕羊晚的社庆，要大做。我觉得应先报个题，羊城晚报社庆领导小组可以统筹。

全羊网“我的羊晚故事”专题网页截屏图

我上两个星期与霍震霆先生交流，他回忆霍英东，回忆《羊城晚报》主办的“五羊杯”，还谈起当年我们的记者写洛溪大桥的事，他说，可否帮他收集一下，番禺要搞一个霍英东纪念馆，我说还有很多故事，霍英东与“五羊杯”、棋王吕钦，写《涛声依旧》的陈小奇，老同志王匡、刘逸生、刘斯奋等，要细分类型、要老少结合，羊城派APP不能被动地转载，还要加上音频视频等全媒体形态，从现在开始大家就发动周围的亲朋好友，凡是有故事的收集一下，十九大召开之后，围绕羊晚60周年大庆，我们可以讲两三个月“我与《羊城晚报》的故事”，也可以结合广东故事、中国故事来讲。除此之外，还要搞一批开放日和活动日，实地展示，把人请到园区来看，举行仪式，颁奖授匾，包括读者、客户等，活动可以延续到明年。2018年，是改革开放40周年，广东有一批企业家，我们要扫一遍，再到全国各地，就从美的的何享健开始，何享健曾经说过，我现在已经退休了，别的媒体我不接受采访，《羊城晚报》这个是一定要的。

要有舍我其谁的气概，媒体融合说一千道一万，最终体现在传播格局、影响力格局上。

（十五）要用专业的眼光手法把信息整合到极致

《周会纪要》【2017】第49期 12月28日

除了纸质报内容，当前新媒体版块资讯的信息整合也是尤为重要。本周要闻部公号“东区二楼”推送内容《贾总，祖国喊你回家过年！》就是网络信息整合的案例。事实上，全国目前白名单网站一百多个，新媒体部、羊城派客户端完全可以利用资源，打包整合做一些新闻产品。在整合中，要再进一步做一些深度的分析，就可以做出很多好看的内容，新媒体平台的资讯也得以大大丰富。

《羊城晚报》这样的专业机构做新媒体，单一事件纵深挖掘优势不大，从时间上是追不过目前一流网站的。但《羊城晚报》采编人员的情怀、眼光和专业性，做信息的整合还是可以的。互联网时代不缺资讯，缺的是整合的眼光和整合的专业性。有多少本事整合资讯，就有多少好看的新闻。

第二节

抓住市场窗口期 发展短视频生产

（一）视频制作的市场需求量大

《周会纪要》【2014】第14期 4月17日

视觉新闻部、金羊网都具备视频拍摄制作的能力，视频拍摄工作要先做起来，按目前的情况归口到哪个部门都不现实。如发生突发事件，摄影记者在现场，顺带拍一些视频回来就可以了。而一些事前的策划活动，可找金羊网参与制作视频。这两个部门主要承担报社的有关视频任务，部门内要有相对固定的人选，并制定一些基本规范。新闻研发部初拟一些基本的定额方案，提交编委会讨论。

娱乐新闻部也是视频大户，《羊城晚报》的娱乐新闻版在华

新媒体视频小组拍摄“绿道”微视短片　　图/受访者提供

南地区、在国内娱乐圈都是有地位、有影响力的，除做好平面媒体的娱乐新闻、评论外，娱乐新闻的视频更直观、更具吸引力。

美食、旅游等专版也可以发挥全媒体功能，《羊城晚报》再也不是一张平面的晚报。当然，从有这个意识到真正实现要有一个过程，也要有一定投入，但只要我们牢牢树立互联网思维，一旦客户有需求时才能跟得上。

几年前报社给各个部门配发了小型摄像设备。传统媒体与新媒体融合，视频这一块是绕不过去的。互联网一线门户对视频、微电影有需求，从而客户对媒体有需求。只要社会上对媒体有这种需求，我们就可以做。客户与我们合作的时候附带的要求不要忽略，要及时反馈，一些客户不仅仅投放平面广告，同时要求微博、微信推送，我们要适应这种市场需求。

纸质媒体发展到今天，尤其是传统报纸，我们要主动出击，在纸质媒体和互联网融合方面迈出稳健、有效的步伐。在座各位首先要有互联网思维，在互联网时代办一张纸质《羊城晚报》的同时，一定要有互联网概念，才能跟得上社会的发展和客户要求。同时要培养有这种意识的人，抓住契机逐步推进，立足于羊城晚报现有的条件，一步一步发展，我们不能落后，但也不能冒进。

（二）《羊城晚报》要推出财经类视频节目

《周会纪要》【2016】第4期 1月28日

最近请许志权（注：时任羊城晚报报业集团管委委员、羊城晚报社社委委员）社委牵头、召集经济部以及一些外围力量，着手推出一档《羊城晚报》财经类视频节目，最快在春节后推出一两期节目来。在此基础上，欢迎其他部门也来积极尝试、制作视频短片，哪怕是搞笑好玩的内容也没问题。下一步，再让技术部门在内网设立一处可供视频上传的平台，方便大家交流学习。未来，甚至包括APP以及金羊网的内容制作将可从中物色人选。

（三）土法上马的视频很有纪念意义

《周会纪要》【2016】第29期 8月5日

本次里约奥运会报道大家都表扬新媒体版块。其实不仅仅是奥运会，还有“欧洲杯”，自年初以来，我们已尝试推出了18期视频，在此之前，有的部门也已经零星做出一些短视频，趁着里约奥运会，我们比较集中地把一些视频推出来，还专门成立了工作小组，传统的“报纸佬”举起了摄像机，举起了话筒，做出的视频都很不错，让《羊城晚报》的视频一炮而红。接下来要马上采购一批专业设备，不能让记者拿手机当话筒，要把记者武装起来，并统一标识。我们制作奥运会的视频，到第四期时，点击量已经过400万，腾讯视频点击量只要超100万，就会自动弹出广告，这些广告我们没有分账，都是帮人家赚钱。我们目前制作视频是土法上马，还不正规，我们的演播厅连一个化妆间都没有，在外录制视频的记者更是拿手机当录音设备用……咱们再困难，也要先解决这个问题。这些视频，建议你们要好好保留，这可是羊晚视音频元年的原

《约么？里约》视频短片截屏

始记录，明年这个时候，如果我们连上三个台阶，那时回过头看，土法上马的这些视频就很有纪念意义。

（四）视频不要电视化，要“活”起来

《周会纪要》【2016】第29期 8月5日

《羊城晚报》这一次在视频制作方面发现的一批人才，包括招聘的一批专业“小鲜肉”，这些人才要好好鼓励，也需要打磨，需要修正，使之活泼起来，播出来的内容不要电视化，短视频就要“活”起来，娱乐元素要多一些，要多些类似《动物总动员》那样的，让观众也跟着摇滚起来，用网络语言来说就是要“活”“萌”，如果像电视那样，就失败了。我们所有的短视频只是在移动端播放给年轻人看，不是汇报情况，只要年轻人觉得好看并转发就算成功！目前，录制的第四至第六期视频，有了动画效果，有了“活”的元素，这很好，要让读者在观看视频的过程中，享受和消费奥运会。我们移动端视频的定位，不是电视，是短视频，起步阶段，我们就是要“搞搞”。当然，我们花费了大量的人力物力精力来搞小视频，最终的目的并非只是“搞搞”，我们音频“搞”的那个41岁大妈征战七届奥运会的播音，效果一流！如果连内容也是我们的原创，那就更牛气了！从这个意义上讲，互联网移动端时代的奥运，绝对不仅仅只有金牌。昨天我问孩子：奥运会金牌重要吗？他回答：当然很重要啊！我对他说，这话只对一半，金牌固然重要，但也不重要，关键看你站在哪个角度看待它。对奥运会的报道，我们要全方位多视角进行呈现，接下来，除了破纪录等标准奥运赛场报道外，我们还可以做一些搭配：奶奶级运动员的报道，抓得很准，除了内容，还有播音的二次创造，再加上羊城派的图文并茂，变成了经典，既搞怪，又严肃，让

人看了既哈哈大笑，又低头沉思。

（五）传统媒体做视频，我们很有信心

《周会纪要》【2016】第29期 8月5日

去年，我们的官微做了一条关于李开复和星云大师的对话，创造了全国第一的点击量，有290多万，其实这条稿不是我们的原创，但是经过《羊城晚报》的二次加工，创造了全国第一，远远超过了《人民日报》。由此可见，《羊城晚报》有一批高人，我们现在有一批学播音学主持的专业人才，放到了各个部门，就是想让每个部门结合各自领域的优势，在平面的基础上做音视频，让满天星星先闪亮起来，最终汇聚在我们自己的平台上点起大火。

下一步我们还会招聘、培养和挖掘一些专业人士，多元素打造我们的拳头产品。做视频，我们有信心把自媒体打败，抢占传统电视市场份额，因为我们背靠着一张有品牌的传统报纸，各位采编人员有深刻的思想和观点，这就是传统报纸强于电视的地方。我们过去常说，报纸有深度，可细细品味，广播就是快，电视有图像，但都是一闪而过。如果我们能发挥自身的优势，再配上一副好鞍，一匹好马，那就可日行千里！当前，垄断已被打破，当每个个体都可以做视频时，《羊城晚报》的机会就来了：我们这么多经过多年培训的优秀采编人员，一旦掌握了技术，做出来的音频视频，就不会比别人差。这一次视频制作，才两天的时间，就有了400万的点击量，相当了不起！我们要尽快把视频平台搭建起来，腾讯视频100万点击量就可贴广告，我们前期起步比较晚，要做一点牺牲，我们先创名气。现在商家给我们投广告，都是两折三折，等我们点击量上去之后，就不止这个价。据孙朝方称，耐克中国看到我们这些视频之后，遗憾地说，若是早一点在奥运会之前推出，他们就可以向总部打报告申请一笔专营经

费。从这一点看，传统纸媒做视频，我绝对有信心！

（六）无须深刻，无须高雅，但不要犯政治错误

《周会纪要》【2016】第29期 8月5日

个人觉得，视频这两年会风风火火，然而大浪淘沙，明后年就会死掉80%的垃圾视频，留下来的金子般的优秀视频，一定是专业机构、专业人士制作的。在视频的“战国时代”，我们要抢占流量制高点，起步阶段，我们可以先用“搞”的方式开局，无须深刻，无须高雅，只要不犯政治错误，不低俗，让大家看了哈哈一笑，那就成功了。当然，在做这个事情的同时，一些深刻的纪录片，给人启迪、发人深思的东西也要着手准备。在“搞”视频的过程中，我们不犯政治错误。

目前，报社还没有一个对视频统一监管的部门，因此，凡是拍视频的，部门主任是第一责任人，装好刹车才能上路。既然拍了视频，部门主任就一定要审片，部门主任不看片那就别拍，因为一旦犯了政治错误，我们羊晚就会全军覆没。

（七）我们要趁现在视频市场的窗口期奋勇前进，抢占市场

《周会纪要》【2016】第38期 10月20日

今年集团按照管委会的要求重点抓视频。目前呈现出百花齐放的良好局面，取得了非常好的效果。直接经营收入，包括直播收入、数媒公司以及羊晚广告打包收入都有进账。创世代的《年度沙龙》、平安银行的《亲子马拉松》和《宠物博览会》《中级人民法院宣传片》《花地文学榜》《经济活力采风》《禁毒社会工作访谈》《财富大讲坛》《南国书香节》《第三届网络安全宣传周》《长征路奔小康》等27个左右，

今年视频毛收入过百万元。羊晚启动视频工作不算早，但是成绩斐然，集团进军移动端短视频的决策非常正确。羊城晚报具备弯道超车的能力，这是整个采编经营人员的市场能力跟上了时代发展的潮流。当然，这只是一个开始。我们要完善无人机队伍的建设，利用政府媒体融合基金购置多功能全媒体直播车，我们要趁现在视频市场的窗口期奋勇前进，抢占市场，大踏步前进。

（八）开播欧洲杯体育赛事视频节目

《周会纪要》【2016】第22期 6月16日

足球欧洲杯的赛事正火热进行中，羊晚在本届欧洲杯的报道上，体育部做了新尝试，启动了一档视频节目，一上来就获得赞助。在欧洲杯开赛前，我和令来（注：指时任羊城晚报社社委汪令来）专门参加体育部的业务会了解到，为了这档视频，体育部同事做了大量的前期工作。此外，技术部、新媒体部也做了些后勤保障。视频可以推出，非常好。提点小建议：一、视频不妨给每位嘉宾配上字幕，以充分发挥视频节目的效果；二、目前视频中的拍摄方式过于单一，基本都是中镜头为主，不妨加入更多的剪接、特写、蒙太奇、摇镜头等等，让画面语言更丰富、镜头感更多元，也更符合受众需求；三、应视频节目录制之需，有必要配备一些体面的桌椅道具或统一的服饰，费用可在媒体融合专项经费里出；四、视频节目中，可以大胆开发一些广告位，桌面摆放的、桌前标识的，都可行。

无论是体育部开设的欧洲杯视频节目，还是经济部新设立的彩票公号，这一系列的变化说明，羊晚媒体融合的布局正实实在在、一步一步、踏踏实实地做。羊晚不是走得最快的，但却是走得最稳的。目前，我们更多的是在搭建架构，未来要尽快找到赢利模式，媒体融合的其他具体方面也要大踏步前进。

（九）“精彩短视频顶文字千军万马”谈“山竹”台风中羊晚人的视频报道表现

《周会纪要》【2018】第35期 9月20日

《羊城晚报》已经不仅仅是一张报纸了，我们的视频自诞生之日起，就要跟电视比拼。从我们的视频制作看，已经很有专业水准，不少东西拍得很不错。

我觉得台风、地震、火灾、水灾、车祸等，少写点文字，多用视频、图片，哪怕是15秒、20秒的视频，就够了，哪怕是用手机简单拍下来的。

谈谈这次“山竹”台风中我们的直播，我们动用采编队伍70多人，一线追风实在不容易，我向你们致敬，但我不得不说，很多是无用功，文字多。我一直在刷手机，但五分钟之前的内容很快就找不到了，一些视频如珍珠一样，被淹没其中，没有突出之处。

你看南都那个在情侣路边现场报道的记者，在网上的点击量惊人，还有广东卫视拍到的深圳市中心一大厦掉玻璃的画面。

有时候，20秒视频胜过十几万字。央视反复播大厦掉玻璃的画面。这次中央广播电视台的董倩问我，我们一线记者有没有一些镜头可以提供，我向她传了我们的几个视频，可惜不够突出啊。央视用了香港大楼玻璃破碎如白纸纷飞的画面，还有深圳大梅沙喜来登酒店大门被撞烂了的镜头，当然，要我们的记者拍到这些也不现实，今后除所有的记者都用手机拍摄，我们还要充分利用广大网友和通讯员的资源。

灾难报道怎么用好视频？这次羊晚调动了很多人，做了很好的点面布局、用了很多的角度，也拍了不少视频，追风追得很辛苦，但没有达到最好的传播效果。好的传播效果标准就两类，一是可以上央视，二是老百姓的点击量上去了。我不得不承认，我们这两点都很一般。当然也有一些好的，但像珍珠一样被淹没了，不够突出。

灾难报道的重点也就两个：一是灾难的烈度，灾难有多严重，我们上百条视频中最突出的应该是表现这个的；第二就是温暖人心的故事，我们有荔湾救人的，有海军陆战队的，但有一些做得慢了，台风都走了再做意义不大。

羊晚自从涉足客户端，自从涉足音频、视频，就是要跟电视台竞争，当然别人是干了几十年，我们才干两年，并且都是从拿笔杆子转型的，还有这样那样的局限，可市场是无情的，市场不相信眼泪、不同情弱者，读者不管这么多，只想看最猛的、最好看的。

反思一下，我们这次不少“珍珠”散落在各个平台中，缺少一个调度，缺少一个整合。如果整合成一个5分钟的视频，组合各种画面，这是海边的、这是广州的、这是风中城市的街道、这是台风掠过以后农村的蕉林……相信也会有不错的传播效果。

央视播出的一个交警被吹得满地爬的镜头，不错，我们也抓到交警查车的新闻，这个新闻也是好的。我们要保持我们的优点，如内容、图片、编辑、版式都是我们的优势。我们的一线记者都很拼，希望跑出新闻，钻到台风眼里，怕台风不来、不乱来，我们的记者很可爱，这就是羊晚精神。

优点我就不多说了，这次专挑毛病，但不代表社长身份，我跑突发新闻很多年，今天是从一个记者的角度提点看法，目的是希望补齐短板、以后把工作做得更好，我们还有提高的空间，台风以后还会再来。

一些技术问题、协调问题，我们还有待克服。

建议各部门回去再做些总结，好和不好都要点评，业务学习无止境，要加强探讨和学习。

第三节

羊晚媒体融合理念与世界同步

（一）演播中心投入使用象征着羊晚真正进入了全媒体时代

《周会纪要》【2015】第43期 12月3日

这周我参加了大学生辩论赛决赛。活动现场气氛热烈，选手层次高，评委点评意见到位，现场观众提问水平也不低。但有点可惜的是，金羊网没有对本次活动进行现场直播或视频录播。

事实上，羊城晚报演播中心已经正式开张、投入使用，这在一定层面上象征着羊晚真正进入了全媒体时代。羊晚不仅仅只是一张纸，而是一个全媒体的平台，我们新启用的演播中心完全可以生产音视频内容，并依托自己的新媒体资源进行发布。辩论赛再精彩，现场的唇枪舌剑再激烈，任何文字的叙述都不如视频直播来得直观。建议下一届大学生辩论赛，金羊网视频加入，把现场直播纳入活动方案。除此之外，也希望全体采编人员把长年以平面思维见长的方式尽早转变为全媒体发展意识，运用好演播中心，发挥好演播中心的作用，让音视频的内容产品在我们的生产内容中逐步增大、适度用好。这将是我们新闻内容生产的全新呈现方式，也是对全媒体最好的落地与诠释。最近，新媒体已着手具体方案，演播中心资源将面向所有采编部门无条件开放。各采编部门也请及时转变观念，运用好平台与资源。

（二）羊晚集团与科大讯飞签订战略合作协议

《周会纪要》【2017】第9期 3月9日

3月8日，羊晚集团与科大讯飞签订了战略合作协议。经过大半年时间的谈判，前后多个部门参与攻坚，双方终于达成共识，在认可各自所在领域优势的大前提下，通过合作的方式，把双方优势结合起来，寻求更大发展。

签约只是一个开始，我们要利用好这次机会，充分利用科大讯飞的智能语音优势，为羊城晚报开发一系列全媒体新产品。不妨想象一下，未来读报不一定要看纸质报，可以是听报纸，还可以选普通话或地方方言。如有更个性化的需求，甚至还可以选定喜爱的名家、大咖的声音，或是选用儿子或女儿的声音，为你播报新闻。这从技术上没有任何问题。

在当天的签约仪式后，我们已经做了一些布置。展望通过与科大讯飞的这次合作，看能否在国内传统报业中提前迈出一小步。另外，广东还有一项人脸识别的全球顶尖技术，下一步我们也要努力争取利用这方面技术。当然，在全球顶尖科技面前，我们的知识储备是远不够的，相关课题小组还要继续努力。我们每一位采编人员也要加强学习，努力实现自我提升，了解、适应当前全球技术的新变化，站在潮头用好互联网这拨前沿尖端技术，让新技术与传统媒体内容生产无缝衔接，让前沿科技与传统报业采编生产流程充分结合，真正让羊城晚报媒体深入融合插上翅膀，早日实现羊晚集团的再腾飞。

（三）集中精力做有潜在用户增长的端口

《周会纪要》【2017】第26期 7月6日

媒体融合从开始的野蛮生长，到头脑清醒、热度降下来之后，我们要认真回看，筛选一些有影响力、有潜在用户增长的端口，集中精力去做。同时做一些减法，考虑把多个端口统一到一个口子上来。

（四）打造创意园区云平台，实现产业融合

《周会纪要》【2017】第28期 7月20日

这次天河区委书记带队到羊城晚报，介绍了天河区作为广州市网上办事大厅的一个试点，原来只在自贸区享受，广州市把试点下放到了天河区作为一个试点。最近，《羊城晚报》构建了整个园区的云平台，正好可以利用羊城晚报企业公有云，让网上办事大厅与园区的公有云对接，我们为园区的150多家企业做好前期的服务，少让企业跑腿。林书记马上说，这个事情就这么定。

园区的网上办事大厅跟天河区的结合起来，首先为园区的150多家企业做好服务，能办的事迅速能办，少跑腿，鼠标一点就能办成事，这就是羊城创意园的优势。

下一步，《羊城晚报》企业云做成后，中小企业的法律顾问，我们给你包了；企业的宣传，我们帮你代理了；甚至企业的基本记账功能，《羊城晚报》帮你网上解决了。这样园区才能真正实现服务，才真正具有吸引力。《羊城晚报》出面带着企业和政府打交道，比企业单独和政府打交道，效率高多了。

你的文化含量、科技含量、办事效率都整合成突出的优

势，只有这样，羊城创意产业园才能真正把这些企业拴住，让它离不开你，租金再涨，它也不会轻易离开你，这才是你的核心优势。

所以媒体融合，几百万的基金我们要投钱，我们要办企业云，做服务器的后台。互联网时代，我们要把这种最新的技术和手段用足，服务好企业。

《羊城晚报》的品牌非常值钱，是一代一代人努力的结果，大家一篇文章一篇文章积累下来的金字招牌，这两年在推进媒体融合工作中，我们尝试把羊晚的招牌变现，创造新的增长点。

（五）我们的旧观念要像玻璃房一样拆掉

《周会纪要》【2017】第32期 8月17日

讲到家具业的变化，《羊城晚报》在媒体融合当中向互联网企业学习，向高新技术学习。我们也慢慢地摸索朝着人工智能的方向去转变，二楼的全媒体指挥中心有点这个意思。下周就搬回到二楼去，这只是一个抓手，全媒体指挥中心经过改造提升、鸟枪换炮，换到新的工作环境后请大家观念也转变过来。我们过去传统的报纸采编就像以前的全媒体指挥中心，有个玻璃房和外面隔绝，现在拆围子、砸墙、没有隔阂，互联网时代就没有隔阂一说。希望大家的传统观念，就像玻璃房一样拆掉，《羊城晚报》真正变成一个全方位的立体平台，经营新闻、经营媒体。

（六）拆玻璃房易，打破头脑中的陈旧观念不易

《周会纪要》【2017】第33期 8月24日

采编二楼的格局令人眼前一亮，新改造升级的全媒体指挥中心竣工使用，今天第一次在这里开周会。这不仅仅是软硬件的升级，还要带来内部机制的变革，成为羊晚媒体深度融合的突破口。

2017年8月31日，出席中国晚报工作者协会第32届年会的嘉宾参观刚完成升级改造的全媒体指挥中心　　宋金峪 摄

近一个月以来的围蔽拆改，大家饱受灰尘噪音的干扰。相关部门工作做得严谨、迅速、扎实，保证了年会之前投入使用。重点表扬谢宗明（注：时任羊城晚报社信息技术部主任）同志和信息技术部，他们不仅仅连续周末加班，还解决了大量技术难点，前期的工作也做得细致，节省了500多万元，通过招标、比价，花小钱办了大事，这节省的500多万元仍将放到媒体融合的各种软硬件配置上。

改造升级的全媒体指挥中心做到一体督导、全盘操控，软硬件领先全国，数一数二，不比任何一家地方媒体落后，可以和人民日报和新华社的“中央厨房”媲美。

实体的玻璃房易拆，采编人员头脑中固有的框框、陈旧的观念要拆掉不容易，期待通过空间的改造和硬件的打造，带动机制体制和全体采编人员观念的大大改变，包括经营，都要重新适应新的竞争格局，适应二楼敞开式的运作方式。

接下来，我们要通过一系列的机制体制改革，将新旧媒体合二为一，不要再说这是你的，那是我的，这是报纸的，那是客户端的，我们就一个品牌四个字：《羊城晚报》，只不过这四个字不仅仅是一张纸，而是一个融合的平台。我们要颠覆传统概念，颠覆传统思维，实现真正的融合。

（七）向社会提供精准稀缺资源

“羊城晚报政务传播指数”报道版面

《周会纪要》【2017】第43期 11月9日

政务传播指数的报道要继续做，长期做，这是我们新媒体发展的一个方向，而且也是《羊城晚报》这种传统党媒在新媒体环境下转型、立足、发展的一种趋势。在版面卖不动的情况下，卖数据、卖资讯，一句话就是卖思想。我们每一个个体都不值钱，但是把我们每一个个体凝聚起来，所形成的传播规律把握、事件传播营销、危机公关处理的能力，社会上没有其他机构比得上我们羊城晚报。互联网时代最终是讲究精准的稀缺资源。这种精准的稀缺资源虽然别的同行也有，但整体的凝聚能力比不上羊城晚报。在互联网时代当你拥有这种资源，你心里就不会慌。所以我认为，向社会提供精准的稀缺资源的做法应该坚守。

从数据开始 向智库出发

2018-05-24 20:56 羊城派

羊城晚报传媒智库成立暨首期专家聘任仪式在羊城创意产业园举行

文/羊城派记者 刘云 李焕坤
图/羊城派记者 邓勃 曾育文

新时代开启新征程，新使命呼唤新作为。5月24日，羊城晚报传媒智库成立暨首期专家聘任仪式在羊城创意产业园举行。（更多新闻资讯，请关注羊城派 pai.ycwb.com）

羊晚智库发布

（八）如何合理搭配传统媒体与新媒体的报道

《周会纪要》【2018】第5期 2月1日

这次省“两会”报道，新媒体和传统报纸都有不错的报道。但我们还有很大的改进空间，尤其是关于新媒体与传统媒体如何更好地结合在一起进行融合报道。

这是一个关乎快和慢、动和静、深和浅的搭配问题。一直以来，《羊城晚报》深度报道做得好，但是报纸的版面有限，一些动态且纸媒留不住的资讯，理应第一时间在新媒体推出。这次“两会”报道，这点我们做得不够，从朋友圈、同行新媒体平台等可以看出，会议的动态新闻，像“南方+”这类同城新媒体就走在我们前面，在新媒体客户端不少“两会”资讯都比我们快发、多发。

羊晚较早成立了全媒体指挥中心，这就提供给采编进行实时沟通的有效平台。在日常工作中，我们应该再挤掉报纸上的一般性动态稿，把这部分交给新媒体发挥作用，把腾出的空间留给纸媒做整合新闻、深度新闻。这才更好顺应我们的媒体深度融合发展趋势，更有利于这张报纸与各新媒体平台的有效打通，让各个平台更好地发挥媒体属性和具体优势。在接下来的重大报道或突发新闻题材，包括值班老总、中心主任、前方领队以及一线的采编记者，恐怕还要多考虑如何合理进行传统媒体和新媒体的搭配报道，哪些留给报纸，哪些新媒体先发，都应预先充分考虑各自的错位。当然，究竟如何紧密而合理地搭配，说容易，磨合难。我们还应积极应对，多做尝试。

另外，关于新媒体部、金羊网、羊城派客户端在内的新媒体平台，新的一年也应及早研究自身的定位和发展方向。针对当前的媒体格局和现行态势，我们要更加明确自身的生存空间，明晰下一步该如何整合集团资源，不断扩大影响力、点击量和流量等，进一步增加新媒体版块的营收空间。这不仅仅是新媒体部的事，也请全体采编人员都认真研究。

（九）再谈如何打通传统媒体与新媒体的新闻报道

《周会纪要》【2018】第5期 2月1日

广州市花都区政协原主席逃亡被捕的新闻，我是上午看《南方日报》报道的，10点多钟的时候网上就推《南方日报》的相关报道，晚上再看《羊城晚报》，内容和情节也与《南方日报》差不多。所以想与大家探讨这个问题：这类有关部门统一发的稿件，日报的公众号上午就推送了。我们也有稿，究竟是按通常做法公众号等下午晚报的纸媒刊登后才推送，还是应该在上午就与日报的公众号同步推送？这是一个两难的选择：假如我们的公众号在上午推送该新闻，好处是内容会被大的网络平台抓取，羊城晚报在新媒体领域的影响力会大幅提升，但缺点是看过上午晚报新媒体报道的读者，下午再看《羊城晚报》报纸的相关新闻会觉得内容相同，没有意思。我在这里不下结论，只是提出来请值班总编、中心主任以及要闻部、新媒体部主任加强沟通，根据实际情况对具体题材具体操作。我觉得对大家都有的新闻内容，报纸没发而新媒体先推送也没多大关系，因为纸媒读者与新媒体读者重叠的不太多。当然，对一些我们自己整合的、独家的、别人抢不走的新闻，建议新媒体是否可以与报纸同步推出。

如今新媒体的影响力和传播量对传统媒体的挤压非常大，而《羊城晚报》建立了全媒体指挥中心，这个平台最大的优势在可以协调传统媒体和新媒体的报道。打个比方，假如王雁威逃亡被捕的新闻中我们有同行都没有的独家猛料，我们的新媒体可以上午就推送“大路货”，将核心的独家内容留给纸媒并加以预告、推介。所以，传统媒体和新媒体之间的相互推介、相互配合，在全媒体指挥中心的平台上显得尤为重要，不能“你不管我，我不管你”，或者“你只管你，我只管我”。

我衷心希望将我们的报纸和网站、客户端进行有机的打通，而连接点就是我们的全媒体指挥中心，连接的关键人物就是值班总编、中心主任以及各部门的值班主任。

（十）媒体融合创新要全员动起来

《周会纪要》【2018】第9期 3月8日

各部门主任回到部门多吹吹风，2018年《羊城晚报》将怎么改革。日前集团专门成立了羊城创意产业园战略规划委员会，要在这方面发力。关于传统媒体如何向新媒体转型，整个羊晚采编版块也在考虑，新媒体生产的整体框架正在搭建打磨中，在征得上级部门同意后，2018年这一计划将启动，采编版块结构将重新调整，纸媒与新媒体之间将实现无缝衔接。

2018年的改革，各部门主任回去要给大家洗洗脑，围绕媒体融合、产业发展的目标，要全员动起来。我个人认为，全国“两会”结束以后，围绕习总书记对广东的要求，结合李希书记和省委宣传部前不久做的大调研，关于文化产业发展，广东会出台一些政策，羊晚的发展还会迎来新的发展机遇。

机构改革成为“两会”热点，大家都很关心，但无论怎么变化，羊晚这张省委、省政府主办的党报，只会做大做强，只会给予我们更多的扶持，关键是我们自己的媒体融合步伐能否走得稳健。最近集团紧锣密鼓开大会小会部署，推动创意园区的规划发展，新大楼要加快步伐尽早开工，增城板块也进入实质性的谈判。羊晚人在这种大好形势下，要少说空话，少唱高调，脚踏实地，把自己工作做好，让自己强大起来。

（十一）传统报纸与新媒体架构要彻底打通

《周会纪要》【2018】第17期 5月17日

本周采编有个很大的特点，“川航备降”“空姐打车遇难”等一批热点题材，我们都打通了传统报纸和新媒体，实现全媒体播报。我曾经提到过这样的观点，《羊城晚报》在传统报纸和新媒体之间的路径，在全省媒体中是最短的。对于这个判断，我是有底气的，通过本周几个热点题材，我们在媒体融合方面的优势就得到很好的体现。

媒体融合发展，打通传统纸媒与新媒体版块的隔阂，是靠

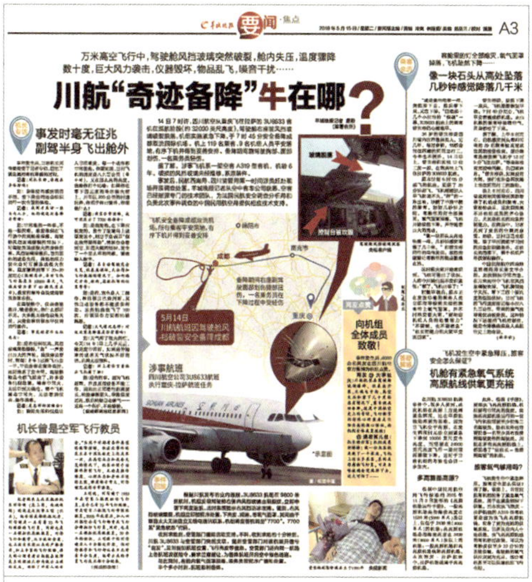

要闻·焦点 A3

万米高空飞行中，驾驶舱风挡玻璃突然破裂，舱内失压，温度骤降数十度，巨大风力袭击，仪器毁坏，物品乱飞，噪音干扰……

川航“奇迹备降”牛在哪？

事发时毫无征兆 副驾半身飞出舱外

像一块石头从高处坠落 几秒钟感觉降落几千米

向机组全体成员致敬！

机舱有紧急氧气系统 高原航线供氧更充裕

机长曾是空军飞行教员

“川航备降”报道版面

“川航备降”新媒体报道截屏图

一众有情怀、实在干事的羊晚人，用笨办法，靠勤奋努力、辛苦付出、多次尝试和实践中得来的。《羊城晚报》近些年经营工作之所以能逆势而上，也是这个原因。

虽说我们在打通传统纸媒与新媒体方面存在优势，但还是有个别部门、记者、编辑停留在传统媒体的思维，没转过弯来。这不符合媒体融合发展的大趋势。我再次强调，传统报纸和新媒体是一定要打通的。如果不跟上这个时代的要求，跟不上这趟快速行进的列车，时代将会把你甩下，要想再追上，那都拉好远距离了。今年，《羊城晚报》还要继续加快媒体深度融合发展步伐，传统纸媒与新媒体版块需进一步打通。目前，集团、晚报社正紧锣密鼓着手传统报纸采编架构与新媒体采编架构合二为一的具体工作，未来《羊城晚报》内容生产将合为一个架构，相关人员、机制、考核等也将全方位对应调整。待方案出来后，我们将广泛征求大家的意见。面对互联网时代，我们必须这么做，必须主动适应媒体的转变。只有这样，《羊城晚报》才能在媒体融合大潮中不被淹没，取得持续性发展。

刘海陵率队赴英国考察学习传媒行业媒体融合发展情况
图／受访者提供

（十二）赴英国考察方知《羊城晚报》媒体融合亦达世界一流水平

《周会纪要》【2018】第20期 6月7日

最近，我们利用省委宣传部的培训经费，在两个月内，分两批安排几十位采编和经营管理的骨干分别到英国和美国培训，目的是让大家的业务水平尽快得到提升，尤其是传统媒体与新媒体的融合发展以及文化创意产业的发展。

5月31日到6月4日由我带队，人力资源部、总编室、新媒体和视觉部共5人到英国打前站，同时也顺带考察了英国的媒体融合现状，前后5天时间，来回在飞机上各1天，在英国伦敦实际只停留了3天，我们抓紧时间去了3个地方：威斯敏斯特大学传媒学院和中国传媒中心、BBC总部和《每日电讯报》。经过参观考察，最大的体会：

一是我们媒体融合的路径和现状已经与世界一流媒体比肩

在BBC总部，我们看到，这家世界一流的传媒集团他们24小时向全球各地滚动播出新闻，总部的新闻中心布局、结构、流程跟我们的几乎一模一样。他们开放式的新闻中心核心设置值班总编，旁边是各部门，再往外则是轮毂式地分欧洲、北美洲、南美洲、亚洲、非洲、大洋洲等几个大区。在世界著名的英国《每日电讯报》，这家有百多年历史的老牌报纸，目前的日发行量40多万份，在英国算是第一大主流报纸，在全世界都有广泛的影响力。《每日电讯报》的总编辑给我们介绍他们的媒体融合理念时，我们几个羊晚人听完不禁相视而笑——他们的媒体融合，包括全媒体编辑部、架构设置、屏幕也是和羊城晚报的一模一样。报纸、新媒体、网站、音视频等也都在同一编辑平台上，而且他们的大屏幕为了省钱，还是用两台高清投影仪，把各种数据直接投影到墙上。他们的全媒体编辑部每天也是开六七个会，令人惊奇的是，他们的采前会人不多，值班老总、中心主任、报纸版面主编、网站、视频、微博、微信负责人等六七个人，围站在一张1.3米的高台周围，会议时间不长，五到八分钟，实际上是个协调会。开会时，执行总编拿着全媒监控编辑提供的每日新闻详细清单问：报纸做什么？网站弄什么？新媒体推什么？音视频播什么？会议之前，每位与会者手里拿的这个当日新闻清单，细化到每一个小时，把正在发生、将要发生的新闻事件标注得清清楚楚。参会者人手一份，采编协调会上明确分工对这些新闻事件怎么做？由谁做？谁先做谁后做？哪些简单做哪些详细做？新闻稿件由哪个渠道分发？真正做到高效。

在《每日电讯报》，执行总编每天早上七八点到岗，晚上八九点才离开，就如同我们的值委，围着值委的那一圈，就相当于我们的值班主任，还有版面、网站等不同平台主编。他们还有一个清单派工制：每天上班，报社400多名采编人员全都会回来，把开放式的全媒体编辑部大厅坐得满满当当。值班主编会后会给每个记者下单（任务），人家可不像我们那样任凭记者自觉，而是根据执行总编、值班主编的意思，确定好新闻的侧重点，然后分派任务。记者指哪打哪，工作强度比我们大很多。

此次参观考察，我觉得面对世界一流的媒体，无论是BBC还是

《每日电讯报》，其实我们的硬件设施、采编架构设置流程、报网端微在同一平台等理念，跟他们的一模一样，所以，我们羊城晚报媒体融合之路，可称得上全球不落后。不过，我们的模样是有了，但还没有真正做到人家那样实，因此，我们还要强化，最终做到只有一个全媒体编辑部，这个编辑部有一帮人编报纸、有一帮人编网站、有一帮人负责客户端，还有一帮人做音视频、微博微信等。羊城晚报要是把这个架构建成了，绝对是国内第一。因为目前国内没人敢做，没人能做，也没有人愿意做，传统媒体一旦抱着旧有的那一套机制运转习惯了，就很难做出改变，但是这一步我们必须走。去英国考察之前，原以为我们搞的媒体融合是闭门造车，没料到全世界的同行都是这么干的，我们做得并不落后于他们。

二是我们也可通过分层圈定特定用户分层订阅收费

这次去参观《每日电讯报》，他们在给我们的小礼物中分别有普通卡和白金卡。《每日电讯报》的网络客户端上的新闻资讯设置了免费阅读和付费阅读，白金卡是最高权限，用密码登录可以浏览所有资讯。我心想，互联网的免费阅读惯坏了中国读者，付费阅读变得很难。胡舒立使出浑身解数，强推《财新》付费阅读，但是这条路走得何其艰难。胡舒立做的是财经类资讯，她本人有独家的，甚至是垄断的资源。我们《羊城晚报》如果也付费阅读，估计就要完蛋。但是等我们融媒体采编架构真正建成之后，我们一定要进行分层，免费给大众阅读的是一个层级，为VIP 客户阅读的服务又是另一个层级。所以，我们的发行公司到今年九十月份大征订的时候，可以向订户提出来，订《羊城晚报》可赠送一个网络VIP账号，这账号，普罗大众看不到的资讯，订户可以看到。将来我们生产出来的内容，除了给普通大众之外，还会对特定人群进行特定专属的、精准的推送。不同的人群有不同的阅读包，我们不收费，但可

英国同行与羊城晚报采编人员交流　　图/受访者提供

通过这种等级圈住我们的活跃用户，圈住我们的粉丝。同时用我们的教育、医疗、旅游、花地、晚会等消费服务类的资讯搭配给这层级的读者。当然，我们也可将这些特定用户精准推销给广告客户，实现多重盈利。

《羊城晚报》媒体融合之路走得稳，这次出国考察，发现我们媒体融合的路径很清晰，方向正确，这大大增强了我们的自信心。我们现在也是移动优先，就像《每日电讯报》老总所说的那样，有什么东西，都先放在移动客户端，然后把报纸做深做精，这和我们提出的办报理念一脉相承。《每日电讯报》周日厚厚的一沓，很多特刊，而且卖得比平日贵一些。由于地理位置不同，英国伦敦早早就天黑，晚上也不像中国那样有丰富的夜生活。英国人周末就待在家里，阅读书报或者看电视。而我们要培养读者的良好阅读习惯就要让自己的资讯有过人之处。

三是《羊城晚报》要抓住机遇进行资本运作

通过这次英国考察，也坚定了我们资本运作的信心。最近我们谈几个项目，效果非常好。大家知道，互联网机构吸血传统媒体，由此壮大起来。最近段子、抖音被封等一系列事件，意味着中央不会任由这类网络自媒体胡来。中宣部提出，对这一类具备信息传递功能的市场化媒体，可以尝试着由国有传统媒体适度介入，采用特殊管理股的方式，对某些内容进行一票否决。不要以为你有资本的吸血你就可以为所欲为，中国是共产党的天下，容不得乱来，笔杆子枪杆子要牢牢掌握在党的手中！在这方面，羊城晚报大有可为。有一些市场化的媒体因此提出要跟羊城晚报合作，这个时候，羊城晚报的机会来了，酷狗音乐等互联网企业就在我们的园区里，我们有近水楼台的优势。若抓住这个机会持有特殊管理股，成效将非常可观。

另外，集团今年办了几件大事，其中一个就是打造和强化创意产业园，成立了六个专门的工作组，其中一个工作组就是要举办“粤港澳大湾区文化创意产业联盟 ”的成立大会，羊城晚报作为发起盟主之一，目前已经联系了包括华侨城、华强集团、长隆集团、奥飞动漫等一批华南地区非常有实力的文化企业。作为第一批核心发起人，我们把这个文化产业园区打造起来，发布指数，把园区做大做强，吸引更多人进来，我们要尽快把楼盖起来，之后提高园区租金。我们还有一个资本运作小组，这里可以跟大家透露：目前我们已谈有多家公司，估计三年之内我们可能谈成若干家。我们与这些公司进行资本股权互换，利用版面、内容、资源、公信力、园区的租金（当然也包括现金），和一些准备上市的 、有前景的企业进行股权合作。一旦股票上市，我们就不再斤斤计较租金多与少了。目前，已有很多家企业在紧锣密鼓地和我们谈合作，我也是全力推动事情的进展。当然，这里面也存在一定的风险，万一谈不成，股份没捞着，或者谈成了却没上市，我们的租金也没了。但是，本金还在，大不了损失点利息。羊城晚报事业要大发展，单纯靠广告、发行，靠创意园的租金，是不长久的，必须主动出击，做大做强最好的办法还是进行资本运作。这条路必须走，这是最快的，也是行之有效的。虽然对我们这些只会码字而不懂资本运营的文人来说很难，但不懂我们可以学，虚心向行家学习。话说回来，我们所有的一切，都离不开《羊城晚报》这只“老母鸡”。《每日电讯报》目前还保持着40万份的发行量，《羊城晚报》也差不多，但是这个发行量在社会上没什么影响力，影响核心人群的，不仅仅是数量。最近我们新媒体推送的高考作文阅读量已达1600多万，足见新媒体对大众人群影响的广泛。而报纸是影响少数的核心人群，不能放弃偏废。新媒体也会影响核心人群，但这个核心人群和报纸的核心人群有所不同。因此，我们要精心耕耘报纸这块地。我可以跟大家说，《羊城晚报》这些年发行量是以平均每年7%的量在逐年萎缩，但我们的广告几乎没往下掉，这是不正常的，本来发行量掉了，广告也会相应往下掉。究其原因，主要是我们广告公司同事的努力，进行了立体营销；另一方面，是《羊城晚报》这个品牌通过新媒体渠道呈几何级数向上增长，扩大了品牌的影响力，加上我们传统广告的全案营销、立体营销，不仅仅守住了一张报纸，还让我们的各项事业向前发展。所以说《羊城晚报》在这样的一个历史关头的所作所为及取得的成绩，让我对羊晚的未来充满了信心。

前几天到省委宣传部开会，部里的一位领导跟我说，部领导调阅了广东所有媒体的原始报表，反复研究之后说，原以为日子最难过的媒体是报纸，特别是《南方日报》和《羊城晚报》，没想到最好过的反而是他们。傅华（注：时任广东省委常委、宣传部部长）同志来了以后，大致也是这样的判断，他现在正马不停蹄进行密集调研，从目前掌握的信息看，他对报纸尤其是对《羊城晚报》的评价非常高。5月31日他专门来到了羊城创意产业园和同创汇做了一次调研，也看了《南方日报》的创意产业园，之后召开了广东媒体文创产业座谈会，提出了要求。傅华同志学养很深，对文化事业和文化产业非常在行，并且对文化产业、文化事业的布局、发展前景，自有一套想法和做法。他在北京时倡导做了很多东西，羊城晚报在广东的媒体当中，包括产业及文化的所有定位都符合他的一些想法和理念，对我们来说，这是个机会。前几天我们班子成员对《中共广东省委关于文化产业发展的若干意见草案征求意见稿》进行学习和讨论，我觉得广东省委对文化领域尤其是岭南文化领域要有大动作，即是对传统媒体来说要发力打造，这对我们来说真的是大大的利好，《羊城晚报》是文化大报，这是我们的核心优势。这个草案专门点了《南方日报》下一步该如何发展，《羊城晚报》又该如何发展。而且羊城晚报发展的目标就是我曾经提出的：打造具有鲜明岭南特色的现代文化传播集团。这句话写进了省委的报告草案当中。所以，我们羊城晚报的发展路径是很清晰，符合中央特别是广东省委的决策部署，尤其是符合傅华部长的一些想法。

我们这些年共同探寻的媒体融合之路是成功的。我们的全媒体指挥中心拆了玻璃墙重建时，我就说过，要拆玻璃墙不难，难的是拆传统采编人员内心的那堵墙。半年下来，我们不仅拆了我们原来的指挥中心的那堵墙，还把我们传统羊晚人内心那堵墙拆了不少。互联网的意识大幅提升，我们的传媒智慧中心，虽然花的是政府的专项资金，但投入和产出的比例非常高，效果非常好。羊城晚报媒体融合之路所取得的成效，让我们很自豪。今天之所以讲了这么多，一方面是总结上一周的基本情况，更多的是谈一谈我个人对羊城晚报的未来、路径以及对羊城晚报媒体融合的基本判断。我也希望各部门主任把这种令人提气的现状和成绩，以及未来的发展方向，回去后在内部做一些宣传，让大家坚定信心。前些年那么困难的日子我们都走过来了，虽然目前还有一段沼泽地要走，还远远谈不上庆功的时候，但前途光明，我们要加快步伐，在不落后资本主义媒体的同时，齐心协力，再进一步。

2018年10月25日举行的中国晚报工作者协会第33届年会（南京）上，刘海陵担任中国晚报工作者协会第七届会长。会上，刘海陵与上任会长任欢迎握手交接　图/受访者提供

（十三）《羊城晚报》媒体融合有过人之处

《周会纪要》【2018】第25期 7月12日

今年是中国晚协换届年。一直以来，晚协的会长都是由《北京晚报》出任，如今《北京晚报》提出不再担任了。中国晚协经过物色人选之后，希望由《羊城晚报》来接任。在这个过程中，我感觉到，全国同行尤其是在媒体融合方面各有亮点的晚报公认如今的《羊城晚报》有过人之处，说明我们的付出还是值得的。

羊晚的发展是多方面的。为配合国家产业政策、科技创新，最近中宣部和科技部对全国各省市的文化创意企业进行评选，羊城创意产业园报名参选，结果以全省第一名胜出，并代表广东去北京参赛。

这些年，大家虽然很艰苦，但羊晚在媒体融合方面做了不少事，自身也变得强大起来，目前已启动了六七家企业资本互换，希望两三年后能见到成效。所有这些布局，都离不开这张报纸的影响，离不开大家的努力，因此，我们要认真把这张报纸经营好。

肆

第四篇

传承创新

第一章

《羊城晚报》版面风格的传承与创新

标题要反映报纸的性格。

敢做正能量“标题党”。

不把标题、文章做得吸引眼球，谁读你的文章。

再好的内容也要靠版面包装才能吸引读者。

采编周会上要提具有参考价值的问题，要有各种思维的碰撞，要敢于提出批评意见。

加强采编沟通，对内容生产采取“下单制”。

值委应抓住问题做深入分析。

办报要有成本观念。

每次改版都是对采编机制、流程的重大改革。

要通过改版有效扩大报业市场占有率。

要把传统媒体单纯的采和编，逐步平移到既采又编的全媒体上。

在媒体转型过程中，报纸既主动融合又独善其身，发挥信息权威优势、提高视觉审美优势、转变技术劣势为内容优势、转化速度劣势为深度优势，通过文字、图片、版面语言集中呈现有价值的新闻，要流量的同时要影响力，为受众提供丰盛的文化大餐。

纸报变成网报，内容“活包装”体现晚报性格

全媒体环境下，《羊城晚报》转型的重点是让新闻内容更具个性、更有格调。

一方面让内容的“眼睛”更闪亮。标题是一篇文章的眼睛，标题的好坏很大程度上影响着新闻的关注度。几年前羊晚编辑、编委曾对一条《玩魔兽人也变魔兽》的标题颇有争议。按照新闻的准确性来讲，这条标题有点不妥，但却很鲜活、很吸引读者，能产生一定的影响力。还有《机场费收了廿年还没到站 换个马甲继续征收》《太狠了！加压机给猪灌料增重》等网络感十足的标题，打破了新闻传播学教科书上的要求，清楚明白地亮出观点，为文章增色不少，抢尽了眼球。

另一方面让内容的手脚更灵活。报纸和新媒体互为入口，相互导流。近年的“两会”报道中，报纸内容编辑在报上打出“二维码”，让读者扫一扫报纸上的二维码就能观看新闻视频，把传统媒体和新媒体的长处融合到一起，使报纸更具可读性。民生、社会新闻更是充分利用互联网强大的链接、互动和立体化等优势，将第一现场“文+图+视”呈现，通过报纸的文图导读让读者观看现场视频了解更多信息。

再有就是让内容的“皮囊”更时尚。包装“囊相”对于报纸来说是一项大工程。文章取舍、图片编排、色彩运用、版式搭配等都是一张报纸是否“卖相”可观的衡量要素。2016年中国杭州举办G20峰会期间，羊晚连续三天的版面极其大气，突出了中国风，展现了杭州美，也体现了羊晚的大报风

格和气势，尤其是头版的呈现，对新闻内容的再造和导读处理，足够吸睛。

编版当成文创，编辑“苦练功”展示晚报力量

媒体作为新闻信息的传播者，正经历“融合”与“分化”的转变。对于报人而言，是机遇也是挑战。职业报人要做的不仅是强化发现和采集信息的能力，还需加强对信息整合和加工的能力，用专业的眼光和技能深入挖掘的能力，提升内容产品内在品质和潜在价值的能力。所谓“内容为王”，正是这个道理。因此，报社要求采编审发队伍苦练内功，能分期、分刊、分专栏连续地整合有价值的内容、设计有风格的版面，让报纸能够发挥强劲力量、先声夺人。

首先是高标准要求编辑转变观念、转变思路。除了鼓励采编人员用互联网思维做好新闻内容外，羊晚也一直要求采编人员重视受众价值、敢于自我变革，利用编辑资源，为羊晚的发展创造坚实的物质基础。报纸最终是通过版面呈现内容的，版面本身就是一种资讯、一种信息。近年，羊晚对编辑和美编的工作提出更高标准，加强了新闻漫画人员及3D人才的培训，要求编辑用全媒体手段丰富版面艺术，创造适合于网络传播的版面艺术，让报纸成为文创产品，以具有鲜明风格的视觉印象吸引并留住更多读者。

其次是高质量要求编辑用版面语言传递信息。作为报纸版面的终端内容生产者，编辑千钧重担在身。互联网时代报纸要登载什么东西，怎样起标题，要根据目标定位、受众人群量身定做。但满足受众，不意味着迎合，还要引导受众。这要求报纸具有思想性、具有很好的审美价值。

《羊城晚报》作为一张高规格、高质量的报纸，其核心竞争力主要体现在报媒内容本身的内涵、内容的组织性、版面艺术等方面。当前身处转型探索期，《羊城晚报》主动适应互联网时代读者要求和用户需求也是必需的。无论是记者还是编辑，采编过程中都应保持互联网意识，从受众和流量的角度，倒逼内容采编的优化，优质的内容更要时尚的呈现。

第一节

版面语言是报纸的精髓

一、敢为天下先的羊晚标题

机场建设费换马甲继续收

今天消息 将原“一费一金”合为“民航发展基金”，国内航线仍收50元

2012年4月17日头版头条标题

（一）标题要反映报纸的性格

《周会纪要》【2012】第15期 4月19日

《机场费收了廿年还没到站　换个马甲继续征收》的稿件，标题做得很好，“换马甲”把所有的含义都表达出来了，用多少废话都不及这样一个比喻。标题把编辑的倾向，老百姓对这个问题的愤怒都表现了出来，这就是报纸的性格。所以标题一定要下功夫做好。

（二）互联网时代传统纸媒怎样起标题

《周会纪要》【2013】第22期 6月27日

《太狠了！加压机给猪灌料增重》这个题材抓得好，图文并

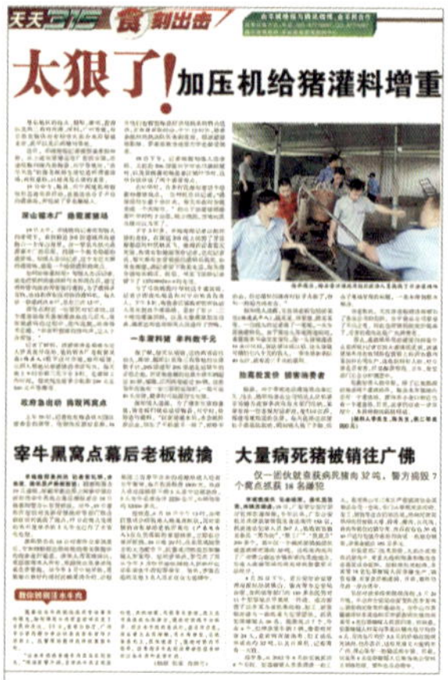

太狠了！加压机给猪灌料增重

宰牛黑窝点幕后老板被擒

大量病死猪被销往广佛

2013年6月20日A6版头版头条标题

茂，采访扎实，这个标题做得更好，“太狠了！”这句话打破了教科书上标题的一些要求，清楚明白地把我们的观点亮出来，为这篇文章增色不少，抢尽了眼球。以前做新闻要求怎样把个人的倾向隐藏起来，做标题要做得准确。

要闻部下一步要研究怎样提高业务水准，标题怎样才能准确。编辑千钧重担在身，有时候明明是对的东西标出来照样挨批评。如果没有一些民生新闻、社会新闻，想吸引老百姓的眼球不容易，尤其是在互联网时代，平面媒体比网络慢了许多，凭什么可以吸引读者来读我们的文章？一靠图片，二靠标题，三靠内容。我们要认真研究在互联网时代传统纸媒怎样发展，报纸要登载什么东西，怎样起标题，要根据晚报的目标人群和定位做好报道，包括要闻部怎样处理稿件，采访部怎样组织稿件。

下一步，我们要紧跟时代，既要做好党的喉舌，反映群众的心声，同时也要满足自身经营发展需要，一步一步稳步推进，把《羊城晚报》做成一个实体，作为一个标杆媒体生存在互联网时代，成为读者、网民心目中值得信赖的媒体。

（三）我们做的标题很标准，但不抢眼球

深圳“勒索185公斤黄金案”庭审第三日

一绑匪被诉抢劫罪 自辩犯的是绑架罪

抢劫罪和绑架罪量刑有何不同

“深圳破获勒索185公斤黄金案”版面截图

《周会纪要》【2014】第29期 8月7日

今天本报广东新闻版刊登“深圳破获勒索185公斤黄金案”，主标题没有突出绑架勒索5000万。没有给钱，给了“185公斤黄金”，最吸引眼球的是“185公斤黄金”，这是新闻的亮点，这条新闻网上几乎转疯了，可惜我们没有上头版，这条稿足以上头版下半栏。这考验各位的眼光和水平。我们做的标题很标准，但不抢眼球，首要责任是要闻部，还有广州部、区域部值班主任，也是在座各位的责任。民生类、社会类新闻都有很大空间，我们要花点工夫、多动脑筋。

（四）敢做正能量“标题党”

《周会纪要》【2018】第35期 9月20日

“山竹”台风期间《台风夜，十小时水中“生死救援”》这条新闻应该大胆放头条，编辑还应大胆做个正能量的“标题党”，我们的标题很平淡，我觉得可惜了。要学会渲染、学会包装，做正面的标题党，是不会有问题的。

你看移动端的标题，近一年来有颠覆性的变化，标题就是要吸引人点进去看，据我了解，一些新媒体考核标准，就是以是否吸引读者、吸引流量为标准。要是没人看，老板会另请高明，资本家是很现实的。我们的报道、我们的标题也要做到吸引眼球，我觉得除一些大政方针、时政报道之外，其他的报道，渲染到位，学会包装，增强传播的感染力，赢得读者喜欢，没什么不可，尤其像这样的正面典型。

二、报纸版面设计是一门艺术

（一）再好的内容也要靠版面包装才能吸引读者

《周会纪要》【2011】第11期 3月24日

再好的内容也需要靠版面包装才能吸引读者，这是众所周知的道理。同意林海利提出的几点建议，在现有的条件下，可以分几步走：由要闻部、图片总监、美术指导三方配合负责，不要求每个版都做图表，但起码每天的《羊城晚报》要有一个报道重点。三方之中，以要闻部意见为主，如出现意见分歧，报告值委、总编辑，社长定夺。要闻部值班主任不参与编版工作。主要负责导向把关，以及与图片总监、美术指导共同研究每天重点处理的一组题材。具体定额管理等细节由定额管理小组协调解决，今后，凡是出现重特大事件报道，美编室的副主任、图片总监、要闻部主任和值班主任都要共同参与策划。

羊城晚报要闻部俊男靓女（2017年）　　图/受访者提供

（二）报纸的“卖相”非常重要

《周会纪要》【2011】第12期 3月31日

本周《羊城晚报》的“卖相”有了明显的改观。报纸最终必须成功销售才是有效商品，除了报纸内容要好，包装也要好，所以“卖相”非常重要。本周，图片总监、摄影部、要闻部值班主任、值委共同研究版面主打图片，这很好；图表也做得不错，值得表扬。但同时也有问题亟待解决：目前美术指导中缺乏专业的3D制图人员，同城有媒体在这方面走在我们前面，总编室要协调解决人员招聘工作。现在是读图时代，要吸引读者阅读，首先版面的图片必须吸引人。

（三）头版的编排要吸引眼球

《周会纪要》【2011】第32期 8月18日

本周对头版大量的导读重新进行了切割，腾出了一部分的版面做新闻，头版放一到两条新闻，在所有报纸头版（封面）都做导读的情况下，我们这种做法可谓另辟蹊径。《南方日报》《广州日报》这种党委的机关日报设一个包封面，是不得已而为之，因为机关报的头版内容免不了机关化，为了突出精彩内容所以加了一个包封，而《羊城晚报》本来就是给百姓看的，我们就是让晚报版面回归它的原有本意，既有导读功能，便于读者翻阅，也要经营好头版珍贵的空间。个人觉得本周头版做得不错，值委花了心思经营。头版应该经营什么新闻是一个课题，除了民生新闻、时政新闻，还可以扩大到体育新闻、娱乐新闻、国际新闻。头版这么金贵的空间，认认真真经营它，目的只有一个：吸引眼球，要最大限度地找到满足老百姓眼球的新闻。

羊城晚报

"放火"电焊工 1缓刑1免刑

挂号禁超10分钟非硬性法规

文化部国家文物局责成故宫追究责任

羊城晚报

身份证与社保卡：同号！

利比亚反对派杀进的黎波里

云浮毒父 滚水伤女

《羊城晚报》不断尝试对头版编排的创新

（四）如何提升版面设计效果

《周会纪要》【2012】第1期 1月5日

近半年来其他纸媒都很强调版面的设计元素。当然视觉新闻部做了大量工作，我们在原来基础上有了质的飞跃，但比起同行还是有弱项。要从两方面入手：一是视觉新闻部加强对美编美指的教育，碰到一些好题目主动提出来做策划，要提早预判；二是要闻部值班主任、值委、图片总监要把当天的热点提出来，美指不一定知道当天头版需要强调什么内容，要给美指下任务，在能够定稿的情况下尽早通知美指。

（五）头版要设改写编辑

《周会纪要》【2014】第26期 7月17日

《月缴1000元公积金　年收益“买一斤瘦肉”》被70家网站转载，影响力很大，但我们的稿却放在A9版，虽然那天刚好碰上世界杯，但头版导读也没有。

月缴1000元公积金 年收益"买一斤瘦肉"

《月缴1000元公积金　年收益“买一斤瘦肉”》版面

要闻部、值委怎样运用好《羊城晚报》头版的力量？要选一些题目开展业务研讨，正常情况下，这条稿足以放正头条，如果有世界杯的话，在一版的下半版做些摘要性的报道，浓缩成800字或者500字在头版做大标题，这就是之前提过的“改写编辑”的作用。目前部门人手不够，但交接完后，下一步头版经营需不需要配一到两个“改写编辑”，做一些改写性的、摘要性的东西，让那些速读的人引起兴趣，再翻到后面的版。作为业务学习，要认真研讨头版如何合理用好。同样的道理，里面的版块怎样用好头条头版，要闻部编辑要斟酌，除了时政新闻版外，其他版面都要研究怎样处理好头条。

（六）多琢磨如何经营好报纸的脸面

《周会纪要》【2015】第12期 4月16日

刚才林洁（注：时任羊城晚报政文部主任）提到要用好头版头条的问题。在我看来，这个话题提得很准。但确切地说，要考虑的不仅是头版头条，还包括主打图片。怎么用好，这还需各位值委、中心值班主任、图总以及各部门值班主任共同努力。

结合几个例子谈谈。今天（16日）的外地版，亚投行“朋友圈”在头版用的那张图用得好，放射线的元素很抓眼球。但看了今天本地版头版用的中山医机器人动手术的图，我觉得这样的头版编排更好。再举广东郁南“磨刀山遗址”荣登“2014年度全国十大考古新发现”榜首的例子。这个报道之前做过，已不是什么新鲜事。但12日那天我们把它放到头版头条的位置，还配了主打图。对比当天同城其他几大报，就我们羊城晚报的这个报道配了图，而且还是头版配大图的视觉效果，所以那天数我们的版式最抢眼，街坊对此印象也特别深刻。

当然，要用好头条头版、主打图，对于值委、中心值班主任、图总以及各部门值班主任来说，都是考验。比如说，外地版、本地版两个不同发行版本的报纸，我们拿什么标准来选头版头条、主打图呢？当值委、图总、值班主任都有各自的选取标准时，彼此之间又该如何克服差异，确定当天更合适的头版头条？再有一个方面，我好几次发现，咱们本地版的头版头条比外地版的头版头条要好看。那么，我们是否有必要打破思维惯有的地域限制，在话题有共性的报道上，我们尝试将本地版头条关注的话题也用到外地版头版上去？

总的来说，头版头条、主打图的选取，考验值委、中心值班主任、图总和各部门值班主任。这里面确实会因人而异而有不同的判断标准。究竟如何把大家的智慧捏合在一起，充分调动大家的积极性做好头条主图以及头版文章，这是个课题。在互联网时代办报，我们究竟如何经营好一张报纸的脸面，还请各位多琢磨。

（七）版式出新，处理得体

《周会纪要》【2015】第20期 6月11日

本周比较大的报道，如“东方之星”沉船“头七”、高考报道、纪念抗战胜利70周年等做得不错，特别是6月7日的报纸头版，这两个平衡的大事件，《羊城晚报》处理得非常好，表扬要闻部编辑区健妍（注：时任羊城晚报要闻部编辑），打破了原来传统的报纸版面，做了竖双头条，各占三栏，高考作文题目每年都是正头条，而新华社要求《对人民负责》这条稿要上头版头条，做得好。这个版体现了《羊城晚报》创造性地理解上级的要求和老百姓的诉求，这个版面是个亮

2015年4月16日

羊城晚报
部署今年经济体制改革重点任务
我国将重启沿海新核电项目建设
流量费太高，大家到处找WIFI
第117届广交会在广州开幕
“中国制造”瞄准高端市场
加快转型升级已成为出口企业共识
意向创始成员国
57个
外科手术迈向机器人时代
恒大在售住宅可无理由退房

早报版（外地版）头版

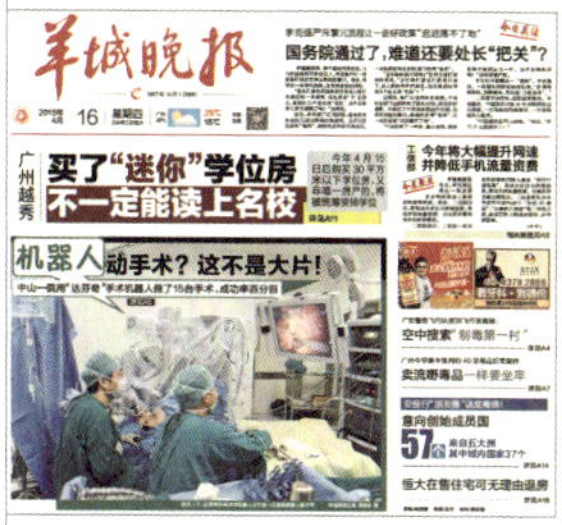
羊城晚报
国务院通过了，难道还要处长“把关”？
买了“迷你”学位房
不一定能读上名校
机器人动手术？这不是大片！

晚报版（本地版）头版

2015年6月7日

羊城晚报
国内成品油价明天或迎下调
对人民高度负责
马凯受习近平李克强委托
看望慰问部分遇难者家属
悲笛声声唤亲归
“史上最严高考”
今早开考
高考又逢龙舟水
广东明年或增
4万外地考生
大学生炒股
争议中前行
深圳拆除二线关网
改善绿道自行车道
广州网警上线六日
迪拜一中国人

早报版（外地版）头版

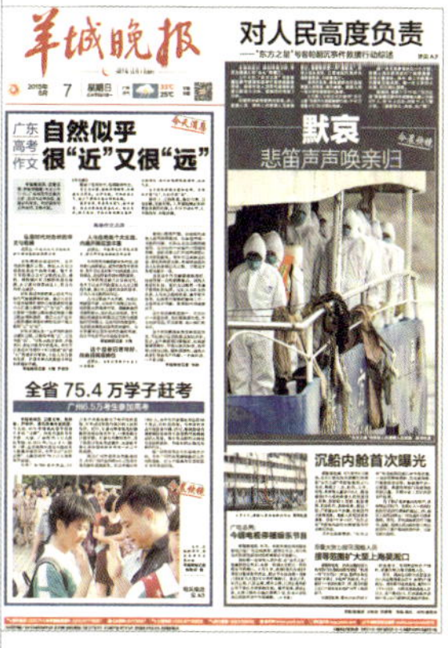
羊城晚报
对人民高度负责
广东高考作文
自然似乎很“近”又很“远”
默哀
悲笛声声唤亲归
全省75.4万学子赴考
沉船内舱首次曝光

晚报版（本地版）头版

点，两个重头稿的题目非常抢眼、醒目，更重要的是得体。我们要鼓励编辑动脑筋，版式出新。

《沉浮20载，长江游轮再临危机？》的版式也做得非常好，在现有环境下，也只能做到这一步了，既遵守纪律，没有大的违规，也满足读者的部分需求。这组报道，从值委、中心主任到记者、编辑都要给予表扬。

（八）版面语言很重要

《周会纪要》【2016】第9期 3月10日

图片大小比例、前后关系都是学问。单独看没有问题，但放在一起就有问题。十多年前，广州一家媒体头版：穆斯林麦加朝圣，反面版文章：英国科学家克隆猪成功。报纸一打开，穆斯林认为这是亵渎。这就是版面语言的重要性！

所以把关不是一两个人的事，要层层把，要把规章制度落实好，落在版面频道上。

（九）G20峰会的报道版面大气，标题精准，软硬稿搭配恰当

《周会纪要》【2016】第34期 9月8日

G20峰会的报道，我认为在广东《羊城晚报》做得最好，版面极其大气，特别是4日的版面，慎部长专门发了一个短信，说这个版面做得非常大气，让我们传达给编辑部门，给予鼓励；5日的头版，全家福用了一个通版，非常有气势；还有6日的头版。我认为这种重大国际会议，这一次的报道可圈可点：一是版面大气，二是标题精准，三是软硬稿搭配恰当。既有正常的会面、会谈、对世界经济未来看法的宏观讨论，又有微观的类

羊城晚报

2016年9月6日 星期二

G20 杭州峰会落下帷幕，习近平致闭幕辞

二十国集团

从杭州，再出发

G20 杭州峰会五大成果

●决心为世界经济指明方向，规划路径
●决心创新增长方式，为世界经济注入新动力
●决心完善全球经济金融治理，提高世界经济抗风险能力
●决心重振国际贸易和投资这两大引擎的作用，构建开放型世界经济
●决心推动包容和联动式发展，让二十国集团合作成果惠及全球

习近平会见中外记者：

让二十国集团合作成果惠及全球

彭丽媛与来宾夫人们参加防艾宣传、参观中国美术学院

领略中国韵 挥毫同写和

广东将逐步取消出租车经营权使用费

深圳拟赋辅警执法权 解决警力不足问题

深圳新房成交量连续三个月下跌

南非总统祖马今起访粤

第三届中医科学大会今日闭幕

16 个项目集中签约 协议金额约 585 亿元

国足主场迎战伊朗

风行牛奶

G20杭州峰会的报道版面充分发挥了纸媒的版面视觉优势

聚焦 G20 2016 CHINA 杭州峰会 A5

习近平和彭丽媛举行晚宴欢迎出席 G20 杭州峰会的外方代表团团长及所有嘉宾并观看文艺演出

最忆杭州：夜色西湖演绎“天堂佳音”

意大利总理“卖酒” 巴西总统逛街买鞋

G20峰会系列宣传片“刷屏”纽约时报广场

文艺演出所用钢琴是广州制造

珠江钢琴上流淌出最美《月光》

8 岁的她献唱童声天籁

G20杭州峰会的报道版面大气

似特梅尔买鞋子、文艺晚会等在版面呈现上，《羊城晚报》找准了定位，版面大气，刚才只是点评了几个头版，其实里面的版面也非常精彩。这种大型的国际性会议，没有自选动作的空间，也沾不上边，所以这次没派人，在当前的舆论环境下做成这个样子，我个人非常满意。互联网时代，我们不缺资讯，缺的是有思想的整合。新华社发稿发图，同样的资讯同样的文图，不同的媒体就是不同的大厨在炒菜，取舍什么，怎么取舍，对G20峰会，老百姓除要了解会议情况，可能更想看到文艺表演、杭州夜景等，所有这些如何在版面都得到呈现。6日的版面，从上部到底部的夜景，上方G20的徽正好契合了那天晚上的西湖之眼，在下方还压了一幅彭丽媛和大使夫人们写毛笔字的图，这个版面真是精当，所有的元素镶嵌在一起，美极了！

两点体会。一是互联网时代，不缺资讯，缺的是整合，发现美的眼光。文章取舍，色彩的运用，版面版式搭配。4—6日三天的版面极其大气，突出了中国办的G20峰会，突出了杭州之美，配合精准的标题提炼，让读者耳目一新。二是大报与小报之区别。回顾天安门阅兵，《羊城晚报》用了一个跨栏，那个版面拿了广东新闻奖一等奖。报道重大事件的时候，大报的视觉冲击力，小报是没得比的。同样的道理，互联网时代，报纸的版面呈现，同样可以与网络媲美。不要认为互联网什么都有，但版面呈现本身就是一种资讯、一种信息。网上的信息是很快很全，纸媒除了比内容之外，还比版式的美化，版面呈现就是资讯、气势、态度，编辑部对新闻题材的态度。这次G20的报道，可以总结的地方很多，我只简单地提了一下版面的呈现，尤其是头版的呈现，在互联网资讯发达的时候，版面呈现代表了新闻的再造，体现了编辑部的观点，这个是互联网不具备的。

（十）元旦期间版面语言体现羊晚功力

《周会纪要》【2017】第1期 1月5日

回顾一周《羊城晚报》的版面呈现，我深有感触：任凭互联网、移动端的迅猛发展，但像《羊城晚报》这样一张高规格、高质量的报纸，将会有更长远的发展前景。作为一张积淀多年的报纸，《羊城晚报》经过专业人员的精挑细选、精细打磨，把最精确、最重大、老百姓最需要的新闻，通过文字、图片、版面语言集中呈现而成。它的配图、美化元素、色块、标题等等，呈现本身就有信息量。而这些版面呈现的张力，正是移动端所不具备的。跟这样一份报纸相比，移动端未经筛选的庞大信息量，阅览过后最终是水过鸭背（意思是比喻事过之后没有留下一点痕迹）。反观《羊城晚报》任凭风吹雨打，仍基本保持内容、格调，悦读、耐看！我坚信，作为这样一张经过专业选择的报纸，在不久的将来，读者终会回流。

三、图片编辑是报纸“美容师”

（一）“亚运之光”主图照片的艰难选择

【2010】11月12日（补记）

广州亚运会开幕当晚，要闻部和美编室编辑了三个头版跨版，每一个版都设计得很大气、精彩。

有一个版用的是摄影记者郑迅从直升飞机上俯拍的海心沙开幕式主会场灯火通明的照片，小蛮腰五光十色，立在画面的左侧，分外妖娆。

还有一个版用的是摄影记者黄巍俊从临江一幢高楼上拍摄的猎德大桥上烟花爆开飞射四溅的瞬间，流光溢彩，充满激情。

第三个版用的是新华社记者用仰角拍摄的火炬手从水中上岸、高举火炬进入开幕式主会场的大写镜头，亚运圣火与主会场灯光交相辉映，烘托出广州亚运会即将开幕时那种神圣而激动人心的氛围。

当晚，值班老总、编辑中心值班主任、图片总监、要闻部主任和编辑一起坐下来讨论，对比分析这三张图哪一张更能体现广州亚运会开幕式，两个多小时都争执不下。空中俯视海心沙那张虽然有海心沙开幕式主会场全景和小蛮腰，可图片是彩排时拍摄的，不真实。猎德大桥燃放烟花虽然画面绚丽，角度也是独家的，但开幕式主会场场景缺失，有遗憾。最后，我力主选用新华社记者拍摄的那一张，画面一反所有大型运动会开幕式惯用的隆重、热烈的场面，画面很宁静，表现的是火炬手从船上登岸后缓步走向海心沙主会场的瞬间，读者可以强烈感觉到全场观众都屏住呼吸，静静地注目着火炬手走入会场、走向火炬台，更加突出了“亚运之光”的庄严和神圣，也与“亚运之光　花城之约”的主题非常吻合。所以，对头版主图的选择是大有讲究的。

广州亚运会开幕式报道跨版版面

以上两个为预拼版，再三比较后最终并没有采用

羊城晚报 30

天宫一号成功入轨

中国迈向空间站时代

21:36 天宫一号入轨

21:28 帆板展开正常

21:26 天宫一号与火箭分离

21:20 整流罩分离

21:18 一二级分离

助推器分离

21:16:00 点火发射

"纳沙"强悍

豪车超模星光熠熠

广东九家银行违法多收20万

"达人"征文写你眼中鲁迅

黄豆酱

羊城晚报 29

天宫一号今晚飞天

昨日已完成推进剂加注，今日21时16分至21时31分择机发射

民警飞身拽住跳楼女

"纳沙"逼近，未来三天广东风大雨大

汽车嘉年华后日琶洲开幕

黄豆酱

广州恒大提前夺冠

运营信号停电中断人工调度有人出错

羊城晚报品牌价值 92.55亿

公交车今起重进南雄市区

农场主向政府索赔1700万

"失足才女"竟是已婚男

头版主图不要设固定模式

（二）头版主图不要被框定

《周会纪要》【2011】第37期 9月22日

改版之后图片新闻的专版没有单列、定期，但有精彩的、有视觉冲击力的，可不受版面篇幅限制。改版之后的头版主图要有四栏，框定了它必须具有一定的冲击力，所以难选。个人认为目前是否太拘泥于头版必须天天有四栏照片，是否可以根据每天的情况，有好照片的做四栏，没有好照片，可以不用，要闻部值班主任、图片总监要解放思想，可以通过图片拼接、图表、示意图等形式的运用，诸多新闻元素的组合将头版图片拼接起来。这个想法供值委、要闻部值班主任、图片总监进行探讨。同时也鼓励记者多往外跑，开阔视野。

（三）再谈头版主图运用

《周会纪要》【2011】第39期 10月13日

今年改版以来我们十分重视头版的主图运用，虽然有所改进，但还是存在问题。建议每天头版要有专门的设计力量，加强头版图片的创意设计，图片总监、值班主任、值委对头版主图负主要责任。在现有的基础上，要加强新闻漫画人员及3D人才的培训。需要购买的3D软件可按程序报批。

（四）严格图片审发流程

《周会纪要》【2017】第17期 5月4日

所有的稿件、图片必须走规定程序，新闻类稿件图片要经过图片总监，广告类稿件要经过品牌运营中心，对于APP直播、漫画等特殊情况，我们具体问题具体分析，尽快出台相关规章制度，严禁“体外循环”，严禁私自绕过既定程序随意签发。对于目前开通的一些违规账号权限要立即封禁，严格确保采编流程合法、合规。对于某些特殊需求的，需要经相关分管领导批准，谁批准谁负责。各部门要再次严肃重申这个原则：一切稿件、图片必须进系统，一切必须进“笼子”。

（五）如何有效利用图片

《周会纪要》【2014】第35期 9月18日

《羊城晚报》的摄影记者有一些绝活，尤其是跟警方合作，很多都是独家新闻。刚才蔡惠中所讲的中国晚报网的例子确实好，提的建议也非常好，我们的编辑部门要学习。互联网时代写1000字的内容，不如两张图，图上配几百字，其传播效果和传播距离强过纸媒的1000字，读图时代就是这样。记者拿到好东西固然要表扬，但是这些图片是不是要全部都放上互联网，报纸上留不留？留什么？不放上网，人家不知道《羊城晚报》有好东西，全部放上网，水印一擦就没了，白给人家，我们应该思考如何有效利用好图片。

第二节

不断创新出报流程 实现高效新闻生产

一、采编周会是羊城晚报的优秀传统

（一）为什么每周要开采编周会

《周会纪要》【2012】第12期 3月29日

我对最近一段时间的业务会比较满意，要闻部、值委不但总结一周的报道，还提出一些问题。几个采访部门的主任，在谈一周部门工作情况时，既谈成绩也谈不足，还有对一些问题提出思考，保证了采编周会的高质量。一周一次的采编周会确实要围绕采编工作中出现的问题进行讨论，这种风气应该延续下去。在座各位都是《羊城晚报》的精英，长年在采编一线打拼的专家，都会横比纵比，既看到自己的长处，也会同其他媒体相比发现短处，研究改进新闻采编工作，迎头赶上。

（二）周会上要有各种思维碰撞

《周会纪要》【2014】第14期 4月17日

大家可以谈一谈自己领域的变化以及《羊城晚报》的应对策

略。将来如果全国互联网门户网站采访权放开，这一政策将对《羊城晚报》等纸媒有什么影响，对金羊网有什么冲击？南方网准备与整个南方报业整合一起，金羊网要密切留意这些动向。如果出个题目“谈一下南方网合并之后的利弊”，或者“假如《羊城晚报》提价有什么利弊”等，都可以在周会上大家探讨碰撞。这方面新闻研发部做得比较好，这些年坚持做报业市场分析，收集广州地区6家报纸每天出版数、广告数等基本数据，一周一分析，半年一分析，全年一分析。对国内相当一批的学术杂志，与我们直接有关系的一些研究文章，摘要或者全文收集出来给我，对工作很有启发。广告公司每天把广州地区6家报纸的所有广告的面积、行数、是否独家等信息发给我，一周再有一个综合分析，这些数据、分析对晚报的发展都很有帮助。我们提倡各个部门既要“埋头拉车”也要“抬头看路”，这样才能有助于我们走正确的发展道路。

（三）开周会要敢于提出批评意见

《周会纪要》【2014】第47期 12月18日

本周周会开得好，两个值委，中心主任总结很详细，各部门主任的部门业务总结也谈得很好，我们羊城晚报采编业务周会是同城新闻媒体延续时间最长、研究业务最好的。

这段时间，整个报社采编运作气势非常好，本周这么多国内国际大事，从指挥、调度、版面安排、标题设置、后续追踪等都没有问题，指挥系统比较健全、顺畅。“导盲犬”的报道虽然做得不够好，但更欣喜的是，我们能够通过与同城媒体对比，发现我们的不足，敢于提出问题，包括批评，对事不对人，这样才能避免类似事情再次发生，只有这样，才能达到研究业务的氛围，才能群策群力办报。

（四）如何将周会的精神传达到部门里去

《周会纪要》【2016】第46期 12月15日

有些问题，提出来跟大家商量。一个是大同酒家关门，“老字号”的新闻，《新快报》做得比我们晚，但是做得比我们深，《新快报》做了好几个版，它是以大同酒家关门的个案探讨广州“老字号”生存问题。我看了感觉羊晚的报道在这方面比不过《新快报》。

经济部、广州部可以进行业务探讨，与《新快报》的报道进行对比。我反复强调，我们周会上大家谈的问题，分管老总、值委、中心主任，总编辑和主持会议其他领导总结的一些意见，希望各个部门回去开业务会的时候，把会上的内容进行讨论或者议一下，传达一下。

我私底下做了些调查，有的部门没有做这个工作。在自己部门业务会，报社周会上讲的内容，介绍了没有？有些业务探讨和部门有点关系的，说了没有？有的部门没有做这功课。我还是建议，各部门的业务会，要传达报社周会的一些精神、一些观点、一些业务上的探讨，尤其是和你的部门相关的内容，各部门业务会上花10分钟、8分钟时间，由部门值班主任或者主任主讲，让大家议一下。

比如刚才讲，同样是“老字号”，广州部、经济部做的和《新快报》做的，我们哪些好，《新快报》哪些好，或者不如我们。我建议不仅仅我们在这里开会的部门主任、值班主任，所有采编部门的同志大家都来思考。不能开完会就算，那这周会白开了。

目前，羊城晚报采编周会质量很高，但是怎样持续下去，建议部门花点时间，包括一些业务探讨，一些注意事项，在部门业务会上认真研讨。

还有一个题目，本周最大的新闻，是南都做的“个人资讯泄漏的调查”，当然所有的门户网站都刷屏了。《羊城晚报》多少年没有出现这样刷屏的新闻了，我想了一下，和南都这条有点类似的，就是我们当年做的“灵修”的报道。

《羊城晚报》缺这种在网络上让人眼前一亮的刷屏新闻，虽然南都现在版面越来越少，走的人越来越多，但深度调查的功力仍在。去年他们做的高考替考的新闻，横跨几个省，一直追下去，再早一点关于孙志刚的报道。类似这样的深度新闻，我觉得值得各个部门主任认真思考。

（五）今天的批评，是为了将来站上冠军舞台

《周会纪要》【2012】第17期 5月10日

要闻部的总结越来越全面，大家畅所欲言，各个部门介绍情况没有仅仅评功摆好，而是探讨问题，非常好。可以表扬与自我表扬，更重要的是与同城五家报纸对比，找出自己的差距，找差距是为了赶上这五家报纸。今天的批评、自我批评、部门间的相互批评，是为了我们将来站上冠军的舞台上好好自我表扬。站在这个角度看，无论是评报，周会上的议论、批评，包括我的点名批评，都是为了这一个目标，而绝不仅仅是批评哪一个记者、编辑、部门主任，这样业务会的水准就会不断提高。

二、如何报题是门管理艺术

（一）值班老总就是当天新闻采编的最高统帅

《周会纪要》【2014】第42期 11月13日

珠海航展往年主要是珠海站报道。今年是空军建军65周年，我就按往年一样批给区域部去做。我承担责任，没想到这次航展让行家大饱眼福，我没有协调好这个关系。另外，区域部在采访中发现这么多亮点，这个资讯非同寻常，这个时候应该通过值班主任的渠道反映上来，这是缺失。珠海不远，又有

手机、微信等，应当在采前会把资讯反映上来，让值委拍板。刚才海利总讲像这样的大事，事先指定一个部门、一个负责人来牵头，实践证明是最好的。但这次航展的地点在珠海，航空领域的采访在经济部，部队报道又在政文部，图片在摄影部，众多党政高官参加，这方面又属于政文部范畴，这是个典型的“跨界”大活动。关起门来讲，我们有失误，首先我没意识到这次航展这么重要，没有指定一个相关副老总、社委分管。其次区域部上传下达得不够，这种重大事情，新人没有能力驾驭，军委副主席、空军司令都参加，前任政治局常委参加了，书记省长参加了。我们要通过这次的报道好好总结一下沟通汇报机制，不仅是区域部，以后发现这种情况，要及时沟通和汇报，在没有明确指定哪一个人、哪一个部门负责的情况下，由值委全权负责采编调度。由值委拍板，不需要再请示。采编部门都要明确，值班老总就是当天羊城晚报新闻采编的最高统帅，由他来裁决，除非事先社长、总编、分管副总有布置，如果没有，值班老总就担起总协调的责任。但值委拍板和裁决的依据是一线值班主任、记者、编辑要提供准确资讯，才能形成一个环形的链条。

（二）采前会值班主任如何报题

《周会纪要》【2012】第6期 2月16日

现在报题，值班主任大都停留在有什么题目，要闻部对这个题目有没有兴趣，能给多少版面以及什么时候交稿的层面上。这只做了报题的一半工作，要提高报题质量，就要把其中的亮点在采前会上“碰”出来。本周的采前会有很多这样的碰撞，很多稿件就在采前会上拍板，不单要做，还要突出大做。大做之中要突出什么点，这个点按照新闻的行话说就是“新闻眼”，假如采前会能够把这个新闻眼“碰撞”出来，就很好。当然，不是所有的题目都容易发现这些新闻眼，所以恳请各位部门主任、值班主任报题要摸得细点，勤快一点，多问几句，这点太重要了。现在这个采编沟通平台，是目前来讲最好的渠道和途径。所有参加采前会的人员必须起到值班主任的作用，这点不能含糊。参会人员摸题要摸得全面、摸得准，要有自己的基本判断，要把要闻部、值委以及其他人的意见反馈给记者，这才叫完成任务。不管谁来参加采前会，要求都不能降低，采前会的要求一定要落实。

（三）各部门主任发挥承上启下的作用

《周会纪要》【2013】第2期 1月17日

好文章、好策划，有赖于各位部门主任承上启下的作用。一个好的新闻线索，不管是记者、编辑，或者部门主任发现的，怎样立体跟进、谋篇布局，怎样深挖、穷追猛打，怎样去善后，警醒社会，需要集团领导敢于拍板，更需要各位中层领导，包括要闻部的值班主任和编辑，发挥承上启下的纽带作用，把好的点子与策划做丰富、做深。本周在这方面做得不错，值得我们骄傲自豪。

《羊城晚报》在大仗、硬仗和重大突发事件来临时，报道精彩纷呈，这是中层干部的新闻判断和把握起了非常重要的作用，在这一点上很感谢大家，也希望大家发扬下去。

（四）采前会定了选题记者没完成怎么办?

《周会纪要》【2013】第23期 7月4日

采前会定了选题，记者不去采访，有两种情况，一种是题目可能定得不准，记者采访不到或是选题与实际情况不符；另外一种是记者觉得不是新闻，或者觉得采访有难度，干脆就不做了。如果是第一种情况，一线记者要多与编辑部门沟通，要有反馈机制；假如是第二种情况，编辑就要跟采访部门主任沟通，让部门主任做一个更细致的调查、评判，如果是记者懒惰或凭个人判断不去做，就要提出批评。采和编有矛盾不奇怪，要多沟通，就事论事。业务问题可以探讨，态度问题就要批评。

（五）要保持优质新闻生产能力，必须避免这些问题

《周会纪要》【2012】第36期 9月20日

最近版面上呈现的稿件质量不尽如人意，这里面存在几个问题。

第一，采编沟通不畅。原因之一，是采访部门值班主任不够负责任，收集材料不全面，有的部门在采前会上没有题目可报或者只有两三个，不是真的没有题目，而是值班主任没有收集。原因之二，采访部门的值班主任对线上记者的题目内容没有全面掌握。采访部门的报题会，大家一起议论，值班主任提出指导意见，在部门里先形成一个基本共识，然后再提出来供编辑部门、值委、老总以及其他相关部门一起来研究。

第二，采访部门内部的报题问题。采访部门一周只有一天集中报题，对记者的指导就来不及。主任、值班主任要给记者一个基本的指导，要利用各种时间经常议一议各种采访题目；记者平时在外采访，也要争取时间多回报社，及时跟主任、副主任沟通自己在一线采访的东西，以及了解报社现在对哪一类东西比较感兴趣，比较想抓。各采访部门主任副主任都肩负着培养记者、指导记者的任务。

第三，要闻部编辑问题。要闻部将来要设立要闻编辑部、政文编辑部、经济编辑部、广州新闻编辑部、财经新闻编辑部、大事件编辑部等，一个编辑针对一个专业有长期的、中期的题目。但是现在要闻部远远做不到。原因一是要闻部现在人手严重不足，不能保证所有的编辑一个星期可以休息两天；原因二是要闻部现有的编辑，相当一部分是没有经过采访部门记者岗位锻炼的。整个编辑系

统的水准，尤其是专业领域的水准，需要提高。

第四，记者写稿的问题。一般的新闻可以用单纯叙事写消息的手法，但在时政新闻或别的新闻中有现场感的时候，可以用特写的手法。用特写的手法，就是要把记者赶到一线去，现在有些记者写东西缺乏现场感。

虽然目前报社的采访力量、编辑力量都不足，但我们要一点点、一步步地去做，早做比晚做强。晚报的任何一点改革，任何一点突破，都是不容易的。报业发展、报业竞争到了这个时候，你不适应这个社会，就要被社会淘汰。

各个采访部门主任负起责任，从培养记者开始，加强报题，加强指导，加强和要闻部的沟通；编辑部门，在现有力量、人员的基础上，研究怎样提高素质，怎样提前介入、提前指导，利用各种各样的编辑手法来强化版面；怎样每天从记者稿库、新华社稿库里慧眼筛选出一些抢眼球的东西。

（六）加强指挥统筹　实现精准投放

《周会纪要》【2013】第30期　8月22日

定位问题。羊城晚报要高举“民生大报”旗帜，但不是不注重时政，而是要从民生角度做时政报道、文化报道，探索一条办民生报纸的路。

协调指挥问题。《羊城晚报值委和值班主任值班职责》第二点明确值委的职权，就是面对重大突发事件，临时调整版面。对省内重大突发事件，组织、指挥采访力量前往现场；对国内重大突发事件，可向总编辑提出采访力量安排的建议；对境外重大突发事件，可向社长、总编辑提出采访力量安排的建议。

指挥统筹问题。各个采访部门的值班主任、要闻部值班主任就是统筹人，职责就是沟通记者、编辑做好相关报道，履行统筹的职责。政文部林洁，在报道省“两会”期间，本部门记者所写的稿都经她统一修改，跟要闻部密切沟通，起到了值班主任的作用。

《羊城晚报》记者、编辑每天辛勤劳动体现在版面上，但各方的努力最终还是要市场认可才有效。因此，要闻部要大胆砍稿，挤掉水分，腾出更多的版面给好看的、独家的稿件。编辑要树立以市场满不满意为导向的观念，不要怕得罪人，怕这怕那，结果谁也不满意。记者不仅仅是要完成工分，更要写出市场认可、百姓满意、给晚报添彩的文章。

对于新人，要多花心思培训，对业务上比较拔尖的“80后”“90后”要特别栽培，将来他们就是羊城晚报的“特种兵”，版面及打分都要多向他们倾斜。

定版会问题。值委、要闻部值班主任尽可能在下午4点30分的定版会上把报道内容定下来，可用还是不用，大致在哪个版面，稿件的侧重点在哪，让记者心中有数。当然，要闻部也要讲清楚上级部门随时都有通稿及指定动作，版面只能定下大概模样。

（七）编辑中心每天点题制度非常好

《周会纪要》【2016】第45期 12月8日

这个制度体现了编辑中心主任值班制的优势。有早、晚班值班总编还有编辑中心值班主任，每天三个会把相关部门都捏在一起，这种整合的效果非常明显。很多题目记者的眼光和视角或许会有局限，经过部门值班主任的掂量，放到采前会、编前会来评判，就会好很多。昨天国家把中医药发展上升到国家战略，这本来是一条通稿，但我们昨天补了两条，这个报道就比通稿更加丰富细致。这种协作虽然花了不少精力，但取得了良好效果，虽然目前还有一定的缺陷。丰西西（注：羊城晚报政文部记者）的稿件《广东到2020年全面消灭疟疾》，《羊城晚报》之前做了很多青蒿素的报道，发这条稿件应该把之前的报道带上。由此可见，咱们缺乏一点整合。刚刚羊城派报出的转载量，首选独家，独家的信息源、观点视角、整合统筹都可以称为独家新闻。不光内容，标题也可以做成独家，我们需要把握独家新闻的广义概念。总之，让读者能有陌生化体验，就已经达到了独家的目的。

羊城晚报的编辑中心点题制度，在广东新闻界也是少有的。各部门坐在一起谈题目，采编部门把资讯放在一起讨论。我们从机制上保证了采编大平台的运转，使得全媒体指挥中心每天都发挥着它的效能，大家值班很辛苦，但换来的成果已经看到。我们还要继续努力，争取更大突破。

（八）建立部门值班主任职责制度和记者编辑交叉轮岗制度

《周会纪要》【2017】第7期 2月23日

周会就是个发现问题，解决问题的平台。今天的周会，就报社目前的情况，如何加强配合，大家谈了很多具体的做法，提出了一些思考。在当前媒体融合的大环境之下，面对大量的移动端、自媒体，传统媒体如何经营好自己原创的深度报道。兆均的发言对我们很有启发。

要闻版后面的各个部门的专题版块，有些珍品拿到要闻版，但大部分是拿不到要闻版的，因为拿了之后没有内容可填，所以原有版面的策划不动，但是可以采取几个保障措施，一是加强报题，二是组织改写。现在后面各个部门的专题有好内容，往往采取导读，但有时候单纯一个导读标题不够，可以提炼几百字放到前面，既充实了头版，也真正起到导读的作用。这种提要式的导读，既可以要闻组织写手改写，也可以由要闻点题由相关部门改写。

两点建议：一是建立部门值班主任职责制度，对值班主任每天的工作进行具体量化：必须看本部门记者原稿，必须浏览本部门分管领域线上官网、各大门户网站、中央政府网站、相关的报纸及网站等；二是建立记者编辑交叉轮岗制度。最近区域编辑部各记者站的记者轮流回来参加编辑工作，接下来在有条件的情况下，其他部门也要逐步分批轮岗，没有当过记者的编辑去做记者，没有当过编辑的记者换着做编辑，副刊版（包括娱乐、专刊等）的编辑轮岗到新闻版等。请相关部门落实。

（九）加强采编沟通 对内容生产采取“下单制”

《周会纪要》【2018】第22期 6月21日

围绕价值判断，沟通机制要打通：采前会、编前会上要沟通，围绕一个新闻，报题报上来了，指导记者做什么？从哪些方面做？新媒体做什么？纸媒做什么？采访做一些什么？编辑做一些什么？评论做什么？哪些方面要突出处理？文图、音视频该如何配合？这个上传下达的沟通机制要做到非常畅通、高效。

确定下来，部门主任就要按中心主任、值班总编的指示下订单给记者。指令要非常清晰，像这次我们考察学习国际上一些一流媒体的做法，对内容生产要采取“下单制”，进一步提升羊晚内容生产的质量。

三、准时出报是条生命线

（一）夜班版面重签的流程操作

《周会纪要》【2012】第27期 7月19日

夜班版面全部签发完毕、当班值委下班后，如发现版面有问题必须重签的情况，版面重签流程操作如下：（1）如系重大政治问题需重签版面，当班值委必须无条件立即重签；如系特别重大政治问题，当班值委必须当即向总编辑报告。（2）如系一般问题需重签版面，当班值委可委托相关部门主任（或值班主任）代为审读并重签相关版面，但最终责任由当班值委承担。（3）为减少下班后可能因重签带来的不便，确保安全出报，全部版面签发完毕后，由值班主任留守半个小时，以防意外情况。要闻部的值班主任或一版责编在全部版面签发后轮流留守半小时，视觉新闻部安排一名值班美编留守半小时，以防可能的版面改动。

（二）如何避免迟交版

《周会纪要》【2013】第23期 7月4日

本周晚班迟交版50余个，几乎全是特批，对要闻部提出批评。值委、要闻部都要严格按照出报流程出报，晚一分钟就要受罚，不能特批。迟报无非四种原因：一是通稿来得太晚；二是领导抽稿换稿；三是记者迟交稿，采编沟通不到位；四是个别编辑手脚慢。原因可以倒查，是要闻部编辑手脚慢的，就扣罚编辑；如果责任不在要闻部，就查记者交稿准时率和成稿率，要闻部和采访部门都有责任，都要从严。要闻部可以把那些成稿率低的记者稿件，交给部门主任，让主任教育记者提高业务水准；对记者迟交稿又没有跟编辑部沟通的，也要把情况提交给相关的部门主任。要把迟报问题压下去，给发行争取更多的时间。

（三）再谈如何有效避免出迟报

《周会纪要》【2013】第35期 9月26日

为了合理利用印刷设备，节约成本，从10月1日起严格执行出报流程，并执行新的迟交版扣分规定。新规定取消值委和分管领导对迟交版面的特批权限；取消迟交版10分钟以内不予扣分的警告期；值委为准时出报总责任人，版面责任编辑、美术编辑、校对以及值班主任、广告公司负责人均为准时出报责任人；记者漏报题造成迟交版，记者一同扣分。

推迟出报原因很复杂，比如当天新闻抢不抢等，决定权在编辑、要闻部值班主任和值委手上，该抢的新闻还是要抢，该有的内容还是得有，我会酌情考虑给予少量的特批。但是要求：1.各采访部加强报题，记者要提高稿件的成品率，特别是当天新闻预留稿；2.要闻部编辑在征求值班主任、值委后要果断拍板，这条稿要还是不要，大概多少字，要有明确的答复。出报要准时，但也要有可读性。

（四）准时出报非常重要

《周会纪要》【2014】第8期 3月6日

本周几次特殊情况的迟报都特批了，但迟报对发行工作是致命的，从下周开始，当天新闻除了全国"两会"闭幕那天总理招待会之外，严格控制在12点前签版，不然对发行工作影响太大。晚上的交稿时间也要抓紧，一般的动态稿要赶紧写赶紧交，只有那么少数几篇把握不准，或要审稿，或不清楚应该做多大的到最后来协调，不能都等版面安排出来之后才写才传，那样非迟报不可。准时出报非常重要，迟了没人给你送报。

（五）如何治理记者迟交稿的严重现象

《周会纪要》【2011】第18期 5月12日

关于要闻部反映记者迟交稿严重的问题，情况比较复杂，涉及是否能够掌握信息的问题，也有获取信息及时与否的问题，也有对信息判断是否准确的问题，也有各采访部门值班主任上传下达信息是否全面的问题，这些都是客观情况。应该通过周会强调这些问题，以起到两方面的作用：一是加强对记者的培训，努力让记者成熟起来；二是要教育采访部门值班主任，做好上传下达工作，为采编做好进一步沟通起到桥梁作用。迟交稿问题从流程改革以来都比较严重，希望采访部门主任严格要求记者准时交稿，不要影响编辑部门编版流程；另外，流程改革以来，采编队伍经过一段时间的运作都不同程度出现人力不足、人员疲惫的问题，但也希望大家相互配合相互理解，共同度过非常时期。

（六）拿记者原稿与见报稿对比分析

《周会纪要》【2013】第4期 1月31日

各部门主任、值班主任对重点稿件、舆论监督、重点敏感话题、当前的热点、涉及方向与政策的稿件，要看稿审稿，这一条绝不能放松。

采访部门的业务会，直接拿记者的原稿与见报稿进行对比，分析原稿中的硬伤，可避免业务学习空泛而谈。要闻部的业务会，也要拿稿件对比，除了写稿与改稿的对比，也要跟同城媒体比。采访部门主任发现编辑改稿改得不对的，要及时反馈给要闻部主任，既可供要闻部开业务会提高水准，也可避免记者、编辑的隔阂。

（七）记者要改变“我写的稿就得用的观念”

《周会纪要》【2015】第44期 12月10日

讲到底，还是有些记者、编辑观念没转变过来，我写了稿你就得用，我收入低了，就要吵，你就得给我。报社当然想给你，问题是，报社给了你，谁给报社呢？报社的锅就这么大，报纸的版面就这么少。假如今年《羊城晚报》的收入和去年持平，没有减你的收入。拿到这份钱的时候，你有没有惭愧，你为这个报社做了多少？我请各位主任回去跟大家商量一下，齐心协力共同承担我们该承担的责任，在这样的环境下同甘共苦。

（八）比互联网的稿还好看的稿才是好稿

《周会纪要》【2015】第44期 12月10日

最近这几个月，各个部门的记者很纠结，完不成任务的比较多，今天请各个部门主任回去对每一个记者、编辑吹一吹风，不能再像过去那样写稿、交稿。你还是那么写，你还是完不成任务。

要转变观念，报纸版面在减少，用稿的标准改变了，评分的标准改变了，这个力度还是很大的。现在剩下的一些名额，分打不出去，这个钱不会“分猪肉”。记者写出好稿，要加倍给分。过去经营环境没有这么恶劣。现在我们面对互联网办报，不仅仅是面对广州这五大报。实际上面对互联网办报的核心含义，就是比过去面对五家报纸办报写的文章、编的版面要求更高。现在很多记者交了稿，上不了版，完不成任务。不是报社领导、值班领导、中心主任和记者过不去，你写的每一条稿、发的每一个字要有效益，否则你写了稿白写，编辑白编，报纸白印。说的不仅仅是经济效益，而是要有人看，要有流量，要有人关注。要比很多互联网的稿好看、有深度。

（九）如何协调采编矛盾

《周会纪要》【2014】第17期 5月15日

采和编意见分歧是正常的，要闻部编辑在约稿时，要注意加强沟通；用稿有分歧的时候，采和编一起坐下来，摆各自的理由，共同讨论。业务会上就应该有问题当场提出来，对事不对人共同探讨，共同解决采和编之间的矛盾和分歧。

（十）如何避免重稿现象

《周会纪要》【2014】第22期 6月19日

表扬体育部、车间、校对及时发现重稿问题的同事，要适当奖励。遇到大事发生时，各部门都积极做新闻，这是好现象。但羊晚有些版面切割不是很精确，有时做新闻不一定分得很清放在哪个版好，理论上讲，写出来的稿只能归入一个版，但有时候有些稿放在几个版都合适。值委可以做一些协调，以最优化的方法归类。比如某篇文章三个版都适合用，但相对来说会有一个版更合适一点；此外，用归类的办法，突出同类项合并，比如财经版做了一点，广州版做了4条，这种情况下人为地调整一下，放在前面相对集中的位置，对广告客户、对读者阅读都合理。

为避免重稿现象，再次提倡认真报题，强调部门值班主任要发挥好作用，来开报题会后要把相关信息传递回部门，不能只派人来开会，但效果不到位。足球世界杯期间，娱乐部、体育部、广州新闻部要主动相互协调，要闻部值班主任要把好最后一关。美编室签版后挂出来让大家看到，这是一种办法，但更强调的是在没有签版前的协调沟通。

（十一）抽稿是为了更优化版面

《周会纪要》【2014】第29期 8月7日

要闻部、中心执行主任、值委要下决心，该抽的稿还是要抽。“交警罚人直视大灯”区域部与广州部有不同的做法，应该放在值委层面来协调。强调沟通机制，要报题，要送样。规章制度有了，部门主任工作有没有到位，有没有落实制度。就

“交警罚人直视大灯”这条稿，广东版、广州版报道各地的做法有道理，但都是同一类新闻，按理应该调到要闻版。

我们强调报题，值委看到合适的题材，就要调来放要闻版。各部门的策划也要跟要闻部尽早沟通。

下一步还有定额管理的改革，被抽了稿，贡献给了要闻，可以加分，体现版值、分值不一样。目前新旧机制还在不停摸索完善之中。

（十二）应规范使用地图

《周会纪要》【2014】第39期 10月23日

之前讲到的地图使用的问题，海利总明确说了，我们是有规范的，只是没有按规范做，上星期差点出了问题，我让出版流程部查了，实际上是没按规范做，编辑怎能自己随意从网上拿地图用？在这方面我们栽过跟头，总编室也专门出台了规范。“地图上台湾在不在、南沙诸岛在不在、钓鱼岛在不在”等这些都要细致，因为有的编辑太年轻，不知道其中的陷阱。因此，我们再次重申，地图把关统一归到图总。我们可以专门到地图出版社找一套标准的行政区划图，还要再找一套地形图备用。这个问题我反复讲过，但还有编辑在网上下载图片，这种做法最低限度是侵权，一个版面七八张图片，都没有出处。类似的情况各部门主任要对编辑进行教育，再出事就照章处罚。报社已经有很严格、清晰的相关规定，希望编辑、记者都认真看看“采编工作守则”，以后流程上再出问题就很不应该了。

（十三）用精采精编内容留住读者目光

《周会纪要》【2015】第5期 2月12日

目前报纸张数减少了，但文章相当一部分仍有水分，以互联网的内容为参照，我们报纸有很多重复的东西，说句很不客气的话，一些记者不出去采访，利用互联网、微博、微信，再打两个电话，就能写出一篇两三千字活灵活现、所谓的现场报道。

版面到底该如何精编？凡互联网有的面上的东西，我们就不重复做了，记者要用发现的眼光探究问题，写出深度，写出带分析性的文章。《羊城晚报》一直以来有这种传统，也具备这样的优势。互联网时代，这么一张传统大报，应该坚守这一点。尽管这样做会很苦，你要多番采访、反复改文章，见报也就几百字；而别人都不用外出采访，就写出几千字文章。但在这个社会，老实人最终还是不吃亏的。羊城晚报几十年老老实实办报，在互联网的挤压下，品牌影响力、口碑及广告发行还能逆势上扬，这跟大家认认真真办报、写文章、编文章是离不开的，诸多商家、政府官员、企业主，均表示《羊城晚报》耐看。

一张报纸在互联网时代让人觉得有用，留得住目光，这就是一种成功。尽管纸媒的硬广都在下降，但别忘了广告市场还在。我们争取用三五年时间重回华南第一大报地位。这不是吹牛，请大家抱有这个信心。过去一年，咱们多花一倍努力，争取到了年终奖普涨。下一年，我们继续努力，争取年终奖再上涨。请各位精心编好这张报纸、编好每个版面，工作上别对付。

四、管理出效益 制度堵差错

（一）奖金调整数要真正奖勤罚懒，不搞平均分配

《周会纪要》【2012】第14期 4月12日

本月发放采编人员调薪工资，各部门主任手上都有一笔可以调整的费用，强调一下：希望各部门主任真正奖勤罚懒，拉开差距，不搞平均分配。

另外，总编辑手上也有一笔调整数分配给各部门，我按以

下五条标准分配：

1. 工作质量（差错率、准时交版率）。

2. 工作强度（是否上夜班、部门工作劳动强度）。

3. 部门协调（采编跨部门的协同、合作、统筹督办、公共服务以及与读者、通讯员的互动）。

4. 获得好稿、好版面的数量（指一、二等好稿、好版，1条一等好稿、好版等于3条二等好稿、好版）。

5. 工作创新（栏目创新、版块创新、专题创新、策划创新）。

这笔调整数也分到各部门，由部门主任掌握分配，同时也希望各部门不要平均分配，要拉开差距。

（二）新定额管理条例是一大历史进步

《周会纪要》【2012】第35期 9月13日

从10月1日开始试行新定额管理条例。新定额管理条例是羊城晚报历史上的一大进步，从手工操作变成机器操作，技术进步了。旧的定额管理条例实行十几年了，这次花了一年的工夫进行了很多调整，力求跟得上形势发展。新条例采和编的任务都加了很多，需要大家踮一踮脚，跳一跳才能摘到好吃的果子。新条例公示的时候，请各部门主任要把条例都细细地读一遍，实事求是、心平气和地先消化条例，多和相关部门沟通了解一下，做好部门内部的解释沟通工作。确实有不合理的地方，及时反映。新条例试行一段时间后，会征求大家的意见，作为调节的依据。

（三）如何合理调动员工积极性？

《周会纪要》【2013】第44期 12月5日

这两年是报社最困难的时期，大家要齐心协力、同甘共苦，报纸与每一位记者、编辑都息息相关。年假虽是法定假期，但如果一个月内部门有四五个人休假，影响了正常工作，部门主任就要适度协调员工的休假时间，在年末冲刺关头做好员工的思想工作。另一方面，管理层也要多关心理解员工的工作状况，今年4月至5月、9月至10月、11月至12月，广告都比较多，记者、编辑收入下降。下一步定额管理制度要细化这些方面，要协调、弹性管理，调动采编一线的积极性，尽量少受广告多的影响，编委会、职能管理部门要根据实际情况合理调整。

（四）用制度把人管理起来

《周会纪要》【2014】第7期 2月27日

值委、要闻部要拿着这些典型的案例点评，分析稿件的得失，周会、采前会、编前会都要拿出具体稿件来评讲。新记者热情高，但经验不足。可是我们的采编人员中相当一部分人日子过得太舒服。苏宁电器广州区的老总手下的所有人每天上班打卡，夜班加班1小时，第二天可以迟1小时上班，以此类推。广州区的老总打卡南京总部监督，民营企业这种满负荷劳动是绝不含糊的。下一步晚报要健全各种制度，制度的设定是假设所有人都是懒人，否则所设的制度是不成功的，要用制度把人管理起来。羊城晚报在这一点上非常人性化，管理上比较松懈。

（五）健全休假报批制度 以防走漏新闻

《周会纪要》【2014】第29期 8月7日

昆山爆炸，我们没有派人去，当时想把上海站的记者调过去，可惜上海站记者关键时刻休假出国了，但休假报告中没有说明出境。

各部门主任要重申纪律，健全休假报批制度，按照国家法定允许休假，但要注明出省或者出境，出境的，科级及中层正职（含正科级、中层正职）以下人员报分管领导批准，副处、副职以上干部及其他需备案人员，报集团主要领导审批，报备人力资源部。比如上海站记者休假15天，这段时间上海站新闻谁做，怎样做，部门要有所准备。

下一步建议人力资源部在休假表中附设两栏：出省、出境。这关系到休假期间开不开手机，能否联系得上？有些只有一个人能做的事，只有一个记者，别人做不了，这时候部门主任要心中有数，他是在本地休假，还是在附近省外走一走。如果联系不到，有新闻发生，谁来替他做？因此，要完善休假报批制度。

（六）办报要有成本观念

《周会纪要》【2014】第47期 12月18日

12月13日出迟报那天是因为等“国家公祭日”新华社稿，中午一点半才签版。抢新闻到底抢到一个什么点上？这是很难打开的结。我们要做一个评判，迟半小时会损失什么？迟1个小时又会损失什么？得到什么？

13日那天是我决定要等新华社关于“国家公祭日”的稿，当时是想当天新闻一次过搞完，否则，没有名单，没有习总书记的讲话，第二天还要再登一次，但新华社的稿比预告的时间晚了半个小时，所以更迟了。那天是星期天，本来的量少一点，如果是周一至周五就不敢等了。

以后发行公司也要每周做一个表格，像金羊网、新媒体部那样，把每周的发行情况列一下，哪一天迟报了，损失了多少，供我们业务权衡。大家可以议一下，哪些该抢，哪些不该抢，哪些应该挤时间，哪些不该挤时间，大家一齐办报，一齐讨论。记者恨不得抢新闻到最后一分钟，再多挤一点时间，但这里面永远有一个取舍的问题，没有最好，只有更好。

现在形势严峻，采编、经营、发行都累得不行了，比平常付出多一倍的努力，这张报纸不是社长、总编辑、总经理就能办的，而是我们共同办这张《羊城晚报》，你们才是支撑整个羊城晚报报业集团的主要栋梁。

从值委、编辑中心执行主任到各个部门，这是一个系统工程，从报题的沟通，到记者的成稿率、成品率，这是一个系统。

（七）整个搬迁工作没有影响出报

《周会纪要》【2015】第4期 2月5日

参与的同志做了大量工作，整个报纸运转正常，我代表管委会感谢大家。从这两周运转的基本情况看，报纸的版面、各种大事、突发事件做得都不错。特别是广州市“两会”，得到了省委常委、广州市委书记的肯定，专门来电给予表扬，这是对我们参与报道的相关部门、全体采编人员的鼓励。

过去一年，整个羊城晚报报业集团形势非常好，搬来新的地方，眼前一亮，耳目一新，我们充满信心，2015年将是羊城晚报历史上一个新的飞跃。

（八）减版是常态，各部门主任要认清形势

《周会纪要》【2015】第19期 6月4日

采编定额如何适应全媒体需要？要摸索出一些办法，如纸

媒+新媒体、一版导读+后面展开。原来要设的头版改写编辑，可以结合改版尽快设置。

各位主任要把部门人员认真梳理一下，推荐一两个人出来合理调配。互联网时代，需要优质编辑、记者，如改写编辑的角色，就是与前方记者合作，与记者同步写稿，左边看着前方记者，右边根据可靠渠道（微博、微信、网站、电视等）整合，实现全媒体的左右逢源。

（九）保存好稿好版为评奖做准备

《周会纪要》【2015】第20期 6月11日

每年报社评好新闻时，部门报上来的目录，我们看了感觉有很多好稿、好版漏掉了。一年来报社的好新闻不至于就这么一点，有些根本拿不出手，但评委开会发现后再临时要，部门找已经来不及了。

从现在起，各部门的好版面、好稿都要保存起来。大家辛苦了一年，年底时要能拿出好东西来。明年，我们会加大力度奖励报社年度好新闻、好版面、好记者、好编辑、好美编。能够拿到广东新闻奖当然好，但由于某些条件和客观原因，有些部门可能比较难去经营一个能获得广东新闻奖的作品，因此，加大报社新闻奖评选的力度，提高奖金和荣誉度。报社内部的奖励，要好好体现荣誉和奖金，根据本报的实际情况大力提倡，鼓励大家朝这方面去努力。

（十）重建审读组

《周会纪要》【2015】第20期 6月11日

审读组的岗位要上夜班，可能辛苦一点，但待遇不错，减版后有些年纪大一点的，有采编经验的，可主动推荐。这个审读组不是临时性机构，是报社正规的采编机构，长期存在，负责报纸和新媒体的审读，作为报社其中一个把关的机构设置，对《羊城晚报》纸质版、金羊网、微博、微信的把关。审读员除了原来正常的待遇不变之外，还会有额外的夜班费、交通费，包括部分审读费。

从目前形势看，纸质版还要再适度减一些版，将来就面临着各个部门都有采编人员完不成任务的问题，将来一部分的采编人员可能会过渡到新媒体，打通纸质版的《羊城晚报》和网络版的《羊城晚报》，包括金羊网、微博、微信。一些有经验、有一定年纪的，做审读把关是一个较好的选择。对富余人员，报社有三个出口：到审读组、过渡到新媒体、扩大活动部，这些都是出口，在报社力所能及的范围内做些调整。采编、经营、活动、新媒体等都可以做一些人员的优化，现在是特殊时期，我们又采又编，又要搞媒体融合，还要去配合经营工作，大家很辛苦，过了这个时期，好日子来了，就可以安心地编版、写稿。

（十一）记者站可依托远程视频技术上培训课程

《周会纪要》【2015】第21期 6月18日

在我们人员交叉流动的同时，依托远程视频技术，不妨开通远程人员培训课程。未来该项技术还可运用到周会、报题、考勤签到等。另外，给每位采编人员发的工作手机，其GPS定位系统也可以充分运用起来，像部门例会、周会的考勤签到，运用新技术既弹性也可达到管理的目的。信息技术部看能否做好技术支持，我们尽快派上用场，向科技要管理，向管理要效益。

（十二）如何办一份有效益的报纸

《周会纪要》【2015】第30期 8月20日

活动策划部和广告部都通报了报社组织的各项重大活动情况，都取得了一定的效益。

希望主任、副主任回去要求全体采编人员，办报编版也是一种创造性的劳动。以前写好稿编好版就算完成任务，现在不行了，互联网时代，版无人看就没有效益。写稿编版就是要吸引人看的，我们要做创造性的工作，每周要有新媒体转载量的考核，下一步传统采编的内容也要与读者的阅读点击率紧密结合，质量分要靠这些数据来衡量。

转型时期，要适应互联网时代读者的要求、用户的要求。上上下下都要树立这个意识，不是写完了、编完了就有分的，点击量、阅读量上去了，才算没有白写。

如果报纸失去了读者的关注，我们就危险了。我们要想尽办法抓住读者，一是要利用互联网扩大传统报纸的影响力，二是要做出读者喜欢看的内容。前两天闲来打开电视机，央视科教频道的一个专题节目就让我不断换频道的遥控器停下来，这是个关于城市电动自行车的小专题，做得很好看、很实用，似乎成本也不高。像科教、纪录这些分众性的频道，收视面本来很窄，为什么能让我不换频道看下去？我认为一是央视有高水平的制作人员，二是他们精心地去做。回过头来看，羊晚的每一个栏目、每个版面，我们该如何精心地去做，去吸引读者？

报纸没人看，就成废纸。有天下班回家，我在环市东路走了40分钟，看一路的报摊，发现报摊现在主要不是卖报纸，都在卖水、卖漫画、卖地图，几家的报纸都塞在角落里。这是很致命的，报纸无零售、无订户，离关门也就不远了。

（十三）严格规章，严罚差错

《周会纪要》【2015】第44期 12月10日

同行最近的差错很离谱，最近中新社的通稿，我们新媒体用了出错了，有些差错不应该，校对要抓一抓。另外，总编室对这些差错一概处罚，按原来定的规章，校对、美编、记者、编辑以及值班老总，一路罚下来，没人情可讲。出版流程部以一个季度、半年为单位统计一个表，处罚的人当中哪些重复率最高，加重处罚。请总编室、出版流程部严格按规程来，报纸上、网上、微博、微信，只要发现差错，一概要罚。

（十四）今年我们还是过了个好年，风调雨顺

《周会纪要》【2016】第6期 2月18日

今年我们还是过了个好年，总的来说，风调雨顺！从版面看，琳琅满目，热闹非凡，文章的质量高，刚才几位老总也谈到了，节前准备得比较细，春运进行时、新春走基层、过年互联网+、菜价追踪、引力波，包括《食刻出击》栏目等，都很不错。过年期间，相当一部分记者没能好好休息，都在一线奔忙，写的文章花了工夫，对这些节假日在一线工作的所有人员（包括记者、编辑、新媒体和综合管理部门的值班人员）提出表扬，感谢大家的努力和付出。可话又说回来，过年过节才有新闻，过完年没啥事了，就可以休息。当然，这里面还有主动工作和被动需求的关系，从这个意义上讲，还是要表扬一线的同志，不过，也要看清现在的形势，刚才广告公司通报的数字，我听了觉得很沉重，一个活动，纸质媒体的读者参与的不多，而网络增粉就2万多人，有1万多人留言，我不知道大家听了有什么感受，传统纸媒，因投递、印刷等成本，你只能仅仅

圈定在很小的范围内，怎样与互联网竞争？值得我们大家思考。

（十五）与青年员工对话中发现的问题

《周会纪要》【2016】第44期 12月1日

本周一，总编室举办了“青年员工与总编辑面对面”活动，我和许志权、胡泉两位管委代表报社领导与一批青年员工进行了面对面的座谈。如今，入职五年内的大学生，流失率比较高，原因多种多样，但有一点就是对报社不了解。为了这个对话，总编室对2011年以来入职的大学生进行了调查，调查结果非常有意思，这个调查报告会发给社委、编委和各部门主任，让大家看看年轻人对羊城晚报的理解和诉求。座谈时，我们采取了匿名提问的方式，结果发现青年员工思想很活跃，所提的问题五花八门，有的甚至还提出在园区内办托儿所——园区内有6000多名员工，我们其实可以利用羊晚的优势，成立经营公司，为他们提供服务，从中创造经济效益。

（十六）多关心员工成长 多做业务指导

《周会纪要》【2017】第28期 7月20日

作为部门负责人，要多关心员工。报社的利好消息、利好的政策，有些员工关注得少。各个部门在周会后的宣传力度要适当增加，让员工感到，在当前严峻的环境之下，羊城晚报的发展前景、成绩、利好，可以给大家吹吹风。同时，我们面临的困难，也要给大家讲足，好的和不好的都要讲。

年轻人急于成长，急于出成果，但也需要专心致志在一个领域、一个岗位深耕。年轻人可能缺乏这点认识，看到别的地方好就跳槽了，不知道干成一件事，需要时间和经验的积累。各位部门主任，对部门里的年轻同志，要做点工作，做业务培训、交流、指导，让他们觉得在这个集体里能够成长，能够锻炼。之所以没有这样的位置，是因为我年轻，时候不到，希望多给一线年轻人多点指导，多给年轻人看到前景，生活上也多关心他们。希望你们带好队伍，带出一支能打胜仗的队伍，帮助《羊城晚报》的事业发展。

（十七）抓住时机调动广大员工的积极性

《周会纪要》【2017】第41期 10月26日

我们要利用贯彻学习十九大精神、羊城晚报创刊六十周年特刊、全国晚协年会的大好时机，趁着这个势，员工一方面是享受改革开放的成果，更重要的是看到了集团发展的方向，看到了他的努力有回报，只有每一位员工把集团发展的方向、集团成长与个人的利益、成长空间结合起来，他才会努力地工作。光靠我们在座的，累死了也干不完这些事。所以，我抓副总编辑、管委、社委、主任，把你们调动起来，同样的道理，你们让你们部门的每一个员工动起来、忙起来。有一些部门有一些记者、编辑还是努力程度不够，部门主任要合理调配部门资源，让每一个人都动起来，羊城晚报不养懒人。还有两个月，大家一起努力，通过你们的带头作用，把你们的手下每一个人的积极性调动起来，宣传贯彻好十九大精神，集团方方面面的发展将全面飘红。

第三节
改版就是生产力

一、改版不仅是换新衣 还要“触及灵魂”

（一）对改版工作进行动员

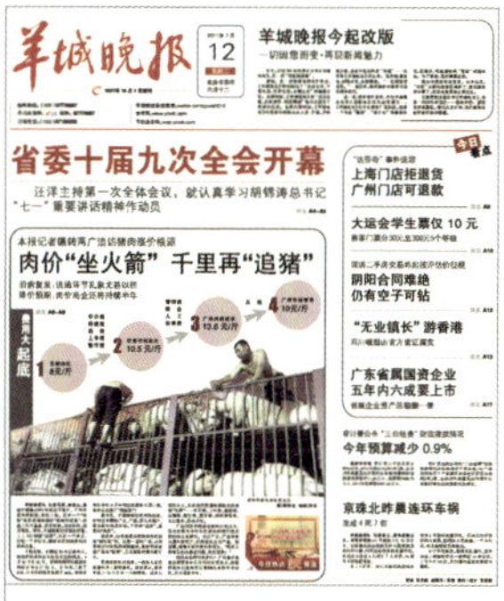
羊城晚报
12
羊城晚报今起改版
省委十届九次全会开幕
汪洋主持第一次全体会议，就认真学习胡锦涛总书记“七一”重要讲话精神作动员
肉价“坐火箭” 千里再“追猪”
上海门店拒退货
广州门店可退款
大运会学生票仅 10 元
阴阳合同难绝
仍有空子可钻
“无业镇长”游香港
广东省属国资企业
五年内六成要上市
今年预算减少 0.9%
京珠北昨晨连环车祸

娱乐新闻
B1
她们练就
小清新
江一燕：我喜欢用文学去沉淀忧伤

只有不断地改版，报纸才能充分发挥创造力

《周会纪要》【2011】第26期 7月7日

关于7月12日《羊城晚报》改版。按照集团党委会要求，已多次开会落实方案。采编部门、发行、广告、品牌运营、新闻拓展等各个部门都做了大量前期工作，这里再强调一下，希望各个部门按照要求做好自己的工作，如无特殊原因，各部门主任在11日至13日要亲自参加值班，坚守岗位，各部门发扬风格，多想一步，互相补位，不要出现工作真空地带。总编室负责协调，要闻部对整个版面总体负责。各部门如出现人员未到位的情况请马上打报告申请人手，确保工作顺利落实。

本次改版，总编室草拟了一个操作流程，对各个环节都作出了具体指引。其中，每天18:30增加召开“定版会”，各个相关部门主任、采访部门值班主任都要参加中午12点的采前会以及18点30分的定版会。虽然辛苦，但希望大家认识到目前市场竞争残酷，大家不要讲价钱，先把整个改版流程走顺。广告、发行、总编室、新闻研发部密切监控改版当中的各项数据，各采编一线部门按照流程工作指引操作，在运作过程中发现不尽合理的地方先做好记录，一个月后再进行局部微调与修订。

任何改革总要付出代价与汗水，希望大家咬紧牙关，搞好我们的二次创业，否则将没有出路。请大家管好自己的事情，认真按照规程落实改版工作。

（二）改版的成效：形成一系列新机制

《周会纪要》【2011】第28期 7月21日

改版以来，版面的整合、内容的聚合、版面栏目的定位，令人满意。

今天："姚明退役"推出两个版面的报道，体现了要闻部和体育部的配合无间，体现了大编辑平台的资源整合。现在A1—A16的版面基本可以实现统一协调整合。最近比较好的报道有："追肉价"系列及"北上广天价车位""达·芬奇追踪""唐珩的日记"；经济部的《天天315》要大家多从生活中积累线索、反映民众诉求。改版后的热议做得不错，热议五花八门，观点比较猛，有东西可看；热议可以加上"非编辑部观点"，应该要诙谐幽默潇洒。改版后的专版和副刊（花地、晚会、娱乐等）变化很大，内容重新调整，开设了新栏目，可看的东西很多。

焦点 A6
感谢这个伟大的时代
"小巨人"再启程
一小时告别 十分钟"伤感"
从上学开始 不再上赛场
姚老板投资 覆盖六领域

"姚明退役"报道体现出编辑大平台的资源整合作用

提醒大家注意：

1. 这次改版A1—A16版面资源重新调配，集中管理。这里要感谢大家的支持和配合。现在每天开两个会（采前会和定版会），大家很辛苦。要闻部还要开晚上7点30分的编辑会议，要闻部在现有人力不足情况下，工作强度加大。我们要认识到：没有救世主，发展必须靠自己。

2. 采访部门和编辑部门开好两个会：采前会和定版会。对报纸质量的提升是非常关键的。我们只要把每天的基本功做好，就能共同种好《羊城晚报》这块地。

（三）每次改版都是对采编机制、流程的重大改革

《周会纪要》【2011】第31期 8月11日

明天（8月12日）正好是改版一个月，我觉得改版在五个方面做了一些改革和探讨：

1. 版式。这是最先引起大家注意的，整体版式，每一版的版式、报眉的风格，基本栏目的调整，图片等方面都作了调整。

2. 版面资源的重新切割，搭建起大编辑平台。做了比较重大的调整，以要闻部为核心搭建起一个大平台，包括要闻、区域、广州、体育、国际，力求在一个平台整合资源。

3. 实现采编资源在一个平台上进行整合，以编导采。我觉得这个力度是很大的，作为改革，我们在这方面是下了功夫的，特别是中午采前会的质量明显提高，在相当层面上采和编融合得很好。

4. 要闻版的重新定位和调整。这次共有12个版面重新定位和调整，从要闻、热点、焦点、政文、广州、广东、中国、网事，以轻重缓急、大小搭配为原则，对版面资源作了重新调整。

5. 强化要闻部值班主任的作用。要闻部值班主任分稿是个薄弱环节，我们采取了一个具体措施，比如说由几个采编部门主任，配合要闻部值班主任共同参与值班，共同谋划，扩大视野，共同与值委讨论。还有聘请了两位资深编辑到要闻部当总监，协调管理版面和标题。

但是，改革才刚刚开始，一些调整还没有完全到位，原来设想的要闻部编辑分层次，有普通编辑和策划编辑，以编导采，把这个大平台利用起来，要通过制度保障来维护。

以上这五个方面，有些方面已经实施得不错了，有些方面则刚刚开始探索。

（四）要通过改版有效扩大报业市场占有率

《周会纪要》【2012】第37期 9月27日

最近这次改版，晚报开了珠三角版，并根据管委会的要求，提出了巩固广州市场，力争扩大珠三角，尤其是珠三角9个城市的市场。新一期的《报业市场信息周刊》，刊登了《2012年上半年珠三角综合类日报零售市场分析》，监测的范围是珠三角，这第三方的数据给我们一些思考。

当年《羊城晚报》在珠三角地区是绝对的老大，现在沦为第二，怎样把珠三角特别是东莞、深圳、中山、江门、佛山这几个经济最发达地区的发行量提高？怎样去抢回广告市场？是我们要思考的。我们的采编不能光埋头采和编，也要考虑怎样把发行量提高。当初我坚持要开四个版的珠三角版，是因为这个市场的经济总量大，9个市的经济总量是广州、深圳总量的2.4倍，光靠广州、北京、上海的广告，是有限的，不占领珠三角这个市场，提高晚报的发行量，晚报就没有影响力，我们不应该放弃珠三角这个市场。

（五）珠三角及各地方版实行切换

《周会纪要》【2013】第38期 10月24日

本月29日，珠三角及各地方版实行切换，这是按大编辑平

珠三角新闻
拿什么拯救你，我的孩子
电子义工证沦为银行卡？

羊城晚报
3公里7个红绿灯过多出行反"添堵"
新公交怎样收费 市民可"打分"决定

羊城晚报
珠海医责险年赔付超400万
捍卫生命的防艾使者

珠三角及各地方版实行切换

台的设计思路而进行的改革，当然在实施过程中也可能会出现不少问题，但是，请大家以报社利益为重，先适应一段时间，编委会会慎重考虑实际情况，不合适的随时修改，边切换边调整，请相关部门做好这一次交接工作。

（六）改版需更加精细化耕耘

《周会纪要》【2014】第1期 1月2日

关于三个版本问题、改版后的评价问题等，先运作一段时间，梳理一下，再一步一步来解决。六七月份搬家后，同时启动大编辑平台，到时机构会调整，版面也会相应调整。

改版后，要闻头版导读取消了，头版的容量大了，左边正头条，右边二头条、三头条，报眼有时候还可以做次头条，值委、要闻部值班主任要研究怎样经营好头版的版面，尤其是当遇到体育、国际、娱乐、专版、花地、晚会有大的事情发生时，先由部门提出来，然后要闻部根据具体情况安排，最终体现头版版面上的琳琅满目。

类似于"张艺谋超生"这个报道，部门签版了要闻部还要不要做，这样的事情以后还会出现。海外部、体育部、娱乐部、专版部、花地部、晚会部要注意，当行业内发生比较大的新闻时，第一个提出来调整版面的应该是你们而不是要闻部，因为在专业领域当中，你们更是行家。另一方面，要要闻部值班主任要立刻拍板要闻做还是不做，请示值委后明确指令如何撤换，哪个版做。

要闻部也可以培养一两个改写编辑，每天根据各版面的内容提炼一些精华的东西。

（七）办报要像换衣服一样经常改版

《周会纪要》【2014】第2期 1月9日

羊城晚报

火车票放票时间点今起调整

互联网、电话订票新增6个放票时间点，广铁部分车站起售时间有变动

东莞一名患者因H7N9死亡

1月7日，香港电视广播有限公司（TVB）宣布邵逸夫爵士于当日6时55分在家中安详离世，享年107岁

逸夫谢幕

一段华语影视的百年传奇

一位名满神州的慈善大家

邵逸夫的8组数字

六叔

47亿

2899号

100万

1000部

九成

45年

64圈

办报要像换衣服一样经常改版

原来的导读占了两栏，太多太杂，在智能手机新闻广度远超晚报导读的环境下，改版后在版面上精做几个导读，留出更多的空间来打造好头版。这次改版没有给要闻部设定框框，跨栏的大图片、大标题以及并列两个头条，都可以大胆尝试。

办报要像穿衣服一样，要天天换才会让人感觉一新，版面一年起码要改一次。改版在版面形式上给人完全耳目一新的感觉。改版的代价是大家都辛苦了，我向大家致敬。相关部门会研究如何进行定额补偿。

这次改版通过报题、填表、值委当场拍板，采编的结合更到位。下一步的大编辑平台还要更强化这一点，以编导采。

（八）改版最大的调整就是给一版松绑

《周会纪要》【2014】第6期 2月20日

改版后版式比较大气，值委、要闻部值班主任、编辑、美编、图总都做了很大努力，花了心思、下了功夫去经营版面。我们要花心思把头版经营好，改版最大的调整就是给一版松绑，把右边两栏的导读灵活化，甚至建议头版可以没有导读，给值委、要闻部值班主任、图总、美编提供一个《羊城晚报》头版的天地，灵活设计经营，达到可读性、新闻性强。

二、互联网冲击下改版要勇于“革自己的命”

（一）新近改版初步达到原定设想目标

《周会纪要》【2015】第36期 10月15日

节后的《羊城晚报》做得有声有色，改版更是初步达到了原定的设想目标，也给人眼前一亮的感觉。这次改版，我们准备了很长时间，不少同志为此付出了大量努力。面对互联网的挤压，改版不能换汤不换药、乱糊弄人，要改就得改出点名堂来，这次我们的改版也是花了大力气。

前两次周会我曾跟各位交流过，通过这次改版，实际上我们改的是报纸定位。羊晚几十年办报经历，曾面对多少次改版，我始终认为，这次的改版、改定位，是报社、集团的一件大事。晚报过去是“飞入寻常百姓家”，但现在要面向精英人士、高端人群发行，这次改版从版式到内容、从稿件取舍到栏目设置等，都做了一系列的变化。从外观上看，改版最大的变化，把过去传统的报头位置从左换到了中间位置，一拿起报纸就能给人强烈的视觉冲击力，让人眼前一亮。而翻开内页，报纸又新增了不少新的版块，也对相当一部分版面进行了优化、调整。短时间内报纸改变成现在这个模样，就我个人而言，是非常满意的。

当然，改版也仅仅才是个开始。一张报纸的定位发生变化，势必牵涉众多的细节将要随之作出改变。总而言之，改版的路还长，未来预想我们还将不断面临新形势、新变化，这需要我们继续努力，把这份报纸不断完善下去。

《羊城晚报》新近的改版《发刊词》中谈到：办报要回归报纸本身的定位。我认为，这太重要了。这次的改版，我们要求做到精采精编，提升质量，为的就是让这张报纸瞄准中产、精英阶层，把我们的定位做得更加精准，内容、版面做得更加专业。在这样的思路下，我们的每个版面，都要做到精致、耐看。这是互联网时代的办报本意，也是这次改版的核心要义。下一步，我们无论是版面、栏目、稿件、各方面策划等，都应朝着这个方向不断努力。

（二）传统媒体要敢于改办报定位

《周会纪要》【2015】第37期 10月22日

《羊城晚报》的改版动静很大，同行关注。改版的效果基本达到原来的设想和目标。这是大家共同努力的结果。正面的反馈很多。刚刚兆均也提到，在互联网老大面前，传统媒体不要妄自菲薄，前不久淘宝网也选择在我们这个传统媒体上投放数百万的广告，证明报纸影响力仍在。

我认为像《羊城晚报》这样的传统媒体，不但不会死，还会活得很好。改版的成功也印证了传统媒体不是不可以有所作为的，但传统媒体要改定位。我在新媒体上发表的这篇文章阅读转载率很高，这说明我们提出的观点未尝不是一个方向。

《羊城晚报》连定位都敢改，说明我们上上下下底气很足，其实这个观点不是我个人的，是大家面对互联网的挤压一起碰撞逐步形成的。我们要学会大胆放弃，对目标人群精准定位，我们再也不能囿于传统时代的办报思路，要进行深层次的大手术。

互联网广告占据头版整版，说明《羊城晚报》也在改变目标人群

建议各位读读那篇文章，在部门业务会上讨论学习，当然这不是定论。编辑记者要议论一下，要让一线的采编了解编委会意图，并激发新的创造力。要让采编的同志明白，原来那一套操作不行了，刚刚有人提到，有记者面对报纸和新媒体一稿两投，就是没有理解纸媒和新媒体的区别，没有理解《羊城晚报》在新媒体的挤压下报纸定位的改变。

总编辑一人说说不难，最难的是要让一线人员认识到，要行动，要认清传统媒体和新媒体的差异，从编辑手法开始，从读者的反馈落实开始，过去写完稿、编完版工作就结束了，现在写完稿、编完版，工作才刚刚开始。包括新闻、副刊两大块，一旦观念转变付诸行动，羊晚必将成为传统媒体突出重围、浴火重生第一家。

（三）改版把一般化的稿件挤压掉

《周会纪要》【2015】第40期 11月12日

改版以来，记者、编辑明显感觉咱们版面少了、发稿难了。在此，我给大家回应一下：这都是意料之中的事。我想跟各部门再次强调，改版的目的就是要让一些很平常的、没什么味道的稿件上不了版面。

还记得自己刚入行、只是一位年轻记者的时候，《羊城晚报》只有两个新闻版，发稿比现在更加难。当时，老记者跟我交流经验：与其为发单篇小消息而苦苦努力，倒不如积累三五个共性的线索，联系起来分析一下，这样成稿才有见报的可能性。这个方法我认为现在仍具有指导意义。

网络时代，纸媒面对互联网的激烈竞争，办报速度快不过互联网、容量大不过互联网。在不得不采取版面压缩的措施下，办报空间有限。记者要善于挖掘内在的闪光点、好好琢磨独家视角的新闻报道。另一方面，编辑也要下决心，该动刀时要动刀，把版面的有效空间留给有深度的以及独家的、当天的好新闻。

（四）改版为了应对互联网的冲击

《周会纪要》【2017】第13期 4月6日

此前召开的改版动员会上已说明，这次是改版，不是减版。当然，考虑到纸张涨价导致成本上升，这次改版也的确是减掉了一张纸4个版，但此举更多的是为了应对互联网带给传统报纸的冲击，而对版面内容进行的一次调整。这就是我们一直强调的互联网和报纸各有分工：互联网更多地告诉读者“是什么”；报纸更多地告诉读者“为什么”。其实，这几年我们的改版都是贯彻这一精神。我们上一次改版时的《改版词》当中说“我们努力办一张纯正的报纸”，我觉得“纯正的报纸”就是回归，它与互联网各有分工，这次改版其实也就是遵循这样的改革思路。至于减了这一张纸是否就减得很对？目前副刊、专刊、娱乐、要闻这些版面设置是否为最佳搭配？一两个月之后还要回过头来评判，说不定还会有微调。这次改版到目前为止还是非常平稳的，对大家的理解、配合和努力表示感谢。

（五）记者、编辑都要把自己当作“两栖”记者、编辑

《周会纪要》【2017】第13期 4月6日

版面改革贯彻“是什么”和“为什么”不同分工之后，我建议每一名报纸的记者、编辑都要把自己当作“两栖”记者、编辑来看待。也就是说，在写稿的时候，有一部分是留给报纸的，有一部分是往新媒体去的。不能够只给报纸写、只给报纸编。报纸和互联网打通之后，编辑、记者的“两栖”功能下一步还要体现在金羊网，羊城派，微博、微信的大小号上，相当一部分的内容要给编辑、记者来经营。比如说财经新闻，相关人员现在只经营报纸的财经版面，将来在金羊网、APP上财经频道也由你来做。也就是说，我们的记者是两栖的，是没有纸媒和新媒体界限的。《羊城晚报》这次改版就是要尽量朝着一个人“左手报纸，右手新媒体”的方向转变，将来我们这些人要既编报纸，也要经营网站，APP，微博、微信大小号，甚至还要做音频视频。《羊城晚报》的媒体融合转型不是来虚的，我们要通过改版这个指挥棒来调整。

（六）要把传统媒体单纯的采和编，逐步平移到既采又编的全媒体上

《周会纪要》【2018】第14期 4月19日

经过一段时间的谋划协调，要闻部、总编室做了比较详细的方案。我们计划参照互联网、参照羊晚的媒体矩阵，对照新媒体平台，对版面资源进行重新整合。要求各部门主任对手上的版面进行思考和优化。我们的版面定位要进行调整，对标媒体融合，提倡干货、深度、独家。我们要把传统媒体单纯的采和编，逐步平移到既采又编的全媒体采编上。广州新闻全媒体编辑部做了探索，我认为探索是成功的。这不仅是名称的改变，它把纸媒和新媒体平台进行打通、整合。接下来计划打通整张报纸，把各部门都打通。我们要利用我们的先行优势，尽快把报纸、新媒体做强。我们不光要改革版面，也要改革人员，把羊晚纸媒的精干力量投入新媒体中，把新媒体各端口与传统报纸的优质内容和优质采编力量尽快融合成一体。各部门只有“责任田”，没有“自留地”，集团媒体融合是最高原则。

（七）用好新媒体，办好连线版

《周会纪要》【2012】第1期 1月5日

30年前我们是全国第一家纸媒设立电话报料热线，30年后的今天，我们启用了新号码（020）114，推出了连线版，反响不错，报料情况乐观。不要小看（020）114这个号码，每天市民打电话关心的所有问题都有电脑记录，我们可以利用这个平台了解读者关注的热点，在纸媒中抢占制高点，这是报料以外的一种延伸的服务。连线版开通以后，不能仅仅依靠热线电话，还要充分利用有线、无线、网络、手机等新媒体等渠道，开拓采编思路，集思广益，以连线版为平台，加强纸媒与受众的互动，共同把这个30年的品牌擦亮。

三、早晚版改革是场扩大优势的硬仗

热点 A3

《广州市关于改善中心城区交通状况的工作措施》合共30条昨日发布

广州治堵

不限牌不限行不收拥堵费

222.3 万辆

143.8 万辆

22%

63.4 万

治堵新方案不再提“限公车”

力争中心城区干道车速不低于25公里/小时

晚报版（本地版）

热点 A3

《广州市关于改善中心城区交通状况的工作措施》合共30条昨日发布

广州治堵，暂不收取拥堵费

治堵“三板斧”够用吗？

甬温线出现大面积动车延误

京沪高铁“满月”，满座盛景难再

日报版（外地版）

“广州治堵方案”报道分日报版、晚报版两个不同版本，各自强调的重点不同

（一）早晚版流程改革之利

《周会纪要》【2010】第34期 9月2日

流程改革其中一个有利之处，是腾出了更多的时间经营当天的新闻，请各采访部门把当天新闻尽力一网打尽。

流程改革后，本地版、外地版内容应该更加有针对性，以满足不同区域读者的需要，建议区域新闻中心、经济新闻中心、政文新闻中心等加大珠三角报道的分量。

（二）根据不同版本发稿

《周会纪要》【2011】第30期 8月4日

我们设立了本地版和外地版，本周做得最好的就是“广州治堵方案”，我们在外地版做了半个版，在本地版做了一个版，效果较好。

（三）拉大外地版与本地版的差别

《周会纪要》【2011】第35期 9月8日

深圳儿童医院的稿件应该上外地版。要拉大外地版与本地版的差别，在遇到舆论监督、独家新闻、突发事件的时候，前方记者一定要与区域新闻部及时做好沟通，区域新闻部与要闻部加强沟通，做好版面安排。下一步，要闻部与区域新闻部对接一下，要有相对固定的编辑负责关注要闻的稿库、区域部的稿库。记者站、区域新闻部的采编与沟通和反馈机制要建立起来。

（四）采访部门值班主任职责

《周会纪要》【2012】第16期 4月27日

各采访部值班主任对第二天将发什么稿，心中要有数，凭自己的工作经验，心中要判断哪些题目该做大，哪些一般性地做，哪些可以不做。

值班主任代表部门参加采前会，不论是抢版面、定版面还是报题，都要主动提出哪些可以上头条，哪些可以做深度，从行业来说编辑部不如部门值班主任专业。

值班主任对部门的重点稿件一定要看，不把关出了问题第一责任在作者，第二责任就是值班主任。

（五）要闻部值班主任的职责

《周会纪要》【2012】第16期 4月27日

要闻部值班主任分稿是一个瓶颈，我从去年7月改版开始就提出来由四个部门主任参与分稿，因为我清楚知道版面增加之后，我们整个采编、交流、互动的瓶颈就在要闻部的值班主任身上，但经过一段时间的运作，发现这个做法行不通，但思路是对的，一定要使要闻部值班主任实现高效、快速、准确地分好稿。

多年积累下来的采编问题不是一两天可以解决，但是大家都看到这些问题，都很焦急，这是很难能可贵的现象，刚才大家谈的这些困惑讲得很到位，值得在座每一位好好思考。这是《羊城晚报》当前最核心的问题，结构上的一些硬伤目前还解决不了，大家提出来我们逐步去研究解决。

（六）昨夜今晨新闻是本地版（晚报版）的命根子

《周会纪要》【2012】第35期 9月13日

比较集中的一个观点是没有了《昨夜今晨》版，稿件可要可不要时，因为没有版面，编辑就放弃了，造成记者没有积极性，写稿减少了。这个版面的设置是经过多次反复的，《昨夜今晨》强调了当天新闻，但是这个版面有两个难点解不开，第一它是以时间划线，突发新闻是没有问题的，但遇到经济新闻、时政新闻、广州新闻这些以地域、领域划线的新闻时，操作就比较难。第二个难点，这次版面取消之前，要闻部反映这个版经常没有稿件，有时连半个版都填不满，后来改设为栏目，但还是存在没有稿件的情况。以上的情况以及版面恢复与否另找时间再议。

晚报要生存，当天新闻是绝对的优势。要求所有能抢的当天新闻都要抢，这是早有规定的，现在发现有相当一部分记者没有抢当天新闻的积极性，该抢的没有抢。记者发现线索，请示值班主任，要闻部值班主任根据自己的判断和值委要求，尽早告诉记者做还是不做，包括要求稿件几点钟回来，大概多少字。但不能百分百地保证稿件一定能够上版。记者不能以稿件不用为理由不去抢新闻。记者在出发前要把相关情况告诉要闻

羊城晚报
13
改革是广东勇立潮头的不竭动力
广东 通过高速节日免费细则
"重大节假日免收小车通行费方案"将于近期颁布实施
美驻利比亚大使遇袭身亡
今晨暴雨袭羊城 又见水浸街 又见大塞车
"住进廉租房，我很知足"
国庆节火车票 手机上网可买
外交部：再次敦促日撤销决定
日外相：购岛决定不可能改变
中国气象局：钓鱼岛天气 6小时一报
健力宝金罐案开庭
iPhone5 今晨发布

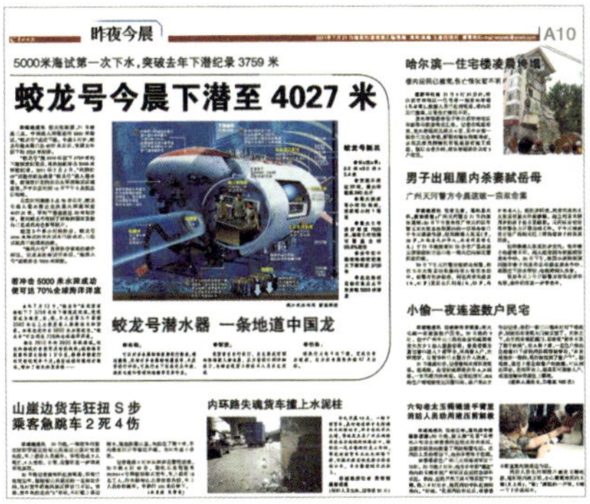
昨夜今晨 A10
5000米海试第一次下水，突破去年下潜纪录3759米
蛟龙号今晨下潜至4027米
蛟龙号潜水器 一条地道中国龙
哈尔滨一住宅楼凌晨坍塌
男子出租屋内杀妻弑岳母
小偷一夜连盗数户民宅
山崖边货车狂扭S步 乘客急跳车2死4伤
内环路失魂货车撞上水泥柱

《昨夜今晨》栏目

部值班主任，这时就要考要闻部值班主任和值委的判断，做还是不做，留不留版面；如果留了版面，到点稿件来不了，要有填版的准备。今天的头版头条关于下雨堵车的新闻就抢得好。

晚版除了当天新闻之外，早晚版还有什么不同？假如没有什么不同的话，晚版就是一张废纸，所以从这个意义上讲，当天新闻都得抢。

广州新闻版可以考虑把一些时效性不强的新闻放到第二天做或往后挪，把一版的更多版面留给当天新闻或要闻部头版承载不下的图片和文字。本地的重大新闻上头版，不重大的上广州新闻版。

不管以后设不设《昨夜今晨》，以什么划线，广州新闻是当天编的，广州地区昨夜今晨发生的事情，都应该在这里呈现，至于要闻版、广州新闻的头版、跑街新闻版，怎样整合可以业务探讨。头版是整张报纸的统领，不是重大新闻，除了在要闻上图片或一篇文章外，尾巴甩到后面的广州新闻版，是放广州新闻的头版还是跑街版，这就要有一个判断。

记者两次交稿的概念不强，早版的晚报也同样存在抢当天新闻的问题。提醒各采访部主任、记者，一些在延续的稿件、新闻，就应该交两次稿。

（七）实行早晚版后记者应该做到两次交稿

《周会纪要》【2013】第19期 6月6日

出早晚版，编辑、值班老总、值委，部门主任都在转变观念。但感觉采访部门记者并没有两个版本的概念。当时早晚版的设计是要求记者下午5点至6点交一次稿，晚上10点至11点再交第二天当天版的稿。但试问现在有多少个记者是发两轮稿的？报题时，或许不能判断这条稿能否在要闻版发，但采访结束后，记者应该有所判断。按报社的要求下午6点先发一条稿，过后与值班主任沟通采访的情况，再补发第二天的稿。按目前的情况，记者应该做到两次交稿。

（八）晚报版一定要做出自己的特色

《周会纪要》【2014】第43期 11月21日

最近一段时间滚动版的内容量比较大，在没有更好的办法之前，仍然维持早晚版出报。早、晚版各自的定位要更明晰，比如，早版打开在桌面上，就要跟南都、广日、南方去竞争，读者不会看两份日报，读者不会发现，而我们会发现漏掉一些重头的稿，第二天本地版再补上去。判断问题很重要，特别是早版，判断得对或错，第二天一打开报纸，答案就出来了，办报就像天天在考试，所以值委、编辑中心执行主任、编辑部值班主任都要加强业务探讨，对比其他报纸，除了我们的独家报道外，新华社的稿如何取舍也是有讲究的。

晚报版，比起其他5家日报晚出，怎样做出差异化，怎样经营当天新闻，我很理解编辑部，就为了挤那几分钟时间，总想弄点日报没有的东西。相当一部分的党政干部白天已经把《南方日报》《广州日报》浏览一遍，晚上打开《羊城晚报》，就要看羊晚的特色、与其他报纸的差异，我们要争取这部分人，这是我们的优质读者，所以，晚报版一定要做出自己的特色。

（九）早版和晚版都要提升办报判断力

《周会纪要》【2014】第45期 12月4日

有一天新华社发了一条关于“全国高速公路收费”的稿，同城其他日报都有这条稿，唯独我们的日报版没有，后来晚报版把这条稿放上头版。广东的高速公路总公里数是全国第一，这条稿值得放头版。

大家留意一下，在当前的舆论格局下新华社的一些稿是很猛的，所以我们要提升自己的判断力。我曾在周会上说过，做我们这一行很残酷，夜里编版，第二天打开日报一看，成绩就出来了。所以不管是白班和晚班，用什么稿，平时要多总结，这方面没有谁是天才，要经常打开昨天编的版，对照研究一下为什么人家把那篇稿放头版、上头条，这种业务学习很管用，建议值委、执行主任、值班主任都要进一步提升自己的判断力。

当然，《羊城晚报》有自己独特的判断，这就是“民生大报”，站在这个定位上取舍是比较清晰的。早班编版看了其他的报纸再来编自己的报纸，这张《羊城晚报》是全面的，吸收了五家报纸的精华，但问题是几乎没有读者像我们这样看报纸的，五张报纸看完之后再看《羊城晚报》，觉得晚报牛，所以我们的日报版、晚报版都要通过这种比较、这种“考试”来提升自己的判断力，只有不断地自我否定，自己的判断力才会提高。

▶小贴士

早晚版改革

《羊城晚报》在全国率先推行早晚版改革，争饮“头啖汤”，顺应了发行市场细分化的趋势，实现了跨区域、精细化办报的飞跃，满足了不同市场读者的阅读需求。经过近十年的实践，《羊城晚报》不断丰富早晚版差异化办报理念和手段，牢牢地保持着并有效地扩大着发行市场份额。

2010年9月，《羊城晚报》为了顺应区域发行市场的变化和需求，在全国率先实行每天分早版和晚版两次编辑、印刷和发行，广州地区仍然保持当天下午出报投递和上街售卖，广州地区以外广东省全域乃至全国都实行当天早上出报投递。

所谓的早晚版，即是将前一天晚上至当天凌晨（参照日报流程）编辑出版、印刷发行的报纸版本称为早版（也称日报版、外地版），将当天上午（仍按晚报传统流程）编辑出版、印刷发行的报纸版本称为晚版（也称晚报版、本地版）。《羊城晚报》针对本地报业市场和外埠市场对报纸时效和内容的精细化要求，实行早晚版差异化出报，其目的是保住不同市场的份额而采取的差异化办报策略。

大约十年前，《羊城晚报》外埠市场的发行量急剧下跌，一是日报与晚报办报风格的日趋接近，使晚报在内容上的优势不再明显；二是晚报当天发行到外地，使订户难以看到当天的报纸。《羊城晚报》杀开一条血路，实行早晚版改革，对《羊城晚报》的出版流程和发行运营产生了深刻影响，由此带动了从采编、组版、印刷、发行等出报流程的重大革新。实行早晚版出版发行，一定程度上适应了报业市场对发行的区域化需求，满足了外埠读者对报纸在时效和内容方面的精细化要求。

实行早晚版，《羊城晚报》将采编、组版、印刷和发行的主力军放在了晚版流程上，随之带来了采访、编辑、美术编辑、校对等的一系列变化。首先是记者交稿提前了，不能再像以前那样可以拖到凌晨时分交稿。流程改革其中一个有利之处，就是腾出了更多的时间经营当天新闻，尽可能地把当天新闻一网打尽，所以，昨夜今晨新闻是本地版（晚版）的命根子，不但继承了晚报原来的出报流程和采编传统，而且更加突出了与外埠日报的内容差异，进一步放大的独家新闻的效应。

实行早晚版，不是简单、机械地将两个不同版本进行复制，而是主动拉大本地版与外地版在内容和视觉效果上的差异，办报手法更有针对性，以满足不同区域读者的阅读需求，使外地版突出珠三角新闻、本地版突出广州新闻。在实践中，早、晚版都要提升值班总编、编辑中心值班主任和编辑的办报判断力，早报版要与所有日报竞争，比大家共同的新闻判断力；晚报版更加要求做出特色。但是，不论版本如何变化，本、外地版的报道观点不能互相矛盾。实行早晚版，也对记者提出了更高的发稿要求，记者应该根据不同的出报版本发稿，做到两次交稿。

流程改革后，对最后的签版时间要求极高，最后一个版的签版时间一般不超过凌晨1时。因为这直接影响到发行车辆的出发运报到外埠的时间。为了避免过多人力虚耗，实行了分段签版、要闻部留人值班等制度，除了头版等前面几张要闻版、体育版，其他所有版面都须在前一天下午至傍晚时分全部签发完毕。

第二章

建立采编大平台
与薪酬制度改革

全媒体指挥中心真正体现了媒体融合。

全媒体指挥中心应是新闻作战指挥室。

强化编辑在整个链条上的核心作用。

打开门激发转型思路，不再“关门办报”。

周会不要开成“拍马屁会”。

以“一平台、三中心”建设为抓手，打造内容再造工程。新的传媒格局下，“内容”的含义，已发生深刻变化。这包括内容生产的效率更高、流程科学、把关能力增强；表现形式更灵活，从文字、图片，发展到文字、图片、动漫、音视频等。正是基于这些思考，《羊城晚报》开始了以“一平台、三中心”建设为抓手的内容再造工程。

首先是搭建全媒体采编大平台。该平台打破原有部门架构和流程设置，强化“以编导采”和多元内容融合生产，实现“一次采集、多种生成、多元发布”。早在2013年，羊城晚报社就开始了新一轮的机构改革，破除原有采编分离、各自为政的局面，将原有政文、经济、广州和区域等采访部门，统一改编为编辑部，放在新设立的编辑中心，由编辑中心执行主任与各编辑部门主任协助值班总编在大编辑平台上，全面实施“以编导采”，总编辑和值班总编把关。

接着，将原有分散在集团和报社各业务板块的新媒体部、金羊网、信息技术部、客户端项目组和数字媒体公司整合成一个板块，强化了采编大平台中新媒体板块的一体化运作。

羊城晚报社采编大平台自2014年年底试运行以来，及时收集各方意见反馈，不断进行完善提升，从实践效果来看，初步打破了各采编部门条块分割的壁垒，使文字、图片、音频、视频在同一个平台上进行生产，从理念、机制和技术上保障了纸媒和数字化媒体资源共享、分工协作，全面向全媒体内容集约化生产融合转型。

其次是建设全媒体指挥中心。全媒体指挥中心是2015年年初，集团抓住报社办公场地整体搬迁、重新组合采编空间的契机，历时近半年建成。中心的运作是以导向把关为核心，并将全媒体各个核心岗位集中在同一处办公场所，以方便信息及时互通。如新闻报料、全网大数据监控，以及“一报两网”和“两微一端”的信息采集、处理和发布等各个岗位人员，共处在一个物理平台上，通过特别设计的超大屏幕进行日常监控和调度，以实现全媒体资源共享，24小时不间断发布新闻。

全媒体指挥中心最核心的功能是把关和高效指挥。一方面，我们是通过向制度要管理，建立以部门主任、中心主任和值班总编实现三级把关机制。另一方面，我们也向技术要管理，以指挥中心建设为抓手，全面梳理和整合全媒体采编平台的流程设计。通过这些制度和平台的设计，指挥中心最终可以实现“全程指挥、全程监控、全程留痕”，并通过全球定位系统和高清视频，对采编人员实现全天候、全媒体的指挥。

实践证明，全媒体指挥中心通过线下物理平台和线上网络平台的一体化运作，有效提升了新闻把关水平和采编运作效率，对增强采编之间、传统媒体与新媒体之间的资源共享和协调配合作用明显。

最后是建设新闻可视化中心和多功能演播中心。2015年上半年，《羊城晚报》启动了新闻可视化中心建设，除日常的漫画、可视化包装外，还陆续推出了基于大数据、云存储等新技术的自动生成式图表、交互式动漫等可视化新闻产品。

2015年10月中旬，面积近200平方米的集团多功能演播中心全面竣工并投入使用，进一步实现了整个集团的内容制作变革，从单一文字、图片向文图音视频等全介质生产的跨越。以这个演播中心为依托，我们还顺应互联网内容传播发展趋势，主动抢占移动视频市场。可以说，可视化中心和多功能演播中心的成立，已彻底突破了传统纸媒单一内容生产的形式和手段，从而为更好地满足多元载体、多屏阅读和多方互动需求提供了可能。

第一节

搭建融媒体平台 全员都当多面手

（一）大编辑平台的搭建意义

《周会纪要》【2014】第24期 7月3日

大编辑平台的搭建，新的采编部门架构形成，要闻部、政文部、经济部、广州部、区域部的人员到位之后，部门主任就要考虑改版的问题。在智能手机、互联网时代，普通的信息、公共的信息、大家都知道的信息，有没有必要全做，有没有必要做得这么大这么全，如何经营版面和报纸，如何删改记者的稿件，如何指派记者采访策划等，这些请相关部门的主任都要认真考虑。

（二）搭建采编大平台实现以编导采

《周会纪要》【2014】第28期 7月31日

从7月27日开始，《羊城晚报》采编流程、采编理念有了翻天覆地的变化，正式迈入以编导采，开始实现传统纸媒与互联网融合。

（1）版面交接情况。本周版面交接运转平稳过渡，没有出现

羊城晚报

"老赖"四面楚歌，出门举步维艰

华东地区大面积航班延误

白云机场过半航班受影响

《波茨坦公告》勒令日本归还中国钓鱼岛

广东外贸进出口上个月双双飘红

十年资助18410名孤贫学子

知名华裔药学家在美国惨遭劫杀

第九届广东高考高分考生报告会昨举行

高考的成功是家庭的成功

广州富力2:3输给天津泰达

羊城晚报

解放军明起在东南沿海实兵演习

五袋大米三袋转基因

老太买米先问转基因

航班延误预警解除 相关空域恢复正常

羊城晚报

广州拟两月后打通各区驾考

六年后让一亿人落户城镇

30岁老渡轮今日告别珠江

搭建采编大平台，实现以编导采机制后的版面效果

大问题，感谢所有参与工作的同事。这次改革流程变化大，相当多的同志没有做过编辑，但由于前期准备工作做得细，人员调动安排合理，保证了正常运行。

信息技术部动员所有技术力量对周会上提出的问题及时解决。

视觉部图总和出版流程部做的版式设计，简洁大气，让人眼前一亮。刚才编辑中心执行主任提到的三个头版版面，总编室要对这三个版给予奖励。

政文部主任林洁没有当过编辑，比别的部主任更困难，但几天下来，都能一直盯着版面直到交版，有责任心，业务把关，无论记者稿，还是新华社稿，全部看一遍再分版。

当然，我们都没有经历过这次的出版流程改革，难免在运作过程中出现一些问题，要互相补位，流程指引有了，但大家还不是很熟悉。报题会上布置的题目与发回来的稿件差别比较大，这是老问题，因此要提高采编业务水平，编辑一是要对实际性情况熟悉；二是对将要做这个题目的记者熟悉。有些记者报题时连基本的情况也不清楚，要让采编流程以编导采准确贯彻，提高报题会的质量，提高值班主任责任心，提高队伍素质，部门主任就要带好队伍，要培养好新人。

（2）合理利用人才。各部门都缺人，但不增加人。《羊城晚报》的人力成本本身就高，采编人员总体上的工作量和同城媒体比还有空间可挖。现在环境恶劣，再进人就摊低了人均收入，不增加人力最直接的结果就是，以前记者跑2条线，现在变成4条线，以前编辑编1个版变成编2个版。

对那些没有稿的版面就应该拿出来统筹，实在没稿，就抽版，减一张纸。

目前，最缺编辑的是政文部。时政采访会议多，投入人力大，任务重，报社要适当支持，在总量不变的前提下要统筹好。

（3）搭建大编辑平台后，以前是采访部主任、副主任，现在是编辑部主任、副主任，建议轮流编版，特别是以前没有编过版的更加要学习。但采访也不能放松，要尽快进入角色。

今年经营、采编都困难，合情合理安排好部门工作，承上启下，爱护好各部门同事们的身体，提高工作效率，尽快熟悉业务，让羊城晚报事业越走越顺利，越来越圆满。

（三）新的采编机制运转要磨合

《周会纪要》【2014】第30期 8月14日

新的采编机制运转两个星期，磨合得不错，天天有焦点，采和编的积极性都提高了。策划整合到位，点题、布置、写稿、交稿，最后上版“一条龙”，尽管这中间涉及几个编辑部门，从最终结果看，这一周的质量一路在提升，晚报的内容好看了。

同意海利和陆扶民（注：时任羊城晚报社编委）提出的意见，几个执行主任轮值完一遍后，要开个会议进行总结。我们不是先知先觉，是摸着石头过河，一步一步地试验，然后进行总结。从最终效果看，我认为还是相当不错，当中各编辑部门，特别是各位主任、副主任做了大量的工作。

（四）大编辑平台就是协调平台

《周会纪要》【2014】第30期 8月14日

上周重大突发事件多，本周相对平静，但我们对报道进行了一些深挖和整合。当然一个全新体系要磨合和走顺并不容易，还要再接再厉。大家要互助、补位，只要大家站在集团高度，秉公办事，很多矛盾都能化解。我多次讲过，部门主任有从部门考虑问题的角度、意图，但应该站得高一点，从一张报纸整体利益出发，把问题放在大编辑平台上考虑。有些地方要牺牲与舍弃，有些地方需要配合，相信这两周大家比我体会更深。我们要提倡报社利益最大化，报社利益至上，提倡大家互助的精神。

至于运转一段时间后，哪些确实需要定额管理倾斜，或需要别的规章进行调整，我们再来研究调整，现在先记下来，不要一发现一个问题就出台一个政策，这样容易“打架”。

（五）中宣部《新闻动态》肯定《羊城晚报》媒体融合

《周会纪要》【2014】第33期 9月4日

大编辑平台7月至今平稳正常运行，这里给大家报告一些新情况，最近，羊城晚报的媒体融合，实际上就是大编辑平台主导的媒体融合的情况，上了中宣部《新闻动态》的头条，把我们大编辑平台的基本运作，包括报社的改革、新设立的部门做了简单介绍。中宣部在《新闻动态》头条上推介《羊城晚报》的媒体融合，向中央领导和全国媒体推介《羊城晚报》这种做法，对我们所做的尝试也是一种肯定。

今天（9月4日）上午，省委常委、宣传部部长庹震同志召集省宣传系统的20多位同志开会，所有媒体主要负责人在羊城创意产业园开现场会，《羊城晚报》作为其中三个代表之一，介绍媒体融合的一些做法。刘红兵社长（注：时任羊城晚报社社长）和我在会上专门介绍了《羊城晚报》的媒体融合做法，主要介绍三个方面：第一个是《羊城晚报》大编辑平台的搭建，实现传统纸媒和新媒体的融合；第二个是《羊城晚报》新媒体矩阵的建立和管理；第三个是《羊城晚报》利用创意产业园作为平台打造、孵化创意园里的各种企业，特别是文化企业，怎样利用《羊城晚报》的园区、《羊城晚报》的品牌影响力，去打造新的平台。庹部长对《羊城晚报》大编辑平台的搭建和做法高度重视，也给予了比较高的评价。

《羊城晚报》大编辑平台的搭建，广东是第一，我们从机构、框架上有了新的东西，在全国也是比较领先的。

会议上传达了习总书记“8·18”讲话，还传达了刘云山同志、刘奇葆同志的讲话，中央高度重视现在的舆论环境，高度重视媒体融合，提出了很多新的要求和发展方向。《羊城晚报》目前的工作思路和中央领导的要求较吻合，说明我们的头脑还算清醒。提倡互联网思维，从传统媒体和新媒体融合看我们机构改革，大编辑平台、新媒体矩阵，我感觉我们赶了一点潮流。我们目前有些东西受到场地局限还没能实现，新媒体在物理上的融合，我们是先有了这个思路，等我们搬到创意园办公才能实现。

今天在羊城创意产业园开的现场会就是对羊晚做法的肯定，在广东地区，我们是创新的。我们开了个头，就要继续做好它。

（六）采编大平台开始发挥作用

《周会纪要》【2014】第45期 12月4日

最近一段时间以来，值委、编辑中心执行主任对整体报道的指挥、调动、把控都比较到位，有好几起重大事件报道统一协调都很明晰，分层次，分层级把控，指挥记者采写、编辑上版面。令人更觉自豪的是羊城晚报大编辑中心平台搭建开始发挥作用，值委是当天采编最高领导者，所有采访报道和版面由他来拍板、判断。执行主任、各部门值班主任在这个平台上提供一些上传下达的资讯，包括每天两次业务会上的布置，从晚上上版的情况看，确实做得不错。广州编辑部、政文编辑部、区域编辑部的记者站，反应比较到位，从版面呈现来看，指挥的红线很明晰，这是令人感到欣喜的一大变化。

通过这几个月，好几个新闻事件，特别是一些没有预案，没有预先给予充足时间去准备的突发事件，值委担起了责任，这就是羊城晚报改革、适应社会变化所拿出的较好的成绩单，希望继续发扬。

（七）国际版的改革抓到点子上

《周会纪要》【2015】第15期 5月8日

尽管报社机构改革，国际部做了一些调整，与要闻部合并了，但合并不意味着不重视国际新闻，花地、晚会版也合并，也并不是不重要，合并后副刊部举办的“花地文学榜颁奖”活动越来越上档次，明年要更上一个档次，影响力还在扩大。要闻部刚才讲的几个方向我都认同，所以期待国际新闻改革闯出新路子，现在经常减版，广告占版率高，国际版被压缩，但内容好看，可读性强，读者反应强烈，版面可以再增加，要闻部按自己的思路去做。

（八）全媒体采编大平台优势初显

《周会纪要》【2015】第16期 5月14日

采前会、编前会开得好，中心值班主任、值班老总、各部门主任，利用全媒体平台已有的基本资讯，进行碰撞、协调、指挥，好处是明显的，大家讨论怎么做、从什么角度做、如何规避风险，反复沟通和协调，保证了指令的上传下达、稿件的质量；一些需要深挖的节点，保证了文章的深度、公信力。全媒体采编大平台优势初显，我们的生存发展上了一个台阶，令人欣喜。

刚刚请各采编、经营、管理部门的主任、副主任都来学习参观了全媒体采编指挥中心，希望在座的各位主任回部门召开业务研讨会时进行宣传，让记者编辑广为传播，让我们的客户知道、让目标人群知道。目前，羊晚的媒体融合发展是快人一步，我们引以为豪。当然，别人也未睡觉，同城纸媒各家有各家的特点，都在想方设法竭尽全力做各种媒体融合的尝试，据说《南方日报》在今年10月份社庆之际也准备了新东西要推出。

羊晚的媒体融合才刚刚起步，还在不断完善之中，各部门在日常应用中遇到的问题和记者编辑提出的疑问，要及时汇总反馈，以便我们全媒体指挥中心的升级改造。

第二节
实现以编导采 发挥专业优势

（一）关于形成采编互动机制的问题

《周会纪要》【2010】第35期 9月9日

在目前情况下，编辑、记者要加强沟通。编辑要利用好下午3点的编前会，落实栏目、责任人、与记者进行联系；记者要提升自身基本功，对新闻如何采写要有初步判断，不能完全依赖编辑提出要求才去跟进。

（二）正式进行采编版面交接

《周会纪要》【2014】第27期 7月24日

27日晚上正式进行采编版面交接，这标志着《羊城晚报》迈进新时代，实现以编导采、大编辑平台操作的基本雏形。羊城晚报针对本次报纸版面改革、机构改革、人员调整，出台了一系列文件，各部门主任互相补位，以报社利益为重，交接过程难免有想不到的地方，个别部门人员缺位严重。不要过多计较，有些现在是半采半编人员，来不及解决的，我们会记录好，以后会补回来。

目前整个经济环境都比较恶劣，集团想方设法挤压人力成本。晚报总的版面没有增加，虽然各个部门都缺人，甚至有些部门明明缺人，还要抽调人去其他部门，请大家互相谅解，这一段时间我们内部进行调剂。以前一个记者跑2条线，现在要跑4条线；以前一个编辑编1个版，现在要编1.5~2个版，请互相谅解。

下一步，相关制度配套以后，实行费用总包干。现有版面有相当一批有水分的稿件要挤掉，实在没稿的话宁愿抽版，不要因为将就版面而编一张很厚、兑水的报纸，真正办出一张精品的《羊城晚报》。

（三）以编导采正在形成机制

《周会纪要》【2014】第36期 9月25日

本周总的来说是比较平静的一周，《羊城晚报》的民生新闻做得不错。但是，从整体上看我们缺一点独家的东西，而这正是我们努力的方向，我们现有采编人员的能力水平能不能有开拓经营独家新闻的水平。独家新闻、突发新闻不是天上掉下来的，还是要看你的能力和水平，靠挖掘和判断。尽管有遗憾，但本周民生社会新闻做得不错。《羊城晚报》这张民生大报，应该也是我们的一个基本定位。

本周采前会、编前会协调点题到位，这是我们实行大编辑平台，以编导采之后慢慢开始产生的一些裂变，我们的机构搭建相对容易些，但要让以编导采的能量彻底释放出来不容易。最近一段时间，采前会、编前会效果不错，采编沟通比较顺畅，新闻成品率高。这标志着媒体采编力量的提升，包括采编人员素质的提升。大编辑平台，以编导采最终的落实还是新闻质量、新闻品质，最终检验的结果还是传播效果。

第三节
一个中心指挥 采编都要“拆墙”

（一）大编辑平台成立一个指挥中心

《周会纪要》【2011】第36期 9月16日

快速反应是《羊城晚报》的强项，但机制问题值得我们深思。晚报应该建立一套机制，各个观察新闻的口子（包括采编一线、报料电话、飞信、QQ、网络、微博以及口口相传等）要汇总到一个部门，由这个部门作出判断后报给分管领导，最后请示到总编辑、社长。

为此，计划在大编辑平台成立一个指挥中心，指挥中心包括报料热线、网络微博的监控、QQ和飞信报料以及粉丝的动态监控、港澳电视的监控，必须24小时有人值班。目前，总编室已经在做设计方案。争取国庆前召开专题会研究。

（二）利用视频会议系统让记者随时知道总部要求

《周会纪要》【2013】第27期 8月1日

大编辑平台建起来以后，第一步就是要做视频会议，报题、业务培训，让记者站记者能随时知道总部的基本要求。最近我在与佛山市委书记交谈中，他一口气就谈了很多深层次的时政话题以及全局性的大题目，但记者心目中可能认为撞车、塌方、枪战、火灾等才是晚报首选的新闻，这跟版面用稿导向有关，也跟培训有关，所以更加需要即时沟通。视频同步做培训，探讨业务，再加上总部记者下站指导，相信记者站记者会更快成长起来。

（三）通过编辑大平台处理社会新闻零碎问题

《周会纪要》【2014】第29期 8月7日

我们大部分记者都守在广州，深耕广州，下基层太少了。社会新闻很硬，时政新闻很软。以后要闻部头版拿完的稿，凡是适合社会版的政文部就应该拿走，凡是适合民生版的经济部也该拿走。羊城晚报大编辑平台要实现一次采集，多次生成。记者采完回来的稿件放在大平台上，不同编辑按需拿取。但目前仍有几个问题不到位：一是不报题，不放在“中央厨房”谁也拿不到；二是做了版值班老总、编辑中心主任看不见；三是记者不太清楚大平台怎样分稿，以为专门留给了某个版。下一步编辑大平台真正走顺了之后，记者只需要写一次稿，微博、微信、金羊网在要闻部一个平台上办公，哪些该即时推出，哪些要留给报纸。时效强留不住的先让微博、微信发出去，然后报纸版面再抓细节。记者的稿件，放在大平台上，新媒体编辑、金羊网编辑、部门版面编辑、要闻部改写编辑、值委按不同分工来掂量使用这条稿。当然现在有很多基础工作要做，如报题、定位、分工、平台等，只有这些都走顺了，才能实现一次采集，多次生成。

政文部编的社会版，是《羊城晚报》的社会新闻版，供稿的绝不仅仅是政文部，经济部、广州部、区域部等都可以供稿。当然区域版、广州版是按地域切割，也许会有矛盾，但这是另外一个层次上的协调。在整个大编辑平台上，如果区域部、经济部有社会新闻方面的东西就应该放社会版。零碎的东西要归类，以小见大，把水分挤掉，把抢眼球的做大，从各个角度做强，做一些真正的社会新闻。

（四）推动全媒体指挥中心运作

《周会纪要》【2015】第6期 3月5日

今年开年大家积极性高。《羊城晚报》的大动作不断。搬家后，全媒体采编指挥中心运作要真正实现。全媒体融合，广州地区报业羊城晚报有实际动作。去年，羊晚做了采编流程再造，机构调整，新成立了活动策划部、新媒体部，报纸和新媒体捏合在一起。接下来，以编导采，大编辑平台运作要真正实现物理融合，值委、图总、新媒体、网络等都要集中在指挥中心，做真正的全媒体采编“中央厨房”，很快我们的大屏幕就装进来。

我们最近开了社委会、编委会，决定今年的中心工作就是媒体融合，真正实现全媒体运作。以前值委一天签两次版，金羊网、新媒体一天推送三次。将来实施全媒体运作后，一些突发事件的稿，记者采写后经值委审签可随时、直接上金羊网、微博、微信。值委、中心执行主任和部门值班主任、图总等把关负责人，一天起码18个小时要在这里值班、签发稿。真正做到纸媒、视频、网络信息在一个全媒体平台实时签发出各类稿件，这是2015年要做的，这在全国绝对是领先的。

但哪些给报纸，哪些给微信、微博，所有这些东西谁来审核？这些定额怎么算？记者给新媒体供稿的定额和传统的定额怎样对接？我们要尽快制定相关的全媒体采编流程、管理规定等。报纸的空间有限，网络空间无限，怎样纵深挖掘读者。媒体融合，《羊城晚报》动作不是最快的，但是最稳的。

我们要明确，《羊城晚报》再也不仅仅是一张报纸，从今以后，它是一个平台。要让社会大众一想到“羊城晚报”，它就是一个平台，包括报纸、网络、新媒体、视频等。这是《羊城晚报》从传统纸媒向新媒体实质观念的改变。这样做，我们的融合才找到了抓手，从一张纸过渡到一个平台。

（五）全媒体指挥中心不是参观用的

《周会纪要》【2015】第15期 5月8日

今天的周会开得很好，全面地把昨天省委宣传部媒体融合联席会议的核心内容给大家传达了一遍，特别是结合羊城晚报的发展，在媒体融合过程当中，要“相信自己，改变自己”。

下周一，总编室把《羊城晚报全媒体采编生产指挥及审核把关流程规定》发到每位部门主任手上。这份东西实质上是纸媒的流程和网络媒体流程，两份流程合一，我们的大编辑平台，就按这个流程来做了，因为是试行，请各位拿到手上要认真读一读，我们还会开研讨会，但请各位主任先认真学习，这个全媒体采编把关工作流程，我们征求了很多一线编辑记者的意见。下一步请令来、总编室安排，分几批：把昨天给部领导演示的流程再给所有在座的部门主任，副总、社委、编委演示一遍。所有采编人员和广告、发行、经营部门人员都要来听一遍，今天的《羊城晚报》已经不是一张报纸了，它是一个平台，是全媒体平台，有了这个全媒体指挥中心，报纸发行的概念完全颠覆了。更核心的是，过去是两次出报，现在是24小时出报，这会直接影响到广告、发行、经营，包括专版、副刊、娱乐、体育，所以整个羊城晚报全员轮训一下，让大家都感受一下。

全媒体指挥中心不是用来参观，是用来做新闻的，大家会比去年更辛苦，媒体融合就是逼着大家这样走，以前两次出报，出完报就没事了，现在值班就没有这个概念了。当然，并不是要求值委12小时、14小时地坐在指挥中心，除了出报时间，其他时间可以通过手机解决审稿、签发的问题。技术部要加快软件开发和应用。运转一段时间以后，哪些不合理的，哪些能够节省劳动力，利用先进科学手段能够解决的，我们在研讨会上一步一步进行分解、修改、完善。今年会比2014年还辛苦，但必须这样做，很多值班的老总、中心主任，过去单纯负责两次出报，现在必须要24小时运作，我们会把排班衔接好，移动智能终端技术平台要运用好，需要在岗值班签版时必须在岗，不需要在岗签版时只要手机在线就行。首先是一线的采编部门都要装进来，副刊、体育、娱乐下一步也装到这平台上来，采编任何事情都可以在这个平台上解决。这个方案太新，很匆忙，最终由实践来检验这个流程规定能否实行，能否产生效益。同时，要把好关，部门主任对每一个版面，每一个标题，每一条微博、微信都要看，为报社转型争取更多的空间、时间和效益。

（六）互联网时代，编比采更重要

《周会纪要》【2015】第21期 6月18日

严丽梅从省国税局的活动中抓到“董明珠放炮”的那条稿，当时只发在财经版，有点可惜，其实还可以放到头版，哪怕摘稿子里最吸引眼球的内容改写放头版再转版也不错。当前互联网时代，编比采更为重要。日常如何策划稿件、如何组织协调编辑；对于一篇颇有看头的稿件，如何做好版面前后、长短、详略的搭配，如何抓住稿件最打眼的内容，改写放在头版突出处理，不同平台发布的内容又该如何改写……未来羊城晚报的全媒体指挥中心以及大编辑平台，关键就靠编辑中心执行主任以及改写编辑发挥作用，体现高水

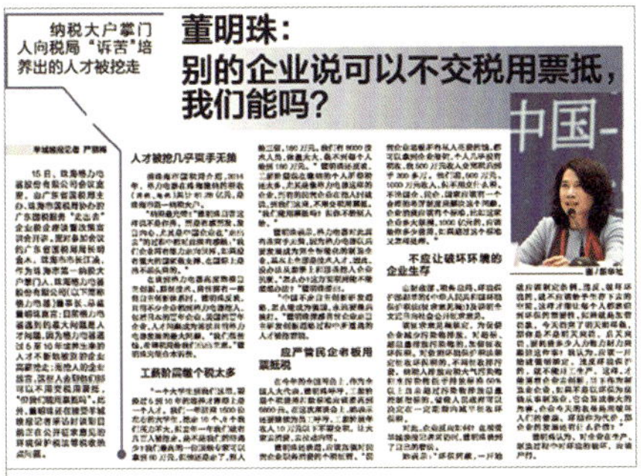

纳税大户掌门人向税局"诉苦"培养出的人才被挖走

董明珠：
别的企业说可以不交税用票抵，我们能吗？

人才被抢几乎束手无策

不应让破坏环境的企业生存

羊城晚报记者抓到董明珠"放炮"的新闻版面图

平的整合能力。当然，要实现这样的目标，操作中或许会有客观因素上的制约，但我们可以一步一步来。我们新推出的人员评聘制度，将具体设改写编辑岗，并选拔能力优秀的采编人员从事这项工作，更好地发挥大编辑平台对内容的改写。最终实现让读者第一眼看到我们的报纸就有更大兴趣往里看、往后面更多的版面看，甚至觉得还不过瘾，转去浏览我们的网站、客户端等，发挥我们全媒体各种介质各自的最大优势。

（七）报网互动，谁先谁后的问题

《周会纪要》【2015】第24期 7月9日

羊城晚报"全媒体指挥中心"建设，这个问题必然是摆在面前绕不过去的，主动应对就主动，被动应对就被逼着解决，当初做程序设计时就已经考虑到这个问题，有了一些基本框架，这个问题接下来每天都会碰到。刚才罗韬讲的两个例子非常典型。

广东启动新一轮户籍改革，到2020年努力实现1300万流动人口落户

学历与住房入户门槛双降

稳定租房也能入户了 学历条件放宽至大专

接收700万外省人口

《广东启动新一轮户籍改革》报道版面

《广东启动新一轮户籍改革》当天新闻，上午开发布会，《羊城晚报》下午见报，从报纸来讲一马当先，但中午12点，打开微信，南方网比我们详细。

我认为，这种情况还是放在指挥中心平台上来解决比较现实，每天有报题会，像这些事先知道的新闻发布会、突发事件，中心主任、部门主任能够在这个平台上做基本判断，不需要另外做规定，利用采前会、编前会做好协调。

（八）全媒体指挥中心试水“罗尔事件”

《周会纪要》【2016】第44期 12月1日

深圳“罗尔事件”，《羊城晚报》快速反应、精准指挥，从值班老总到中心主任再到相关的采编部门（包括新媒体部），反应神速，紧密配合，这是《羊城晚报》在当今传播格局的情况下进行的又一种尝试。《羊城晚报》现在的采编指挥调度越来越成熟，在同城媒体中是最到位的，我们的全媒体指挥中心真正体现了媒体融合，从它的诞生之日起，我们就天天使用，不是个摆设。罗尔事件中，之前跑医疗保险线的记者李青算出了罗尔真正自掏的医疗费只有3万到5万元，我们顺着这个思路往下挖，现在互联网利用人们的同情心和爱心来炒作捞钱，一旦发现你有这方面的嫌疑，就会把你扒得一丝不挂。我们对这种新闻就要有很清晰的判断，让读者了解真相。另外，罗尔事件中，据说有人背后进行策划和营销，互联网现在很精准、很高效、很有用的策划值得我们学习，也值得我们借鉴，凡是能够产生效益的策划和营销，可以奖励相关人员。

要闻
A2
筹得善款270万欲建基金

深圳“罗尔事件”报道版面

（九）全媒体指挥中心就是新闻作战指挥室

《周会纪要》【2017】第36期 9月14日

桥生（注：指时任羊城晚报社编委、副刊编辑部主任陈桥生）刚才谈了对两条稿的感受，我也很有同感。恒大对上港亚冠次回合的比赛，本身就是一个新闻，尤其这是一场大逆转的球赛，尽管最后输了但过程惊心动魄。其实羊晚对国内外新闻搜索的眼光还是蛮宽的，我们这种社会新闻、体育新闻、娱乐新闻上头版大图的也是不少的，所以这则新闻足以担当放在主图的位置。

另外，全媒体指挥中心要更好地发挥沟通协调的作用，下一步金羊网、微博、微信、羊城派全部都要在这里值班，这样做的好处就是更便于沟通协调。比方说，恒大上港这场比赛，APP是不是就应该1：0、2：0、3：0类似于直播地将场上最新比分发布出去？《羊城晚报》的官博、官微有没可能抢时间报一些相关内容？最后报纸做什么内容，包括头版做什么，体育版做什么，都应该在这里通过沟通协调拍板决定。这就像一场立体化的战争，值班总编就是总指挥，指挥中心其他人员就该像参谋一样出主意，包括图片总监选什么图，报道中如何选取新闻点，“惜败”是一个新闻点，“没有输家”也是一个新闻点，同样的结果，从不同的角度看就会发现不同的新闻点。羊城晚报建设全媒体指挥中心的目的不是为了摆设好看，而是要当成新闻的作战指挥室。所以，以后对一些重要的新闻事件，指挥中心的大屏幕都要大大方方放出来。你们是干新闻这行的，所有重要的新闻资讯你们都要掌握，这便于你们在做新闻的时候更准确地拿捏和把握。只有掌握最全面、最迅速的资讯，做出来的新闻才最及时、最有分量。

从90分钟连扳四球，到加时赛各进一球，再到点球大战决出胜负，昨晚亚冠联赛上演的中超德比堪称经典

恒大顽强逆袭
上港踉跄晋级

“为自己感到骄傲”

2017年广州恒大对上海上港亚冠次回合比赛报道版面

（十）互联网时代对社会新闻要重新定义

《周会纪要》【2017】第36期 9月14日

中美机器人同台PK的稿子，我们对该新闻的处理按照过去的标准套路，突出机器人的“萌”。羊晚做社会新闻是很拿手的，过去

升级后的羊城晚报全媒体指挥中心

很小的社会新闻都能上羊晚的头版，但请各位注意：那个年代已经过去了。并不是说社会新闻不重要，而是要认真考虑该如何做社会新闻。在过去资讯匮乏的年代，一场车祸甚至是一条狗走失了，都能成为上头版的大社会新闻。但现在这类新闻多得都不想去看，已经不是新闻了，所以在互联网时代有必要对社会新闻重新定义，希望广州新闻部对此要认真研讨，在互联网资讯泛滥的时代，传统媒体应该如何经营社会新闻？这是一个新题目。中美机器人PK的新闻，我们仍按传统做法去“卖萌”，新华社和南都则着眼于人工智能，这就是差距！所以，这两篇稿件有分析的价值，其实也从某个方面道出了互联网时代羊城晚报在新媒体领域努力的方向，传播的资讯是什么？要站在这个角度上看问题。

我们改建后的全媒体指挥中心与旧的指挥中心一个明显的区别是，拆除了玻璃围墙变得更宽敞了。但是，这道玻璃墙拆掉很容易，但我们采编人员头脑中的“玻璃墙”要拆掉很难，习惯了传统的采编方式和采编路径，几十年形成的套路，脑袋里的传统框框怎么拆除掉？这需要我们大家共同思考。

第四节

薪酬绩效浮动 奖勤罚懒落实

（一）新定额系统试行问题

《周会纪要》【2012】第38期 10月11日

目前新的定额系统（即文阅系统）正在试行阶段，大家要放平心态，认真研究，相互理解，不要指责这个不对，那个不应该。羊城晚报每一项改革、措施出台都是不容易的，但是讲到底，这张报纸是我们大家的，同舟共济，大家才是最大的赢家。新闻研发部为这个新定额管理“折腾”了一年，非常不容易。这个定额是关系到每一个人的切身利益，而且是“人机对话”，当中出现的困难、难点还请大家互相体谅。不要因为新系统的某些不完善而影响了正常新闻报道，更不应该因为这些原因而引起差错。目前还是试行阶段，试行一段时间后，定额小组再召集大家开会，共同商量出现的问题，找出解决的办法，保证整个采编系统健康运作，最终这个定额管理方案，一定会让绝大部分同志满意的。

（二）用定额制度调动采编积极性

《周会纪要》【2012】第40期 10月25日

为了报社的长远发展，扭转《羊城晚报》目前在广州的报业比较居后的局面，《羊城晚报》必须改革。目前只是采编定额改革，下一步还有一系列的改革。部门主任要多对采编人员做一些正面的引导，目前文阅系统还是试行阶段，拿出数据之后再作评估，但是这个改革的方向一定要走下去，改革的最终目标，就是要把所有采编人员的积极性调动起来，把报纸办得更好。

（三）新文阅系统上线

《周会纪要》【2013】第9期 3月14日

新的文阅系统应用后，大幅拉开了差距，达到了我们当时设定的目的，方向是对的，总体上体现了公平。定额小组、编委会在密切关注新旧定额的差别，运行一段时间之后，会根据实际情况，适度地作一些调整。总的原则是，过去和现在的总量不变，在总量不变的情况下体现多劳多得，好稿优先。

（四）采编定额考核体系改革力度大

《周会纪要》【2013】第10期 3月21日

前期走了一些弯路，花了很多时间、物力，最终勉强地推向了一线，也没有更多的时间去试运行，从1月1日开始正式实行。从过去实行了多年的靠手工、个人判断、随意性大的传统做法，到现在的新系统用机器来打分，是一个进步，新闻研发部做了不少工作。从目前实行的情况看，新闻版块、要闻版块、采访一线的差距拉大了，达到了我们设定的其中一个目标，改革的方向是对的。但是，改革的成功并不代表没有问题，新的定额还有不完善的地方。大家谈到的问题，我都同意，并且在去年11月份我已经留意到了。1月份的定额数据出来以后，我和总编室都仔细地研究了，也和一些值委进行了沟通。发现就像一个漏斗，水都往好稿、好版那流，而专版、副刊、娱乐的分都比较低。在鼓励好稿好版的同时，呼吁值委和他评的部门，对A、B版的评分要有一个大致的平衡，既鼓励一线，也在合理的范围内同工同酬，但不主张平均用力。广告、发行这些他评的部门在评分的时候，既要考虑对广告、发行的拉动，但同时也要站在读者的角度来评分，不赞成对广告发行没有拉动的就不打分。

感谢大家能讲真话，周会就是要这样，不要开成“拍马屁会”，就是要谈问题，把问题指出来。大家谈的1月份的定额最明显的问题就是B版低分的问题，还有你们没有谈到，但是有数据的，是部门副主任更低。前期的改革有不少成绩，但是副刊、专版这些评价体系与新闻版不太一样的版面怎么办？部门主任权重比例等问题，不一定等三个月后了，请研发部尽早启动调研，开会认真研究。但是评分系统3月份评完分之前暂时不变，这是出于整个报社所有版面全盘考虑。研发部对大家提的问题：一是做好解释工作，帮助大家熟悉打分系统；二是研究设置合理性和公平性问题；三是把烦琐的东西简便化。

总的原则是要鼓励大家多写稿，多编版，但也会考虑到冷热线的不同，A、B版的定位、评价体系不一样，怎么样按照相对不是完全一致的评判标准，把A、B版所有人的积极性都调动起来，是总编辑要做的事情。值委每天对着热热闹闹的新闻版面，兴奋点都在前面，对后面的打分少在所难免。但要有相应的机制调节才合理，毕竟有人主攻有人主守，攻和守同等重要。我会就这个问题组织相关部门开会研究，既发扬鼓励机制，又对后面的版面适当地采取一些倾斜政策和措施。

（五）绩效考核涉及每个人的利益

《周会纪要》【2013】第11期 3月28日

研发部刚才给大家回应了有关新定额的问题。根据1月份的统计数据，数量分比想象的要高。大家如果觉得系统算分不合理或不清楚的，可以及时与研发部沟通。

定额考核涉及每个人的利益，不是小事情。作为总编辑，我的职责是倾听大家的意见，研发部以及各部门主任也有倾听的责任。有人敢讲，就说明别人对你还有希望，还希望你改进；没人讲的时候，就是别人死心了，我们这张报纸也就没有希望了。骂也没有关系，我们只取其中合理的成分，作为领导要有这种底气和雅量。当然，发牢骚是没有用的，大家应该提有建设性的意见，帮助我们解决问题。我也要求研发部多听采编一线的意见，再根据统计数据、实际情况进行调整，力求将新定额做得更合理、更科学，让每位记者、编辑的劳动更合情合理地得到体现，大家大可不必过度紧张。另外，请大家仔细看《羊城晚报社绩效考核实施办法》，看不明白的，研发部给大家解答。各部门主任也有义务充当桥梁作用，将采编人员的意见反馈给研发部参考。

（六）提高部门主任配额权重

《周会纪要》【2013】第35期 9月26日

定额条例改革之后，各部门主任手上的配额由35%提高到48%，各位要利用好，对在重大突发事件表现好的记者、编辑，要给予鼓励。评分是要鼓励先进，促进后进，所以不主张部门主任平均打分，我会不定期抽查各部门的打分情况。

（七）再谈薪酬体系改革

《周会纪要》【2014】第21期 6月12日

《羊城晚报》将有一个薪酬体系改革，目前还在完善中。我们所有的报道工作和经营工作，内容、导向、社会责任等都会有一个量化的标准。出现导向错误，政治差错的，会扣分，这些都是薪酬体系里面的硬指标。但如果政治任务完成得好也可以加分。只有把政治任务、经营任务都完成好了，我们的报纸才能稳定健康地发展。

（八）浮动薪酬绩效考核改革

《周会纪要》【2016】第12期 3月31日

去年8月份实施新的浮动薪酬绩效考核办法以来，采编人员的浮动绩效每月先按70%发放，年终根据集团和报社整体考核情况，补发剩余的30%，但补发的多少或高于30%，或低于30%，这些都要与集团、报社的社会效益和经济效益挂钩。各部门主任回去要传达精神，在保证报纸导向正确的前提下，研究怎样在采编经营两分开的同时，把经营和采编工作做好。

▶小贴士 羊城晚报媒体融合的龙头：全媒体指挥中心

2015年年初，羊城晚报报业集团领全国业界之先，抓住报社办公场地整体搬迁、重新组合采编空间的契机，在建成采编大平台的基础上，历时近半年建立起全新的全媒体指挥中心。

如果说全媒体采编大平台是羊晚集团推动媒体融合的主要抓手，那么全媒体指挥中心就是采编大平台的中枢和大脑。集团所有的全媒体新闻、信息、数据，都汇集到这里；并通过这里发出的指令，来进行编辑、加工和处理；经过多层把关审核后，在集团的各类传播终端上发布。

全媒体指挥中心最核心的功能是把关和高效指挥。一方面，我们是通过向制度要管理，建立以部门主任、中心主任和值班总编实现三级把关机制。另一方面，我们也向技术要管理，以指挥中心建设为抓手，全面梳理和整合全媒体采编平台的流程设计。

概括起来，羊城晚报全媒体指挥中心，是通过线上线下两个集中，从而实现中心的“全程指挥、全程监控、全程留痕”。在线下，是将相关岗位人员，集中在一处办公，及时沟通，高效指挥；在线上，是基于全媒体采编大平台网络系统，将各类信息集中在一起，借助技术系统完成“一次采集、多元生成、多次发布”，从而从技术及体制、机制上保障纸媒和数字化媒体资源共享、分工协作，实现24小时不间断地发布新闻。

全媒体指挥中心的主要功能和运行方式，可以用六个数字概括，即“三个一”和“三个三”。

“三个一”即一个核心，以导向把关为核心，这是整个全媒体指挥中心一切工作的基础和前提。一个平台，全媒体各个核心岗位共聚一个物理平台，及时互通。一个目标，实现全媒体资源共享，24小时不间断发布新闻。

“三个三”的第一个“三”，是指挥中心涵盖三个环节：即资讯采集、处理和发布。在指挥中心内的人员配置上，中心其中一侧的一排席位是资讯采集和资讯处理区，包括新闻热线席、图片总监席、要闻值班主任席、审读组席和技术总监席；在指挥中心另一侧，则主要是资讯处理和资讯发布区，配置了“一报两网”和“两微一端”发布端口等，包括金羊网值班席，官方微博值班席，官方微信值班席。

第二个“三”，是指挥中心具备三大功能：即全程指挥、全程监控、全程留痕。这些功能贯穿在指挥中心工作的全过程。

在采编大平台中，每篇稿件被选取进入原料池后，都将自动生成一个身份识别码。这个唯一的代码将伴随着稿件进入加工池，并直至签发完毕进入成品池，走完整个采编流程。在这一过程中，所有人对稿件的加工处理情况都会留下完整、清晰的记录。

此外，指挥中心还能有效实现对所有采编人员的全天候、全媒体指挥。比如，我们可以通过高清视频会议系统，与各区域记者站或前方新闻报道组沟通。2016年全国“两会”期间，我们就是利用这个视频会议系统与全国“两会”报道组直接联通对话，研究采访报道安排。

第三个“三”，是指挥中心实行三级把关：即各采编部门主任把第一道关，指挥中心主任把第二道关，值班总编把第三道关。在指挥中心内，中心值班主任负责日常生产指挥和第二层级审核把关，值班总编则是我们全媒体出版、发布内容的总调度人和终审把关人，除重大稿件需向社长、总编汇报外，日常性全媒体稿件的流程管控、审核把关及签发，都由值班总编完成。

实践证明，全媒体指挥中心通过线下物理平台和线上网络平台的一体化运作，可有效提升我们新闻把关水平和全媒体采编的运作效率。各个部门十分重视在平台沟通的环节，每天的报题会、编前会、定版会也在全媒体指挥中心定时开会，在半个小时左右的会议中，大家抓住关键节点，沟通成本和距离大大缩短，以编导采真正落实，新闻报道时效快，精品率也大大提升。

特别是中心借用大数据分析，达到精准传播，以便针对不同用户构建不同媒体产品。由于在日常采编中大量运用了热点大数据分析系统，每天网络、报纸报道的最热新闻会呈现在这个系统上，对于更精准地制作新闻产品有了直接帮助。近一段时间以来，集团新媒体推送的稿件实现了传播裂变式的飞跃发展，单篇稿件在全国排名连续居于首位。

2016年3月，国家新闻出版广电总局在广州召开的“2016年度全国数字出版管理工作暨主流媒体融合发展经验交流现场会”上，总编辑刘海陵介绍了羊晚集团媒体融合的实践与经验，来自全国各地的100多位与会代表参观了羊城晚报全媒体指挥中心并给予高度评价。

2017年，“指挥中心”又进行了全面升级改造，由原来的“一次采集、多种生成、多元传播”全媒体发布平台，升级为“一体督导、全盘掌控”的高度集成的信息可视化控制中心。升级后的全媒体指挥中心，超越了“中央厨房”原有概念，将全媒体指挥中心由一个虚的概念，形成实体组织结构运作，统筹采访、编辑、审核、传播、评估，内容数据、流程数据、用户数据实时在线，为媒体深度融合提供了技术支撑；《羊城晚报》、金羊网、羊城派新闻客户端“三端”打破分割分治状态，重构数个全媒体部门+大编辑中心的采编团队，让传统媒体和新媒体真正实现了“你中有我，我中有你”。

全媒体指挥中心全面升级后，羊晚集团着力于在实践中不断细化融合生产和传播流程。一方面加强数据支撑，强化技术牵引；另一方面通过岗位设置、考核指标以及人力资源调配上的全面创新，将人才、技术、资源不断向新媒体版块转移，以更好地匹配“指挥中心”在数据支撑、线索发现、报道策划、指挥调度、生产监控等方面的综合能力。严格推行全媒体指挥中心值班、线上报题、一日三会等制度，技术牵引加强“舆情监控”，提供更精准的新闻热点题材，数据在线支撑统筹调度。值班总编、编辑中心值班主任、图片总监、编辑、审读在“指挥中心”全天值守办公，运用大屏、桌面电脑和手机移动端相关场景数据实时查看传统媒体组版情况，提供修改调整意见，并监测全网线索舆情，辅助选题策划；各采访部门所有新闻线索和原创选题实行线上报题，值班领导则实时查看稿件编审签全流程、审签传统媒体版面及新媒体发布稿件的成品，传播力指数实时评估稿件传播效果；每日的“三会”——采前会、编前会和定版会全都在全媒体指挥中心准时举行，讨论舆情线索，重点策划原创“焦点新闻”选题，统筹调度全集团采编资源，从而大大提高了一日三会的工作效率，使报道策划更具针对性，传统媒体与新媒体各平台端口采编协调更顺畅、更高效。

伍

第五篇

开拓经营

第一章

坚守文艺副刊
与“弘扬”羊晚品牌

《羊城晚报》每个毛孔都流着文化的香汗。

《羊城晚报》有一个强大的副刊，
能跟互联网以及同城报纸拉开距离！

大家心中要有产品、品牌的概念。

打破“等米上门”的观念，要大张旗鼓搞活动。

《羊城晚报》从创刊的第一天起，就以花地、晚会两个副刊，占据着版面的半壁江山。直到今天，这两个副刊品牌，依然成为《羊城晚报》最为显著的特色之一。

引领全国文艺副刊新潮流

新闻主攻，副刊主守。但事实上，进入20世纪90年代末，传统副刊萎缩，新型副刊泛化、边缘化问题日益突出。但一直领报纸副刊潮流之先的《羊城晚报》，在2001年改版之际，逆势而上，率先重新树起做大做强副刊的旗帜，将花地、晚会两大名牌副刊同时扩版，坚持每天一期，从不间断。

副刊主守，就要做大文化、大副刊，副刊内容必须与新闻更近，与现实更近，与生活更近，成为新闻的延伸。从2001年起，羊晚花地版率先打造新闻性的副刊版面——“文艺现场”版。采用访谈对话方式，系统追踪海内外著名华文艺术家的最新动态，让他们一一走进花地的“客厅”。

“晚会”是一个以知识性和趣味性见长的综合性副刊，是更加静态的存在。紧跟新闻最终又跳出新闻，副刊不是静态呈现文化表象，不是简单地阐释文化现象，而是坚持从文化热点、文化发展的大趋势上寻找话题。在话题策划的选择上，我们始终遵循着三个原则：公共性、前沿性、现实性。不是仅仅关注一个领域的动态，而是努力从整个社会现实中去定位问题，想读者之所想，把握住社会的思潮脉搏，牢牢地占据了思想文化的舆论制高点。

打造文化品牌　形成众星拱月

随着新媒体对纸媒的不断冲击，让花地品牌借由更多的活动走出去，使版面资源进一步转化为立体的文化优势，一方面做精传统媒体，一方面做大活动平台，这是近几年来花地副刊最重要的转型与突围。

鼎力打造“花地文学榜”，繁衍系列文学奖。今日报业的发展早已不仅仅局限于纸质版面，依托品牌策划各类活动，成为提升报纸竞争力、引领文化风向的重要方式，也是媒体回馈社会、实现自身文化价值的重要依托。萌芽于“人文周刊”的文学创作年度盘点，最终落地举办起一年一度的“花地文学榜”评奖颁奖活动，就是其中最具代表性的案例。

从2014年起，羊城晚报社强势推出“广东文艺评论提升计划”，注重对广东本地的各种文艺门类进行广泛宣传、深入报道和善意批评，致力于推介名家名作，探讨文艺热点话题，研究推介广东文艺品牌。该计划在2016年结出了丰硕的成果，就是“粤派批评”大讨论。

第一节

传统文化最寂寞的时候
我们坚持“不退”

（一）《羊城晚报》十多年文化艺术宣传报道符合习总书记在文艺座谈会的讲话精神

《周会纪要》【2014】第43期 11月21日

文化艺术宣传，包括新闻宣传，怎样贴近生活，面向群众，习总书记的讲话非常强调这一点，所以，座谈会召开后当天晚上，《羊城晚报》就马上开出了《文艺工作者在基层》栏目，接下来还要做大量这方面的工作。

文学艺术领域的低俗问题，改革开放30多年，经济领域、社会领域高速发展，但是整个社会道德水准原地踏步，我们现在回头重新补课。我们相关的部门已作了一些部署，特别是花地、晚会年初做了“广东文艺评论提升计划”，当时只是想做些活动，但实质上这个方案符合习总书记在文艺座谈会上讲话的精神。省委宣传部也要求《羊城晚报》在这方面加大宣传力度。

回头看，《羊城晚报》坚持文化艺术宣传报道，十多年来所走的路符合文艺座谈会的精神，总编室要把《羊城晚报》所走过的路做成汇报材料上报到宣传部，通过宣传部再上报到中宣部。在整个

人文周刊
广东文艺评论提升计划 B1
推介名家名作，探讨文艺热点话题，研究推介广东文艺品牌
“广东文艺评论提升计划”今起强势推出
超越贪欲 就活出了美学
——《骡子和金子》作者罗宏专访
骡子和金子
诚信的美学解读
写生命存在的可能性
在宏大叙事和江湖故事之间

人文周刊
文艺评论 B1
都市文学的经典大作何时出现？
乡土文学正在被都市文学取代
中青年作家是写作的主力
当下都市文学仍存在很多问题
今天的都市文学和过去完全不同
一切都在形成发展的初级阶段
张欣、张梅是都市文学代表作家
将有越来越多作家书写都市题材

《羊城晚报》花地版《文艺评论》专栏引领业内

社会“流行文化”最繁荣的时候，我们仍然坚守花地传统文化之路，没有改革掉，而同城媒体有的却改掉了。去年在《羊城晚报》举办的“花地文学奖”盛典活动中，我说很感谢《羊城晚报》前辈和从事文化艺术工作的一批优秀采编人员，在当时通俗文化很流行，严肃文化没人看，小说、诗歌、散文没人读的时候，我们最终没有砍掉这块版面，保留下来。

最近中宣部表扬《羊城晚报》文化艺术报道贴近群众，包括要闻版、政文部的文化新闻、广州部的社区新闻、花地晚会的新闻，包括我们举办的一些活动和娱乐报道，这些文化艺术报道贴地气，深入基层，中宣部专门为此发了《新闻阅评》表扬《羊城晚报》。

娱乐报道满天八卦，但《羊城晚报》娱乐报道不低俗，这是不容易的。所以，通过学习习总书记在文艺座谈会上的讲话，我认为《羊城晚报》在文化艺术领域中，无论新闻报道、文学评论，还是副刊，都要坚持面向群众、面向基层，坚持雅俗共赏，坚持抵制低俗之风。下一步，要做一些有点深度的文化艺术报道。

（二）数据分析表明羊晚娱乐新闻转载率高

《周会纪要》【2015】第15期 5月8日

根据金羊网做的上周《新媒体监测周报》，本报网上转载量排名第一的是《刘涛：我比“女汉子”更强！》，有125家转载，第三的是《秦昊：伊能静让我变得没那么愤怒了》，有105家转载，娱乐新闻的转载率相当高，而且都是原创。我发现，有好几周的媒体转载，并不是标准的时政新闻、经济新闻，民生新闻也不是头版、焦点上的文章，而是后面的娱乐版，好几周排名、转载都相当高，很不容易。当然，一方面是名人效应，另一方面也要能抓得到，这么多娱乐记者和众多媒体，我们抓到了首发或者独家、独特角度，网上才会抓取。羊晚娱乐版的转载率非常高，要总结一下为什么能够捞到这些独家的东西，现在后面版面的转载率已经超过前面版面了，本周排第一、第三的都是娱乐新闻。严格来讲应该新闻类跟新闻类比，副刊类跟副刊类比，但现在不仅超过副刊类，连新闻类都超过了。这些好文章对扩大羊晚品牌，特别是扩大金羊网的影响力都起到很大作用。这份每周监测表在内部网上有，请各位部门主任都认真看一下，特别是转载率排前五名的都应该看一下，分析一下。这个监测表分开新闻类、副刊类，因为有一些不具可比性，但只要转载率高，不管什么原因。印象中财经新闻，尤其是房地产，经济形势分析，还有教育类和专版（包括汽车、楼市），还有娱乐，副刊系列转载率都很高。

（三）文娱领域的题材空间越来越广阔

《周会纪要》【2017】第9期 3月9日

本周全国“两会”期间，娱乐编辑部捕捉了一些“两会”热点话题，如“明星天价片酬”话题、“小鲜肉”存在种种问题，采写的稿件关注度高、影响力大，在突出主旋律的同时，又很好地体现

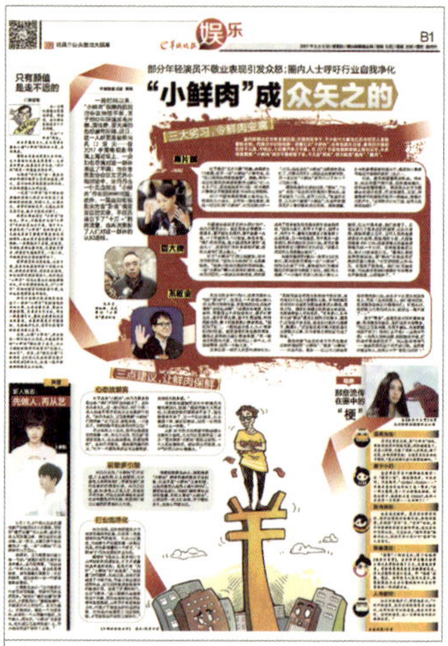

《羊城晚报》娱乐新闻版经常对当下娱乐圈针砭时弊

羊晚特色，这种软硬新闻的结合点非常好。

从娱乐部的这个例子，引发了我的一些思考。这些年，文娱领域的题材空间越来越广阔。无论是传统媒体还是新媒体端，该题材的内容产品影响力大，圈人圈粉能力强。《羊城晚报》作为一张省级党报，在民生、文化、娱乐、体育、教育等领域也有深厚积累。在当前这个时代，我们在经营好新闻版面之外，还应把文化、娱乐这些领域题材作为重头，好好经营。羊晚这一点要当仁不让！除此以外，我们还应顺势而为，跳出传统办报思维，做方方面面的尝试，寻求多种经营盈利模式。去年，我们开了个头，成立了教育研究院。今年，我们还要继续努力，在其他领域再迈进。

（四）《羊城晚报》有一个强大的副刊阵地，能跟互联网以及同城报纸拉开距离

《周会纪要》【2015】第5期 2月12日

《羊城晚报》有一个强大的副刊，这包括花地、晚会、

娱乐、专版等版面。相当多的人除了看《羊城晚报》的新闻之外，还从强大的副刊版面吸收营养。互联网时代，能跟互联网以及同城报纸拉开距离的，就是副刊这类非硬性新闻的内容。新闻的重复率现在都达到75%，但当读者打开我们羊晚的评论、副刊、花地、晚会、专版，重复率非常低，打开这张报纸还是有东西可看。

（五）《羊城晚报》被选定为中国文艺评论基地，鼓舞士气

《周会纪要》【2016】第11期 3月24日

最近，中宣部选定《羊城晚报》为国家文艺评论提升计划的其中一个基地。这是对羊城晚报人多年来兢兢业业、认认真真做新闻办文艺副刊的回报、肯定。羊晚副刊，几十年的严肃文学，我们从未放弃。既然中国文艺评论基地选定在我们这里设立，我们更要做好相关工作。

（六）报纸副刊与新闻、书籍距离有多远?

《周会纪要》【2016】第47期 12月22日

最近，省委常委、宣传部部长慎海雄同志对《羊城晚报》12月17日《博文周刊》《德国雾霾为何神奇消失》作了批示：这篇文章有针对性！他山之石可以攻玉，何况是成功之谈。读后很有启发，也增添了我们实施生态文明的信心，类似的文章还可以多做。比如，日内瓦湖在20世纪80年代以前也是污浊不堪，其治理经验也可借鉴。图文对比也很好，并分别提出表扬！

这是今年以来慎海雄部长第三次表扬副刊，前面两次表扬的是“粤派批评”，6月5日的批示：此版耐看！这样的交锋、交流、交融极有意义，目的是活跃广东的文学评论，我省的文学评论工作者们敢于在“批”“评”上下功夫，敢于用实力打响“粤派批评”。

2017年12月1日，“粤派批评·陈桥生工作室”成立暨学术研讨会在广州举行

人文周刊
粤派批评
超越岭南，成为中国的实证学派

“粤派批评”版面图

7月8日慎部长又在粤派批评讨论引起全国关注的情况汇报上批示：很好！羊晚未来的方向应是具有人文特色的岭南“文汇报”。这恐怕是在互联网时代需要转型的一个选项。

慎部长说他每天回家必看《羊城晚报》，对《羊城晚报》特别是副刊情有独钟，说明《羊城晚报》今年以来抓的这几个题目抓得非常好。报纸新闻是现实的反映，新闻每天报道客观现实的变化，新闻内容和现实生活有一个新闻距离；报纸副刊不是杂志、书籍，每天出版的报纸副刊内容，和现实生活当中的距离应该是一个什么距离？如果把报纸办成书籍、历史读物，相信大家读起来味同嚼蜡，如果完全跟新闻贴得太近，那又跟新闻拉不开距离，这个距离如何把握，很考功夫。我与社委会几位副总、社委商议，决定给副刊部通报表扬，给予总编辑特别奖，并提倡大家相互学习。

（七）《羊城晚报》每个毛孔流出来的都是文化的香汗

《周会纪要》【2018】第13期 4月12日

《羊城晚报》“花地文学榜”年度盛典下周二举办，这个活动有很大的影响力。广东媒体界，大家都羡慕《羊城晚报》，很多人会以为《羊城晚报》有创意产业园，其实，他

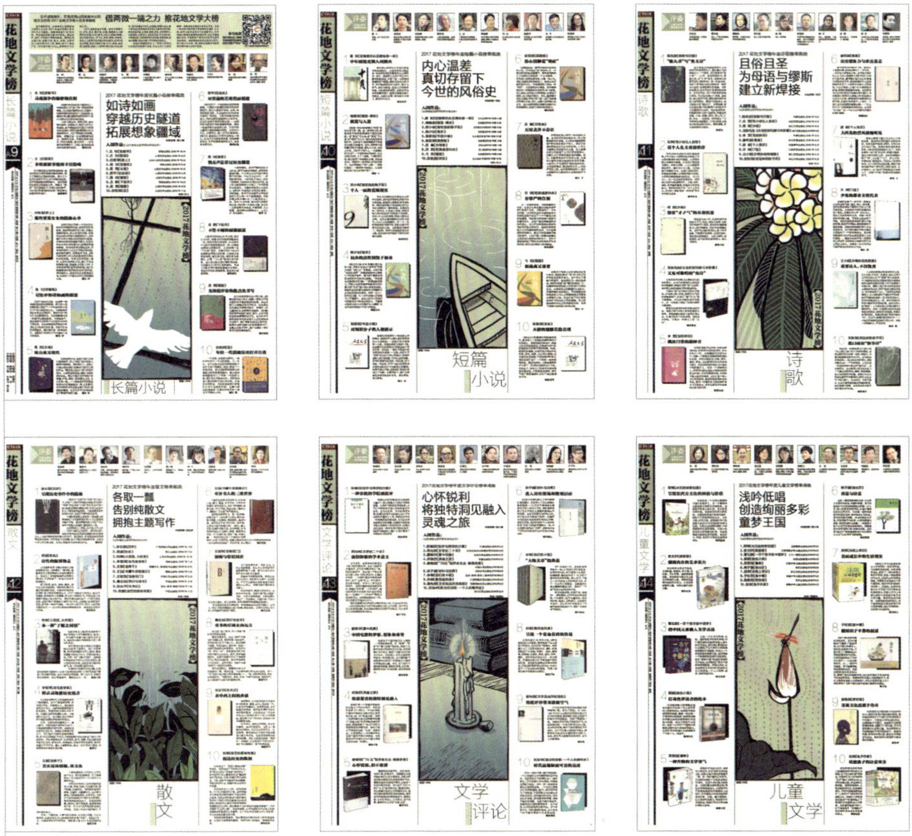
借两微一端之力 推花地文学大榜
花地文学榜
如诗如画
穿越历史隧道
拓展想象疆域
长篇小说
内心温差
真切存留下
今世的风俗史
短篇小说
且俗且圣
为母语与缪斯
建立新焊接
诗歌
各取一瓢
告别纯散文
拥抱主题写作
散文
心怀锐利
将独特洞见融入
灵魂之旅
文学评论
浅吟低唱
创造绚丽多彩
童梦王国
儿童文学

“花地文学榜”版面

们羡慕的还有一点，那就是《羊城晚报》“有文化”。我常自信地说，《羊城晚报》每个毛孔流出来的都是文化的香汗。讲文化自信，因它有着鼓舞人心的力量，我们几十年坚持着没有放弃。我当年曾经分管过副刊，那时压力很大，因为当时都流行一种观点：读诗歌的都是傻子，写散文的都是脑子进水。改革开放正是挣钱的大好时机，谁还会静下心来读这些文字作品？报社也因此动摇过，议论过要不要把副刊拿掉，改成心灵鸡汤式的或者是哪样挣钱的版面，但是，最终还是没有放弃原有的定位。现在回过头看，当年的坚持是正确的。《羊城晚报》副刊花地成了一个品牌，我们变得富有——文化富有。

接下来的“花地文学榜”活动要办好，尽管该活动一波三折，困难多多，相关部门答应给的资金支持也没兑现，我们还是要坚持，没钱，我们自己出，勒紧裤腰带也要把活动办下去。我就不信，做“文化自信”活动还会不受待见！嫌贫爱富是人性，创业之初没人可怜你，就像当年没人理睬马云一样。我们这些年尽管很艰难，但做了很多事，在互联网时代对得起“羊城晚报”这个品牌。我们老老实实耕耘好《羊城晚报》这块地，它就像一块老茶饼——值钱。在这个千载难逢的转型时期，我们要抓住机会，多做一些有意义的事，才无愧于这个时代。

（八）今年“花地文学榜”擦亮了羊晚的品牌

《周会纪要》【2018】第14期 4月19日

今年“花地文学榜”前后的安排、传播、影响、策划等，相关同志付出无数努力，擦亮了羊晚的品牌。此外，我们没有把活动仅仅局限在副刊，而是大家自发把它变成了集团的活动，同志们自觉行动，主动融合，打破了部门界限，体现出了《羊城晚报》的强大凝聚力。

本次活动和“年·见”结合在一起，请嘉宾演讲，取得了非常好的效果。我们现在线上线下的报道，正在越来越发挥整合效应，最大限度地发挥它的延伸价值。我们要锻炼好队伍，顺着思路往下做，越往后，路越宽。很多人羡慕《羊城晚报》的文化品牌，我们要把羊城晚报打造成现代文化传播集团，扎根于岭南的文化传播集团，把《羊城晚报》的各园区都纳入文化的含义中。《羊城晚报》在这条路上有了一点探索，并且很快就有成效。这次傅华同志（注：时任广东省委常委、宣传部部长）来《羊城晚报》调研，高度赞扬和认可我们在岭南文化品牌建设上的努力，鼓励我们大胆尝试。通过这些活动彰显羊城晚报自有的特色，这也是我们的优势。

羊城晚报
习近平在十九届中央国家安全委员会第一次会议上强调
开创新时代国家安全工作新局面
浙江省党政代表团来粤考察交流
央行发降准红包
文种花地
2018花地文学榜年度盛典暨“年见·文学专场”盛大举行
羊晚“守住一盏灯”
被关3个月后，谭秦东离开看守所
一季度GDP同比增6.8%
近10万个公众号被封
借到7500元赔掉一套房
新一代个人网络身份标识eID发放
广州三部门规范幼儿园收费
公办园每月每娃最高收1285元保育费

2018年“花地文学榜”年度盛典报道版面

大办活动，已经是各家媒体经营转型的常态。《羊城晚报》是较早进入活动板块的报纸之一，20世纪90年代就有财富沙龙、手抄报大赛等活动，今天更是“百花齐放春满园”，甚至开出了几朵“产业之花”。

办好活动是强化品牌定位、提升品牌价值的手段

“内容”是媒体最重要的品牌产品，因此羊城晚报社很早就提出了“传媒树品牌”的口号。但移动互联网突破了地域限制和数字鸿沟，使得内容产品的品牌信息变得模糊，必须有新的办法向目标读者（用户）传达、强化媒体的个性化形象，形成差异化竞争力，提升传媒品牌的价值。活动，即是最重要的手段之一。

羊城晚报在新时代的品牌定位是“具有鲜明岭南特色的新型现代文化传播集团”，近年来的大型活动，都十分注重强化这些方面。如连续多年举办的“花地文学榜”和“手抄报大赛”，即立足于“岭南文化名片”这一历史形成的品牌地位。最新打造的“新青年 新媒体”论坛、“年见”系列分享，则以线上传播为基础、线下活动为手段，强化羊城晚报作为新型主流媒体的时代引领。

办好活动是增加客户黏性的有效方法

经过几年的战略布局，《羊城晚报》已经形成了一张服务大局的立体、即时、全面、权威的“活动网”。粤港澳大湾区发展规划纲要公布次日，《羊城晚报》就与香港两家机构签约合作港澳青少年大湾区体验及教育活动，并于5月10日成功举行“大湾区知识争霸战总决赛暨青年对话会”，帮助青少年融入大湾区发展。与之类似的案例还有很多：在广东省港澳春茗现场举办以港珠澳大桥为主题的“龙腾港珠澳”图片展，承接省委宣传部“改革开放标志地”“企业核心价值观”等活动，与广州市合作发起“羊城新八景”评选、与清远市合作

举办“清远自媒体文化节”、组织文化记者走进潮州，为广东税务策划优化营商环境系列宣传活动、为省民政部门策划“福彩公益南粤行”……这些活动，将政策、文件、工作部署以群众听得懂、感受得到的活动广泛开展，使党的声音更贴地气、传得更广更深入，显示了《羊城晚报》作为主流媒体的责任担当。

面向客户的活动整合营销，则是因应客户需求升级而做出的媒体产品“供给侧结构性改革”。纸媒近年来所遭遇的广告“断崖式”下跌，表面原因是遭遇网络的媒体冲击，实质则是传统的广告形式已经无法满足客户的互动化、个性化需求，并不是客户抛弃了纸媒。纸媒的客户资源一直都在，是纸媒需要主动做出融合改变。《羊城晚报》在媒体融合的同时，通过版面宣传、线上传播、线下活动、场景营销等多种方式，把精准营销、线下活动、效果广告、影响力变现相结合，构建全媒体矩阵传播圈，实现了客户（广告主）、媒体（发布者）、用户（消费者）的有效连接，设计出了一系列客户欢迎、用户满意的活动营销产品。

办好活动还是服务文创产业、探索新兴产业的途径

报纸探索跨界文化产业、智慧产业，优势是用户基础、传播渠道、资源积累，短板是有效连接、消费场景，而办好活动恰恰是弥补这一短板的绝佳试水途径。试得好可以顺势转型进军这一领域，试得不好则方便及时调头。如经过名师团活动、小记者活动、手抄报大赛、游学营等一系列有计划、有步骤的尝试，在教育领域积累了充分的用户、资源、客户、渠道、场景，羊城晚报正式成立了教育发展公司，成立首年即盈利数百万元。

办好活动还可以进一步为产业发展提供助推。经过多年的积累，“羊城创意产业园”已经锻造为《羊城晚报》之外的另一金字招牌，是各地同行取经、学习的融合样本。但居安思危，站在融合发展的前沿来看，羊城创意产业园还存在收入结构单一、产业形态不足的问题，需要更多创新手段，进入文创、音乐等领域的科技前沿和资本市场。《羊城晚报》这些年来利用园区场地，先后举办了“草地音乐节”“RUN+不限运动会”“酷一点音乐汇”“中国文创产业大会”“亚洲网络动漫音乐节”等活动，既提升了园区的文创氛围，也为羊晚进军音乐、文创做足了前期探索。2018年底，在充分试水的基础上，《羊城晚报》发起成立了粤港澳大湾区文化创意产业促进会，将在更高的平台上探索文创产业的“深水区”。

第二节

在重大战役报道中 打造“羊晚品牌”

一、2010年广州亚运会报道

（一）增强我们的优势 弥补我们的不足

《周会纪要》【2010】第43期 11月18日

本周最大亮点是亚运报道，《羊城晚报》在此一役打了胜仗，有三个方面的突出表现：

谋篇布局较早。亚运报道《羊城晚报》4年前就有所动作。亚运报道，我们存在三个天然不足：一是因为亚运赛事多为下午进行，没有报道时效优势；二是版面资源比较紧张；三是缺乏机关报的发行保障。在种种不利因素的影响下，我们在开幕式报道、“醒狮”四连张、人物专访、揭秘报道等一系列仍取得了初步胜利。

报道互动较好。要闻部、体育部、广州新闻中心、政文新闻中心、经济新闻中心等版面、内容相互搭配，场内场外互动，立体呈现了亚运盛况。

新闻、广告、发行、品牌共赢。集团经营部门早在半年前启动工作，有效发挥品牌效应，取得良好效益，11月份广告应收额达到4200万元，醒狮四连张发行增长128%。

但对比同城其他报纸开幕式报道，我们存在不少问题：

（1）有效利用集团资源，做好开幕式报道方面，不如《广州日报》的工作做得充分。

（2）没有抓住重大新闻节点，做足品牌工作，推广工作有待加强。

（二）亚运的版面在同城报纸中最少，但做到了效益最大化

《周会纪要》【2010】第45期 12月2日

本周的亚运报道，有两点值得肯定：一是整合全集团优势，未雨绸缪，提早策划，取得全胜。二是新闻、广告、发行、品牌相互配合，发挥联动优势。

由于受到种种客观原因的制约，《羊城晚报》关于亚运的版面在同城报纸中最少，但做到了效益最大化，亚运广告营业额达8000万元。广告公司、体育部、发行公司、广州新闻中心、总编室等部门值得表扬，尤其是体育部配合广告公司做了大量工作，由于广告占版率高，记者个人的发稿率受限，但实现了集团利益的最大化。

亚运报道存在三个方面的问题：

1. 特色不够鲜明。尤其是广州亚运的特色不明显。

2. 凌乱。主要是要闻部编的三个版与后面的亚运版面内容存在交叉，显得凌乱。

3. 发挥集团优势最大化方面还不够。

总体而言，集团亚运报道取得了胜利，建议对一线采编、经营工作人员进行鼓励，认真总结经验。

二、2012年伦敦奥运会报道

（一）独树一帜的伦敦奥运会倒计时100天活动

《周会纪要》【2012】第15 4月19日

伦敦奥运会全球倒数100天这个活动，内地只有广州、北京、重庆三个城市可以同步进行，羊城晚报社经过多方努力，英国驻广州领事馆同意我们把奥运会100天发布会和英国伦敦奥运会100天倒计时一并做，这个制高点我们抢到了，开创了双赢的局面，影响力是明显的。对于我们来说，借助广州领事馆这个关系，下一步整个伦敦奥运会所有工作的开展，特别是采和编，在伦敦的前方记者，都会得到相当多的便利条件。

这个活动也进一步彰显了《羊城晚报》的影响力。100天倒数活动当天上午有不少广告客户到场，他们都认为《羊城晚报》的伦敦报道是档次高的，有官方背景，所以这种活动对吸引广告是很有好处。

（二）我们不单抢金牌报道，不单版面好看，同时还挣到广告

《周会纪要》【2012】第27期 7月19日

伦敦奥运会期间的版面，《羊城晚报》用了一个最经济的方案，只花了很少的钱，但代价就是把别的版面腾挪，挤占体育版之外的很多版面。大赛期间，除了从要闻部、国际部抽编辑外，假如还不够编辑的话，也会从别的部门临时抽人，请大家支持。

《广州日报》奥运赛事没有晚报的时效性，所以与多媒体联动，搞了一个二维码，让读者补看赛事。我们既然在全城几家媒体中独占时效优势，怎样充分发挥这种时效性？之前花大力气去做“双城记”，目的就是要在前期把奥运这个概念炒热，让广州的读

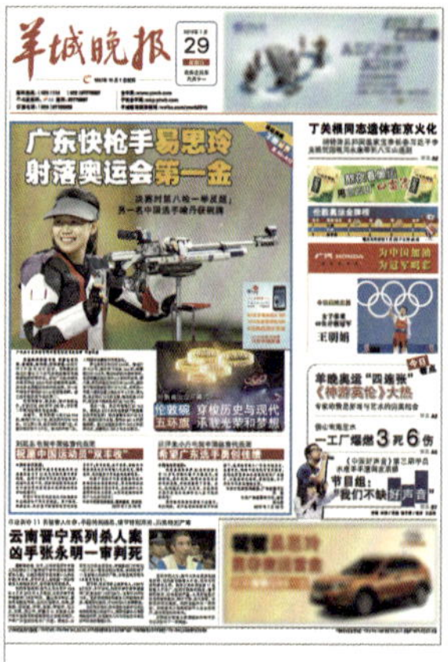

2012伦敦奥运会报道版面

2012伦敦奥运会倒计时报道版面

2012伦敦奥运会“双城记”报道版面

者对几千公里外的伦敦感兴趣，现在从效果看，目的达到了，同时广告收入也不错。现在距离奥运会开幕只剩几天，所有的准备工作都在按部就班地进行着，争取在开幕前把“秀”做足。汪晖作为晚报的特派记者，也是唯一持证的记者，同时也是中国晚报伦敦奥运会采访团团长，我们有相当多的资源。今年奥运会版面总量不可能大增长，基本保持在8个版，所以奥运会期间大约20天的时间，所有部门的定额都会受影响，到时再另议怎么减免。版面就这么多，大家全力以赴配合赛事、赛程报道，广告公司也要全力做好广告招商，提供版面，包括头版。

按照原来的想法，既然晚报有天然独家的时效优势，增加4个版甚至8个版，在广州地区搞出一个大影响来，抢尽晚报的时效性。但今年经济环境不好，只能集中8个版面来做。请发行公司方面也大力配合，让读者知道什么是时间优势，什么叫晚报，最大效能地扩大晚报的影响。我们不单抢金牌报道，不单版面好看，同时还挣到很多广告，我相信我们奥运期间的广告一定能超过南都和广日。要好好表扬广告公司，在经济不好的环境下能有这样的成绩确实不容易。

战略运营部和文化传播公司注意做好对后奥运时代的有关策划，如广东籍的奥运冠军以及发行公司的社区运动会等，新闻版面会给予配合与支持，要把奥运的成果最大化。

（三）无数“战役”证明：我们能在“大仗”中取胜

《周会纪要》【2012】第29期 8月2日

（伦敦奥运报道）《羊城晚报》广告公司提供的数字令人振奋，可以说我们的伦敦奥运报道大获全胜。广告公司做了很大的努力。感谢采编部门，我们在没有增加新闻纸张的情况下腾挪出8个版面来做奥运，各个采编部门都会有所损失，所以我会减大家的定额，这是合情合理的。

我们的成功是参与报道的前方记者、后方编辑、校对、组版、美编等共同努力取得的。

尤其值得自豪的是金羊发行公司提供的数据，伦敦奥运开幕当天晚报零售额增长了30%，从未试过有哪个活动能够有30%的增长量，《羊城晚报》很多的重大活动，重大节点都从没出现过增幅这么大的。伦敦奥运开幕那天的晚报确实好卖，说明我们花的工夫没有白费，成绩有目共睹，无数“战役”都证明了《羊城晚报》能在“大仗”中取胜，这次的伦敦奥运，时效绝对抢先，包括广告、发行的增长。

奥运前期我们派了3批记者赴英伦，花了50天时间做“双城记”，天天造势，做得非常到位，木次奥运会的创意也给了我很大的启发，我们编的版《伦敦开幕式像过日子　北京开幕式像是过节》题目做得非常好，一语中的。

我看奥运开幕式表演最大的感触是在一个平台上把工业革命淋漓尽致地表现了出来，给了我很大的启发，我们“双城记”做后工业时代那一部分做得不够好，所以打完“大仗”后都需要好好做总结。

到目前为止，我们取得了决定性的胜利，现在离奥运闭幕还有几天时间，我们一定要经营好。

从8月4日开始，我们减少一些体育版，增加要闻报道，因为后期的比赛项目大多数不是中国的强项，可以更集中精力做得更出彩，但最后两三天又到了总结金牌数、排名次的关键时刻，到时版面可以再调整，总的原则是两边高中间低。

在炎热的酷暑天我们的新闻做得很出彩，奥运报道也很有章法，时效绝对领先，这是全城的热点，一定要坚持到底。

三、2016年里约奥运会报道

不仅要报道奥运，还要“消费奥运”

《周会纪要》【2016】第32期 8月25日

大家刚才总结得比较全面了。《羊城晚报》里约奥运会的报道总体上可圈可点之处非常多。我们前两天发了《羊晚奥运夺金》，自我宣传了一下。接下来相关的部门，体育部、金羊网、羊城派要总结，我参加。

4年一次的奥运会，《羊城晚报》的立体宣传报道，成效非常显著。就像上两次周会说的，《羊城晚报》尤其是体育部，在大赛报道上取胜，不仅是体育部，这是集团的合力，做得非常好。

奥运结束后，我们的视频不能断。我们牛刀小试，推出了自己的视频，这个品牌还得延续。这次奥运会我们做的最大特点，不仅仅是报道奥运，还同时“消费奥运”，这就是我们成功之处。无论是报纸、网站、音频、视频，现在到了讲消费的年代，小年轻压根就不听生硬的宣传教育，他们就是喜欢看傅园慧的表情，就是喜欢看孙扬扔帽子扔了半天扔到水里，就是要看节目主持人小鲜肉。移动端的时代，我们要适应，要争取阅读量，包括流量。

《羊城晚报》女排夺冠微信推送在比赛之后一分钟推出，在同城媒体里拿了块金牌，但跟网络、电视的版权直播还是有距离。尤其是资讯的渠道发达之后，像区域性的、以民生报道为定位的媒体，我个人觉得要弱化报道功能，而强化娱乐消费功能。这次奥运会，我们之所以整个新媒体流量能突破1亿，包括我们的报纸、版面、金羊网、微信、微博、APP、音频、视频，就是强化娱乐性。视频单期最高300多万流量。要娱乐起来，主持人一定要活。标准就是“90后”“00后”微信转你的报道，这说明你就成功了，不转你就失败了。

羊城晚报
2016年8月22日 星期一
里约奥运
今日闭幕
中国奖牌
稳居前三
中国26金
里约奥运揽四金
广州体育创辉煌
有一种拼搏，叫永不放弃
有一种精神，叫中国女排
中国女排再登奥运之巅
这一刻，我们等了12年！
广州仔陈艾森
男子10米台
双冠王
奥运见证中国巨变
冰与火之歌
笑与泪之搏
朱婷加冕MVP+最佳主攻
“金牌情侣”笑傲里约
广州妹冯珊珊摘铜

2016里约奥运会报道版面

一方面我们很努力，更重要不要忘了是依托腾讯、新浪的平台。我们自己的金羊网、APP也做着非常艰苦的努力。但是单单从数据上来说，不能够小看腾讯的视频，平台用户量大。技术部正在建我们自己的云平台。

当年广州有同城媒体砸了多少钱买装备，什么装备都有，就是没有流量，挣不到钱！《羊城晚报》不能走这条路，我们花很少的钱，土法上马，抢占了我们最核心的、最需要的流量，拿到了我们的影响力。这就是我们下一步扩大的根基。

腾讯视频10万以上就可以贴广告。下一步，我们音频、视频也可以。我们进行总结，发扬我们的优点，真正向全媒体、立体传播的媒体平台进军。

第三节

办好栏目才能树立品牌
经营品牌要靠大办活动

（一）集团三项大活动的启示

《周会纪要》【2011】第12期 3月31日

本周集团三项大活动，包括：东莞圆桌论坛、“羊城新八景”以及通讯员表彰大会，这三场活动都进行了集团品牌形象宣传，效果较好，即使是通讯员表彰大会这种内部活动，都在形式和内容上有所创新，进行了全媒体操作的尝试，迈出了第一步，不少方面今后还需要进一步改进。全媒体是世界媒体发展的潮流，是我们今后发展的方向。东莞的圆桌会议，典型的经济效益社会效益双丰收。“羊城新八景”经过前期漫长的努力，各部门付出了大量的心血和汗水，开了个好头，现在是发起总攻的时刻，最后临门一脚，希望能把活动推向高潮。三场品牌活动给我们的启示——我们的盈利模式不能单纯依靠传统的广告、发行和印刷，必须做大品牌经营活动，要尽量扩大品牌影响力，只有找到新的盈利模式，老树才能发新芽。

（二）大家心中要有产品、品牌的概念

《周会纪要》【2011】第42期 11月03日

报纸品牌价值、广告量的提升，要依靠大家的齐声吆喝，大家都要爱护和保护《羊城晚报》这个品牌。各部门主任、包括金羊网回去要传达一下，现在是眼球经济、传播时代，个人的私人关系、同乡关系、朋友关系、跑线积累的关系，这无疑是个人做出了很大的努力，但同时也给《羊城晚报》这个品牌加了分。不管是中央电视台、凤凰卫视、香港或国内其他电视台、纸媒和网络，要发动大家充分利用自己的各种关系资源，利用各种机会张扬我们自己的好事，宣传《羊城晚报》的品牌，以后还要考虑形成奖励机制。

大家心中要有产品、品牌的概念，采编和经营是密不可分的。采编的同志心里要有经营，广告与发行的同志心里也要有采编，双方在开展工作中要相互考虑。

（三）成立工作室操办大型活动

《周会纪要》【2013】第34期 9月18日

花地编辑部以后要每年都拿到“优秀童谣”大赛的承办权，而且承办经费每年上涨。要闻部、政文部的新闻要跟上，用新闻版进行宣传造势，要让人觉得羊城晚报承办这个活动之后与之前是完全不一样的。

《羊城晚报》
第24届手抄报创作
大赛总决赛现场

采编部门将成立工作室来操办这些大型活动，工作室挂靠在羊城晚报经营公司。《羊城晚报》有一个很好的新闻平台，做活动有优势，采编部门要把手头的新闻资源进行转化、嫁接。

（四）重点经营一批名牌栏目

《周会纪要》【2013】第36期 10月10日

国庆节前省委宣传部召开了“广东省新闻媒体优秀品牌栏目颁奖会”，羊城晚报《天天315》《食刻出击》获得了十大品牌栏目之一。《天天315》栏目获得奖励30万元。奖金除了留一点用于栏目建设外，其余的全部用于奖励记者、编辑。

今后，省委宣传部每年将会拿出几百万元来奖励办得好、有影响力、读者喜爱看、有市场效应的报纸名牌栏目。接下来，我们要研究明年晚报培育一些什么样的栏目，各部门多创造一些叫得响、在读者中有影响力的好栏目。《天天315·食刻出击》《天天315·消费潜规则》等栏目也要进一步创新。

（五）打破“等米上门”的观念，明年要大张旗鼓搞活动

《周会纪要》【2013】第44期 12月5日

今年省委宣传部给本报优秀品牌栏目《天天315》颁发30万元奖励，在明年初社内好新闻颁奖会上，我们还会拨出经费奖励更多的好栏目，对一批优秀作品提高奖励金，鼓励一线采编人员大胆创新，开拓一些新栏目以及经营好原来的栏目，围绕下一步的中心工作，设置议程，引导舆论。

明年要大张旗鼓搞活动，各个部门一年起码要办10场活

动，扩大品牌影响力。传统媒体、新媒体要相互配合，做好线上线下活动。明年将会对各部门下达配合经营工作的任务，出台一系列措施。我们要打破"等米上门"做广告的观念，记者、编辑要利用资源全方位为报纸服务。最近广州6家媒体的广告数量，羊城晚报近两个月的跌幅最少，但是纸质传媒的广告份额仍以30%的总量下降，因此我们要花更大的力气来努力工作。

（六）舆论监督与树品牌相结合

《周会纪要》【2015】第8期 3月19日

《天天315》《食刻出击》两个栏目，还要做些正面的报道。现在有个误区，好像"打"才是正道，但"打"的同时要"拉"，比如，针对市面上的酱油，有说这种添加剂，那种添加剂，我们可以与消委会联手，面对国内10多个品牌的酱油，请老百姓投票，民选哪个行，哪个不行，再由消委会抽检，选中的贴上羊城晚报联合消委会职能部门评选，老百姓网上民众投票第一名，发消息，大力宣传。

舆论监督和树品牌要结合起来，吃的，喝的，用的，哪些是不好的，有问题的，哪些是好的，我们要与职能部门联合打造一个"羊城晚报指数"，每月发布安全指数，乳制品、米、油、矿泉水哪几家是安全的，与消委会合作，定期抽查，没有问题的，由《羊城晚报》发布绿色指数。这个指数在这个区间是有用的，下一个区间重新再来。一方面猛打，一方面建立安全指数，我们不公布黑榜，只公布红榜，一个领域一个领域地做。《羊城晚报》再也不只是一张报纸，还涉及老百姓的衣食住行，涉及一个全新的领域，无限商机，不仅广告，发行配送也有很大空间。

经济部除了宏观经济，楼市、彩票、股市、理财之外，衣食住行每天都要紧紧抓住，一方面是打，另一方面是建立安全体系、指标，延伸下去很多东西可做。看似体系庞大，其实也不复杂，一步一步来，比如，先公布水的指标，然后是米、油，成型后再全领域覆盖，媒体做这种事最有公信力。羊城晚报搭一个平台，把政府职能部门拉上来，政府职能部门的权威，“羊城晚报”品牌的公信力，网络发达的海选盲评，做出品牌后广告、发行在后面接力，有破有立，老百姓会很关注这个领域，这么大的平台，金羊网，微博、微信，背后的职能部门、监管部门一起来，发动群众投票，这样做《羊城晚报》的影响力才会很大。

（七）如何将购车节办出特色

《周会纪要》【2015】第12期 4月16日

“羊城五一购车节”马上就要举行了。今年“五一”，同城三家报纸都办车展，竞争激烈。究竟如何才能吸引市民来咱们的车展，剩下一周多的时间，广告部还得多想新招、多挖掘亮点。

具体细节上，今年“五一”车展咱们除了在报纸上做常规硬广宣传之外，也完全可以在新媒体这边好好推一下。借鉴上海车展没有美女车模的噱头，咱们车展其实也可以做些新闻炒作来提升影响力。毕竟在车展上折腾点话题、找点新概念，这有利于活动的造势，也有利于为咱们品牌活动打响知名度。当然，集团也会拿出相应的版面资源、采编资源，做好配合。临近活动前几天，报社还会给内部发通知，动员自己人到车展现场支持一下，以增人气。

关于车展这类活动，往年羊晚“五一”“十一”都有办。但近几年来越来越多竞争对手同期也办车展，既分薄了市场份额，也削弱了咱们车展活动的品牌影响力及承办车展所能带来的效益；更为关键的是，这些年广州还选定每年十一月举行广州国际车展。如何把“羊城购车节”办出特色要想办法。

（八）“购车节”场面十分火爆

《周会纪要》【2015】第15期 5月8日

“羊城五一购车节”，连续三天广告公司、专版部、相关其他部门的同志很辛苦，场面十分火爆，整个车展体现了羊城晚报团结协助，前期的宣传，硬广、软广宣传，采编配合，保证了车展的成功，销售量、售票量都有比较大的提升，这也是对“羊城晚报”品牌的检验。三个媒体在三个地方办车展，就像打擂台，当然，南方日报也有成功的地方，城市包围农村，拉到南海南庄镇去做，我们也可以总结一下。对参与车展的同志提出表扬，这么困难的时候想方设法扩大羊城晚报影响力。

2015羊城五一购车节
首日进场人次达3万，订车数量超800台
羊城购车节引爆五一车市
快来购车节，这里有得看有得玩！

“购车节”报道版面

（九）羊晚的“口哨大赛”最近是越吹越大，逐渐形成一条产业链

《周会纪要》【2015】第25期 7月16日

随着合作的活动越办越多，除相关部门介入之外，羊晚也愿意倾集团之力给予帮助。值得提醒的是，广东省文化产业发展专项资金最近开始申报。像咱们“中国好哨音”连续举办几场活动，就完全符合文化企业“走出去”申报项目的资助类型。我们不妨以这个项目来申请文化扶持资金，把活动做得更大、更有影响力。

娱乐
广东口哨达人秀，鲜肉、美女秀绝活

由羊晚集团等单位主办的“口哨大赛”报道版面

第四节

聚合报园优势
发力节庆会展赛榜增长点

国家新闻出版广电总局2016年度数字出版管理工作暨主流媒体融合发展经验交流现场会在广州召开

大力推动媒体融合发展
提高新闻舆论工作水平

全国数字出版“大咖”聚羊城

2016年度全国数字出版管理工作暨主流媒体融合发展经验交流现场会报道版面

（一）全国数字出版“大咖”来到创意园

《周会纪要》【2016】第11期 3月24日

本周三下午，国家新闻出版广电总局在羊城创意产业园召开数字出版管理工作暨主流媒体融合发展经验交流现场会。现场会当天，来自全国一批新闻出版广电的行家、国家新闻出版广电总局孙寿山副局长以及七八位司长与会；会上，慎海雄部长做了主题发言，包括《羊城晚报》在内的四家单位做了汇报，整场会议召开得非常成功。羊晚这次的安排滴水不漏，省局由衷感谢。参与现场会筹备的相关部门从年初就开始着手，大家都很辛苦，活动最终达到了原定目标，非常圆满，在此向相关部门提出表扬。

（二）三项活动齐登场

《周会纪要》【2016】第14期 4月14日

本周特点，晚报社有三项自己的活动，过去报社搞活动很低调，现在是新媒体时代要多传播多自我宣传，以后报社的活动，除了传统报纸上宣传，还要加入新媒体直播等手段。集团专门出了两期通报表彰，给予“通讯员会议”“花地文学榜”参与者通报表扬。

另外，别小看活动策划部搞的“名师团”活动，下一步报社还要花力气把“名师团”的活动好好打造一下，将《羊城晚报》的教育板块公司化。“名师团”的成立，实实在在是公司化的一个抓手。

今年“花地文学榜”活动确实很困难，这次“花地文学榜”档次比较高，比如三次荣获“鲁奖”的迟子建作品《群山之巅》，文学功力非凡，特别是编故事的能力，值得我们编辑记者学习。“花地文学榜”的获奖作品不是我们自己评出来的，是文学界的行家评出来。

羊城晚报

立体羊晚可看可听可亲

雷雨大风天气今晨杀到

和颐酒店女客遭袭案 已有五嫌疑人被刑拘

要闻

打造立体羊城晚报 可听可看可感可亲

花地文学榜

文学大咖与羊城青年

谈人生理想 谈文学创作

羊城晚报通讯员暨新闻奖表彰会、“花地文学榜”活动报道版面

“通讯员表彰会”，近两三年来，由总编室牵头各部门积极参与的活动，一年上一个台阶。好几位广州辖区区委常委、宣传部部长在活动中说对羊城晚报刮目相看，不光有创意园和媒体融合的搭建，而且每年“通讯员表彰会”都有新东西。但还是有提升的空间，这次“通讯员表彰会”最佳合作单位有三个，在播放视频的时候，唯一缺了南沙区委宣传部领导的视频讲话，最后查出是我们的同事因技术故障把南沙区委领导讲话的视频弄丢了，这是不能原谅的！视频出了问题应该去南沙重拍，就像记者稿丢了要重写一样，这是一个教训！

（三）“社区行”活动是我们的根据地

《周会纪要》【2016】第24期 6月30日

最近我们报社的几个大活动做得非常成功，比如晚报旅游年会和摄影年会的活动，还有中日韩口哨大赛，省财厅还专门为口哨大赛拨了50万元现金支持，充分显示了这项活动的影响力。另外还有羊城晚报的社区行，抓住了社区，我们将来媒体融合就有了根据地，当哪一天传统报纸没有硬广的时候，社区就是我们安身立命之本。所以，社区行不但要做，还要花力气去做，并且把范围扩大来做。

昨天我以羊城晚报社的名义邀请了佛山地区十来家企业的老板来我们创意园参观考察，他们看了我们的全媒体指挥中心，看了印艺长廊，看了园区内的酷狗科技，还看了我们金羊网的演播中心，听取《羊城晚报》自身品牌以及媒体融合的介绍，我们还请了当中3位嘉宾做了直播，让他们谈一谈对羊城晚报媒体融合的一些看法。企业家们都说参观了羊城晚报之后感到震撼，没想到《羊城晚报》这一张报纸已经真正变成了一个立体传播大平台。企业家们公认，《羊城晚报》已经走在广东媒体转型的最前列，并在和报社相关部门进行对接时，表达了合作的初步意向。企业家们对我们溢美之词，我们听了很提气，很鼓舞，今后这种活动我们还要继续搞，争取转化到位，进一步扩大我们的影响力。

（四）要善用大数据做活动

《周会纪要》【2016】第37期 10月13日

车展活动我们搞了很多年，只有今年大获全胜，把同城媒体办的车展活动给比下去了！“五一”和“十一”两次车展活动，我们取得不俗的成绩，除了同志们的努力和勤奋之外，还有一个原因就是我们利用大数据做了精准投放。反观广州地区的其他纸媒还是用过去传统方式办车展活动。在当前的形势下，面对精准的数据，传统的东西已玩不转。我去车展现场观看并和周敏（注：时任羊城晚报广告公司总经理、《羊城晚报》品牌运营中心主任）了解情况之后，不得不承认精准数据的威力。现在已经到了数据营销时代，明年，同城媒体的车展活动如果不作出改变，办了也没效果。羊城晚报的成功之处并非我们很聪明，我们只是比同城媒体快了那么一点点，早一步意识到这一点。希望广告公司再接再厉，除了车展活动利用大数据之外，在其他行业和其他领域也都用好互联网、用足大数据。

（五）做大公益订报活动

《周会纪要》【2016】第37期 10月13日

刚才洪启旺（注：时任金羊发行公司总经理）说的公益订报活动，既然是第一次做就干脆把事情做大：找几个大企业的负责人来，正正规规搞个仪式，请学校的老师到现场揭牌，把订下的报纸送给贫困山区学校的老师和学生，明年春节前后，让看到《羊城晚报》而提高了写作水平的学生，挨个写封感谢信给为他们订报的企业家，我们把它刊登出来，相信很多企业家都愿意献出这份爱心。趁着还有两个月的时间，赶紧把这个活动做起来，扩大影响。

（六）做活动彰显羊晚品牌影响力

《周会纪要》【2016】第44期 12月1日

报社近期有几个大型的活动，如“莞香文化行”大型采风活动，食品安全活动，还有之前的周建平副总组织的文化记者走进潮州、文化记者走进黄埔、文化记者走进韶关等系列活动，每一次的活动都会产生一定的经济效益和社会效益，这些活动对《羊城晚报》整个经营活动都有很大的支持，极大地彰显了《羊城晚报》的品牌影响力。清远、梅州等地方政府听说我们有这方面的活动，非常感兴趣，都希望羊晚组织记者走进他们当地，帮助他们宣传当地的文化。活动有无限的空间，要继续做。

（七）集团内部活动如火如荼

《周会纪要》【2016】第47期 12月22日

晚报无人机结盟
“飞手”齐聚南沙

全国晚报无人机联盟成立报道版面

经济风云榜。近年，集团倾全集团的资源来做经济风云榜，通过推荐评选过程，宣传企业，壮大《羊城晚报》的品牌，这个路子和定位是非常正确的，但过程确实很辛苦，相关部门做了大量的工作，把这个品牌延续下来了，而且在原有基础上有大踏步的进步，非常不容易。

晚报无人机联盟。《羊城晚报》无人机队成立暨全国晚报无人机联盟成立的活动，由志权社委牵头，视觉新闻部谋划了几个月，很不容易。我们羊晚的无人机已经飞了一两年，在这个基础上，我们成立了《羊城晚报》的无人机队，同时把全国一百多家晚报联合起来成立联盟，意义非同小可。

但接下来还要继续思考如何拓展：一是建立晚报联盟的摄影图片库，实现资源共享；二是扩大联盟的队伍；三是跟大疆公司合作销售无人机、培训无人机“飞手”等。

今年晚报社的广告任务已经完成，大家都很辛苦，但仍要继续努力。

（八）通讯员表彰会也是报社品牌推介会

《周会纪要》【2017】第11期 3月23日

我们的表彰会不仅仅是通讯员表彰会，既是报社的品牌推介会，也是报社新闻奖颁奖典礼，这对于扩大我们的影响力，团结报社，凝聚人心有重要作用，希望采编部门同事积极参加。此外，我们还要在巩固原有的通讯员基础上，培养精通音、视频的新媒体通讯员，动员大众参与办报，同时做好筛选、评判、界定等工作。鼓励所有的采编人员自己拍。请孙璇副总编辑统筹此事。

“通讯员表彰会”报道版面

中国晚协第32届年会现场

（九）中国晚协第32届年会水准高

《周会纪要》【2017】第35期 9月7日

本届年会水准很高，会务组织很周密，传播效果很好。传播效果是两个方面，一方面是《羊城晚报》的品牌最大限度地广泛传播，另一方面通过这次年会，全国晚报同行从《羊城晚报》的转型之路，看到了报纸、晚报只要认真地研究，精心地去做新闻，前途是光明的，同时大家也把广东、广州创新的形象传递出去。

溢美之词很多，总编室和新媒体部正在整理，一方面给省委、省委宣传部、广州市委专题报告这次成果，另一方面在一楼大厅作展示。通过办这次年会，最大的收获，是我们从上到下都觉得作为一个《羊城晚报》人很自豪，这个时候有这样的想法很难能可贵。央视索福瑞上半年的数据显示，全国纸质媒体广告平均下降44%，羊晚上升30%。这次年会，给大家树立了信心，我认为这是最大的收获。同行称《羊城晚报》是全国的标杆、媒体融合的样板等，《羊城晚报》真的很低调，我的好几位前任，包括红兵、黄斌（注：曾任羊城晚报报业集团党委书

广药白云山 爱心满人间
作者协会第32届年会
百名社长总编广东行
深探媒体融合发展路

时尚中药
广药白云山 爱心满人间
中国晚报工作者协会第32届年会
了解一线新闻人
年会是个好机会
文化创意产业园模式
是报业突围发展有效路径

中国晚报工作者协会第32届年会
共论媒体融合 探路创新发展

中国晚报工作者协会第32届年会
让新闻摄影插上“科技的翅膀”
获奖作品彰显时代特色
“小题材”透视“大民生”

《羊城晚报》对中国晚协第32届年会的系列报道版面

记、羊城晚报社社长）以及再早几届的领导，踏踏实实、埋头苦干，是大家团结协作的结果，所以我觉得这是这届年会最大的收益。

很多参会的同志讲，年会请到两位省级领导，在晚协的年会上没有过。应该说我们的工作做得比较细，更要感谢省市领导对羊晚的厚爱，省委常委、宣传部部长慎海雄高度关注本届年会，慎部长代表胡春华书记、马兴瑞省长，代表广东省委宣传部，代表广东媒体界全体同行对新闻出版总局、中国记协、晚协、全国同行表示感谢。广州市委书记在会议期间，请十来家主要媒体老总开了个小型座谈会，会上高度评价《羊城晚报》对广州各项工作的支持。好几位媒体老总对我说，领导这样重视媒体，媒体哪有不努力的？小蛮腰上的祝贺广告，是广州市给我们做了。这个品牌宣传加上移动端、朋友圈的传播，好多好久没有联系的前员工，感到很自豪；我现场做了一个演讲，我认为同行间各有所长，不可比，不好比。

四个区的采风活动，效果立竿见影。四个区的领导高度重视，越秀、黄埔是区委常委、宣传部部长带队。市委常委、宣传部部长徐咏虹还请《羊城晚报》的班子成员以及部门领导走这四条线。通过这次年会，《羊城晚报》把全国一百多家报社以及社长总编的资源对接起来，扩大了品牌。这么些年我们埋头干自己的事，这一次通过别人对我们的评价，感受到我们是实实在在地用行动、用成果践行习总书记提出的媒体融合发展要求。慎部长在开大会之前，小范围会见了十几家主要媒体老总以及全国记协、出版总局的领导。另外，慎部长在大会致辞中讲道："《羊城晚报》借助新一轮媒体转型发展的契机，在采编流程再造、新媒体矩阵拓展、文化创意产业培育等方面做了一系列有益的探索，我来广东两年多，去羊晚的创意园不下四次，每次去看都深受震撼，文化创意产业确实充满了勃勃生机，裂变发展程度远远超出我们的想象。羊城创意产业园销售额非常惊人地增长，不是翻番增长百分之多少的问题，而是以十倍二十倍乃至百倍地翻番，这个平台是羊晚的平台，搭建得非常好，现在羊城创意产业园变成各地竞相去参观、招商引资的窗口，我回长三角的时候，还有一些同志跟我说，你们那个羊城创意产业园我们都去看过，真的很受启发。可以说广东的一些探索性、创新性做法已经开始显现成效，我相信，广东那么大的经济体量、活跃经济成分，我们是对外开放的一个窗口，广东媒体一定不能落后，一定要与广东的经济地位、经济发展繁荣的程度相适应。"这次年会，省领导对《羊城晚报》的媒体融合转型、创意产业园平台的建设都给予了高度的评价；全国晚报同行对我们媒体融合实实在在的效果，给予了高度评价。

活动很成功，大家都很辛苦，作为羊城晚报人，我们没有愧对60年这个甲子。

（十）活动要办得更具影响力、更具含金量

《周会纪要》【2018】第5期 2月1日

从2016年到2017年，相信大家都切身感受到，《羊城晚报》全体采编人员士气高涨，除了新闻报道、内容生产，各

A8
年见 南粤新时代跨年盛典
羊城晚报与广东新励成携手，年见·南粤新时代跨年盛典开启引领未来的舞台
12位大咖从心发声分享年度传奇

“年·见”活动报道版面

A9
Y指数 榜单
Y指数
年度榜单
九项大奖
落谁家

“Y指数年度榜单”报道版面

种各样的策划活动创新推出。本周的“年·见”“Y指数年度榜单”，就是不错的两个活动。我在“年·见”现场发现，5个多小时的活动，中途离开者寥寥，足以说明活动的策划不错、安排得当，12位演讲嘉宾真情流露，与台下互动紧密，现场拍摄就是剪辑成一段小片子也很有留存价值。“Y指数年度榜单”则体现了羊晚另一面的新招式，我们除了一张报纸，还有数据业务的经营和发展。这背后是羊晚近几年来数字生产一次次的积累、尝试，活动效果也不错。

2018年，各种各样类似的活动我们还要大做。当然，我们也要不断创新，不断改进。比方说，这次的“年·见”，一场下来5个多小时，活动时间还是过长了些，下次我们可以紧凑一点。下年的“年·见”，我看不妨拆分为“春·见”“夏·见”“秋·见”“冬·见”，年度综合再来场盛典，这也是可以考虑的。“Y指数年度榜单”这次新试水，接下来也是要认真总结，不断优化，数据服务加强拓展，努力在地市、街区纵深下挖，办得更具影响力、更具含金量。

（十一）报社最近多个活动办得实实在在

《周会纪要》【2018】第13期 4月12日

这两天，报社活动很多。刚刚开完的通讯员年度座谈表彰会效果非常好，受到了来参会的宣传部部长、副部长、新闻秘书以及其他行业通讯员的一致称赞，说年会办得实实在在，来了就有收获，体现了羊晚风格。阳江市委宣传部常务副部长李义文称，办公室原来是安排一个副调研员参加，他后来得知是《羊城晚报》举办的活动，主动换成自己来参加。《羊城晚报》连续几年开的通讯员年度表彰会，请来了广东各地区宣传部门负责人、新闻秘书、通讯员参加，加强彼此间的联系和沟通，会上通过成功的合作案例展示羊晚新貌，分享心得，真诚交流，以便下一步和各个地市有更多合作机会。几年下来，由总编室组织的这个活动，办得实实在在，并且效果显著。昨天听周敏反馈，本次通讯员座谈表彰年会后，马上就有人找她谈合作，目前已有好几单合作谈得七七八八。

▶链接 2019年“羊城晚报”品牌价值突破400亿元

2019年6月26日，世界品牌实验室在北京发布2019年《中国500最具价值品牌》分析报告。“羊城晚报”品牌价值突破400亿元，以403.65亿元稳居全国晚报类第一名。

在最具价值品牌排行榜上，“羊城晚报”品牌价值始终保持高速增长，今年403.65亿元的品牌价值较去年（318.74亿元）有大幅提升，增幅达26.64%。

这份基于财务数据、品牌强度和消费者行为分析的年度报告显示，2019年度《中国500最具价值品牌》的总价值为218710.33亿元，比去年增加34251.22亿元，增加幅度为18.57%。世界品牌实验室主席、诺贝尔经济学奖得主罗伯特·蒙代尔教授说，中国品牌正以令人瞩目的速度缩小与美国品牌之间的差距。

▶链接 《羊城晚报》上榜 2019年亚洲品牌500强

2019年8月27日，“亚洲品牌大会”在中国香港揭晓了由世界品牌实验室（World Brand Lab）编制的2019年《亚洲品牌500强》排行榜。《羊城晚报》位居总榜第176位、中国晚报类第一位。

此次共有22个国家和地区的品牌入选，其中中国（含港澳台地区）入选的品牌共计212个，占整个亚洲品牌500强的42.4%，位居第一。中国（含港澳台地区）共有33家传媒品牌入围，位居中国传媒类品牌前两位的是中央电视台、《人民日报》，分别位居榜单第14位、第49位。

第二章

树立整体营销观念
不断拓宽经营渠道

用活动带动广告发行，做活动、做策划、卖创意。

利用新媒体进行广告营销，
要懂得怎样在网络上圈住不同的用户。

广告增长是拼出来的。

广告要整体营销，打通资源，互换平台，整合优势，
要靠优质的营销策划提升广告竞争力。

发展音视频移动端，争夺广告份额。

移动互联网时代利用大数据“下金蛋”。

敲门征订，好！

做大公益订报活动。

互联网发展带来的传播环境发生颠覆性改变，直接结果是导致近年来国内报纸广告断崖式的下跌。媒体广告对报纸而言，属B端市场，是重要的利润高地。《羊城晚报》谋求经营突破，除多元化发展之外，必须紧贴B端市场的客户需求。

深刻的转型之路从来不可能一蹴而就。2013年，集团领导班子认识高度统一，并让我具体抓此事，结合媒体融合的改革步调，调动全集团的积极性，打破内容与经营的协调障碍，打破不同经营实体的协调障碍，打破文字、视觉、技术的协调障碍，积极寻求有利于形成新赢利格局的尝试。这一轮的经营转型从规划清晰的目标定位，到形成初步路径，历经了近七年时间，实现三级跳跃。

从卖资源到卖解决方案

第一级跳跃，《羊城晚报》从以往“卖版面资源”向“提供全媒体整合营销解决方案”转变。一方面充分发挥纸媒强大的品牌与资源聚合能力，为客户提供专业的内容解决方案；另一方面，在强大的全媒体内容生产能力形成的背景下，提出“做活全媒体整合营销”的经营新思路，大力提升综合服务能力。

《羊城晚报》成功打破了对客户服务仅限于媒体渠道的局限，不但流失的客户出现回流，更拓展了从未介入的服务领域，获得了一系列新的客户。

从单纯的媒体方案到智库+创意模式

第二级跳跃，《羊城晚报》建设智慧信息研究中心，整合了高校、数据公司的资源，借助大数据技术等手段，积极从事公共政策和公共事务研究，探索咨政建言的新渠道、新方法与新途径，致力成为各级党委政府以及各行各业的“耳目、尖兵和参谋”。此后三年间，智慧信息研究中心经过结合学界、地市与企业三方的探索与实践，具备了媒体智库雏形，承接多个省市决策部门委托研究课题，有效助推智库与决策层互动，有一些课题还转化为深度报道，与舆论场互动。首创政务传播指数产品——Y指数榜，Y指数榜单已形成月度榜、季度榜、年榜的常态化发布。在上述基础上，智慧信息研究中心开始探索垂直领域的指数产品。《羊城晚报》在深化智慧服务力的过程中，还开创性地提出“舆情共享，业务协同”服务模式，并为政企机构提供舆情监测、诊断和应对等“一揽子”整体解决方案。服务力的完善，极大地开拓羊城晚报服务地市政府机构的业务。

这一时期，《羊城晚报》还重点催化交互视觉呈现、网络技术开发等服务力，开发出多种创意传播产品，获得客户一致好评，巩固了客户回流加大投放的趋势。

从争夺市场到重构生态

2019年，《羊城晚报》展开第三级跳跃，重构《羊城晚报》在B端市场的传播服务力生态，重塑羊城晚报在B端市场服务的主导权。

打通集团内经营实体与服务实体，组建新的《羊城晚报》品牌传播中心，中心实施智库化建设，分支机构全面配备全媒体策划生产能力，全面提升核心竞争力，同时集中运营羊城晚报旗下全媒体集群，打通集团资源和服务支撑机构，提供更有效和精细化的传播服务。

如今，《羊城晚报》的营销生态建设首先基于从策略到执行的完整服务链条：品牌咨询—媒体策略—创意策划—内容生产—渠道推广—全媒体扩散传播。在关于流量的热度告一段落之后，有些客户发现流量之外，还有公信力这个维度是不可忽视的。在公共形象的树立范畴，还没有一个流量巨头可以替代传统报纸的作用。这一时期，以阿里巴巴、碧桂园、京东、唯品会、饿了么为代表的一批客户，其中不乏流量巨头和商业巨头，他们重新认识到《羊城晚报》的平台价值，回流到《羊城晚报》的客户池。这些客户的回流，并不是重复以往简单投放的模式，而是充分利用了《羊城晚报》前两级跳跃所形成的综合服务力，从重磅精品内容生产入手，重新推广他们的社会形象。他们在成为羊城晚报新型模式的合作客户之后，同时也成为羊城晚报生态圈中的成员。

《羊城晚报》作为社会资源的连接枢纽，可以有效连接其他资源加入媒体生态圈。这是一种赋能模型，百度、腾讯、新浪、字节跳动等互联网公司纷纷连接，《羊城晚报》结合这些互联网公司的资源与服务优势去构建新的服务产品，形成资源互通、利益共赢的合作关系，极大地对B端市场的费用流向起到影响作用。

经过三级跳跃，《羊城晚报》的B端市场重启增长已经初见成效。在传统媒体全行业连年大幅下跌的背景下，《羊城晚报》传统报纸广告经营收入保持稳定，广告份额大幅增加；新媒体项目、全媒体整合服务项目和其他服务营收持续大幅增长。

第一节

如何开拓广告市场

一、广告增长是顽强拼出来的

（一）广告该加张时还要加张，不能长期去挤新闻版

《周会纪要》【2012】第24期 6月24日

最近一两个星期所有的广告特刊都没有加张，这意味着所有采编部门的编辑记者都要为广告专题牺牲了定额任务，但没有一个采编部门抱怨。近几年，《羊城晚报》的新闻版面数在同城媒体中基本上在萎缩，排在倒数第二、第三，现在加张费用很高，但需要加张的时候还是应该加张，不能全去挤新闻版，不然长期去挤新闻版的话，读者就会感觉没东西看而不买你的报纸。这需要调控，可以挤的时候要挤一挤，需要加张的时候还是要加张。广告公司做专题的时候，确实需要加张的要提出申请。广告的影响力跟新闻是息息相关的，比如今年的高考，因为有记者的辛苦付出，以及历代羊城晚报人做出的品牌影响力，才有我们今天的广告收入。

（二）广告公司应重点突破一些领域

《周会纪要》【2013】第40期 11月7日

广告公司在广告策划方案走流程的同时，要先告知采访部门的值班主任。记者做广告策划案如何计算工作量的问题，请广告公司、总编室协调，业务员与记者的工作量要计算好，不然会影响大家的积极性。

今后广告代理商不能直接找采编部门的主任沟通版面，让他们找广告公司协商，广告公司来平衡各种关系。

目前，《羊城晚报》的旅游、3C、教育、医疗广告不多，专版部、经济部、政文部要进行研究，采取措施。广告公司要每天监控，每个月总结，分析原因，是版面设计不合理、记者不用功，关系不硬，还是广告业务员跟得不紧，要找出问题所在。

（三）《羊城晚报》广告逆势增长46%

《周会纪要》【2013】第47期 12月26日

上周，广州地区6家报纸的广告，同比5家报纸下降，最多下降40%，《羊城晚报》增长46%。广告上涨的代价就是记者、编辑的定额任务受到影响，相关的职能部门将研究如何平衡。

（四）广告要冲“门槛值”

《周会纪要》【2014】第31期 8月21日

今年至9月份，羊晚广告额与去年持平，在目前传统媒体广告大跌的这种形势下，我们取得这样的成绩不多见。环顾四周，可谓哀鸿遍野。我们国庆期间广告占版率50%，形势不错。但在版值不高的情况下，增减版如何平衡，还要摸索。

目前集团75%的吸金能力仍靠《羊城晚报》广告这只“老母

鸡”。今年还有3个月，如何达到预期的“门槛值”，我和黄斌社长要一起会同广告公司与经营部门商量和部署，要靠全体一起冲刺。最近广告公司会有一系列的活动，版面也需要积极配合，估计下一步我们的广告占版率可能还会高，采编和经营都要共同努力。

如何度过寒冬，最重要的力量是在座的中坚力量，社长和总编只不过是“吹哨子的”，要依靠大家，同心协力，这大半年来《羊城晚报》的士气上来了，这是很多同行都感觉到的。

这一两年《羊城晚报》处在改革的节骨眼上，今年底明年初一搬家，形势会好起来。羊晚已跌至最低谷，该触底反弹，回升了。

（五）广告增长是拼出来的

《周会纪要》【2014】第40期 10月30日

10月份比去年同期净增500万收入，明天一天进账400万元，也是今年最高的一天。我对《羊城晚报》今年广告完成任务充满信心，这对全体员工也是极大的鼓励，不仅仅是广告公

广告增长是拼出来的

司、发行公司，采编人员也有巨大的贡献。

11月份有广州国际车展，今年《羊城晚报》汽车广告缺口大，这是大环境所致，汽车商根本不做纸媒广告，但11月份有广州国际车展，经济部、专刊部要想尽办法争取在汽车行业补回损失，广告公司也要认真安排与车商的交流活动。

11月份广告占版率高，提倡采编部门精写精编，多抓猛料，这段时间的报纸质量将直接影响明年的征订。

（六）我们重回“窝棚时代”

《周会纪要》【2015】第2期 1月15日

2014年《羊城晚报》广告圆满完成任务。搬家的事工期很紧，这次二楼三楼“大通铺”，人均1.2米×1.2米的办公空间，请大家谅解。我们重回“窝棚时代”，开始艰苦的二次创业，各部门主任要做好解释工作。办公室的绿化集团也都考虑了，对于大家的反馈相关部门要做好沟通协调。

在目前舆论环境、融合环境纷繁复杂之时，我们不盲目、不盲从，2014年羊城晚报整体工作逆势上升，稳中有序，采编经营的积极性调动起来了。外面风雨飘摇，我们还算稳定。大家的积极性调动起来，围绕《羊城晚报》这艘航空母舰，让它平稳走下去。我们有信心、有后劲，有省委省政府、有上级部门支持，我们对未来充满信心！但是这时首先考验船长、大副，头脑要清醒。下周集团要开总结会，请大家积极参与，为2015年我们继续再努力。

（七）羊晚2016年广告收入排全国传统报纸第三位

《周会纪要》【2017】第3期 1月19日

最新的央视CTR数据显示，2016年广告刊登量（刊例价），羊

羊城创意产业园区风景

晚已超过7个亿，同城居第二，全国排第三（《广州日报》第一，《新京报》第二）。2016年，同城媒体中，只有《羊城晚报》和《南方日报》正增长，第三方机构的数据真实，《羊城晚报》的成绩令人振奋，2017年，让我们再接再厉。

二、利用新媒体推行广告整合营销

（一）利用新媒体进行广告营销

《周会纪要》【2014】第6期 2月20日

广告公司在情人节利用微信平台营销，吸引了眼球，吸引了年轻人，彻底转变观念，不再是传统的你出钱我登广告的概念，口碑不错。据新闻研发部统计，2月14日当天，《羊城晚报》广告占版率第一次大幅度超过同城媒体。

利用新媒体进行广告营销是一种尝试，最近集团领导每人给集团员工推荐一本书，我平时喜欢人文科学方面的纪录片，所以我推荐英国BBC纪录片《虚拟革命》，数字信息部已把这部纪录片放在内部EIP网上，大家可以点击观看。针对传统纸媒在互联网时代怎样培养互联网意识，怎样研究《羊城晚报》

下一步的发展路径，广告公司、发行公司下一步的盈利模式，如何实现盈利模式多样化等问题，带着这些问题看片，每次都有收获。作为传统纸媒，要认真研究互联网。广告公司微信平台营销这个尝试做得好。将来明星、粉丝团都有空间，《羊城晚报》娱乐新闻版可以利用微信平台在业界的公信力影响力上开发资源。

传统纸媒和互联网，利用新媒体渠道无缝融合，找到盈利点，无论影响力、点击量、粉丝数，最终都要体现在效益上，所以新媒体、金羊网要开发网络上的影响力，研究盈利模式。

（二）广告公司要转变营销观念

《周会纪要》【2014】第7期 2月27日

今年有不少广告客户反映，《羊城晚报》广告公司的观念转变了，这是很好的现象，但背后都是大家付出了很大的辛苦。

今天雅居乐地产在羊晚做了几个版的广告，雅居乐六个盘联展，广告公司把资源嫁接给花城广场，拿出广州市最核心的地方来做展览，做成“中国旅游地产展”，而且《羊城晚报》摄影俱乐部也在现场做图片展览，让广告商看到，我们不单是卖房子广告，还吸引很多中产阶层潜在客户，还有很多旅游的相关资源，把最优质的资源都拿出来吸引客户。只有把各种资源整合起来，才能吸引到更多的商家和广告主。

（三）体育营销市场大

《周会纪要》【2014】第22期 6月19日

《羊城晚报》体育营销在同城媒体中做得不错，体育版本身就很有影响力，加上广告部门的配合，体育部、要闻部的合作，我们历年的大赛报道，如亚运会、奥运会、世界杯都挣了不少广告。虽

《广州味道》

《权威可靠》

然今年世界杯开始时有一些栏目在拉动广告方面考虑欠周全，但后续工作有了改进，头版也有广告投放。体育部、要闻部配合世界杯广告挣了不少钱。采编怎样做经营服务，经营如何与采编密切配合，策划一些好栏目，所有这些都要拓展思路。活动部也可以利用体育比赛，抓住重要节点，吸引有消费能力的读者，开拓更多新的营销策划。

（四）再谈体育营销

《周会纪要》【2014】第26期 7月17日

体育方面的广告，体育部、广告公司、综合办、总编室开个会，进一步研究体育营销该怎样做，尤其遇到重大赛事。这次世界杯，美的老板带着一众高管乘私人飞机飞去巴西看决赛。美的在巴西，甚至南美地区开了不少工厂，华为在南美的工厂也很多，假如我们体育营销到位，跟美的、华为这些大企业合作，做这种体育营销是个大课题。这跟普通的广告不同。北京奥运会的时候，可口可乐专门拉我们去北京看他们的“天街”广告，既有可口可乐广告，也有奥运会精彩视频，很吸引眼球。可口可乐是这种体育赛事的顶级赞助商，投了三四个亿的广告，这次世界杯也是砸了重金。这些广告商平时不会去

《我家的报》

《专业独到》

纸媒上投广告，他们看中的是重大体育赛事。重大体育赛事的营销要由基层提出来，通过老总层面上的各种各样的活动，拿出好的方案。这种示范效应很明显，这就是品牌影响力。

（五）只有全方位推送才能赢得广告

《周会纪要》【2014】第31期 8月21日

最近集团党委会、管委会以及晚报社委会、编委会、经委会都在密集召开会议，针对当前整个大环境的变化，包括广告、发行的变化，党委会作出了一些决策，鼓励采编部门在保证导向正确的同时，帮助和支持经营工作，一些相关政策将会出台。

现在做一个活动广告商都是要求媒体全方位配合，加多宝找“好声音学员”来广州塔搞亮灯仪式，活动只做一次，几家报纸互相竞争，最后给了《羊城晚报》，对方要求拿出最好的方案，纸媒要有广告、线上线下要有活动、新媒体要有推送、再加娱乐版报道。现在做广告是全方位的，为什么今年上半年各家媒体广告都下跌，而《羊城晚报》广告额还有大幅上升？这跟我们采编、经营的紧密配合是分不开的，而且《羊城晚报》在广州还是有相当的公信力和影响力的，这次我们能拿下这个广告就是各种资源的整合。

（六）广告经营观念走在了同城媒体前面

《周会纪要》【2014】第39期 10月23日

今年我们的经营做了两个大活动，效果都比较好，一个是年初的雅居乐联展，另一个就是广佛新世界嘉年华。我们在平面报纸上的广告比不上别的报纸，没什么绝对的优势，为此，广告公司转变了观念，从一个纸媒平面广告，变成整体打包配套式的、嘉年华式的活动。围绕活动打包，谈了两三个月，一项一项落实，这两个活动下来，我们的广告经营观念走在了同城媒体的前面，包括新媒体推送，包括活动整合，也包括纸媒。以前那种你给我钱，我给你版面做广告，为了几折讨价还价的年代过去了。

今年这大半年来，我们的活动吸引了很多客户，这种形式是新的，我们重新开辟一个新领域，今年做好了，客户明年肯定再找你做。我们的份额增长了，市场也进行了适度的小洗牌。广佛新世界的活动，新世界要我们周末带1万多人过去，我们也发动一下，让客户看看羊城晚报的影响力。

今年以来，《羊城晚报》的广告经营也在转型，1—10月份，《羊城晚报》广告比去年同期上升。为了实现目标，有很多细致的工作要做。今年最后两个多月，我们要冲刺。办好报

在广州花城广场举办的羊城晚报购房节活动

纸，坚持正确舆论导向，报纸让读者喜闻乐见、可读，尊重新闻传播规律。

（七）整体营销，经营观念有转变

《周会纪要》【2015】第6期 3月5日

2014年我们的广告经营观念大转变，整体营销，经营观念有转变。新世界地产的老总见面和我说，今年的广告还给《羊城晚报》，现在做广告宣传，全媒体出动。南方电网今年对我们的全媒体合作也感兴趣，有营销、活动，金羊网、新媒体，四个小组一起去谈。可见这个平台的概念多么重要。

媒体融合，经济新常态下怎样找饭吃？南都、广日、羊晚，广告量都要重新洗牌。我们要紧紧贴近市场，紧紧满足客户需求。另外还有一点，我们的党政政务广告大幅增长。

今年，东风东的楼开始收租，创意园涨租金，上级有专项资金扶持，另外新媒体也有盈利。有了这些利好，假如大家再完成集团管委会的任务，就会兑现让大家享受成果。但2015年的环境不乐观，要把员工的积极性调动起来，每一个员工满负荷工作，大家动起来，报纸就好办了。

广州的广告市场还有数以百亿，市场仍然在，关键是你的报纸、活动方式、管理的内容，如何吸引这些广告。目前，整个报社士气好，良性运作。广州市委、市政府对我们也很支持，再加上我们成立专门小组，做产业融合发展，羊晚的后劲将逐步体现出来。

但所有这一切，最终是要把报纸办好。今年开了个好头，接下来一年的工作，全体员工还要继续努力。我们要真正转变观念，不是一张报纸，是全媒体平台。我相信，通过我们的努力，真正走出传统纸媒融合的新路，最终以报表、影响力、报纸的面貌来呈现，这才是媒体转型的样板。

（八）做活动、做策划、卖创意的最根本是把报纸办好

《周会纪要》【2015】第11期 4月9日

今年第一季度，广州地区6家报纸，广告版面平均下降20%，《羊城晚报》的形势严峻。广州6报的房地产、旅游、招聘、汽车、分类广告都下降，房地产下降56.9%，旅游下降23.5%，招聘下降43.2%，汽车下降52.5%，分类下降15.7%。

形势变化太快了。我们很努力了，拼力去做策划专题。去年硬广下降，我们以为能熬3年，现在形势变化加剧了，3年后情况在今年第一季度已呈现。三晋都市报，记者要去卖酒，记者都要讨薪。再这样下去，报纸要关门要裁员了，队伍不稳定，舆论导向就成了空谈。

今年，羊晚还要减版，要进行人员优化。

广告在跌，但市场还在，通过活动等全新的产业来提升广告收入，“花地文学榜”一年百万收入，昨天观音山的广告，还有我们的口哨吹到国际上去了。今年，我们的广告思路要更开阔，合理盘活资源，用好《羊城晚报》的品牌。但最根本的是把报纸办好，做活动、做策划、卖创意。

（九）“羊晚帮你上头条！”是一大创意

《周会纪要》【2014】第5期 2月13日

广告公司情人节的策划“羊晚帮你上头条！”是《羊城晚报》的一大创意，很新颖很有新意，定会在所有媒体中引起轰动，虽然实收不高，但占版率高。纸媒的前景令人担忧，但羊晚人能够顺应时代的变化，在逆境当中求生存，是一定能跑赢广州同城其他5家媒体的。

情人节广告

《羊城晚报》首创以情人节为主题的广告

三、利用移动互联网大数据提升广告竞争力

（一）要懂得怎样在网络上圈住不同用户

《周会纪要》【2015】第4期 2月5日

最近跟客户交流，他们表示2015年硬广告会在去年基础上再裁减，但《羊城晚报》百万读者的发行量，只要找得出来精准用户给广告商，他们还是愿意投广告的。互联网实现精确目标后，我们把读者找出来提供给不同广告客户，要懂得怎样在网络上圈住不同用户。

（二）全媒体时代，我们要弯道超车

《周会纪要》【2015】第18期 5月28日

广告公司说很多企业对我们园区的场地感兴趣，要做展览，这是好事，既做旺园区，又提高了品牌，还把园区和年轻时尚的人群捆绑在一起，这种事应该做。

羊晚影响力越来越大，到我们这里来参观全媒体指挥中心的客人络绎不绝，包括今天下午中宣部的同志来考察，庹部长推荐他们

一定要来羊晚，看我们的全媒体指挥中心，不是说我们最先进，而是因为它代表媒体融合的一个方向。

我们还要请各个领域的企业家到园区里看一看，扩大晚报的影响力，现在《羊城晚报》的影响力是全方位的。昨天我们把旅行社的领导请来，让企业了解羊城创意产业园园区里有高大上的科技、文化企业，“羊城晚报”的品牌有公信力，我们可以做全方位立体营销。平面时代，我们不够强大，但在全媒体时代，我们要弯道超车。

客户看中我们园区的人群，我们可以腾出地方办展览，让别人看看园区这样办报这样营销，集团一定全力支持。请胡泉做一个统计报表，我们一件一件来完成。

我们主动转型，今年党政广告增幅不会小，我们在用心做各种专题。最近股市上涨释放一个信号，政府需要经济平稳发展，上半年我们把基础打好，下半年才能承接到这些利好。不要被困难吓倒，现在要“瘦身”、打基础，下半年，弯道超车。我们必须努力工作，辛苦是有回报的。我相信，我们选的路是对的。

（三）“五一”车展我们胜在大数据营销

《周会纪要》【2016】第17期 5月5日

车展最后一天，我到对面同城媒体车展看了一下，场馆人很少，但有空调，我们的展馆人多，没空调，汗流浃背。这么差的环境，这么好的效果，首先肯定广告部和采编，第二个是互联网的功劳。今年车展可总结的东西很多，我们每年砸七八个版，砸不出这个效果，为什么？这个很简单，公司花钱买了后台的数据，这个星期浏览车网页的受众有多少，这数据流量，他买了，手里捏着两万目标人群。我们做了十几年的车展，传

羊城晚报
“五一”车展活动

统纸媒在互联网的精准面前败得一塌糊涂，这就是大数据营销。

现在车商还会不会投广告给纸媒？这就是现实，我们的汽车广告少了，这个问题值得我们深思。互联网时代相当精准，车展可以这样做，地产、健康、金融政务所有领域都要这么干。另外，新媒体、微博、微信、羊城派，在精准投放方面也要配合起来。

（四）发展音视频移动端，争夺广告份额

《周会纪要》【2016】第17期 5月5日

今年第一季度广州全媒体市场份额，电视、报纸、电台、户外、杂志广告分别是：一季度电视投放141亿元，同比升4%；报纸7.3亿元，同比降23%；电台14亿元，同比升52%；户外2.9亿元，同比降76%；杂志1.5亿元，同比降33%。广告市场的总份额少不了多少，但分配第一是电视，第二是电台，远远超过报纸。我们报纸“打生打死”抢着7个亿，所以我们现在要上视频、音频，移动端。

（五）要靠优质的营销策划提升广告竞争力

《周会纪要》【2016】第38期 10月20日

一是要靠一个平台，全方位地做广告。现在的用户不仅仅要求版面，对媒体整体要求更高，要求全方位进行宣传报道，大数据分

析、发挥品牌公信力。它从过去单纯的版面要求，转变为策划要求。这一点原有的广告公司成员需要转变思维。多年来，《羊城晚报》一批优秀的采编人员在做新闻采编的同时，对集团的品牌公信力和新闻策划很有心得。我们商量成立《羊城晚报》创意策划中心，不仅仅策划新闻采编、选题，也可以给企业提供整套营销解决方案，当然采编和经营要严格分开。现在企业对媒体要求是立体化的、多样化的，要提升客户对传媒机构的信任度、提升客户品牌，单纯靠广告已经不够，我们必须要靠优质的营销策划。未来我们的内容、经营会同步发展。目前《羊城晚报》正计划对教育版块进行整合，在保证导向、内容的同时，促进经营工作的健康发展。这个时候，我们要探索，要走新路。

（六）移动互联网时代利用大数据“下金蛋”

《周会纪要》【2016】第44期 12月1日

清远首届自媒体网络文化节金羊网报道网页

数据显示，《羊城晚报》广告10月份排在了第一位，羊晚重返岭南第一大报指日可待。不久前，先后有两批中央党校学员和暨南大学学员到羊城创意园参观考察，我向客人介绍情况时说，广东媒体融合，我们羊晚不是走得最快的，但一定是走得稳的，我最近到深圳参加一个“互联网+金融”的论坛时也这么说。包括名人水皮、李大霄等与会者听了都很是感慨，都觉得羊晚了不起，有些单位负责人甚至表示要和我们合作。

目前，新媒体领域的投入和产出比例远远超出传统纸媒，可以说是一种全新的广告形式，我们的数媒公司在清远推出了首届自媒体网络文化节，不用占报纸版面，仅用“大数据”和“百度名片”帮客户吸粉来扩大影响力便可获丰厚回报，当地政府很满意，当即表示还想办第二届。一周后，梅州市委书记领着一众领导到访，听说我们和清远的合作例子后，也表示有浓厚的兴趣，也要和我们合作。移动互联网时代，我们不能光靠报纸“下蛋”，还要利用新媒体，利用大数据“下金蛋”。网络自媒体文化节中，全国PC端、移动端主要关注清远的哪一方面（旅游、美食），我们提供的“数据画像”一目了然，清远方面对此很感兴趣，觉得羊晚很专业。

（七）社庆百版特刊出版

《周会纪要》【2017】第41期 10月26日

社庆的百版特刊，印象中《羊城晚报》历史上没有出过这么多个版，相当不容易。我们这一届班子以及在座的全体《羊城晚报》员工，能赶上这个一甲子是非常幸运的。其实我们去年就多次在讲，我们不能愧对这六十年，一方面努力工作，另一方面得拿出点东西留作纪念。这一年《羊城晚报》可圈可点的地方不少：举办全国晚协年会以及相关配套活动、媒体融合的进展、出版《羊城晚报》新闻作品精选集、珍藏书画精品集、花地副刊十年精选集等，这些都是丰厚的历史积淀，社庆百版特刊也是一个亮点。

这一百多个版，有非常好的广告收入。广告淡季，我们有个窟窿，全靠这个特刊把这个窟窿填上。

我们自己要过好日子就要靠努力，两条标准，一不出事，二多挣钱。十九大报道我非常满意的理由就是没出事又好看。一方面感谢大家，另一方面，还有两个月还得努力，希望不会有窟窿，大家都可以拿到去年的收入。十九大之后，各部门自己掌握，在不影响工作、新闻报道，不出安全事故的前提下，适度调节休息。

考虑到今年的经营压力，集团也做了一些努力，初定下周邀请广东省房地产商会的大佬们到羊城晚报来参观考察。从广告发行反馈的情况看，凡是来过羊城晚报看的大佬都对羊城晚报给予赞扬，颠覆了他们自己原来的认识，广告、发行、活动都有所增加。这些房地产发展商灵敏地知道房地产寒冬已经开始，房子不好卖了，他们都在思考要如何转型。这个时候把他们请来，里面有无限商机。传统报纸版面的经营、广告、发行已经穷途末路，我们不在这个媒体融合发展当中有颠覆式的办法，有颠覆式的思路，在传统的路子上小打小闹，仅仅是不饿死。那天我花了三个半小时认真听了习总书记的报告，而且一边听一边在想，《羊城晚报》什么路径才能对得上习总书记的报告？想来想去，文化自信是一个重点，围绕着这个广义的文化领域，利用羊晚的品牌深耕，采取颠覆式的措施、颠覆式的路径，为我们打开新的路径争取时间。

（八）羊晚60周年社庆特刊提气振奋

《周会纪要》【2017】第42期 11月02日

本周羊晚围绕60周年社庆推出了168个版的社庆特刊，特刊版数创下羊晚历史之最，受到广东乃至全国同行的高度关注。制作这样一份特刊内容，大家都很辛苦，各个部门高度投入相关工作，甚至在特刊推出当天，派出代表上街为特刊的发行戮力呼喊。在当前这样一个纸媒生存环境下，传统报纸从业人员尤其是羊晚的从业人员能有这般冲劲、动力，确实令人振奋。这次特刊全集团很好地提振了一番士气！这一仗，再次彰显羊晚品牌的力量，再次彰显羊晚集团这支队伍能打仗、打胜仗的能耐！

我多次提到这样一个观点：这个年头想出点成绩，就必须得付出；付出的大有人在，付出后有成绩有收获的，也是屈指可数。这次，我们能收获各方的褒奖，并充分把员工的积极性都调动起来，后者的精神意义来得更为重要。让员工收获一种自豪感、获得一种力量感，这种士气确实千金不换！

羊晚60周年社庆特刊提气振奋

让我们回头看看今年以来集团走过的艰辛道路。全国百名社长总编辑广东行、羊晚社庆广告在广州地标建筑小蛮腰“露脸”、羊晚60周年社庆百版特刊……掐指数着今年以来集团这连串的亮点、连串的刷屏，难忘背后艰辛付出的点点滴滴……但艰辛的背后，是羊晚稳居地方媒体标杆地位的实力，是羊晚重返传统媒体第一阵营的盼头！

今年还剩下最后两个月，我们还要加倍努力，还要继续创新，搞出些新亮点来。十九大精神的宣传贯彻学习，我们要落实好。广州《财富》论坛，在广州这一主战场，我们要充分发挥大报的作用。来年的发行工作，我们还要加倍努力。《羊城晚报》积淀60年之功力方显报纸的核心实力。未来，我们还要进行一系列改革彰显《羊城晚报》的顽强生命力。羊晚应有这样一份自信，待大浪淘沙沉淀下来后，我们终将成为传统报纸的精华。我们继续迎难而上，愈挫愈奋勇拼搏，努力为这张报纸创下一番全新的天地！

四、重视线下活动 刺激广告和发行

（一）如何减低广告版面对新闻版面的冲击

《周会纪要》【2010】第46期 12月9日

经过集团全体人员的努力，《羊城晚报》的广告经营效益近来取得了可喜的成绩，但也存在广告对新闻版面造成冲击的问题，目前问题还没能得到有效解决。但我们必须坚持几个原则：一是采编部门要精做新闻，挤干水分；二是经营部门要对过分侵害新闻版面的广告从严把关；三是要正确处理软文专题与新闻的关系，不能违背新闻原则，必须实事求是、保持权威、公正，这才是报纸的立身之本。

（二）重视线下活动

《周会纪要》【2013】第34期 9月18日

今后报纸单纯的硬广还会继续萎缩，传统媒体要生存，就要思考怎么样从单纯版面上的硬广、版面宣传转变为线上线下活动。胡泉（注：时任羊城晚报报业集团管委委员、羊城晚报社社委委员）的提议很好，以后周会也要谈项目和客户。

（三）用活动带动广告发行

《周会纪要》【2013】第36期 10月10日

最近，我们配合发行推出了一系列报道，策划这样的活动就是要主动地、有意识地去开拓市场。

近期搞的大活动有三个：

1. 体育部策划的“亚冠客场助威团”，报名踊跃，说明晚

上半场一球落后，下半场狂进四球，首回合恒大在客场以4比1击败柏太阳神——
进决赛，几无悬念
恒大亚冠决赛客场助威团
今起招募

广州恒大“亚冠客场助威团”报道版面

你不出钱，也欢迎搭电梯！
互相泼粪，邻里相煎何急！

“寻找微信任”报道版面

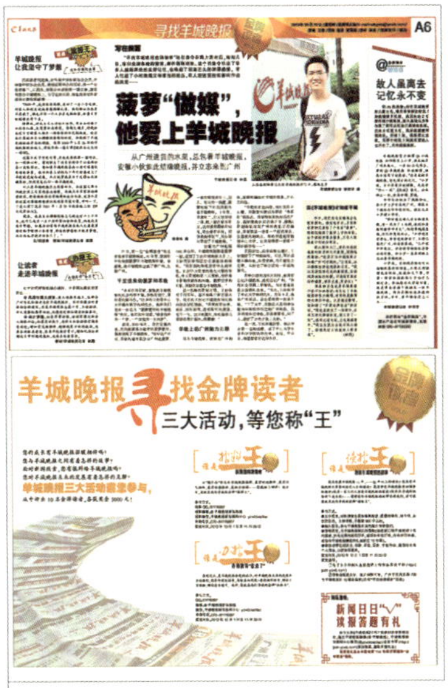
菠萝“微媒”，他爱上羊城晚报
羊城晚报寻找金牌读者
三大活动，等您称“王”

“寻找《羊城晚报》金牌读者”报道版面

报搞活动是有影响力的，通过活动把《羊城晚报》的品牌优势实现出来。

2. 广州新闻部“寻找微信任”已做了一段时间，经济效益、社会效益都不错，最近有广告客户指定要在这个版做7~8期广告。

3. “寻找《羊城晚报》金牌读者”活动，是总编室策划的一个大型活动，拉到50万元赞助。

我们拥有一百多万的读者，但目前分散在社会各处，各个采编部门要利用手头的资源，通过多种活动形式，把《羊城晚报》的金字招牌擦亮。我们可以搞多种形式的俱乐部活动，如专版部的“看楼团”、体育部的“球迷团”、政文部的“教育团”、经济部的“金融团”、专版部的“旅游团”“美食团”、广州新闻部的“广州街坊团”等，将来要搞十多个这样的“团”。搞活动不仅仅是为了赚钱，而是各部门通过活动分领域地把精准用户找回来，分类整理出来，重新包装，分层次推荐给不同的客户，精准“销售”。我们的推荐跟一般广告公司的推荐有本质的区别，我们有极好的公信力，有强大的平台，只有这样，才能适应现代化市场的发展。报社将有一系列配套的奖励措施和办法。

（四）花城汇广场举办读者日活动

《周会纪要》【2014】第20期 6月5日

延续再上一周的口哨大赛，最近集团又开展了各种品牌活动，5月31日在花城汇广场举办读者日活动，30日的《羊城晚报》特刊单天广告应收是400万元，是1—5月份单天广告额最高的一天。1—5月，同城媒体广告下跌了25%，全国纸媒广告下跌超过20%，而《羊城晚报》能够持平且略有上升，非常不容易。但现在不是总结和表扬的时候，困难的日子还在后面，今年是《羊城晚报》历史上最困难的一年，无论是经营压力，还是办报采编压力都不乐观，怎样办好报纸，保证导向不出问题，同时搞好广告发行，需要全体采编人员共同努力。目前，政府广告处于上升趋势，相关采编部门做了不少努力。今年开年以来，广告有回升，跟我们转变经营方式、经营观念以及开展各种品牌活动息息相关，假如保持这种势头，我们非常有信心完成任务。

羊城晚报报业集团成立16周年 A4

读者日

活动陆续有来，更加多姿多彩

羊城晚报报业集团成立十六周年庆暨羊城晚报读者日活动昨在广州花城广场举行

现场画像最受热捧

象棋大师最受推崇

精彩活动看了还想看

在广州花城汇广场举办读者日活动

（五）打通资源 互换平台 整合优势

《周会纪要》【2015】第24期 7月9日

高考高分报告会，高一、高二学生家长是非常关心的，现在这么多教育机构瞄准这些人群，这就是分众，政文部、广告公司，怎样把优质资源在羊城晚报平台上最大化，用版面置换，把相关资源整合到一起。

除中国人寿总冠名外，还可以延伸一些关联的边际收益。这个要提前做工作，一方面是找人来讲，另一方面是找学生来听，教育培训类机构，现场广告一并做，以前做得比较单一。

花地文学榜第一、第二年都很成功，但除了区里投入费用之外，还可以延伸一些收入，比如，专家的来回机票，今年没有找到赞助商，像海航等小航空公司经常做大量的广告宣传，对航空公司来说，一两张机票不是什么问题。同样的道理，《羊城晚报》用广告可以置换很多东西。名家、领导的用车是广本赞助的，但只给车用，没有赞助费。餐饮方面，住、吃都在胜利宾馆，但只是打折，还是要支付费用。其实，可以广开思路，比如，航空公司给我们提供15张来回机票，用广告版面置换，我们就不用真金白银地支付这笔费用。车商、食宿都可以谈的，除了这些，还有没有其他延伸的、上下游的关系？经营思路要开阔，资源要打通。

各位手里有资源，要大力支持广告经营，这是责任也是义务，报纸好，大家才好。思路要打开，其实很多企业互相是交叉的，各种各样的资源、优势怎样打通，这是《羊城晚报》在广告下跌的环境下突破困境的其中一个方面。资源的整合、互动，《羊城晚报》手里的平台是可以置换的，或部分置换，这个平台还有新闻可以帮你，采编部门在写稿、编版的同时，多开动脑筋，多想点办法。

近年来，报纸涨不涨价，成为困扰全国报界的一大问题。作为全国报业竞争最为激烈的市场之一的广州，几家报纸多年来你看我、我看你，谁都不涨价，这种僵持局面维持了好多年。

《羊城晚报》虽是省级大报，但毕竟不是机关报，自费订阅的占比相当高。在同城《广州日报》《南方都市报》等未涨价的情况下率先提价，其可能的风险可想而知。那么，《羊城晚报》为何要摆脱价格僵持？涨价后又出现了什么样的情况呢？

2014年论证报纸涨不涨价前，我们曾做过一个调整，寻找10年内未涨价的商品，发现非常罕见，而报纸便是其中之一。报纸，一份厚重的精神食粮，只是一元钱一份，远远不如一瓶饮料贵，全年订价360元，尚不够到市场买10斤牛肉。如果继续陷于低价格的泥潭，报纸持续为读者提供优质新闻将会变得越来越困难。过去，我们考虑报纸发行定价，更多要考虑广告因素，往往将报纸价格定得较低，发行成本倒挂，期望通过多争取广告来弥补印刷和发行成本。长期以来，报纸也没有足够的独自涨价的动力。但随着二次销售模式维系的日益艰难，发行对广告的影响日趋减小，发行定价也应更多考虑自身成本，单独定价。同时，报纸多年不涨价，发行费率不提升，发行渠道经营报纸意兴阑珊，失去积极性，持续下去纸媒堪忧。

因此，综合考虑多种因素，《羊城晚报》终于在2014年年底决定“以我为主”，不管其他媒体如何，进行分区域调价。我们坦诚希望，读者能够分担这份有价值的报纸的部分成本，以便办报者能为读者长期、持续地提供优秀的新闻和资讯。我们也希望，通过主动迎接市场变化，《羊城晚报》能跨过价格关，跳出报业竞争的僵局，早日转型升级，率先闯出报纸持续发展的新路。欣喜的是，绝大多数读者和单位企业订户理解报纸涨价，并且很多读者毫不犹豫地在2014年大征订刚开始时就掏钱下订。2015年，《羊城晚报》发行总收入一改近几年略有下跌的趋势，同比明显实现了增长。

对各家报纸而言，涨价与否，似乎并没有一个固定的答案。各报只能根据自身的不同特点来选择。有时，可能是两难：先涨价，可能先死，但跨过去了，前面就是坦途。而《羊城晚报》将沿着已经选择的道路走下去，继续为人民群众提供丰富而优秀的新闻产品。

第二节
千方百计保发行

（一）出迟报危害发行

《周会纪要》【2011】第43期 11月10日

离大收订结束还有40多天，大家要做最后的冲刺。我对要闻部提出的要求是如果超时要重罚。现在本地版的情况比较理想，但外地版的迟报影响了早上的出报车，甚至出现了邮车不等报纸的情况。总编室将出迟报的情况反馈给各个相关部门主任，各个部门主任管好自己部门的出报时间，不能因为出迟报影响发行和广告的工作。

采编部门是无条件全力配合发行工作的。在大收订的阶段，晚报要确保12点签版。

请发行公司在调研、统计上摊时间对发行数量的影响的时候，一并考虑其他相关的变量和因素，如当天是否有火爆的新闻、读者购买的习惯等，要精细，越精细对采编部门越有指导意义。

建议广告公司将刚才通报的情况在经管会议上作为一个问题提出来研究，需要采编改进或配合的，我们全力以赴配合。

出现问题没有关系，大家一起来研究解决，不管哪里有问题，我们只要一个个问题分析，不急躁，不埋怨，找准原因，是可以解决的。

我们做决策、谈问题的时候，要有精确的、周全的数据作依据，才最后做决策。

（二）伦敦奥运期间当天新闻拉动发行、广告

《周会纪要》【2012】第31期 8月16日

《羊城晚报》凭借绝对的时效优势，在伦敦奥运会报道中大获全胜，在没有增张的情况下拿出这么多的版面来报道奥运会，推出了一系列的专题报道、深度报道、特写报道、现场报道以及问题报道，版面的呈现、美化、时效在同城中绝对是数一数二，其结果就是取得突破1000万元的广告，18家广告客户数在同城媒体中遥遥领先。不要小看这18家，平常每周新闻研发部提供的数据，《羊城晚报》广告投放的家数远低于其他媒体，奥运期间我们好好地出了一口气，我相信广告金额也绝对是广州地区第一的。

根据发行公司的统计，《羊城晚报》7月份环比，就是奥运会期间与奥运前一周的比较，广州珠三角地区的零售增长9.06%，广州地区增长12.08%；与2011年的同比，广州珠三角地区增长4.3%，广州地区增长4.7%。同比与环比都大幅上升。发行公司还利用奥运的契机在20多个小区征订了几百份报纸。

为了解同城竞争对手在伦敦奥运会期间的表现，发行公司在奥运会前和奥运期间在广州市选取了300个报摊，对《羊城晚报》《广州日报》《南方都市报》《新快报》和《信息时报》的零售情况作了抽样调查。结果显示：（1）以上五种报纸奥运期间的零售量比奥运前均有增长，说明奥运盛会对报纸销售均有正效应。（2）《羊城晚报》广州地区零售量增长幅度高于其他四报，说明晚报的奥运报道时效优势明显，在奥运会期间的报纸销售竞争中优

于其他报纸。（3）发行公司组织的海报促销、报童促销活动取得一定效果。

《羊城晚报》在奥运会期间比奥运前零售量环比增长12.8%，远远高于其他四家报纸，说明《羊城晚报》的7个小时的时差优势明显。

为对比伦敦奥运会与北京奥运会对《羊城晚报》零售量的影响，发行公司分别对2008年、2012年奥运前、奥运期间的零售量进行比较，结果显示：（1）广州地区，伦敦奥运会对报纸销售的促进幅度高于北京奥运会。（2）广州以外珠三角地区，伦敦奥运会对报纸销售的促进幅度低于北京奥运会，这与2009年开始珠三角地区发行早报，伦敦奥运会珠三角地区《羊城晚报》没有时效优势有较大关系。

我看了以上数据之后感到了当天新闻的力量，这次奥运会期间广州地区是晚报，下午出，有凌晨和早上赛事结果的优势，所以广州地区零售大幅上升，珠三角地区也上升，但幅度不大；和北京奥运会对比，伦敦奥运会在广州地区的发行高于北京奥运会，但在珠三角地区，低于北京奥运会。2008年广州地区增长11.03%，珠三角地区增长10.18%；2012年广州地区增长12.08%，珠三角地区增长7.43%。发行公司的数据，尽管样本是300多个报摊，但重大的体育赛事，无论是北京还是伦敦，5家报纸的零售都是上升的；还有就是时效优势，都说日报早，晚报晚，但早和晚是以什么参照物来对照，看完数据我深感当天新闻的威力。为什么平常我们的广告比不上别人，但在伦敦奥运会期间，我们的发行、广告一枝独秀？当然首先要感谢广告公司，这次确实是全体动员，一个一个客户地去跟，但是也是跟重大体育赛事、时效优势很有关系。平常我们的广告、发行数字跟同行比有距离，但奥运会期间我们领先了。

（三）报纸要提价

《周会纪要》【2014】第24期 7月3日

明年会认真考虑报纸提价问题。提价必然拉低发行量，发行量拉低后网上的《羊城晚报》影响力是否能够补上这些不足。我们今年的任务是增收节支，所以晚报社将马上启动对一些版块的改革，停掉一些效益不高或是不能直接拉动效益的版面。砍谁的版谁都会不愿意，都很沉重，但实在没有办法，上半年整个广州市场，只有《南方日报》微升和《羊城晚报》上升，其余清一色负数，最高的负40%。

今年是《羊城晚报》最困难的一年，如何在最困难的时候保住大家的收入不降，这一点是最难的。上半年全体羊城晚报人共同努力，答卷不错，下半年会如何不敢盲目乐观。所以集团将会召开集团经营工作会议，进一步解放思想，转变思路，给政策，采编在保证导向、吸引读者的同时，采编资源将进一步的整合，有保有压。同时再听一听各位，特别是年轻同志对羊城晚报下一步的经营采编工作，尤其是互联网时代的一些新想法，然后制订下半年经营工作的新思路。

（四）《羊城晚报》分区域提价对社会正式公开

《周会纪要》【2014】第36期 9月25日

9月份我们的广告应收额在增长。今年还有3个月，目前的环境还算相当不错。发行上，在广州地区发行不错。发行公司的空间是非常大的，广东是电商大省，商品配送量非常大，目前快递业已允许外资进来，一系列信号反映市场在增大。《羊城晚报》的派送，前些年没在这方面动脑筋，现在机会来了，投递报纸没什么利润，我们可以利用电商发展这个渠道壮大自己，在快递业上分一杯羹，胆子要大一点。

报社员工主动上街卖报

在大型活动中羊城晚报发行员主动派发报纸

今天我们报纸的分区域提价对社会正式公开了，这个月发行公司要加大力度，提价成功，对明年的经营工作和良性循环，意义重大，请发行公司注意一点。

（五）敲门征订，好！

《周会纪要》【2014】第37期 10月9日

关于发行，9月份的势头不错，表扬发行公司敢于“敲门征订”。最近有好几个外单位的人跟我提起，我们的发行人员敲门入屋，态度礼数都做得到位，效果很好。

但硬任务还在后头。在很多偏远一些的地方，能见到同城媒体，看不到羊晚。今年最后一两个月，我们要下力气拼抢。

（六）发行还要争取完成任务

《周会纪要》【2015】第35期 10月8日

征订到现在收回来一半，和去年、前年比是低的，我们启动早于同城。前一半是比较铁杆的订户，真正的硬骨头在后面两个月时间，每一份都不容易。给各个部门下的任务，请你们尽最大的努力完成。今年守住480元，明年一定提到2元。发行公司定的方向是对的，发现《羊城晚报》价值，一二三四五六做下去，订《羊城晚报》能长寿，订《羊城晚报》中大奖，订《羊城晚报》就是有文化，是精神粮食。我们有这么多价值，提炼出来。

（七）加倍努力做好年末广告发行工作

《周会纪要》【2015】第36期 10月15日

临近年底，我发现这段时间的广告逐渐上来。今年的大环境依然不乐观，能有这样的成果，大家更应珍惜。

目前只剩下两个多月时间。建议从现在开始，设置一个倒计时。广告方面，细化到每一个月追款要达到什么目标，每个人要量化完成多少任务。发行方面，分区、分片，具体到每个业务员，按周、按月，得完成多少的征订量。越是靠近年末，广告、发行完成的基本情况，越有必要十天一报，看进展到底完成得怎样。其他采编部门，也要尽最大努力完成。

羊城晚报

2017年10月28日 星期六

习近平主持中共中央政治局会议

研究部署学习宣传贯彻党的十九大精神

审议《中共中央政治局关于加强和维护党中央集中统一领导的若干规定》和《中共中央政治局贯彻落实中央八项规定的实施细则》

党的十九大报告全文发布

面向新时代的政治宣言和行动纲领

——党的十九大报告诞生记

广东高考2018再变脸！

一二本录取批次合并 成绩只提供考生本人

不得建具有接待功能培训中心等场所设施

羊晚百版特刊 全城读者热捧

重阳前夜10万人登高

10分钟内卖完30份报纸

对晚报情缘深 追忆深刻

纷纷留言为晚报喝彩

灯光节开幕 广州夜靓爆

《羊城晚报》对报社员工积极参与年末发行工作报道版面

（八）今年提价后要彻底改变靠发行补贴的状况

《周会纪要》【2016】第1期 1月7日

我们近期就要年度总结，从已有情况看，还是比较乐观的，基本上能够完成任务。2015年这么困难的年景，我们取得的社会效益和经济效益，目前看都还不错。发行今年提价后也基本上达到了目标。假如明年涨到了一定幅度，整个《羊城晚报》的发行将进入一个良性循环状态，每卖出一份报纸，就变成一份正效益，多挣一份钱，多年来我们数以千万计补贴发行的状况将彻底改变，这些费用就变成利润。从《羊城晚报》历史上发行的情况来看，这些年在各种费用上升的情况下，这是一个根本性的改变。

（九）高度关注发行征订的严峻形势

《周会纪要》【2016】第35期 9月22日

今年晚报的大征订工作较往年严峻，据我观察，在于纸质媒体仍不断加速下滑的原因。羊晚多少年的核心铁杆订户，过去订报是毫不犹豫的，但现在也出现了观望。报摊亭关张的速度更是让人吃惊。包括羊晚及其他传统纸媒，都面临着极其严峻的发行形势。发行和广告是一对“难兄难弟”，没有发行，报纸将意味着没有影响力，广告更是直线下跌。今年上半年，尽管羊晚在纸质报的广告量得到“暂时性止血”，新媒体发展也是突飞猛进，但数媒上升的势头依然填补不了传统纸媒迅速下跌的窟窿。这就是现实，也将代表未来的趋势，希望能引起大家足够的重视。发行方面，发行部门还应全力以赴去争取，各采编部门也要在发行工作上多努力。

《羊城晚报》公益订报发行车首发仪式

（十）利用移动端新技术开展公益订报

《周会纪要》【2017】第27期 7月13日

最近，晚报发行系统升级，跟移动端技术进行结合，这非常好。有这样的技术，我们就要充分利用好。今年的大征订工作，不妨借助新技术启动新模式，倡议年轻人用微信给父母订报。子女订报孝敬老人的同时，我们的新媒体、金羊网、羊城派还可以推送相关内容资源给这些孝敬老人的年轻人。这样的订报模式，既有利于拴住有效客户，也积极推动圈粉和内容打包。当前，移动端的技术日新月异，我们的传统采编业务也要注重结合技术提高效率，并且争取提前布局。

与此同时，今年的公益订报也要尽快启动，功夫要做得细致一点。对接赠报的学校、学生，恐怕现在就要着手跟区域部逐个摸查，来自学生的感人故事也要善于挖掘，结合活动自身多做宣传。党政口的资源我们也要重视，包括扶贫办、民政等职能部门以及知名企业的资源可以好好挖掘，如果能把我们的公益订报也纳入对方的公益事业中，对于我们的工作可谓事半功倍。

▶小贴士

创新公益订报 扩大报纸影响力

面对移动互联网时代读者流失、报纸影响力下降的现实，如何开拓《羊城晚报》新的读者群体，扩大《羊城晚报》的生命力、影响力是我们面临的严峻挑战。

针对纸媒读者日趋老龄化的现实，我们把眼光放在了未来读者的培育上。广大的中小学生是报纸未来潜在的读者群体，影响、吸引他们读报就是培育未来。《羊城晚报》的《花地》《晚会》等副刊版历史悠久、驰名全国，《堂上作文》栏目尤其深受中学生喜爱，可提高学生的文学修养、作文水平和高考作文成绩。2012年、2013年和2018年3年的全国高考作文题材料，就是源自《堂上作文》栏目《心灵驿站》上最早刊登的三篇文章。

习近平总书记高度重视脱贫攻坚工作。总书记更是屡次强调，“扶贫先扶智，绝不能让贫困家庭的孩子输在起跑线上，坚决阻止贫困代际传递”。目前，粤东、粤西和粤北等经济欠发达地区，居民家庭普遍收入不高，负担不起为孩子购买很多刊物，或者手机、平板电脑和上网的费用。学生了解时事、开拓知识面的渠道严重不足。假如能让山区的孩子们吃到免费的“文化晚餐”，通过阅读《羊城晚报》增长见识，是一件授人以渔、扶贫扶智的好事，也是媒体人对倡导社会力量帮助贫困学生、减少教育失衡等社会责任的彰显。

2016年年底开始，我们发动社会各界共襄善举，组织向广东经济欠发达地区的中学开展“文化晚餐 报答南粤”为主题的公益赠报活动，得到众多爱心企业和爱心人士的支持。一方面，我们利用各种资源积极引导企业、动员社会力量，利用报纸宣传捐赠企业的公益行为。我们精准搭建对接平台，富了的企业家不忘家乡人民，可考虑将家乡所在县区的高三班教室的报纸“全包”；而有对口扶贫点的政府部门、事业单位、国有企业，也可考虑把扶贫点所在县区的高三班“全包”。另一方面，公益订报活动要接受社会监督。我们定期将捐报情况在报纸、网络、新媒体上公开，让报纸捐赠去了哪里看得见、摸得着。我们组织爱心企业走进校园活动，企业代表可以实地考察、了解报纸的摆放、阅读情况等。

公益订报活动得到了众多企业和社会人士的热烈反响。麦当劳、广东中烟、敏捷地产等爱心企业纷纷加入，华南农业大学一名退休老教授在得知公益订报活动后，从其退休金里挤出2.7万元订报捐赠给山区孩子们。“众人拾柴火焰高”，2016年，粤东、粤西和粤北10个县区的1528个高中班级教室里，学生们每天均可免费阅读到《羊城晚报》；2018年，公益订报活动对粤东、粤西和粤北18个县区的所有高三班级实现全覆盖，受益学生人数近10万人。

广东省扶贫办2017年10月以“羊城晚报：公益订报，创新教育扶贫新形式”为题，在《广东脱贫攻坚工作动态》上发了一期专题简报，向全省相关部门推介了这一创新教育扶贫的新做法。

▶小贴士

四连张

四连张是《羊城晚报》在全国报业中独创的一种出版形式，大胆地将报纸的新闻编辑、美术设计、印刷和出版各流程打破常规、形成了独特的、集大成的阅读效果。

所谓“四连张”，是将对开两张报纸（每一张四个版）连接起来、组成八个整版进行编辑和美术设计，从而形成一幅舒展长卷的报纸出版形式，四连张既可以连续阅读文字新闻报道，又可以设计和印制全景式的画面或照片、从而给阅读者以广阔的、富有层次和连续不断的美学效果，大大增加了纸媒的愉悦阅读体验。

《羊城晚报》首次发行这种独特的出版形式是在2008年北京奥运会开幕式8月8日当天，推出精心编辑的《盛世龙腾·羊城晚报北京奥运会珍藏纪念版》，将参加本届奥运会的639位中国运动员的照片镶嵌在一条手绘的昂首摆尾的巨龙身躯上，给人以先声夺人、豪气冲天的喜庆效果，表达了国人预祝中国健儿在北京奥运会上取得佳绩的美好心愿。在北京奥运会闭幕当天，即8月25日，《羊城晚报》再接再厉，又推出《华夏凤舞·羊城晚报北京奥运会珍藏纪念版》，将所有获得金牌的中国运动员的照片镶嵌在也是手绘的、一只巨大的翱翔展翅的凤凰身躯上，形成了无与伦比、功成盖世的视觉效果。这两个四连张版的推出，为《羊城晚报》在北京奥运会的整个报道增色不少，在全国报业中产生了巨大反响，后来这两个四连张版被中国国家博物馆收藏。

其后，在上海世博会、广州亚运会、伦敦奥运会、2017年广州财富论坛，以及2018年港珠澳大桥通车之际，《羊城晚报》又相继推出了富有特色的四连张，以示对这些重大活动的祝贺，这些各具特色的四连张都给全国报业市场和新闻界带来了强烈震撼。人们纷纷评说，《羊城晚报》的图文并茂、设计独具匠心的四连张，将纸媒的特色发挥到极致，形成了“四连张现象”。

《飞天》
2010年5月1日上海世博会开幕珍藏纪念版

《龙腾港珠澳》
2018年10月24日港珠澳大桥正式开通珍藏纪念版

《盛世龙腾》 2008年8月8日北京奥运会开幕珍藏纪念版

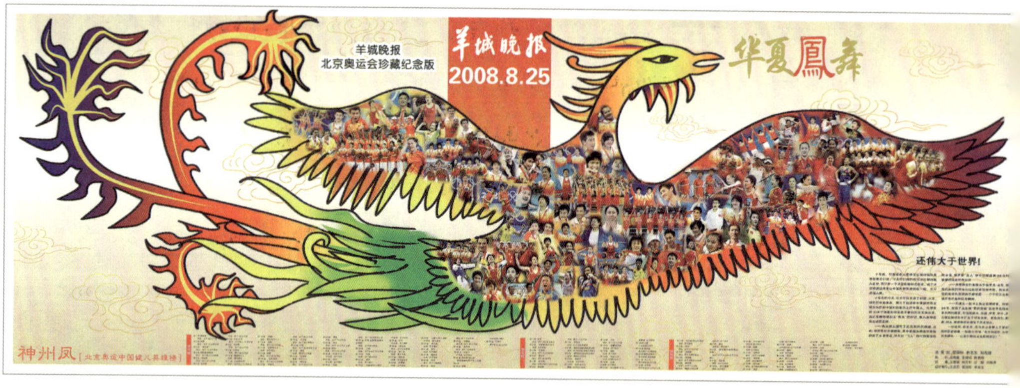

《华夏凤舞》 2008年8月25日北京奥运会闭幕珍藏纪念版

《醒狮》 2010年11月12日广州亚运会开幕珍藏纪念版

《神游英伦》 2012年7月28日伦敦奥运会开幕珍藏纪念版

《神州奏凯》 2012年8月13日伦敦奥运会闭幕珍藏纪念版

《新时代 新广州 新财富》 2017年12月4日广州财富全球论坛珍藏纪念版

后记

当我把经过多次修改的清样交给编辑的时候，终于有一种如释重负的感觉。在繁忙的工作之余，抽一些零散时间，把多年来的采编周会梳理并结集出版，目的是回顾总结，也提醒后来者我们所走过的弯路。

在本书的编辑出版过程中，得到了报社同仁的大力支持与配合。首先要感谢现任总编辑林海利，我已经离开了总编辑这个岗位，就要少管这个岗位上的事情。他鼓励我：这不是个人的事，大家一起走过的路应该记录下来！这给了我坚持下去的勇气；还要感谢先后参与过本书编辑工作的同志，他们是董柳、刘云、胡润斌、林兆均、胡军、郑华如、鲁钇山、周敏、李锋源、闫修彦、陈桥生、林如敏、何砚华；特别要感谢总编室的雷鸣，他把这些年所有的“周会纪要”全面整理摘编出来，并为其中的作品配上版面图，方便了读者的阅读；还要感谢美编室的陈健怡精心为本书设计；感谢羊城晚报出版社吴江和黄初镇，他们为本书的出版做了大量细致的编辑工作。当然，更要感谢近十年来《羊城晚报》总编室的同仁认真记录每一次“采编周会”的内容，并保存归纳提炼，才使得本书有了大量广泛的基本素材。当然，真正的主角是全体采编人员，细细品读本书，字里行间闪烁着他们的身影。

就在编辑工作刚刚完成的时候，第十六届长江韬奋奖公布了获奖名单，我获得了韬奋新闻奖！新闻从业三十多年，能得到这个新闻界的最高奖，确实值得骄傲！这除了个人的努力，离不开《羊城晚报》良好的平台，也离不开历代晚报人的努力奉献。平台成就了个人，个人为平台添砖。成绩永远代表着过去，荣誉得到后，其实就是另起一行的开始，面对新的挑战，我还要和大家一起加倍努力！

作者

2020年11月